O OTIMISTA
RACIONAL

MATT RIDLEY

O OTIMISTA RACIONAL

Tradução de
ANA MARIA MANDIM

7ª edição

EDITORA RECORD
RIO DE JANEIRO • SÃO PAULO
2023

CIP-BRASIL. CATALOGAÇÃO NA FONTE
SINDICATO NACIONAL DOS EDITORES DE LIVROS, RJ

R413o
7ª ed.

Ridley, Matt, 1958-
  O otimista racional / Matt Ridley; tradução Ana Maria Mandim. – 7ª ed. –
Rio de Janeiro: Record, 2023.

  Tradução de: The rational optimist
  Inclui bibliografia e índice
  ISBN 978-85-01-09309-7

  1. Desenvolvimento social. 2. Razão prática. 3. Otimismo. 4. Riqueza. I. Título.

11-5081

CDD: 339.2
CDU: 316.422.42

Título original em inglês:
THE RATIONAL OPTIMIST

Copyright © 2010 by Matt Ridley

Todos os direitos reservados. Proibida a reprodução, armazenamento ou transmissão de partes deste livro através de quaisquer meios, sem prévia autorização por escrito. Proibida a venda desta edição em Portugal e resto da Europa.

Texto revisado segundo o Acordo Ortográfico da Língua Portuguesa de 1990.

Direitos exclusivos de publicação em língua portuguesa para o Brasil
adquiridos pela
EDITORA RECORD LTDA.
Rua Argentina, 171 – 20921-380 – Rio de Janeiro, RJ – Tel.: (21) 2585-2000
que se reserva a propriedade literária desta tradução.

Impresso no Brasil.

ISBN 978-85-01-09309-7

Seja um leitor preferencial Record.
Cadastre-se no site www.record.com.br e
recebа informações sobre nossos lançamentos
e nossas promoções.

Atendimento direto ao leitor:
sac@record.com.br

Para Matthew e Iris

Esta divisão do trabalho, da qual tantas vantagens são derivadas, não é originalmente efeito de nenhuma sabedoria humana, que antevê e pretende aquela opulência geral a que dá ocasião. Ela é a necessária, embora muito lenta e gradual, consequência de uma certa propensão da natureza humana que não tem em vista utilidade tão extensiva; a propensão a trocar, permutar e intercambiar uma coisa pela outra.

Adam Smith
A riqueza das nações

SUMÁRIO

	Prólogo: Quando as ideias fazem sexo	11
1	Um hoje melhor: o presente inédito	21
2	O cérebro coletivo: troca e especialização após 200 mil anos	57
3	A manufatura da virtude: escambo, confiança e regras de 50 mil anos atrás aos dias de hoje	93
4	Alimentação dos 9 bilhões: a agricultura nos últimos 10 mil anos	127
5	Triunfo das cidades: o comércio nos últimos 5 mil anos	163
6	Escapando da armadilha de Malthus: a população depois de 1200	197
7	Libertação dos escravos: a energia após 1700	219
8	Invenção da invenção: rendimentos crescentes após 1800	253
9	Momentos de mudança: o pessimismo depois de 1900	283
10	Os dois grandes pessimismos de hoje: a África e o clima após 2010	315
11	A cataláxia: otimismo racional sobre 2100	349
	Agradecimentos	359
	Notas e referências	361
	Índice	403

PRÓLOGO
Quando as ideias fazem sexo

> Em outras espécies animais, o indivíduo progride da infância para a idade avançada ou maturidade; e alcança, no período de uma só vida, toda a perfeição que sua natureza pode atingir; mas, na espécie humana, a espécie progride assim como o indivíduo; ela constrói, em cada idade subsequente, sobre fundações erguidas no passado.
>
> ADAM FERGUSON
> *An Essay on the History of Civil Society*[1]

Sobre a mesa em que escrevo repousam dois objetos mais ou menos do mesmo tamanho e da mesma forma: um é o *mouse* sem fio de um computador; o outro, um machado do período Mesolítico, de meio milhão de anos.[2] Ambos foram projetados para adaptar-se à mão humana — para obedecer às limitações de serem usados por seres humanos. Mas são imensamente diferentes. Um é confecção complexa de muitas substâncias com um desenho interno intricado que reflete múltiplos aspectos do conhecimento. O outro é substância única que reflete a habilidade de um só indivíduo. A diferença entre eles mostra que a experiência humana atual é enormemente diversa da experiência humana de meio milhão de anos atrás.

Este livro é sobre a rápida, contínua e incessante mudança que a sociedade humana experimenta de uma maneira que nenhum outro animal o faz. Para um biólogo, isso é algo que necessita de explicação. Nas últimas duas décadas, escrevi quatro livros sobre como os seres humanos são semelhantes aos outros animais. Este livro é sobre como eles são diferentes dos outros animais. O que existe nos seres humanos que lhes permite continuar a mudar suas vidas de maneira tão desordenada?

Não é que a natureza humana mude. Exatamente como a mão que segura o machado tem a mesma forma que a mão que segura o *mouse*, as pessoas sempre terão de procurar comida, satisfação sexual, cuidar da prole, competir por status e evitar a dor, exatamente como qualquer outro animal. Muitas idiossincrasias da espécie humana são imutáveis também. Você pode viajar para o lugar mais longínquo do mundo e ainda encontrar cantigas, sorrisos, conversas, ciúme sexual e senso de humor — nenhum dos quais encontraria igual num chimpanzé. Você poderia viajar para o passado e facilmente identificar-se com os motivos de Shakespeare, Homero, Confúcio e Buda. Se eu pudesse conhecer o homem que pintou as lindas imagens de rinocerontes na parede da Caverna Chauvet, no sul da França, 32 mil anos atrás, não tenho dúvida de que o acharia completamente humano em todos os aspectos psicológicos. Há uma grande parcela da vida humana que não muda.

E, ainda assim, dizer que a vida é a mesma de 32 mil anos atrás seria absurdo. Nesse tempo, minha espécie se multiplicou 100 mil por cento, de talvez 3 milhões para quase 7 bilhões de pessoas.[3] Deu-se confortos e luxos num nível que nenhuma outra espécie pode sequer imaginar. Colonizou cada canto habitável do planeta e explorou quase todos os inabitáveis. Alterou a aparência, a genética e a química do mundo e apossou-se, talvez, de 23% da produtividade de todos os vegetais terrestres para seus próprios propósitos. Rodeou-se de arranjos singulares, não fortuitos, de átomos, chamados tecnologias, que inventa, reinventa e descarta quase continuamente. Isso não é verdadeiro para outras criaturas, nem mesmo as inteligentes como chimpanzés, golfinhos-nariz-de-garrafa, papagaios e polvos. Estas podem, ocasionalmente, usar ferramentas, podem, ocasionalmente, mudar seu nicho ecológico, mas não "elevam seus padrões de vida", ou experimentam "crescimento econômico". Também não se deparam com "pobreza". Não progridem de um modo de vida para outro — nem o deploram. Não experimentam revoluções agrícolas, urbanas, comerciais, industriais e de informação, sem falar em renascenças, reformas, depressões, transições demográficas, guerras civis, guerras frias, guerras culturais e crises de escassez de crédito. Sentado à minha mesa, estou cercado de coisas — telefones, livros, computadores, fotografias, clipes de papel, canecas de café — a que nenhum macaco chegou nem perto de fazer. Estou derramando informação digital de uma forma que nenhum golfinho jamais conseguiu. Estou ciente de conceitos abstratos — data, previsão do tempo, a segunda lei da termodinâmica — que nenhum papagaio poderia começar a dominar. Sou definitivamente diferente. O que é que me torna tão diferente?

Não pode ser apenas porque tenho o cérebro maior que o de outros animais. Afinal, os últimos neandertalenses tinham, em média, cérebros maiores que o meu, embora não tenham experimentado essa impetuosa mudança cultural. Além disso, por maior que seja o meu cérebro em comparação com o de outra espécie animal, não tenho a menor ideia de como fazer xícaras de café ou clipes de papel, sem falar em previsões do tempo. O psicólogo Daniel Gilbert gosta de brincar dizendo que todo membro de sua profissão vive sob a obrigação de, em algum momento de sua carreira, completar a sentença que começa: "O ser humano é o único animal que..."[4] Linguagem, raciocínio cognitivo, fogo, cozinhar, fazer ferramentas, autoconsciência, fraude, imitação, arte, religião, polegares em oposição, armas de arremesso, posição ereta, cuidado de avós — a lista de características sugeridas como unicamente dos seres humanos é de fato longa. Mas a lista de características próprias dos tamanduás, ou dos barulhentos pássaros africanos turacos, também é bastante longa. Todas aquelas características são, de fato, unicamente humanas e, de fato, muito úteis para possibilitar a vida moderna. No entanto, vou sustentar que, com a possível exceção da linguagem,[5] nenhuma chegou na hora certa, ou teve o impacto certo na história humana para explicar a súbita mudança de um homem-macaco meramente bem-sucedido para um modernizador progressista que nunca cessa de se expandir. A maioria delas veio cedo demais na história e não teve tal efeito ecológico. Ter consciência suficiente para querer pintar o corpo ou raciocinar para resolver um problema é ótimo, mas isso não leva à conquista ecológica do mundo.

Claramente, cérebros grandes e linguagem podem ser necessários para os seres humanos enfrentarem uma vida de modernidade tecnológica.

Claramente, os seres humanos são muito bons em aprendizado social. De fato, comparados até a chimpanzés, os humanos são quase obsessivamente interessados na imitação fiel.[6] Porém, cérebro grande, imitação e linguagem não são, em si mesmos, explicação para a prosperidade, o progresso e a pobreza; nem dão origem a um padrão de vida em constante mudança. Os neandertalenses tinham tudo isso: cérebros imensos, provavelmente linguagens complexas, muita tecnologia. Mas nunca romperam seu nicho. Afirmo que, ao procurar dentro de nossas cabeças, estaríamos buscando no lugar errado a explicação para essa extraordinária capacidade de mudança da espécie. Não foi algo que aconteceu dentro de um cérebro. Foi algo que aconteceu entre cérebros. Foi um fenômeno coletivo.

Olhe novamente para o machado primitivo e o *mouse*. Ambos são "artificiais", mas um deles foi feito por uma só pessoa, o outro, por centenas de pessoas, talvez milhões. Isso é o que chamo de inteligência coletiva. Nenhuma pessoa sozinha sabe como fazer um *mouse* de computador. A pessoa que o montou na fábrica não sabia como cavar o poço de petróleo de onde derivou o plástico, ou vice-versa. Em algum ponto, a inteligência humana tornou-se coletiva e cumulativa de uma forma que não aconteceu com nenhum outro animal.

Mentes consortes

Argumentar que a natureza humana não mudou e sim a cultura humana não significa rejeitar a evolução — muito pelo contrário. A humanidade está experimentando uma extraordinária explosão de mudança evolucionária impulsionada pela boa e velha seleção natural darwiniana. Mas é uma seleção entre ideias e não entre genes. O *habitat* em que essas ideias residem é o cérebro humano. Essa ideia tenta emergir nas ciências sociais há um longo tempo. O sociólogo francês Gabriel Tarde escreveu em 1888: "Podemos chamar de evolução social quando uma invenção se espalha silenciosamente por meio da imitação."[7] O economista austríaco Friedrich Hayek escreveu, nos anos 1960, que, na evolução social, o fator decisivo é "a seleção por imitação de instituições e hábitos bem-sucedidos".[8] O biólogo evolucionista Richard Dawkins cunhou em 1976 o termo "meme" para uma unidade de imitação cultural.[9] Nos anos 1980, o economista Richard Nelson propôs que todo o sistema econômico evolui por seleção natural.[10]

Isso é o que quero dizer quando falo em evolução cultural: em algum momento antes de 100 mil anos atrás, a própria cultura começou a evoluir de um modo como nunca acontecera em qualquer outra espécie — isto é, repetindo-se, transformando-se, competindo, selecionando e acumulando — algo parecido com o que os genes haviam feito por bilhões de anos. Exatamente como a seleção natural construiu o olho cumulativamente, aos poucos, da mesma forma a evolução cultural dos seres humanos pôde, cumulativamente, construir uma cultura ou uma câmera.[11] Os chimpanzés podem ensinar uns aos outros como espetar outros macacos com pedaços de pau pontudos, e as orcas podem ensinar umas às outras como arrebatar leões-marinhos das praias, mas apenas os seres humanos têm a cultura cumulativa necessária para realizar de uma bisnaga de pão a um concerto, por exemplo.

Sim, mas por quê? Por que nós e não as orcas? Dizer que as pessoas passam por evolução cultural não é nem muito original, nem muito útil. Imitação e aprendizado não são suficientes em si mesmos, por mais abundante e engenhosa que seja a sua prática, para explicar por que os seres humanos começaram a evoluir dessa forma única. Algo mais é necessário; algo que os seres humanos têm e as orcas não têm. A resposta, acredito, é que, em algum ponto da história humana, as ideias começaram a se encontrar e acasalar, para fazer sexo uma com a outra.

Deixe-me explicar. Sexo é o que torna a evolução biológica cumulativa, porque reúne genes de indivíduos diferentes. A mutação que ocorre em uma criatura pode, então, juntar forças com a mutação que ocorre em outra. A analogia é mais explícita na bactéria, que troca genes sem se duplicar ao mesmo tempo — daí sua habilidade para adquirir imunidade aos antibióticos de outras espécies. Se os micróbios não tivessem começado a permutar genes alguns bilhões de anos atrás e os animais não tivessem continuado a fazer isso por meio do sexo, todos os genes que fazem os olhos nunca teriam se reunido em um animal; ou os genes que fazem pernas, ou nervos, ou cérebro. Cada mutação teria permanecido isolada em sua própria linhagem, incapaz de descobrir as alegrias da sinergia. Imagine, como se estivesse vendo num desenho animado, um peixe desenvolvendo um pulmão nascente; outro, membros nascentes; e nenhum deles chegando à terra. A evolução pode acontecer sem o sexo; mas é muito, muito mais vagarosa.

Assim acontece com a cultura. Se a cultura consistisse, simplesmente, em aprender hábitos dos outros, ela logo estagnaria. Para que a cultura se torne cumulativa, as ideias precisam encontrar-se e acasalar-se. A "fecundação cruzada de ideias" é um clichê, mas um clichê de involuntária fecundidade. "Criar é recombinar",[12] disse o biólogo molecular François Jacob. Imagine se o homem que criou a ferrovia e o homem que inventou a locomotiva não pudessem se conhecer ou falar um com o outro, nem mesmo por terceiros. O papel e a máquina de imprimir, a internet e o telefone celular, carvão e turbinas, cobre e estanho, a roda e o aço, software e hardware. Vou sustentar que houve um momento na pré-história humana em que pessoas com cérebros grandes, com cultura e capazes de aprender começaram, pela primeira vez, a trocar coisas umas com as outras e, quando começaram a fazer isso, a cultura subitamente se tornou cumulativa e a grande e impetuosa experiência do "progresso" econômico humano começou. A troca está para a evolução cultural como o sexo está para a evolução biológica.

Por meio do intercâmbio, os seres humanos descobriram "a divisão do trabalho", a especialização de esforços e talentos para o ganho mútuo. A princípio poderia parecer uma coisa insignificante, não notada por primatologistas de passagem, se estes tivessem direcionado suas máquinas do tempo para o exato momento em que isso começou. Teria parecido muito menos interessante que ecologia, hierarquia e superstições da espécie. Mas alguns homens-macacos tinham começado a trocar comida ou ferramentas com outros, de uma forma em que ambos os parceiros da troca ficaram em melhor situação e ambos mais especializados.

A especialização estimulou a inovação porque estimulou o investimento de tempo numa ferramenta de fazer ferramentas. Isso poupou tempo, e a prosperidade é simplesmente o tempo poupado, que é proporcional à divisão do trabalho. Quanto mais os seres humanos se diversificaram como consumidores e se especializaram como produtores, e quanto mais eles trocaram, mais bem-sucedidos foram, são e serão. E a boa notícia é que não existe fim inevitável para esse processo. Quanto mais as pessoas forem atraídas para a divisão internacional do trabalho, mais poderão especializar-se e trocar, mais ricas ficarão. Além disso, ao longo do caminho, não há razão pela qual não possamos resolver os problemas que nos acossam, de desastres econômicos, explosões populacionais, mudança climática e terrorismo, pobreza, aids, depressão e obesidade. Não será fácil, mas é perfeitamente possível, realmente provável, que, no ano 2110, um século depois de este livro ser publicado, a humanidade esteja melhor, muito melhor do que está hoje, e, assim também, a ecologia do planeta que habita. Este livro desafia a raça humana a acolher a mudança, a ser racionalmente otimista e, por meio disso, lutar pela melhoria da humanidade e do mundo em que vive.

Alguns dirão que estou meramente repetindo o que Adam Smith disse em 1776.[13] Mas muito aconteceu desde Adam Smith para mudar, desafiar, ajustar e amplificar sua visão. Ele não percebeu, por exemplo, que vivia os primeiros estágios de uma revolução industrial. Não tenho a esperança de competir com o gênio de Smith como indivíduo, mas tenho uma grande vantagem em relação a ele — posso ler o livro dele. A própria visão de Smith acasalou-se com outras desde o seu tempo.

Além disso, me surpreendo continuamente pelo fato de tão poucas pessoas pensarem sobre o problema da impetuosa mudança cultural. Acho que o mundo está cheio de pessoas que pensam que sua dependência em relação aos outros está diminuindo, ou que estariam melhores se fossem mais autossuficientes, ou que o progresso tecnológico não trouxe melhoria alguma para o padrão de vida, ou que o mundo se deteriora constantemente, ou que a troca de coisas e ideias é uma irrelevância supérflua. E encontro uma profunda falta de curiosidade entre economistas treinados — dos quais não sou um — em definir o que é prosperidade e por que ela ocorreu para a sua espécie. Então, achei que poderia satisfazer minha própria curiosidade escrevendo este livro.

Escrevo numa época de pessimismo econômico sem precedentes. O sistema bancário mundial oscila à beira do colapso; uma enorme bolha de dúvida explodiu; o comércio mundial se contraiu; o desemprego cresce agudamente em todo o mundo, enquanto a produção cai. O futuro imediato parece realmente desanimador, e alguns governos planejam novos aumentos da imensa dívida pública que poderiam prejudicar a capacidade da nova geração de prosperar. Para meu intenso desgosto, participei de uma fase desse desastre como vice-presidente não executivo do Northern Rock, um dos muitos bancos que ficaram sem liquidez durante a crise. Este livro não é sobre aquela experiência (sob os termos do meu contrato de emprego, não tenho liberdade para escrever sobre isso). A experiência me deixou desconfiado dos mercados de capitais e ativos, embora apaixonadamente favorável aos mercados de bens e serviços. Eu não sabia disso na época, mas experiências em laboratório do economista Vernon Smith e de seus colegas já haviam confirmado que os mercados de bens e serviços para consumo imediato — cabeleireiros e hambúrgueres — funcionam tão bem que é difícil projetá-los para que fracassem em eficiência e inovação, enquanto os mercados de ativos são tão automaticamente propensos a bolhas e crises que é difícil projetá-los até para que funcionem. Especulação, exuberância do espírito de manada, otimismo *irracional*, busca de renda e a tentação da fraude levam os mercados de ativos a passar do limite e afundar — motivo pelo qual necessitam de regulamentação cuidadosa, algo que sempre defendi. (Mercados de bens e serviços precisam de menos regulamentação.) No entanto, o que tornou a bolha do ano 2000 tão pior que a maioria das anteriores foi a política monetária e habitacional do governo, especialmente nos Estados Unidos, que canalizava dinheiro artificialmente barato para riscos ruins[14] como uma questão política e, assim também, para os intermediários dos mercados de capital. A crise tem, no mínimo, tanto causa política quanto econômica,[15] razão pela qual também desconfio de governo em excesso.

(No interesse de uma total transparência para o leitor, observo aqui que, além do negócio bancário, trabalhei, ou lucrei, ao longo dos anos diretamente na pesquisa científica, conservação de espécies, jornalismo, exploração agrícola, extração de carvão, capital de risco e propriedade comercial, entre outras coisas: a experiência pode ter influenciado, e certamente instruiu, meus pontos de vista sobre esses setores nas páginas que se seguem. Mas nunca fui pago para promover um ponto de vista em particular.)

Otimismo racional defende que o mundo sairá da atual crise por causa do modo como os mercados de bens, serviços e ideias permitem aos seres humanos trocar e especializar-se honestamente para a melhoria de todos. Assim, este não é um livro de elogio ou condenação impensada de todos os mercados, mas uma pesquisa de como o processo de mercado de troca e especialização é mais velho e claro do que muitos pensam e fornece uma vasta razão para o otimismo sobre o futuro da raça humana. Acima de tudo, este é um livro sobre os benefícios da mudança. O meu desacordo é, principalmente, com reacionários de todas as cores políticas: os azuis que não gostam da mudança cultural; os vermelhos que não gostam da mudança econômica; e os verdes que não gostam da mudança tecnológica.

Sou um otimista racional: racional porque cheguei ao otimismo não através do temperamento ou do instinto, mas avaliando as provas. Nas páginas que se seguem, espero transformar você num otimista racional também. Preciso convencê-lo primeiro de que o progresso humano tem sido, em geral, uma coisa boa e que, apesar da tentação constante das lamúrias, o mundo é um lugar bom de se viver, como tem sido sempre para a média da humanidade — mesmo agora, numa profunda recessão; que está mais rico, saudável e gentil tanto por causa do comércio como apesar dele. Então, minha intenção é explicar por que e como o mundo ficou assim. E, finalmente, pretendo ver se pode continuar a melhorar.

1
Um hoje melhor: o presente inédito

Qual é o princípio segundo o qual quando não vemos nada a não ser progresso atrás de nós, não devemos esperar nada a não ser deterioração à nossa frente?

Thomas Babington Macaulay
Review of Southey's Coloquies on Society[1]

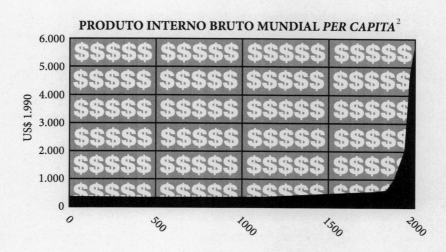

Em meados deste século, a raça humana terá se expandido, em 10 mil anos, de menos de 10 milhões para quase 10 bilhões de pessoas. Alguns dos bilhões de viventes hoje ainda experimentam miséria e privação piores do que as piores experimentadas na Idade da Pedra. Alguns estão em pior situação do que estavam há apenas meses ou anos. Porém, a grande maioria das pessoas está muito mais bem alimentada, muito mais bem abrigada, muito mais bem entretida, muito mais bem protegida contra doenças e tem muito mais possibilidade de viver até a velhice do que seus ancestrais tiveram.[3] A disponibilidade de quase tudo que uma pessoa poderia querer ou precisar vem crescendo rapidamente há 200 anos e, erraticamente, há 10 mil anos: anos de expectativa de vida, goles de água limpa, haustos de ar puro, horas de privacidade, meios de se deslocar mais rápido do que se consegue correr, modos de se comunicar que vão além do som do grito. Mesmo considerando que milhões de pessoas ainda vivem em pobreza abjeta, doença e escassez, esta geração de seres humanos teve acesso a mais calorias, watts, lumens-hora, metros quadrados, gigabites, megahertz, anos-luz, nanômetros, alqueires* por acre, milhas por galão, alimentos-milha, milhas aéreas, e, naturalmente, dólares que qualquer outra geração anterior. Eles têm mais velcro, vacinas, vitaminas, sapatos, cantores, novelas, parceiros sexuais, raquetes de tênis, mísseis teleguiados e qualquer outra coisa que sequer podem imaginar que precisam. Segundo uma estimativa, o número de produtos diferentes que podem ser comprados em Nova York ou Londres alcança 10 bilhões.[4]

Não devia ser necessário dizer isso, mas é preciso. Há pessoas que pensam que a vida era melhor no passado. Argumentam que existiam não apenas simplicidade, tranquilidade, sociabilidade e espiritualidade em uma vida de um passado distante que se perdeu, como também virtude. Observe, por favor, que essa nostalgia rósea é, em geral, privilégio dos ricos. É fácil fazer uma elegia da vida de um camponês quando não se tem que usar uma fossa como banheiro. Imagine que é 1800 em algum lugar da Europa Ocidental ou do leste da América do Norte. A família está reunida em torno do fogão, numa casa simples de estrutura de madeira. O pai lê a

---

*Um alqueire é uma medida de capacidade que corresponde a aproximadamente 35 litros. [N. da T.]

Bíblia em voz alta enquanto a mãe prepara um cozido de carne e cebolas. O bebê está sendo cuidado por uma de suas irmãs, e o rapaz mais velho está pondo água de um jarro nas canecas de cerâmica que estão sobre a mesa. A irmã mais velha está alimentando o cavalo no estábulo. Do lado de fora não há ruído de tráfego, não há traficantes de drogas, nem dioxina nem traços de algum composto radioativo foram encontrados no leite da vaca. Tudo está tranquilo; um passarinho canta do lado de fora da janela.

Oh, por favor! Embora esta seja uma das famílias em melhor situação no povoado, a leitura paterna das escrituras é interrompida por uma tosse de bronquite que prenuncia a pneumonia que irá matá-lo aos 53 anos — não ajudada pela fumaça da madeira no fogo. (Ele tem sorte: a expectativa de vida, até mesmo na Inglaterra, era de menos de 40 anos em 1800.) O bebê morrerá de varíola, que agora o faz chorar; sua irmã logo será um dos haveres de um marido alcoólatra. A água que o filho põe nos copos tem o gosto das vacas que bebem no riacho. Dor de dente tortura a mãe. O locatário vizinho está engravidando a outra garota no depósito de feno e seu filho será mandado para um orfanato. O cozido é cinzento e gorduroso, embora a carne seja uma alternativa rara ao mingau; não há frutas ou verduras nessa estação. O cozido é comido com uma colher de madeira de uma travessa de madeira. Velas custam muito caro, então a luz do fogo é tudo que existe para iluminar. Ninguém da família jamais viu uma peça de teatro, pintou um quadro ou ouviu o som de um piano. O aprendizado consiste em alguns anos de latim grosseiro, ensinado por um tirano fanático do vicariato. O pai visitou a cidade uma vez, mas a viagem lhe custou os ganhos de uma semana, e os demais nunca viajaram para mais de 16 quilômetros de casa. Cada garota tem dois vestidos de lã, duas camisas de linho e um par de sapatos. O casaco do pai lhe custou os ganhos de um mês, mas agora está infestado de piolhos. As crianças dormem duas a duas em camas de palha sobre o chão. Quanto ao pássaro do lado de fora da janela, amanhã será capturado e comido pelo garoto.[5]

Se a minha família fictícia não for do seu gosto, talvez você prefira estatísticas. Desde 1800, a população mundial multiplicou-se seis vezes, mas a expectativa de vida mais que dobrou, e a renda real subiu mais de nove vezes.[6] De uma perspectiva mais próxima, em 2005, comparado a 1955, o ser humano médio que vive no planeta Terra ganhou quase três vezes mais dinheiro (corrigido pela inflação), comeu um terço mais de calorias em alimentos, sepultou um terço de seus filhos e pôde esperar viver um terço mais de anos. Era menos provável que morresse em consequência de guerra, assassinato, parto, acidentes, furacões, inundações, fome, coqueluche, tuberculose, malária, difteria, tifo, febre tifoide, sarampo, varíola, escorbuto ou poliomielite. Era menos provável, em qualquer idade dada, que adquirisse câncer, doenças do coração ou sofresse um derrame cerebral. Era mais provável que fosse alfabetizado e terminasse a faculdade. Era mais provável que tivesse um telefone, vaso sanitário com descarga, refrigerador e bicicleta. Tudo isso durante metade de um século, quando a população mundial mais que dobrou; assim, longe de serem pressionados pelo aumento populacional, os bens e serviços disponíveis para as pessoas no mundo se expandiram. E isso, por qualquer critério, é uma impressionante conquista humana.

As médias escondem muito. Mas mesmo que você demolisse o mundo em pedaços, seria difícil encontrar uma região que estivesse em situação pior em 2005 do que em 1955. Nesse meio século, a renda real *per capita* terminou um pouco mais baixa em apenas seis países (Afeganistão, Haiti, Congo, Libéria, Serra Leoa e Somália); a expectativa de vida, em três (Rússia, Suazilândia e Zimbábue); e a mortalidade infantil não aumentou em nenhum. No restante, esses índices dispararam para cima. A taxa de melhoria da África tem sido desanimadoramente lenta e desigual comparada à do resto do mundo, e muitos países do sul da África viram a expectativa de vida despencar nos anos 1990 com a epidemia de aids (antes de se recuperar nos últimos anos). Também houve momentos nesse meio século em que se podiam surpreender países em episódios de horrível deterioração dos padrões de vida ou das chances de vida — China, nos anos 1960; Camboja, anos 1970; Etiópia, anos 1980; Ruanda, anos 1990; Congo, anos 2000; Coreia do Norte, ao longo desse período. A Argentina teve um século XX de decepcionante estagnação. Mas, em geral, o resultado para o mundo é notável, espantosa e impressionantemente positivo. O sul-coreano médio vive 26 anos mais (e ganha 15 vezes mais que seu colega norte-coreano). O mexicano médio vive agora mais que o britânico médio em 1955. O nativo de Botsuana ganha mais do que o finlandês médio em 1955. A mortalidade infantil é hoje mais baixa no Nepal do que era na Itália em 1951. A proporção de vietnamitas que vivem com menos de dois dólares por dia caiu de 90% para 30% em vinte anos.[7]

Os ricos ficaram mais ricos, mas os pobres saíram-se ainda melhor. Os pobres do mundo em desenvolvimento aumentaram seu consumo duas vezes mais rápido do que o mundo como um todo entre 1980 e 2000.[8] Os chineses estão dez vezes mais ricos, um terço menos fecundos e vivendo 28 anos mais do que há 50 anos. Até os nigerianos estão duas vezes mais ricos, 25% menos fecundos e vivendo nove anos mais do que em 1955. Apesar da duplicação da população mundial, até mesmo o número bruto das pessoas que vivem na pobreza absoluta (definido como menos de um dólar de 1985 por dia) vem caindo desde os anos 1950. O porcentual que vive em tal pobreza absoluta caiu mais que a metade — para menos de 18%.[9] Certamente, esse número ainda é horrivelmente alto, mas a tendência dificilmente seria causa de desespero: à atual taxa de declínio, ele atingirá zero em torno de 2035 — embora seja provável que isso não aconteça. As Nações Unidas estimam que a pobreza diminuiu mais nos últimos 50 anos do que nos últimos cinco séculos.[10]

Abundância para todos

E 1955 nem foi um ano de privação; foi em si mesmo um recorde — um momento em que o mundo estava mais rico, mais populoso e mais confortável do que jamais estivera, a despeito de esforços recentes de Hitler, Stalin e Mao (que, então, apenas começava a esfomear seu povo para poder usar o grão na compra de armas nucleares da Rússia). Os anos 1950 foram uma década de abundância e luxo extraordinários em comparação com qualquer época anterior. A mortalidade infantil na Índia já era mais baixa do que havia sido na França e na Alemanha em 1900. As crianças japonesas já recebiam em 1950 o dobro de anos em educação do que no início do século. A renda mundial *per capita* quase dobrou na primeira metade do século XX. Em 1958, J. K. Galbraith declarou que a "sociedade da abundância" tinha atingido um nível tal que muitos bens desnecessários estavam sendo fornecidos em excesso aos consumidores por anunciantes persuasivos.[11]

Ele tinha razão no fato de que os americanos, especialmente, estavam em melhor situação em comparação com outros: eram 7,6 cm mais altos em 1950 do que na virada do século e gastavam duas vezes mais em remédios do que em funerais — o inverso da proporção de 1900. Aproximadamente oito em dez casas americanas tinham água corrente, aquecimento central, luz elétrica, máquinas de lavar roupa e refrigeradores em 1955. Quase ninguém tinha esses luxos em 1900. Em seu clássico de 1890, *How the Other Half Lives* [Como vive a outra metade], Jacob Riis encontrou uma família de nove pessoas vivendo num aposento de 3 m² mais uma pequena cozinha e mulheres ganhando 60 centavos de dólares por um dia de 16 horas de trabalho em condições sub-humanas e sem poder pagar mais de uma refeição por dia. Isso teria sido impensável em meados do século XX.[12]

Ainda assim, olhando-se para trás agora, cinquenta anos depois, a classe média de 1955, deleitando-se com seus carros, confortos e aparelhos eletrônicos, seria descrita hoje como "abaixo da linha de pobreza". Quando Harold Macmillan disse, em 1957, que o trabalhador médio britânico "nunca tinha passado tão bem", este ganhava menos em termos reais do que seu equivalente moderno poderia obter agora em ajuda do Estado, se desempregado com três filhos. Hoje, dos americanos considerados oficialmente "pobres", 99% têm eletricidade, água corrente, vasos sanitários com descarga e um refrigerador; 95%, uma televisão; 88%, um telefone; 71%, um carro; e 70%, ar-condicionado. Cornelius Vanderbilt não tinha nada disso. Até mesmo em 1970, apenas 36% de todos os americanos tinham ar-condicionado; em 2005, 79% dos lares *pobres* tinham. Até mesmo na China urbana, 90% das pessoas têm agora luz elétrica, refrigeradores e água corrente. Muitas delas também têm telefones celulares, acesso à internet e televisão por satélite, sem falar em todos os tipos de versões melhoradas e mais baratas de tudo, de carros e brinquedos a vacinas e restaurantes.

Tudo muito bem, diz o pessimista, mas a que custo? O meio ambiente certamente se deteriora. Num lugar como Beijing, talvez. Porém, em muitos outros lugares, não. Na Europa e nos Estados Unidos, rios, lagos, mares e o ar estão ficando mais limpos a cada momento. O Tâmisa tem menos esgoto e mais peixe. As cobras-d'água do lago Eriê, à beira da extinção nos anos 1960, são agora abundantes. As águias-americanas tiveram um aumento rápido. Pasadena tem pouca poluição. Os ovos dos pássaros suecos têm 75% menos poluentes do que nos anos 1960. As emissões norte-americanas de monóxido de carbono provenientes do transporte caíram 75% em 25 anos. Hoje, um carro emite menos poluição viajando a toda velocidade do que um carro estacionado nos anos 1970, por causa dos vazamentos.[13]

Nesse meio-tempo, a expectativa média de vida no país de mais alta expectativa de vida (Suécia, em 1850; Nova Zelândia, em 1920; Japão, hoje) continua a subir a uma taxa constante anual de 1/4 de ano, taxa de mudança que pouco se alterou em duzentos anos. Ela ainda não mostra sinais de atingir um limite, embora certamente faça isso um dia. Nos anos 1920, os demógrafos confiantemente afirmaram que o tempo médio de vida atingiria o pico de 65 anos "sem intervenção de inovações radicais ou mudança evolucionária fantástica em nossa constituição fisiológica". Em 1990, previram que a expectativa de vida "não excederia (...) 35 anos à idade de cinquenta anos, a menos que uma grande descoberta ocorresse para controlar a taxa fundamental de envelhecimento". Em apenas cinco anos, ambos os prognósticos se mostraram errados em pelo menos um país.[14]

Em consequência, o número de anos de aposentadoria está disparando. A partir de 1901, a taxa de mortalidade dos homens britânicos entre 65 e 74 anos levou 68 anos para cair 20%. Os 20% seguintes levaram 17 anos para cair, depois dez anos e depois seis anos — a melhoria se acelerou. Isso tudo está muito bem, dizem os pessimistas, mas e a qualidade de vida na idade avançada? Claro, as pessoas estão vivendo mais, mas apenas acrescentando à vida anos de sofrimento e incapacitação física. Nem tanto. Num estudo americano, as taxas de incapacitação em pessoas de mais de 65 anos caiu de 26,2% para 19,7% entre 1982 e 1999 — duas vezes mais rápido do que a taxa de mortalidade. A doença crônica antes da morte está diminuindo levemente e não aumentando, apesar de melhores diagnósticos e mais tratamentos — "compressão da morbidez" é o termo técnico. As pessoas não apenas levam mais tempo vivas como levam menos tempo para morrer.[15]

Considere o derrame cerebral, uma grande causa de incapacitação na velhice. As mortes provocadas por derrame caíram 70% entre 1950 e 2000 nos Estados Unidos e na Europa. No início dos anos 1980, um estudo sobre as vítimas de derrame em Oxford concluiu que a incidência de derrame aumentaria perto de 30% nas duas décadas seguintes, principalmente porque a incidência de derrame aumenta com a idade e se previa que as pessoas viveriam mais. Elas, de fato, vivem mais, mas a incidência de derrame, na verdade, caiu 30%. (O aumento relacionado à idade ainda está presente, mas vem cada vez mais tarde.) O mesmo é verdade para câncer, doença cardíaca e doença respiratória; todos ainda aumentam com a idade, mas incidem cada vez mais tarde, cerca de dez anos depois desde os anos 1950.[16]

Até a desigualdade está declinando em todo o mundo. É verdade que, na Grã-Bretanha e nos Estados Unidos, a igualdade de renda, que vinha melhorando nos dois séculos anteriores (os aristocratas britânicos eram 15 centímetros mais altos do que a média em 1800; hoje, são menos de 5 centímetros mais altos), estagnou desde os anos 1970. As razões para isso são muitas, mas nem todas são causas para lamentação. Por exemplo, os que ganham mais agora se casam uns com os outros mais do que costumavam (o que concentra a renda), a imigração aumentou, o comércio foi liberado, os cartéis se abriram para a competição empresarial e a recompensa pelo conhecimento profissional aumentou no local de trabalho. Tudo isso reforça a desigualdade, mas nasce das tendências de liberalização. Além disso, por um estranho paradoxo estatístico, embora a desigualdade tenha aumentado em alguns países, globalmente ela vem caindo. O recente enriquecimento da China e da Índia aumentou a desigualdade dentro desses países, fazendo com que a renda dos ricos crescesse mais rápido do que a dos pobres — disparidade de renda é consequência inevitável da economia em expansão —, embora o efeito global do crescimento da China e da Índia tenha sido reduzir a diferença entre ricos e pobres em todo o mundo.[17] Como disse Hayek, "quando o avanço de posição dos pobres ganha velocidade, o suprimento para os ricos deixa de ser a principal fonte de grandes ganhos e dá lugar a esforços direcionados para as necessidades das massas. Essas forças, que a princípio fazem a desigualdade se acentuar, tendem, da mesma forma, a reduzi-la mais tarde".[18]

Em outro aspecto a desigualdade também diminui. A distância da pontuação de Quociente Intelectual (QI) encolhe constantemente — os mais baixos estão se aproximando dos mais altos. Isso explica a firme, progressiva e ubíqua melhoria nas pontuações médias de QI que as pessoas atingem em determinada idade — a uma taxa de 3% por década. Em dois estudos espanhóis, o QI se mostrou 9,7 pontos mais alto após trinta anos, a maior parte entre a metade menos inteligente do grupo. Esse fenômeno ficou conhecido como Efeito Flynn por causa de James Flynn, o primeiro a chamar atenção para ele.[19] O fenômeno foi descartado a princípio como produto artificial da troca de testes, ou simples reflexo de uma escolaridade mais longa e melhor. Mas os fatos não se ajustam a essas explicações porque o efeito é consistentemente mais fraco nas crianças mais inteligentes e nos testes que se relacionam mais com o conteúdo educacional. É um aumento causado pela equalização da nutrição, do estímulo ou da diversificação da experiência infantil. Pode-se argumentar, naturalmente, que o QI pode não ser verdadeiramente representativo da inteligência, mas não se pode contestar que alguma coisa está melhorando — e está mais equitativa ao mesmo tempo.

Até a Justiça melhorou graças à nova tecnologia, que revela prisões erradas e identifica criminosos reais. Até hoje, 234 americanos inocentes foram libertados como resultado de análises de DNA depois de passarem 12 anos em média na prisão; 17 deles estavam no corredor da morte.[20] O absoluto primeiro uso forense do DNA em 1986 libertou um homem inocente e ajudou a pegar o assassino verdadeiro, padrão que se repetiu muitas vezes desde então.

Luz barata

Essas pessoas mais ricas, saudáveis, altas, inteligentes, com expectativa de vida maior, mais livres — o seu lote, leitor —, têm desfrutado de tal abundância que a maioria das coisas de que precisam se torna constantemente mais barata. As quatro necessidades humanas mais elementares — comida, roupa, combustível e abrigo — ficaram marcantemente mais baratas durante os dois séculos passados. Comida e roupa especialmente (não obstante uma breve alta no preço dos alimentos em 2008), o combustível, mais erraticamente, e até a moradia está provavelmente mais barata também: por surpreendente que possa parecer, a casa média de família provavelmente custa um pouco menos hoje do que custava em 1900 ou até 1700,[21] apesar de incluir utilidades muito mais modernas, como eletricidade, telefone e encanamento. Se suprir as necessidades básicas ficou mais barato, então há mais renda disponível para gastar com luxos. A iluminação artificial está na fronteira entre necessidade e luxo. Em termos monetários, a mesma quantidade de iluminação artificial custava 20 mil vezes mais na Inglaterra no ano 1300 do que custa hoje.[22]

Por enorme que seja essa diferença, em termos de trabalho a mudança é ainda mais impressionante, e a melhoria, talvez, ainda mais recente. Pergunte quanta iluminação artificial se pode comprar com uma hora de trabalho do salário médio. A quantidade cresceu de 24 lumens-hora em 1750 a.C. (lamparina a óleo de gergelim) para 186 em 1800 (vela de sebo), 4.400 em 1880 (lampião a querosene), 531 mil em 1950 (lâmpada elétrica incandescente) e 8,4 milhões de lumens-hora hoje (lâmpada fluorescente compacta). Em outros termos, uma hora de trabalho hoje obtém para você trezentos dias de luz para leitura; uma hora de trabalho em 1800 obtinha 10 minutos de luz para leitura.[23] Ou inverta e pergunte quanto você teria de trabalhar para ganhar uma hora de luz de leitura — digamos, a luz de uma lâmpada fluorescente compacta de 18 watts queimando por uma hora. Hoje, isso custaria a você menos de meio segundo do seu tempo de trabalho, se ganha o salário médio: meio segundo para uma hora de luz. Em 1950, com uma lâmpada convencional de filamento e o salário de então, você teria de trabalhar oito segundos para conseguir a mesma quantidade de luz. Se estivesse usando um lampião a querosene nos anos 1880, teria de trabalhar uns 15 minutos para obter a mesma quantidade de luz. Uma lâmpada de sebo nos anos 1800: mais de seis horas de trabalho. E conseguir a mesma quantidade de luz de uma lamparina a óleo de gergelim na Babilônia em 1750 a.C. teria custado a você mais de 50 horas de trabalho. De seis horas a meio segundo — uma melhoria de 43.200 vezes — por uma hora de luz: isso é o quanto está melhor a situação em que você se encontra em relação à em que o seu ancestral estava em 1800, usando a moeda que conta, o tempo.[24] Vê por que a minha família fictícia está à luz da lareira?

Grande parte dessa melhoria não se inclui nos cálculos do custo de vida, que luta para comparar igual com desigual. O economista Don Boudreaux imaginou o americano médio de volta ao ano de 1967 com sua renda moderna.[25] Ele poderia ser a pessoa mais rica da cidade, mas nenhuma quantidade de dinheiro compraria para ele as delícias do eBay, Amazon, Starbucks, Walmart, Prozac, Google ou Blackberry. Os números esclarecedores citados acima nem levam em conta a maior conveniência e limpeza da eletricidade moderna comparada com velas ou querosene — o ato simples de acionar o interruptor, a falta de fumaça, cheiro ou faísca, o risco menor de incêndio. E o aperfeiçoamento da iluminação não terminou. As lâmpadas fluorescentes compactas podem ser três vezes mais eficientes do que as lâmpadas de filamento para transformar os elétrons de energia em fótons de energia, mas os diodos emissores de luz (LEDs) estão rapidamente superando-as (na ocasião que isto estava sendo escrito, foi demonstrado que os LEDs são dez vezes mais eficientes que as lâmpadas incandescentes) e têm o benefício extra de trabalhar em escala portátil. Uma lanterna elétrica LED barata, equipada com bateria de luz solar, certamente logo transformará a vida de algumas das 1,6 bilhão de pessoas que não têm fiação elétrica, destacando-se entre elas os camponeses africanos. Os LEDs ainda são reconhecidamente caros demais para substituir a maioria das lâmpadas elétricas, mas isso pode mudar.

Pense no que significam essas melhorias na eficiência da iluminação. Pode-se ter muito mais luz, ou trabalhar muito menos para isso, ou adquirir alguma outra coisa. Dedicar menos do seu trabalho semanal para obter sua iluminação significa devotar mais tempo para fazer outra coisa. Essa outra coisa pode representar emprego para outra pessoa. O aperfeiçoamento da tecnologia da luz liberou você para fazer ou comprar outro produto ou serviço, ou fazer um ato de caridade. Isso é o que significa crescimento econômico.

Poupando tempo

Tempo: esta é a chave. Esqueça dólares, qualquer outra moeda ou ouro. A verdadeira medida do valor de alguma coisa são as horas necessárias para adquiri-la. Se você tem de obtê-la por você mesmo, isso normalmente demora mais do que se comprá-la pronta de outras pessoas. E se o que puder obter dos outros for feito com eficiência, então poderá comprar mais coisas deles. Conforme a luz ficava mais barata, as pessoas a usavam mais. O britânico médio hoje em dia consome, *grosso modo*, 40 mil vezes mais luz artificial do que consumia em 1750.[26] Ele também consome 50 vezes mais energia e 250 vezes mais transporte (medido em passageiros-milhas viajadas).

Prosperidade é isto: o aumento da quantidade de bens ou serviços que se pode obter com a mesma quantidade de trabalho. Até mesmo numa época tão avançada quanto meados de 1800, uma viagem de carruagem de Paris a Bordeaux custava o equivalente ao salário de um mês de um balconista; hoje, a viagem custa um dia mais ou menos e é 50 vezes mais rápida. Meio galão (aproximadamente 2 litros) de leite custava ao americano médio dez minutos de trabalho em 1970, mas apenas sete minutos em 1997. Uma chamada telefônica de três minutos de Nova York a Los Angeles custava noventa horas de trabalho do salário médio em 1910; hoje custa menos de dois minutos. Um quilowatt/hora de eletricidade custava uma hora de trabalho em 1900 e cinco minutos hoje. Nos anos 1950, um cheesebúrguer do McDonald's custava trinta minutos de trabalho; hoje, três minutos. Seguro-saúde e educação estão entre as poucas coisas que agora custam mais em termos de horas trabalhadas do que em 1950.[27]

Até os mais notórios capitalistas, os barões ladrões do fim do século XIX, normalmente ficavam ricos tornando as coisas mais baratas. Cornelius Vanderbilt foi o homem para quem o *New York Times* usou primeiro o termo "barão ladrão". Ele é o verdadeiro epítome da expressão. Ainda assim, observe o que o *Harper's Weekly* tinha a dizer sobre sua ferrovia em 1859:[28]

Os resultados em todos os casos do estabelecimento de linhas concorrentes por Vanderbilt têm sido a permanente redução do preço das passagens. Onde quer que ele tenha "imposto" uma linha concorrente, as passagens foram instantaneamente reduzidas, e não obstante a competição terminasse quando ele comprava os concorrentes, como fazia com frequência, ou eles o compravam, as passagens nunca eram aumentadas novamente para o antigo padrão. Esse grande benefício — viagem barata — esta comunidade deve principalmente a Cornelius Vanderbilt.

O preço dos fretes ferroviários caiu 90% entre 1870 e 1900. Há pouca dúvida de que Vanderbilt ocasionalmente subornou e ameaçou para ter sucesso, e ele, às vezes, pagava aos seus trabalhadores salários mais baixos que outros — não estou tentando transformá-lo em santo —, mas também não há dúvida de que, ao longo do caminho, ele conferiu aos consumidores um enorme benefício que, de outra forma, lhes teria sido privado — transporte acessível. Da mesma forma, Andrew Carnegie, enquanto se fazia imensamente rico, reduziu o preço de um trilho de aço em 75%, no mesmo período; John D. Rockefeller cortou o preço do aço em 80%. Durante aqueles trinta anos, o PIB *per capita* dos americanos subiu 66%. Eles também eram barões-enriquecedores.[29]

Henry Ford ficou rico fazendo carros baratos.[30] Seu primeiro Modelo T foi vendido por US$ 825, ineditamente barato na época, e quatro anos mais tarde ele baixou o preço para US$ 575. Em 1908, um Modelo T custava 4.700 horas de trabalho. Hoje são necessárias mil horas de trabalho para comprar um carro comum — embora o carro esteja lotado de peças que o Modelo T nunca teve. O preço do alumínio caiu de US$ 545 por libra-peso* nos anos 1880 para 20 *cents* a libra nos anos 1930,[31] graças às inovações de Charles Martin Hall e seus sucessores na Alcoa. (A recompensa da Alcoa por esse corte no preço foi ser processada pelo governo com 140 acusações de monopólio criminoso, a rápida redução do preço do produto sendo usada como prova da determinação de intimidar a concorrência. A Microsoft sofreria a mesma acusação mais tarde, no

---

*Uma libra-peso é igual a 453,59 g. [*N. da T.*]

mesmo século.) Quando Juan Trippe vendeu barato assentos na classe turística em sua linha aérea Pan Am, em 1945,[32] as outras linhas aéreas ficaram tão indignadas que fizeram uma petição aos respectivos governos para banir a Pan Am: a Grã-Bretanha, vergonhosamente, aceitou, e, então, a Pan Am passou a voar para a Irlanda. O preço da computação caiu tanto no último quarto do século XX que a capacidade de uma pequena calculadora de bolso em 2000 teria custado a você uma vida de salários em 1975. Na Grã-Bretanha, o preço de um aparelho de DVD caiu de £400 em 1999 para apenas £40 somente cinco anos depois, queda que se equiparou à que ocorreu antes com o gravador de vídeo, mas foi muito mais rápida.

A queda dos preços ao consumidor é o que enriquece as pessoas (a deflação dos preços de ativos pode arruiná-las, mas isso acontece porque elas usam os preços dos ativos para terem com que comprar artigos de consumo). Uma vez mais, observe que a verdadeira métrica da prosperidade é o tempo. Se Cornelius Vanderbilt ou Henry Ford não apenas levam você mais rápido para onde quer ir, mas pedem a você que trabalhe menos horas para conseguir o preço da passagem, então eles o enriquecem ao lhe conceder um bocado de tempo livre. Se você decidir gastar o tempo poupado consumindo a produção de outra pessoa, então poderá torná-la mais rica, por sua vez; se decidir gastá-lo produzindo para o consumo dela, então você também ficará mais rico.

A moradia também está comichando para ficar mais barata, mas, por razões confusas, os governos não medem esforços para impedir isso. Enquanto se levava 16 semanas para pagar o preço de 100 m² de moradia em 1956, agora se leva 14 semanas, e a moradia é de melhor qualidade.[33] Mas, dada a facilidade com que o maquinário moderno pode montar uma casa, o preço deveria ter baixado muito mais rápido. Os governos impedem isso, usando, primeiro, o planejamento ou leis de zoneamento para restringir o suprimento de terra (especialmente na Grã-Bretanha); segundo, usando o sistema de impostos para estimular o empréstimo hipotecário (nos Estados Unidos ao menos — na Grã-Bretanha não mais); e terceiro, fazendo tudo que podem para impedir a queda dos preços das propriedades após uma bolha. O efeito dessas medidas é tornar mais dura a vida daqueles que ainda não têm casa e recompensar maciçamente os que têm. Para remediar isso, os governos, então, forçam a construção de moradias mais baratas, ou subsidiam o empréstimo hipotecário para os pobres.[34]

Felicidade

As pessoas se tornam mais felizes à medida que necessidades e luxos ficam mais baratos? Uma pequena indústria caseira cresceu na virada do século XXI devotada ao tema da economia da felicidade. Começou com o paradoxo de que as pessoas mais ricas não são necessariamente as mais felizes. Além de um determinado nível de renda *per capita* (US$ 15 mil por ano, segundo Richard Layard),[35] o dinheiro não parece comprar bem-estar subjetivo. À medida que livros e ensaios sobre o assunto jorravam da academia, a *Schadenfreude*, um certo prazer em ver o sofrimento alheio, se instalou em grande escala entre analistas felizes por ver confirmada a infelicidade dos ricos. Os políticos entenderam, e os governos da Tailândia à Grã-Bretanha começaram a pensar em como maximizar a felicidade nacional bruta em lugar do PIB. Como resultado, departamentos do governo britânico agora têm "divisões de bem-estar". Ao rei Jigme Singye Wangchuck, do Butão, se atribui ter sido o primeiro a pensar nisso, em 1972, quando declarou que o crescimento econômico era meta secundária para o bem-estar nacional. Se o crescimento econômico não produz felicidade, disse o novo sábio, então não fazia sentido lutar por prosperidade, e a economia mundial deveria ser levada a um pouso tranquilo num nível razoável de renda. Ou, como disse um economista: "Os hippies estavam certos o tempo todo."[36]

Se for verdade, isso fura um pouco o balão do otimista racional. Para que celebrar a contínua derrota da morte, da escassez, da doença e do trabalho penoso se isso não torna as pessoas mais felizes? Mas isso não é verdade. O debate começou com um estudo de Richard Easterlin em 1974,[37] que descobriu que, embora num país rico as pessoas ricas sejam de modo geral mais felizes do que as pessoas pobres, os países mais ricos não tinham cidadãos mais felizes do que os países pobres. Desde então, o "paradoxo Easterlin" se tornou o dogma central do debate. O problema é que ele está errado. Dois estudos foram publicados em 2008 analisando todos os dados, e a conclusão clara de ambos é que o paradoxo Easterlin não existe.[38] Pessoas ricas são mais felizes que pessoas pobres; países ricos têm mais pessoas felizes que os países pobres; e as pessoas ficam mais felizes à medida que ficam mais ricas. O primeiro estudo simplesmente trabalhava com amostras pequenas demais para revelar diferenças significativas. Em todas as três categorias de comparação — dentro dos países, entre países e entre épocas —, a renda extra compra, de fato, bem-estar geral. Isso quer dizer que, em média, coletivamente, no geral, outras coisas sendo equitativas, mais dinheiro, de fato, torna as pessoas mais felizes. Nas palavras de um dos estudos, "ao todo, nossas comparações de séries periódicas, assim como a comprovação de repetidos cortes transversais internacionais, parecem apontar para uma importante relação entre crescimento econômico e crescimento do bem-estar subjetivo".[39]

Há exceções. Os americanos atualmente não mostram tendências a uma felicidade crescente. Seria porque os ricos se tornaram mais ricos, e os americanos comuns não prosperaram muito em anos recentes? Ou seria porque os Estados Unidos atraem continuamente imigrantes pobres (infelizes), o que mantém baixo o quociente de felicidade? Quem sabe? Não é porque os americanos são tão ricos que não ficam nem um pouco mais felizes: japoneses e europeus tornaram-se consistentemente mais felizes à medida que enriqueciam, apesar de serem, com frequência, tão ricos quanto os americanos. Além disso, surpreendentemente, as mulheres americanas ficaram menos felizes em décadas recentes, apesar de ficarem mais ricas.

Obviamente, é possível ser rico e infeliz, como muitas celebridades gloriosamente nos lembram. Naturalmente, é possível ficar rico e descobrir que se é infeliz porque não se é ainda mais rico, e o vizinho ou as pessoas da televisão são mais ricos do que você. Os economistas chamam isso de "monotonia hedônica"; o resto de nós chama isso de "tentar ter o padrão de vida de outra pessoa". E é provavelmente verdade que os ricos causam muito dano desnecessário ao planeta ao se esforçarem, continuamente, para serem mais ricos, muito além do ponto em que isso tem algum efeito sobre sua felicidade — afinal, eles são dotados de instintos para "competição e rivalidade" que descendem de caçadores-coletores, cujo status relativo, não absoluto, determinava suas recompensas sexuais. Por esse motivo, um imposto sobre o consumo para estimular a poupança voltada para investimento não é, necessariamente, uma má ideia.[40] Entretanto, isso não significa que alguém seria necessariamente mais feliz se fosse mais pobre — estar em boa situação e infeliz é certamente melhor do que ser pobre e infeliz.[41] Naturalmente, algumas pessoas serão infelizes não importa o quanto sejam ricas, enquanto outras conseguem se recobrar de problemas e ficar alegres mesmo na pobreza: os psicólogos descobriram que as pessoas têm níveis razoavelmente constantes de felicidade aos quais retornam após a alegria ou o desastre.[42] Além disso, um milhão de anos de seleção natural moldaram a natureza humana para ser ambiciosa e educar crianças bem-sucedidas e a não se acomodar no contentamento: as pessoas estão programadas para desejar, não para apreciar.

Ficar rico não é o único e sequer o melhor modo de ser feliz. A liberação social e política é muito mais eficaz, diz o cientista político Ronald Ingleheart:[43] os grandes ganhos em felicidade vêm de se viver numa sociedade que proporciona liberdade para que se façam escolhas sobre o estilo de vida — onde viver, com quem se casar, como expressar a sexualidade e assim por diante. É o aumento da livre escolha desde 1981 que tem sido responsável pelo aumento de felicidade registrado desde então em 45 de 52 países. Ruut Veenhoven acha que "quanto mais individualizada a nação, mais os cidadãos desfrutam a vida".[44]

Trituração

E mesmo assim, por melhor que seja a vida, a vida não é boa. Estatísticas de recente aumento da felicidade soam tão ocas para um trabalhador da indústria automobilística demitido em Detroit e para o dono de uma casa desapropriada em Reykjavik, capital da Islândia, quanto soariam para uma vítima de cólera no Zimbábue ou um refugiado de genocídio no Congo. Guerra, doença, corrupção e ódio ainda desfiguram a vida de milhões de pessoas; terrorismo nuclear, elevação dos níveis do mar e gripe pandêmica ainda podem tornar a Terra no século XXI um lugar horrível. Verdade, mas presumir o pior não evitará esses fados; lutar para continuar a melhorar a sorte humana, sim. Precisamente porque tanta melhoria humana foi possível em séculos recentes, a contínua imperfeição do mundo impõe para a humanidade o dever moral de permitir que a evolução econômica continue. Impedir a mudança, a inovação e o crescimento é bloquear o caminho do potencial de compaixão. Nunca nos esqueçamos de que, ao propagar cuidado excessivo com a ajuda mediante oferta de comida geneticamente modificada, alguns grupos de pressão podem ter exacerbado a fome real em Zâmbia no início dos anos 2000.[45] O princípio preventivo [46] — melhor seguro que arrependido — condena a si mesmo: num mundo lamentável, não há segurança na imobilidade.

Mais recentemente, o desastre financeiro de 2008 causou uma profunda e dolorosa recessão que vai gerar desemprego em massa e miséria real em muitas partes do mundo. Para muitos hoje, a realidade da elevação dos padrões de vida parece um embuste, um esquema de pirâmide alcançado mediante empréstimos do futuro.

Até estourar, em 2008, Bernard Madoff ofereceu aos investidores rendimentos altos e constantes sobre seu dinheiro, de mais de 1% ao mês por trinta anos. Fez isso pagando os velhos investidores com o capital de novos investidores, uma enganosa corrente por carta* que não poderia durar. Quando a música parou, US$ 65 bilhões em dinheiro de investidores tinham sido saqueados. Foi mais ou menos o que John Law fez em Paris com a Mississippi Company em 1719, o que John Blunt fez em Londres com a South Sea em 1720, o que Charles Ponzi fez em Boston em 1920 com cupons de resposta para selos do correio, o que Ken Lay fez com as ações da Enron em 2001.

Seria possível que não apenas o recente *boom* de crédito, mas toda a elevação dos padrões de vida do pós-guerra tenha sido um esquema Ponzi, que se tornou possível com a gradativa expansão do crédito? Que, de fato, tenhamos ficado ricos pegando emprestado de nossos filhos e que o dia do ajuste de contas está próximo? Certamente é verdade que a sua hipoteca é

---

*Operação fraudulenta conhecida no Brasil como "pirâmide". [*N. da T.*]

um empréstimo (por via de um poupador de outro lugar, talvez da China) tomado de seus filhos, que irão pagá-la. Também é verdade, dos dois lados do Atlântico, que a sua pensão estatal será financiada com impostos pagos por seus filhos e não por suas contribuições na folha de pagamento, como muitos pensam.

Mas não há nada extraordinário nisso. Na verdade, é um padrão humano muito típico. Com a idade de 15 anos, os chimpanzés terão produzido cerca de 40% e consumido cerca de 40% das calorias de que irão precisar durante a vida inteira. Com a mesma idade, os caçadores-coletores humanos terão consumido cerca de 20% das calorias de toda a vida, mas produzido apenas 4%.[47] Mais do que qualquer outro animal, os seres humanos tomam emprestado de suas futuras habilidades ao depender dos outros em seus anos iniciais. Uma grande razão para isso é que os caçadores-coletores sempre se especializaram em alimentos que necessitam de extração e processamento — raízes que precisam ser escavadas e cozidas, moluscos que precisam ser abertos, nozes que precisam ser quebradas, carcaças que precisam ser cortadas — enquanto os chimpanzés comem coisas que simplesmente precisam ser encontradas e reunidas, como frutas ou cupins. Aprender a extrair e processar exige tempo, prática e um cérebro grande, mas, tendo aprendido, o ser humano (ele ou ela) é capaz de produzir um imenso suprimento de calorias para dividir com os filhos. Curiosamente, esse padrão de produção durante a vida dos caçadores-coletores é mais o estilo de vida moderno do Ocidente do que os estilos de vida agrícola, feudal ou do início da industrialização. Em outras palavras, a ideia de crianças levando até mesmo vinte anos para começar a produzir mais do que consomem e tendo depois quarenta anos de produtividade muito alta é comum aos caçadores-coletores e às sociedades modernas, mas era menos verdade no período intermediário, quando as crianças podiam e, de fato iam, trabalhar para bancar seu próprio consumo.

A diferença hoje é que as transferências entre gerações assumem forma mais coletiva — imposto de renda sobre todas as pessoas produtivas em seus melhores salários paga a educação para todos, por exemplo. Nesse sentido, a economia (como uma corrente por carta, mas não como um tubarão, na verdade) deve continuar a seguir em frente, ou desmorona.

O sistema bancário possibilita às pessoas tomar emprestado e consumir quando são jovens, e poupar e emprestar quando são velhas, facilitando os padrões de vida de suas famílias ao longo das décadas. A posteridade pode pagar pelas vidas de seus ancestrais porque a posteridade pode ser mais rica através da inovação. Se alguém em algum lugar faz uma hipoteca, que pagará no período de três décadas, para investir num negócio que inventa um dispositivo que poupa o tempo de seus clientes, então esse dinheiro, trazido do futuro, vai enriquecer tanto ele quanto os clientes a um ponto em que o empréstimo poderá ser pago na posteridade. Isso é crescimento. Se, por outro lado, alguém faz um empréstimo apenas para sustentar seu estilo de vida luxuoso, ou para especular no mercado de ativos comprando uma segunda casa, então a posteridade será o perdedor. Agora está claro que foi isso que demasiadas pessoas e empresas fizeram nos anos 2000 — tomaram mais emprestado da posteridade do que sua taxa de inovação aguentaria; deslocaram recursos para fins improdutivos. Muitas explosões passadas de prosperidade humana deram em nada porque muito pouco dinheiro foi alocado para inovação e dinheiro demais para a inflação de preços de ativos, ou para guerra, corrupção, luxo e roubo.

Na Espanha de Carlos V e Filipe II, a gigantesca riqueza das minas de prata peruanas foi desperdiçada. A mesma "maldição de recursos"[48] afligiu países com sorte inesperada desde então, especialmente os que têm petróleo (Rússia, Venezuela, Iraque, Nigéria), que terminaram governados por autocratas buscadores de renda. A despeito de sua boa sorte, esses países experimentaram crescimento econômico menor do que países a que faltam totalmente recursos naturais, mas que se ocupam de comércio e venda — Holanda, Japão, Hong Kong, Cingapura, Taiwan, Coreia do Sul. Até o povo holandês, aqueles epítomes da empresa do século XVII, caiu sob a maldição dos recursos, no fim do século XX, quando encontrou gás natural demais: a doença holandesa, eles o chamaram, quando a moeda inflacionada prejudicou os exportadores. O Japão passou a primeira metade do século XX buscando, ciumentamente, agarrar recursos e acabou em ruínas; passou a segunda metade do século comerciando e vendendo, sem recursos naturais, e acabou no topo da liga da expectativa de vida. Nos anos 2000, o Ocidente esbanjou grande parte da herança da poupança chinesa que o Federal Reserve, o banco central dos EUA, deixou fluir no nosso caminho.

Então, sempre que alguém alocar capital suficiente para inovação, o sufocamento do crédito não impedirá, no longo prazo, a inexorável marcha ascendente dos padrões de vida da humanidade. Se você olhar um gráfico da renda mundial *per capita*, a Grande Depressão dos anos 1930 é apenas uma pequena reentrância na encosta.[49] Perto de 1939, até os países mais afetados, Estados Unidos e Alemanha, estavam mais ricos do que eram em 1930. Todo tipo de novos produtos e indústrias nasceu durante a Depressão:[50] em 1937, 40% das vendas da DuPont vinham de produtos que sequer existiam antes de 1929, como raiom, esmalte e filme de celulose. Então, o crescimento será retomado — a menos que impedido por políticas erradas. Alguém, em algum lugar, ainda está refinando um fragmento de software, testando um novo material, ou transferindo um gene que tornará a sua vida e a minha mais fáceis no futuro. Não posso saber quem, ou onde ele está com certeza, mas me deixe apontar um candidato. Na semana em que escrevi este parágrafo, uma pequena companhia chamada Arcadia Biosciences, no norte da Califórnia,[51] assinou acordo com uma ação de caridade na África para licenciar, isento de royalties para pequenos proprietários, novas variedades de um arroz que podem crescer com menos fertilizantes de nitrogênio e com o mesmo rendimento graças à presença maciça em suas raízes de uma versão do gene chamado alanina aminotransferase, tomado emprestado da cevada. Admitindo que as variedades funcionem na África tão bem quanto na Califórnia, algum africano irá algum dia plantar e vender mais alimentos (com menos poluição), o que, por sua vez, significa que terá mais dinheiro para gastar, ganhando o que custa, digamos, um celular, que comprará de uma companhia do Ocidente, que o ajudará a encontrar mercado melhor para o arroz. Uma empregada daquela companhia do Ocidente terá aumento salarial, que gastará num novo par de jeans, feito de tecido de algodão, numa fábrica que emprega o vizinho daquele pequeno proprietário. E assim por diante.

Enquanto novas ideias puderem se desenvolver dessa forma, o progresso econômico humano poderá prosseguir. Talvez se passem apenas um ou dois anos até o crescimento mundial reiniciar-se depois da atual crise, ou será uma década perdida para alguns países. Pode até ser que partes do mundo sejam convulsionadas por uma descida à autarquia, ao autoritarismo e à violência, como aconteceu nos anos 1930, e que uma depressão cause uma grande guerra. Mas enquanto em algum lugar alguém for incentivado a inventar meios de atender melhor as necessidades dos outros, então o otimista racional deverá concluir que o aperfeiçoamento da vida humana finalmente será retomado.

A declaração de interdependência

Imagine que você é um cervo. Você tem, essencialmente, apenas quatro coisas para fazer durante o dia: dormir, comer, evitar ser comido e socializar-se (com o que quero dizer marcar território, perseguir um membro do sexo oposto, proteger uma cria, o que for). Não há necessidade real de fazer muito mais. Agora compare com um ser humano. Se contar apenas coisas básicas, terá muito mais do que apenas quatro coisas para fazer: dormir, comer, cozinhar, vestir-se, cuidar da casa, viajar, tomar banho, fazer compras, trabalhar... a relação é quase interminável. Os cervos deveriam, portanto, ter mais tempo livre que os seres humanos, mas são pessoas e não cervos que encontram tempo para ler, escrever, inventar, cantar e navegar na internet. De onde vem todo esse tempo livre? Vem da troca, da especialização e da resultante divisão do trabalho. Um cervo tem de achar a própria comida. Um ser humano consegue alguém mais para fazer isso por ele, enquanto ele ou ela está fazendo alguma coisa para eles — e ambos ganham tempo dessa maneira.

A autossuficiência não é, portanto, o caminho para a prosperidade. "Quem teria avançado mais ao fim de um mês", perguntou Henry David Thoreau:[52] "o rapaz que fez seu próprio canivete com o minério que cavou e derreteu, lendo tudo que seria necessário para isso, ou o rapaz que assistiu às aulas de metalurgia nesse meio-tempo e ganhou do pai um canivete Rodgers'? Contrariando Thoreau, na verdade, foi o último, por grande distância, porque tem muito mais tempo livre para aprender outras coisas. Imagine se você tivesse de ser completamente autossuficiente (não apenas fingir, como Thoreau). Todos os dias você tem de se levantar de manhã e se suprir inteiramente com seus próprios recursos. Como passaria o dia? As quatro prioridades seriam comida, combustível, roupa e abrigo. Revolver a terra do jardim; dar comida aos porcos; trazer água do poço; juntar madeira da floresta; lavar algumas batatas; acender um fogo (sem fósforos); cozinhar o almoço; consertar o telhado; renovar a palha que lhe serve de cama; fazer ponta numa agulha; tecer alguns fios; costurar couro para sapatos; lavar-se no riacho; fazer uma panela de barro; pegar e cozinhar uma galinha para o jantar. Nenhuma vela, e nenhum livro para ler. Nenhum tempo para derreter metal, extrair óleo ou viajar. Por definição, você está em nível de sobrevivência e, francamente, embora a princípio possa murmurar, à maneira de Thoreau, "o quão maravilhoso é fugir de todo o terrível turbilhão", depois de alguns dias a rotina se tornará bastante sombria. Se quiser ter até mesmo a mais mínima melhoria em sua vida — digamos ferramentas de metal, pasta de dente ou iluminação —, alguém mais terá de fazer as suas tarefas, porque simplesmente não há tempo para fazê-las você mesmo. Então, um caminho para elevar o seu padrão de vida seria baixar o de alguém mais: compre um escravo. Foi assim, na verdade, que, durante milhares de anos, pessoas se tornaram ricas.

Porém, embora não tenha escravos, quando se levantou da cama hoje, você sabia que alguém lhe forneceria alimentos, fibras têxteis e combustível da forma mais conveniente possível. Em 1900, o americano médio gastava US$ 76 em cada US$ 100 com comida, roupa e abrigo. Hoje, gasta US$ 37.[53] Se você recebe o salário médio, sabe que seria questão de algumas dezenas de minutos obter o dinheiro para pagar pela comida, algumas dezenas de minutos mais conseguir o dinheiro para comprar quaisquer roupas novas de que necessite, e, talvez, uma ou duas horas para ganhar o dinheiro para pagar o gás, a eletricidade e o combustível de que poderá precisar hoje. Conseguir o dinheiro do aluguel ou do pagamento da hipoteca que lhe assegura um teto sobre a cabeça você poderia levar muito mais tempo. Mesmo assim, por volta da hora do almoço, você poderia relaxar, sabendo que a comida, o combustível, as fibras e o abrigo estavam garantidos para o dia. Então, seria hora de obter alguma coisa mais interessante: assinatura da televisão por satélite, conta do celular, poupança para férias, brinquedos novos para as crianças, imposto de renda. "Produzir implica que o produtor deseja consumir", disse John Stuart Mill; "por que outro motivo ele faria trabalho inútil?"[54]

Em 2009, um artista chamado Thomas Thwaites decidiu fazer sua própria torradeira,[55] algo que poderia comprar numa loja por £4. Precisava apenas de alguns materiais brutos: ferro, cobre, níquel, plástico e mica (material isolante que envolve os elementos aquecidos). Mas achou quase impossível até mesmo conseguir isso. O ferro é feito de minério de ferro, que poderia provavelmente tirar da mina, mas como construir uma fornalha suficientemente quente sem foles elétricos? (Trapaceou e usou um forno de micro-ondas.) Plástico é feito de petróleo, que não poderia facilmente extrair sozinho, que dirá refinar. E assim por diante. Para resumir, o projeto levou meses, custou um bocado de dinheiro e resultou num produto inferior. Embora comprar uma torradeira de £4 lhe teria custado menos de uma hora de trabalho paga pelo salário mínimo. Para Thwaites, isso ilustrou seu desamparo como consumidor completamente divorciado da autossuficiência. Também ilustra a mágica da especialização e da troca: milhares de pessoas, nenhuma delas motivada pelo desejo de fazer um favor a Thwaites, reuniram-se para lhe possibilitar adquirir uma torradeira por uma soma trivial de dinheiro. Na mesma toada, Kelly Cobb, da Universidade Drextel, partiu para fazer um terno masculino inteiramente com materiais produzidos num raio de 160 quilômetros de sua casa.[56] Para conseguir isso foram necessários vinte artesãos e quinhentos homens-hora, e eles tiveram que obter 8% dos materiais fora do raio de 160 quilômetros. Se trabalhassem por mais um ano, poderiam conseguir tudo dentro daquele limite, argumentou Cobb. Para resumir, as fontes locais multiplicaram por 100 o custo de um terno barato.

Enquanto escrevo isto são nove da manhã. Nas duas horas desde que saí da cama, tomei banho com água aquecida por gás do mar do Norte, me barbeei usando uma lâmina americana que funcionou com eletricidade produzida com carvão britânico, comi uma fatia de pão feita com trigo francês, pus nela manteiga da Nova Zelândia e geleia espanhola, depois fiz uma xícara de chá usando folhas cultivadas no Sri Lanka, me vesti com roupas de algodão indiano e lã australiana, sapatos de couro chinês e sola de borracha da Malásia e li um jornal feito com polpa de madeira finlandesa e tinta chinesa. Agora estou sentado a uma mesa digitando num teclado de plástico tailandês (que talvez tenha começado com petróleo de um poço árabe) para movimentar elétrons através de um chip coreano de silício e alguns cabos de cobre chileno para expor um texto num computador projetado e fabricado por uma firma americana. Consumi bens e serviços de dezenas de países nesta manhã. Na verdade, estou adivinhando a nacionalidade de alguns desses itens, porque é quase impossível definir algumas delas como vindas de outros países, tão diversas são suas fontes.

Mais objetivamente, também consumi frações minúsculas do trabalho produtivo de muitas dezenas de pessoas. Alguém teve de extrair petróleo do poço, instalar o encanamento, desenhar a lâmina, cultivar o algodão, criar o software. Todos estavam, embora não soubessem, trabalhando para mim. Em troca de uma fração dos meus gastos, cada um me forneceu uma fração de seu trabalho. Eles me deram o que eu queria apenas quando eu quis — como se eu fosse o *Roi Soleil*, Luís XIV, em Versalhes, em 1700.

O Rei Sol tinha que jantar sozinho toda noite. Servia-se de 40 travessas, em pratos de ouro e prata. Cada refeição era preparada pelo espantoso número de 498 pessoas. Ele era rico porque consumia o trabalho de outras pessoas, principalmente sob a forma de serviços. Era rico porque outras pessoas faziam coisas para ele. Na época, a família média francesa preparava as refeições que consumia, assim como pagava impostos para manter os servos do rei no palácio. Então, não é tão difícil concluir que Luís XIV era rico porque outros eram pobres.

Mas e hoje? Consideremos que você se enquadre na média, que seja, digamos, uma mulher de 35 anos, vivendo em — apenas para argumentar — Paris e que ganhe um salário médio, tenha um marido que trabalha e dois filhos. Você está longe da pobreza, mas, em termos relativos, é imensamente pobre se comparada a Luís XIV. Ele era o homem mais rico, na cidade mais rica do mundo, e você não tem criados, nem palácio, nem carruagem, nem reino. Enquanto volta para casa no metrô apinhado, parando no caminho para comprar uma refeição pronta para quatro, você poderia pensar que os arranjos para o jantar de Luís XIV estavam bem além do seu alcance. Mesmo assim, pense nisto: a cornucópia que a saúda quando entra no supermercado torna acanhada qualquer coisa que Luís XIV jamais experimentou (e é menos provável que tenha salmonela). Você pode comprar uma refeição fresca, congelada, enlatada, defumada ou pré-preparada, feita de carne bovina, galinha, porco, cordeiro, peixe, camarões grandes, vieiras, ovos, batatas, feijões, cenouras, repolho, berinjela, laranjas do Vietnã, raiz de aipo, quiabo, sete tipos de alface, cozidos em azeite de oliva, nozes, girassol ou óleo de amendoim e condimentados com coentro, açafrão, manjericão ou alecrim... Você pode não ter *chefs*, mas pode decidir escolher, segundo seu capricho, entre montes de bistrôs próximos, ou restaurantes italianos, chineses, japoneses ou indianos, cada um dos quais tem uma equipe de habilidosos *chefs* que esperam para servir sua família em menos de uma hora. Pense nisto: nunca antes dessa geração a pessoa média foi capaz de pagar para outra pessoa preparar suas refeições.

Você não emprega um alfaiate, mas pode navegar pela internet e, imediatamente, encomendar de uma variedade quase infinita de excelentes e acessíveis roupas de algodão, seda, linho, lã e náilon, feitas sob medida em fábricas por toda a Ásia. Você não tem carruagem, mas pode comprar uma passagem que irá colocar a seu serviço um piloto experiente de uma linha aérea barata para levá-lo a uma das centenas de destinações que Luís nem sonhou ver. Você não tem lenhadores para trazer troncos para a lareira, mas os operadores de equipamentos de gás da Rússia estão implorando para trazer para você calor limpo e controlado. Você não tem nenhum criado de libré que corte pavios, mas o seu interruptor lhe dá o instantâneo e brilhante produto do trabalho de pessoas numa malha de distantes usinas geradoras de energia nuclear. Você não tem mensageiros para entregar correspondência, mas, agora mesmo, um homem encarregado de reparos está subindo numa torre de telefonia celular em algum lugar do mundo para certificar-se de que está funcionando direito só para o caso de você precisar ligar para determinado celular. Você não tem um farmacêutico particular, mas a sua farmácia local o supre do trabalho manual de muitos milhares de químicos, técnicos e especialistas em logística. Você não tem ministros de governo, mas repórteres diligentes estão a postos, a todo momento, para contar-lhe sobre o divórcio de uma estrela de cinema, se você apenas sintonizar seus canais, ou se conectar com seus *blogs*.

Meu argumento é que você tem muito, muito mais que 498 criados sob seu imediato comando. Claro, à diferença dos servos do Rei Sol, essas pessoas trabalham para muitas outras pessoas também, mas, da sua perspectiva, qual é a diferença? Essa é a mágica que a troca e a especialização forjaram para a espécie humana. "Na sociedade civilizada", escreveu Adam Smith, um indivíduo "está a todos os momentos sob a necessidade da cooperação e assistência de grandes multidões, enquanto toda a sua vida é escassamente suficiente para ganhar a amizade de algumas pessoas."[57] No clássico ensaio de 1958 de Leonard Read, *I, Pencil* [Eu, lápis],[58] um lápis comum descreve como foi feito por milhões de pessoas, de madeireiros do Oregon e mineiros de grafite no Sri Lanka a plantadores de café do Brasil (que forneciam o café bebido pelos madeireiros). "Não existe uma só pessoa em todos esses milhões", conclui o lápis, "incluindo o presidente da companhia de lápis, que contribua com mais de um pedaço mínimo, infinitesimal de *know-how*." O lápis fica espantado com "a ausência de uma mente dominante, de alguém ditando, ou forçosamente direcionando essas incontáveis ações que me fizeram ser".

Isso é o que quero dizer com cérebro coletivo. Como Friedrich Hayek foi o primeiro a ver com clareza, o conhecimento "nunca existe de forma concentrada ou integrada, mas apenas em pedaços dispersos de conhecimento incompleto e, frequentemente, contraditório que todos os indivíduos possuem separadamente".[59]

A multiplicação do trabalho

Você não está apenas consumindo o trabalho e os recursos de outros; está consumindo as invenções também. Um milhar de empresários e cientistas inventou a intricada dança de fótons e elétrons mediante a qual a sua televisão funciona. O algodão que você usa foi torcido e tecido por máquinas de um tipo cujos inventores originais são heróis há muito tempo mortos da Revolução Industrial. O pão que você come foi produzido primeiro por fertilização cruzada por um neolítico mesopotâmico e cozido de forma inventada por um caçador-coletor mesolítico. Seu conhecimento está duradouramente incorporado a máquinas, receitas e programas de que você se beneficia. À diferença de Luís, você inclui entre seus servidores John Logie Baird, Alexander Graham Bell, *sir* Tim Berners-Lee, Thomas Crapper, Jonas Salk e uma miríade sortida de outros inventores. Porque você também é beneficiado pelo trabalho deles, estejam eles vivos ou mortos.

A razão de toda essa cooperação é fazer (Adam Smith novamente) com que "uma pequena quantidade de trabalho produza uma grande quantidade de trabalho".[60] É fato curioso que, em troca dessa cornucópia de serviços, você produza apenas uma coisa. Isso quer dizer que, tendo consumido o labor e incorporado descobertas de milhares de pessoas, você depois produz e vende o que quer que faça no trabalho — corte de cabelo, rolamento de esferas, anúncio de seguros, enfermagem, passeio com cachorros. Mas cada um desses milhares de pessoas que trabalham para "você" se acha igual e monotonamente empregado. Cada uma produz uma coisa. Isso é o que a palavra "emprego" significa: ela se refere à produção singular e simplificada para a qual se devotam as horas de trabalho. Mesmo os que têm vários empregos pagos — escritor *freelancer* de contos/neurocientista, ou executivo de computador/fotógrafo — têm apenas duas ou três ocupações, no máximo. Mas cada um deles consome centenas, milhares, de coisas. Este é o traço que caracteriza a vida moderna, a genuína definição de um alto padrão de vida: consumo diversificado, produção simplificada. Faça uma coisa, use muitas. O horticultor autossuficiente — ou seus predecessores, o camponês autossuficiente, ou o caçador-coletor (que é, de qualquer modo, parcialmente um mito, como argumentarei adiante) — é, em contraste, definido por sua produção múltipla e consumo simples. Ele não faz apenas uma coisa, mas muitas: comida, abrigo, roupas, entretenimento. E, como só consome o que produz, não pode consumir muito. Não é para ele o abacate, Tarantino ou Manolo Blahnik. Ele é sua própria marca.

No ano 2005, se você era um consumidor médio, teria gastado sua renda, pós-dedução de impostos, mais ou menos do seguinte modo:[61]

- 20% num teto sobre sua cabeça
- 18% em carros, aviões, combustível e outras formas de transporte
- 16% em coisas para casa: cadeiras, refrigeradores, telefones, eletricidade, água
- 14% em alimentos, bebidas, restaurantes etc.
- 6% com seguro-saúde
- 5% em cinema, música e todos os entretenimentos
- 4% em roupas de todos os tipos
- 2% em educação
- 1% em sabão, batom, cortes de cabelo e coisas semelhantes
- 11% em seguro de vida e pensões (isto é, poupou para gastos futuros)
- e, infelizmente do meu ponto de vista, apenas 0,3% em leitura

Um agricultor inglês nos anos 1790 teria gastado seu salário mais ou menos como se segue:[62]

- 75% em alimentos
- 10% em roupas e forragem
- 6% em moradia
- 5% em aquecimento
- 4% em luz e sabão

Uma mulher camponesa no moderno Malaui gasta seu tempo mais ou menos como se segue:[63]

- 35% na lavoura de alimentos
- 35% cozinhando, lavando e limpando
- 17% buscando água
- 5% coletando lenha para o fogo
- 9% em outros tipos de trabalho, incluindo um emprego pago

Da próxima vez que abrir a torneira, imagine o que deve ser andar quase dois quilômetros até o rio Shire, na província de Machinga,[64] esperar não ser agarrado por um crocodilo enquanto estiver enchendo seu balde (as

Nações Unidas estimam três mortes por crocodilo ao mês na província de Machinga, muitas delas de mulheres que buscam água), esperar não ter pego uma porção de cólera em seu balde, depois andar de volta, carregando 20 litros que terão de ser suficientes para o consumo do dia de sua família. Não estou tentando fazê-lo sentir-se culpado: estou tentando descobrir o que é que faz de você um felizardo. É ter o trabalho duro de viver tornado fácil por mercados e máquinas e outras pessoas. Não há nada provavelmente que impeça você de buscar água gratuitamente do rio mais próximo em sua cidade natal, mas teria de gastar algo de seus ganhos para que saísse limpa e confortavelmente de sua torneira.

Então, isso é o que pobreza significa. Você é pobre a ponto de não ter condições de vender seu tempo por preço suficiente para comprar os serviços de que necessita, e rico a ponto de poder comprar não apenas os serviços de que necessita, mas também os que você almeja.[65] Prosperidade, ou crescimento, tem sido sinônimo de caminhar da autossuficiência para a interdependência, transformar a família de uma unidade de produção laboriosa, lenta e diversa, numa unidade de consumo fácil, rápido e diverso, pago por uma explosão de produção especializada.

Autossuficiência é pobreza

Está em moda hoje em dia reclamar de "alimento-milha". Quanto mais a comida tem de gastar para chegar ao seu prato, mais combustível foi queimado e mais a paz foi perturbada ao longo do caminho. Mas por que escolher a comida? Por que não protestar também contra camiseta-milha e *laptop*-milha? Afinal, frutas e vegetais respondem por mais de 20% de todas as exportações dos países pobres, enquanto a maioria dos *laptops* vem dos países ricos. Então, escolher importação de alimentos para discriminar especificamente significa escolher países pobres para sanções. Recentemente, após estudar a questão, dois economistas concluíram que todo o conceito de alimentos-milha é um "indicador de sustentabilidade profundamente falho".[66] Levar alimentos do agricultor para a loja causa apenas 4% das emissões de toda a vida dele. A refrigeração da comida britânica emite 10 vezes mais carbono do que seu transporte por frete aéreo do exterior,[67] e o freguês que vai até as lojas emite 50 vezes mais carbono. Uma ovelha da Nova Zelândia enviada para a Inglaterra requer um quarto do carbono para ser levada a um prato em Londres em comparação com uma ovelha galesa; uma rosa holandesa cultivada numa estufa aquecida e vendida em Londres tem seis vezes a quantidade de carbono de uma rosa queniana cultivada sob o sol,[68] usando água reciclada que passa por tanque de criação de peixe e eletricidade geotérmica e dando emprego a mulheres quenianas.

Na verdade, longe de ser insustentável, a interdependência do mundo através do comércio é justamente o que torna a vida moderna tão sustentável como é. Suponha que o seu fabricante local de *laptop* lhe diga que já tem três pedidos e estará fora no fim de semana e não poderá fazer um para você antes do inverno. Você terá de esperar. Ou suponha que o seu produtor local de trigo lhe diga que em decorrência das chuvas do ano passado ele terá de cortar pela metade a entrega de farinha neste ano. Você terá de passar fome. Em vez disso, você se beneficia de um *laptop* global e de um mercado de trigo em que alguém, em algum lugar, tem alguma coisa para vender a você, de forma que existe pouca escassez, apenas modestas flutuações de preço.

Por exemplo, o preço do trigo aproximadamente triplicou em 2006-2008, exatamente como na Europa em 1315-1318.[69] Na data mais distante, a população europeia era menos densa, a agricultura, inteiramente orgânica, e os índices de alimentos-milha, pequenos. Ainda assim, em 2008, ninguém comeu um bebê ou puxou um cadáver da forca para se alimentar. Até a chegada das ferrovias, era mais barato para as pessoas se tornarem fugitivas do que pagar o custo exorbitante da importação de comida para um distrito faminto. A interdependência distribui o risco.

O declínio do emprego na agricultura causou consternação entre os primeiros economistas. François Quesnay e seus colegas "fisiocratas" argumentavam, na França do século XVIII, que a manufatura não produzia riqueza e que mudar da agricultura para a manufatura reduziria a riqueza do país: apenas a agricultura era a verdadeira criadora de riqueza. Dois séculos depois, o declínio do emprego industrial no fim do século XX causou consternação similar entre economistas que viam os serviços como uma distração frívola do importante negócio da manufatura. Ambos estavam igualmente errados. Não existe essa coisa de emprego improdutivo enquanto as pessoas estiverem preparadas para comprar o serviço que você oferecer. Hoje em dia, 1% trabalham na agricultura, e 24%, na indústria,[70] restando 75% para oferecer cinema, refeições de restaurante, serviços de corretagem e aromaterapia.

Arcádia revivida

Mas, certamente, há muito tempo, antes do comércio, da tecnologia e da agricultura, os seres humanos viviam vidas simples, orgânicas, em harmonia com a natureza. Isso não era pobreza; essa era "a sociedade abundante original".[71] Tire um instantâneo da vida dos seres humanos caçadores-coletores em seus dias áureos, digamos 15 mil anos atrás, bem depois da domesticação do cachorro e do extermínio do rinoceronte lanudo, mas logo antes da colonização das Américas. As pessoas tinham lanças, arcos e flechas, barcos, agulhas, enxós, redes. Pintavam arte refinada nas rochas, decoravam seus corpos, comerciavam alimentos, conchas, matérias-primas e ideias. Cantavam canções, dançavam rituais, contavam histórias, preparavam remédios com ervas. Chegavam à velhice com muito mais frequência do que seus antepassados.[72]

Tinham um modo de vida suficientemente adaptável para funcionar em quase todos os *habitats* ou climas. Enquanto todas as outras espécies precisavam de seu nicho, o caçador-coletor podia fazer um nicho em qualquer lugar: à beira-mar ou no deserto, ártico ou trópico, floresta ou estepe.

Um idílio rousseauniano? Os caçadores-coletores certamente pareciam nobres selvagens: altos, de bom talhe, saudáveis e (tendo substituído lanças curtas pelas de arremesso) com menos ossos quebrados que os neandertalenses. Estão cheios de proteínas, sem muita gordura e com abundantes vitaminas. Na Europa, com a ajuda do frio cada vez mais intenso, haviam liquidado amplamente leões e hienas[73] com os quais competiam e se alimentavam de seus predecessores, então tinham pouco a temer de animais selvagens. Não é de estranhar que a nostalgia do Pleistoceno passe pela polêmica atual contra o consumismo. Geoffrey Miller, por exemplo, em seu excelente livro *Spent* [Consumido],[74] pede a seus leitores para imaginar uma mãe Cro-Magnon de 30 mil anos atrás, vivendo num "clã muito unido de família e amigos [...] juntando frutas orgânicas e vegetais [...] enfeitando-se, dançando, tocando tambor e cantando com pessoas que conhece, de que gosta e em quem confia [...] o sol se ergue sobre os 6 mil acres da costa verdejante da Riviera francesa que seu clã domina".

A vida era boa. Ou não? Havia uma serpente no Éden caçador-coletor — um selvagem no nobre selvagem. Talvez não fosse um acampamento de férias permanente, afinal. Porque a violência era uma ameaça crônica e sempre presente. Tinha de ser, porque — na ausência de predadores carnívoros sérios dos seres humanos — a guerra mantinha a densidade populacional abaixo dos níveis que traziam a morte pela fome. "*Homo homini lupus*", disse Plauto. "O homem é o lobo do homem." Se os caçadores-coletores pareciam ágeis e saudáveis é porque os gordos e lentos tinham sido abatidos pelas costas ao nascer do sol.

Aqui estão os dados. Dos !kungs, no Kalahari, aos inuítes, no Ártico, dois terços dos modernos caçadores-coletores mostraram estar num estado quase constante de guerra tribal e 87% experimentavam uma guerra anual. Guerra é uma palavra grande para ataques ao nascer do sol, refregas e muito exibicionismo, mas, como isso acontece com tanta frequência, os índices de fatalidade são altos — normalmente 30% dos machos adultos morrem por homicídio. A taxa de morte por guerra de 0,5% da população por ano,[75] tão típica de muitas sociedades de caçadores-coletores, seria equivalente a 2 bilhões de pessoas morrendo durante o século XX (em vez de 100 milhões). Num cemitério descoberto em Jebel Sahaba, no Egito,[76] datando de 14 mil anos atrás, 24 dos 59 cadáveres tinham morrido de feridas que não sararam, causadas por lanças, dardos e fechas. Desses corpos, 40 eram de mulheres ou crianças. Mulheres e crianças em geral não participam das guerras — mas são, frequentemente, o motivo da luta. Ser abduzida como prêmio sexual e ver seus filhos mortos não era, quase com certeza, um destino feminino raro na sociedade caçadora-coletora. Depois de Jebel Sahaba, esqueça o Jardim do Éden, pense em *Mad Max*.*

---

*Estrelado por Mel Gibson e Tina Turner, o filme conta a história dos habitantes de Bartertown, cidade que surgiu na Austrália após a guerra nuclear. [*N. da T.*]

Não só a guerra limitava o crescimento populacional. Os caçadores-coletores estavam, com frequência, vulneráveis a períodos de fome. E mesmo quando a comida é abundante, a coleta obrigava a tantas viagens e problemas para ser obtida em volume suficiente que as mulheres não conseguem preservar o excedente necessário para se manterem plenamente férteis por mais que alguns anos após a juventude. O infanticídio era recurso comum em tempos difíceis. A doença também não estava muito longe: gangrena, tétano e muitos tipos de parasita teriam sido grandes matadores. Mencionei escravidão? Comum no noroeste do Pacífico. Espancamento da mulher? Rotina na Terra do Fogo. Falta de sabão, água quente, pão, livros, filmes, metal, papel, tecido? Quando conhecer uma dessas pessoas que chegam a ponto de dizer que preferiam viver em alguma idade passada, supostamente mais deliciosa, lembre-as apenas das instalações sanitárias do Pleistoceno, das opções de transporte dos imperadores romanos ou dos piolhos de Versalhes.

O chamado do novo

Apesar disso, você não precisa ser um entusiasta do estilo de vida da Idade da Pedra para denunciar aspectos da moderna sociedade de consumo como esbanjamento obsceno. Por que, pergunta Geoffrey Miller,[77] "o mais inteligente primata do mundo compraria um veículo utilitário-esportivo Hummer H1 Alpha", onde se sentam quatro pessoas e que chega a 16 quilômetros com 4 litros, leva mais ou menos 13,5 segundos para atingir 100 quilômetros por hora e é vendido a US$ 139.771? Porque, ele responde, o ser humano evoluiu para lutar por status social e mérito sexual. Isso implica que, longe de ser meramente materialista, o consumo humano já é impulsionado por uma sorte de pseudoespiritualismo que procura amor, heroísmo e admiração. Embora essa sede de status estimule depois as pessoas a inventar receitas para reorganizar os átomos, elétrons ou fótons do mundo de um modo que permita combinações úteis para outras pessoas. Ambição é transmutada em oportunidade. Foi supostamente uma jovem concubina imperial chinesa em 2600 a.C. que pensou na seguinte receita para reorganizar em lindos tecidos estruturas secundárias em proteínas de polipeptídeos ricos em aminoácidos: pegue uma larva de mariposa, alimente-a com folhas de amora durante um mês, deixe-a enrolar um casulo, aqueça-o para matá-la, ponha o casulo na água para desgrudar o fio de seda, cuidadosamente puxe o único fio de um quilômetro de extensão do qual o casulo é feito enrolando-o em uma roda, torça o fio e teça um tecido. Depois tinja, corte e costure, anuncie e venda por dinheiro. Guia rústico de quantidades: é preciso 10 libras-peso de folhas de amora para obter 100 casulos de larva do bicho-da-seda suficientes para fazer uma gravata.

Sustento que a história central da humanidade é o crescimento cumulativo de conhecimento por especialistas que permite a cada um consumir cada vez mais coisas diferentes enquanto cada um produz cada vez menos coisas. A inovação muda o mundo, mas apenas porque ajuda na elaboração da divisão do trabalho e estimula a divisão do tempo. Esqueça guerras, religiões, fomes e poemas por um momento. Este é o grande tema da história: a metástase da troca, da especialização e da invenção que aconteceu como resultado — em suma, a "criação" do tempo. O otimista racional convida você a se afastar e olhar para a sua espécie de forma diferente para ver a grande empresa da humanidade que progrediu — com frequentes derrotas — por 100 mil anos. E, depois, quando tiver visto isso, considere se essa empresa está encerrada, ou se, como clama o otimista, ainda tem séculos e milênios diante de si. Se, de fato, poderia estar a ponto de se acelerar a uma taxa sem precedentes.

Se prosperidade é troca e especialização — mais como a multiplicação de trabalho do que a divisão do trabalho —, então, quando e como esse hábito começou? Por que é um atributo tão peculiar da espécie humana?

2
O cérebro coletivo: troca e especialização após 200 mil anos

Ele fica de pé embaixo do chuveiro, uma forte cascata se lança do terceiro andar.[1] Quando esta civilização cair, quando os romanos, ou quem quer que seja desta vez, tiverem finalmente partido e as novas idades médias começarem, este será um dos primeiros luxos a deixar de existir. Os velhos curvados junto aos fogos de turfa vão contar aos incrédulos netos como ficavam pelados no meio do inverno sob fortes riachos de água quente e limpa, de pastilhas de sabonete cheiroso e de âmbar viscoso e líquidos vermelho-alaranjados que esfregavam em seus cabelos para torná-los mais macios e volumosos do que realmente eram e de toalhas brancas espessas e grandes como togas, esperando em prateleiras aquecidas.

IAN MCEWAN
Saturday

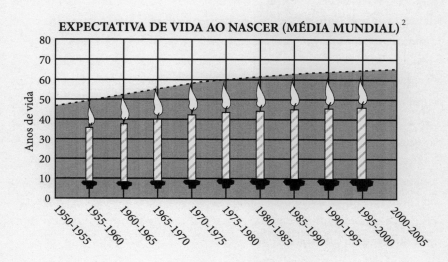

Um dia, um pouco antes de 500 mil anos atrás, perto de onde hoje fica o povoado de Boxgrove,[3] no sul da Inglaterra, seis ou sete criaturas bípedes sentaram-se em torno da carcaça de um cavalo selvagem que haviam acabado de matar, provavelmente com lanças de madeira. Cada um pegou um bloco de pederneira e começou a modelá-lo no formato de um machado de mão, usando, habilmente, martelos de pedra, osso ou chifre para remover lascas até restar um objeto simétrico, de extremidade afiada, em formato de lágrima, de tamanho e espessura entre um iPhone e um *mouse* de computador. Os fragmentos que deixaram naquele dia ainda estão lá, lançando misteriosas sombras de suas próprias pernas enquanto estavam sentados, trabalhando. Pode-se dizer que eram destros. Observe que cada pessoa fazia suas próprias ferramentas.

Os machados de mão que fizeram para carnear o cavalo são belos exemplos de "bifaces acheulenses". São finos, simétricos e com uma lâmina afiada ao longo da extremidade, ideal para cortar pele grossa, seccionar os ligamentos das juntas e raspar a carne dos ossos. O biface acheulense é o estereótipo da ferramenta da Idade da Pedra, a lágrima icônica e achatada do Paleolítico. Como as espécies que o fizeram se extinguiram há muito, nunca poderemos saber exatamente como era usada. Mas de uma coisa sabemos: as criaturas que fizeram essa coisa estavam muito contentes com ela. Na época dos carniceiros de cavalo de Boxgrove, os ancestrais deles faziam aquilo mais ou menos no mesmo formato — do tamanho da mão, afiado, de dois lados, redondo — havia um milhão de anos. Seus descendentes continuariam a fazê-lo por mais centenas de milhares de anos. É a mesma tecnologia por mil milênios, 10 mil séculos, 30 mil gerações — uma extensão de tempo quase inimaginável.

Não apenas isso; faziam mais ou menos as mesmas ferramentas no sul e no norte da África e em todos os lugares entre esses dois extremos. Levaram o mesmo modelo com eles para o Oriente Próximo e para o longínquo noroeste da Europa (mas não para o leste da Ásia) e ainda assim ele não mudou. Um milhão de anos ao longo de três continentes, fazendo a mesma e única ferramenta. Nesse período, o cérebro aumentou cerca de um terço. Aqui está a coisa espantosa. Os corpos e cérebros das criaturas que faziam os machados de pedra acheulenses mudaram mais rapidamente do que suas ferramentas.

Para nós, isso é um estado de coisas absurdo. Como as pessoas podiam ser tão pouco imaginativas, tão sem originalidade, para usar a mesma tecnologia durante tanto tempo? Como pode ter havido tão pouca inovação, variação regional, progresso ou até regressão?

Na verdade, isso não é exatamente verdade, mas a verdade detalhada reafirma o problema mais do que o soluciona. Há um único movimento de progresso na história do machado de mão:[4] cerca de 600 mil anos atrás, o traçado subitamente se tornou mais simétrico. Isso coincide com o surgimento de uma nova espécie de hominídeo que substitui seu ancestral em toda a Eurásia e África. Chamado *Homo heidelbergensis*, essa criatura tem um cérebro muito maior, possivelmente 25% maior do que o do *Homo erectus*. Seu cérebro era quase tão grande quanto o de um homem dos dias atuais.[5] Mas ele continuou a fazer machados como seus ancestrais e muito pouca coisa mais; o *design* do machado de mão afundou na estagnação por mais meio milhão de anos. Estamos acostumados a pensar que tecnologia e inovação caminham juntas, embora existam fortes evidências de que, quando se tornaram fabricantes de ferramentas, os seres humanos não experimentaram nada sequer remotamente parecido com progresso cultural. Eles apenas faziam o que faziam muito bem. Eles não mudaram.

Por mais bizarro que isso possa soar, em termos evolucionários é bastante normal. A maioria das espécies não muda seus hábitos durante seus poucos milhões de anos na Terra, nem altera muito seu estilo de vida nas diferentes partes de seu raio de ação. A seleção natural é uma força conservadora. Passa mais tempo mantendo do que mudando as espécies. Apenas na beirada de seu âmbito, numa ilha isolada, ou num vale remoto, ou num pico de montanha solitário, ocasionalmente a seleção natural faz com que parte de uma espécie se metamorfoseie em alguma coisa diferente. Esse camarada diferente, às vezes, se espalha depois para conquistar um império ecológico mais amplo, talvez até retorne para substituir espécies ancestrais — para derrubar a dinastia da qual brotou. Há um constante fermento de mudança entre os genes das espécies quando elas se adaptam aos seus parasitas e eles a elas. Mas há pouca alteração progressiva no organismo. A mudança evolucionária acontece grandemente pela substituição de espécies por espécies filhas, não por mudanças de hábito nas espécies.

O que surpreende na história humana não é a estagnação impressionantemente tediosa do machado de mão acheulense, mas que essa estagnação tenha chegado ao fim.

Os hominídeos Boxgrove de 500 mil anos atrás (que eram membros do *Homo heidelbergensis*) tinham seu nicho ecológico. Tinham um modo de conseguir alimento e abrigo em seu *habitat* preferido, de seduzir companheiras e de criar bebês. Andavam nos dois pés, tinham cérebros imensos, faziam lanças e machados de mão, ensinavam as tradições uns aos outros, talvez falassem ou sinalizassem uns para os outros gramaticalmente, quase certamente acendiam fogo e cozinhavam sua comida e, sem dúvida, matavam animais grandes. Se o sol brilhava, as manadas de caça eram abundantes, as lanças estavam afiadas e as doenças mantidas a distância, e eles podem ter prosperado, de vez em quando, e povoado novas terras. Em outras épocas, quando a comida era escassa, a população local simplesmente morria. Eles não podiam mudar muito seus procedimentos; não estava em sua natureza. Logo que se espalharam por toda a África e a Eurásia, sua população nunca cresceu realmente. Os índices médios de morte igualavam-se aos de nascimentos. Fome, hienas, exposição às intempéries, lutas e acidentes reclamavam a maior parte das vidas antes que ficassem velhos o bastante para ter doenças crônicas. Decididamente, não expandiram ou mudaram seu nicho. Ficaram presos dentro dele. Ninguém levantou um dia e disse: "Vou viver minha vida de um modo diferente."

Pense nisso desta maneira. Você não espera conseguir caminhar cada vez melhor a cada geração sucessiva — ou respirar, ou rir, ou mastigar. Para os hominídeos paleolíticos, fazer o machado de mão era como andar, algo em que se tornaram bons com a prática, e nunca pensaram nisso novamente. Era quase como uma função do corpo. Sem dúvida, fazer o machado de mão era passado adiante parte por imitação, parte por aprendizado, mas, à diferença das tradições culturais modernas, mostrava pouca variação local e regional. Era parte do que Richard Dawkins chamou "o fenótipo ampliado" da espécie do hominídeo ereto,[6] a expressão externa de seus genes. Era indistinto, tão inerente ao repertório comportamental humano como certa estrutura de ninho é para uma espécie de pássaro. Um tordo-comum faz seu ninho com barro, um pisco-de-peito-ruivo faz o seu com cabelo, e um tentilhão forra seu ninho com penas — assim fizeram e assim sempre farão. É inato neles fazer assim. Fazer uma ferramenta de pedra em forma de lágrima com extremidade afiada não demanda mais habilidade do que a confecção de um ninho e, provavelmente, foi tão instintivo quanto aquilo; foi uma expressão natural do desenvolvimento humano.[7]

De fato, a analogia com uma função do corpo é bastante apropriada. Existe agora pouca dúvida de que os hominídeos passaram grande parte de seu milhão e meio de anos comendo um bocado de carne fresca. Em alguma época após 2 milhões de anos atrás, o homem-macaco se tornou mais carnívoro. Com dentes fracos e unhas onde deveria haver garras, precisavam de ferramentas afiadas para cortar o couro das presas. Por causa de seus instrumentos afiados, podiam atacar até os paquidérmicos rinocerontes e elefantes. Os machados de lâmina dupla eram como dentes caninos externos. A farta dieta de carne também possibilitou ao hominídeo ereto desenvolver um cérebro maior, órgão que queima energia nove vezes mais que a taxa do resto do corpo. A carne permitiu que reduzissem o imenso intestino que era necessário a seus ancestrais para digerir vegetação e carne cruas. O fogo e o cozimento dos alimentos, por sua vez, deixaram que o cérebro crescesse um pouco mais ainda ao tornar a comida mais digerível, mesmo com intestino menor — uma vez cozido, o amido se gelatiniza, e a proteína altera suas propriedades naturais, liberando muito mais calorias com menos absorção de energia. Como resultado, enquanto outros primatas têm intestinos que pesam quatro vezes mais do que o cérebro, o cérebro humano pesa mais que o intestino humano. A comida cozida possibilitou aos hominídeos trocar o tamanho do intestino pelo tamanho do cérebro.

O hominídeo ereto, em outras palavras, tem quase tudo que poderíamos chamar de humano: duas pernas, duas mãos, um cérebro grande, polegares em oposição, fogo, comida cozida, ferramentas, tecnologia, cooperação, infância longa, comportamento gentil. E, mesmo assim, não havia sinais de decolagem cultural, pouco progresso tecnológico, pouca expansão do âmbito, ou nicho.

Homo dynamicus

Então, apareceu na terra um novo tipo de hominídeo que se recusou a seguir as regras. Sem nenhuma mudança em seu corpo e sem sucessão de espécies, manteve apenas a mudança de hábitos. Pela primeira vez, sua tecnologia mudou mais rápido do que sua anatomia. Essa foi uma novidade evolucionária, e você é ela.

É difícil discernir quando esse novo animal apareceu, e sua entrada foi discreta. Alguns antropólogos argumentam que, no leste da África e na Etiópia, o conjunto de ferramentas mostrou sinais de mudança já há 285 mil anos.[8] Com certeza, durante, pelo menos, os últimos 160 mil anos,[9] na Etiópia, um novo crânio "*sapiens*" de rosto pequeno estava sendo usado no alto da coluna vertebral. Por volta da mesma época, em Pinnacle Point, na África do Sul,[10] pessoas — sim, eu as chamarei de pessoas pela primeira vez — estavam cozinhando mexilhões e outros frutos do mar numa caverna perto do mar e fazendo também lâminas primitivas, pequenas lascas afiadas de pedra, possivelmente para pôr na ponta de lanças. Elas também usavam ocra vermelha, talvez para decoração, implicando mentes completamente modernas e simbólicas.

Isso aconteceu antes do final da Idade do Gelo, quando a África era um deserto em sua maior parte. E, mesmo assim, aparentemente esse experimento não resultou em muita coisa. Provas consistentes de comportamento inteligente e ferramentas imaginativas desaparecem outra vez. Provas genéticas sugerem que os seres humanos ainda eram raros até na África, vivendo com dificuldade uma existência precária em bolsões de terrenos arborizados de savanas quando estavam secos, ou, possivelmente, às margens de lagos e mares. No período Eemiano interglacial de 130.000-115.000 anos atrás, o clima se tornou mais quente e muito mais úmido, e o nível do mar subiu. Alguns crânios provenientes do que agora é Israel sugerem que uns poucos cabeças-pequenas africanos começaram, de fato, a colonizar o Oriente Médio no fim do Eemiano,[11] antes que uma combinação de tempo frio e neandertalenses os mandassem de volta novamente. Foi durante esse suave período que um novo e criativo conjunto de ferramentas apareceu primeiro em cavernas do que hoje é o Marrocos:

lâminas, raspadeiras denteadas e pontas de lança aperfeiçoadas. Uma das mais extraordinárias pistas aparece na forma de um simples caracol de estuário chamado *Nassarius*. Esse pequeno caramujo continuou a surgir em sítios arqueológicos com buracos artificiais nas conchas. A mais antiga descoberta comprovada do *Nassarius* foi feita em Grottes des Pigeons, perto de Taforalt, no Marrocos,[12] onde 47 conchas perfuradas, algumas manchadas de ocra vermelha, datam certamente de mais de 82 mil anos atrás e talvez de até mais de 120 mil anos atrás. Conchas semelhantes, difíceis de datar, foram encontradas em Oued Djebanna, na Argélia, e em Skhul, Israel, e conchas perfuradas do mesmo gênero, mas de espécie diferente, foram encontradas na caverna de Blombos, na África do Sul de 72 mil anos atrás, com os mais antigos furadores de ossos. Essas conchas certamente são contas, provavelmente usadas num colar. Elas não apenas sugerem uma atitude muito moderna de usar enfeites pessoais, simbolismo, ou, talvez até, dinheiro; também falam com eloquência de comércio. Taforalt está a 40 quilômetros, e Oued, a 200 quilômetros da costa mais próxima. As contas provavelmente viajaram de mão em mão por meio da troca. De forma semelhante, há sinais no leste da África e da Etiópia de que o vidro vulcânico conhecido como obsidiana pode ter começado a movimentar-se a grandes distâncias[13] por volta dessa época também, ou até mais cedo, presumivelmente por comércio, mas datas e fontes ainda são incertas.

Logo do outro lado do estreito de Gibraltar, onde essas pessoas que usavam contas e faziam lascas afiadas viviam, encontravam-se os ancestrais dos neandertalenses, cujos cérebros eram tão grandes quanto os daquelas pessoas, mas que não mostravam indícios de produzir contas ou lascas, sem falar em comércio a longa distância. Havia claramente alguma coisa diferente em relação aos africanos. Nas dezenas de milhares de anos seguintes houve melhorias esporádicas, mas nenhuma grande explosão. Pode ter acontecido um colapso das populações humanas. O continente africano era atingido por "megassecas" nessa época, durante as quais ventos secos sopravam a areia de extensos desertos para o lago Malaui, cujo nível caiu 600 metros.[14] Somente muito depois de 80 mil anos atrás, o que provas genéticas atestam, algo grande começou a acontecer novamente. Desta vez, a prova vem de genomas, não de artefatos. De acordo com a escritura do DNA, foi então que um grupo bem pequeno de pessoas começou a povoar todo o continente africano, a começar do leste ou do sul da África, e se espalhou para o norte e muito mais vagarosamente para o oeste. Seus genes, marcados pelo tipo L3 mitocondrial, subitamente se expandiram e deslocaram a maior parte dos outros genes na África,[15] exceto os dos ancestrais dos povos khoisan e pigmeu. Mas, mesmo então, não houve sinal do que estava para vir, nenhuma pista de que isso não era nada senão outro avatar evolucionário de um macaco predador precariamente bem-sucedido. A nova forma africana, com suas ferramentas criativas, pintura com ocra e ornamentos de contas de conchas, podia ter desalojado os vizinhos, mas agora sossegaria para desfrutar seu milhão de anos ao sol antes de, graciosamente, dar lugar a alguma coisa nova. Desta vez, no entanto, algumas das pessoas L3 prontamente saíram da África e irromperam para o domínio global. O resto, como se diz, é história.

Início da permuta

Os antropólogos expõem duas teorias para explicar o surgimento na África dessas novas tecnologias e pessoas. A primeira é que isso foi impelido pelo clima. A volatilidade do clima africano, sugando seres humanos para o deserto em décadas úmidas e empurrando-os novamente para fora em décadas secas, teria dado um prêmio para a adaptabilidade, que, por sua vez, selecionou para novas aptidões. O problema com essa teoria é que, primeiro, o clima tinha sido volátil por muito tempo sem produzir o grande macaco antropoide habilitado tecnologicamente e, segundo, ela se aplica a muitas outras espécies africanas também: se seres humanos, por que não elefantes e hienas? Não existe prova em todo o resto da biologia de que desespero por sobrevivência em períodos de climas imprevisíveis selecione a inteligência ou a flexibilidade cultural. Muito ao contrário: viver em grupos sociais grandes com uma dieta rica tanto estimula quanto permite ao cérebro desenvolver-se.[16]

A segunda teoria é que uma mutação genética fortuita desencadeou uma mudança no comportamento humano ao alterar sutilmente a forma como o cérebro humano era construído.[17] Isso tornou as pessoas plenamente capazes de imaginar, de planejar ou de alguma outra alta função pela primeira vez, o que lhes deu a habilidade de fazer ferramentas e inventar meios melhores de viver. Por algum tempo foi até como se duas mutações candidatas da época certa tivessem aparecido — no gene chamado FOXP2, essencial para a fala e a linguagem tanto em pessoas quanto em pássaros canoros.[18] Acrescentar essas duas mutações aos camundongos de fato parece mudar a flexibilidade de conexão em seu cérebro, de uma maneira que pode ser necessária para o rápido movimento da língua e do pulmão que é chamado de fala, e, talvez coincidentemente, as mutações até modifiquem a forma de os filhotes de camundongos guincharem sem alterar quase nada mais neles.[19] Mas provas recentes confirmam que os neandertalenses compartilharam as mesmas duas mutações,[20] o que sugere que o ancestral comum a neandertalenses e pessoas modernas, que viveu 400 mil anos atrás, já podia estar usando linguagem bastante sofisticada. Se a linguagem é a chave da evolução cultural e os neandertalenses tinham a linguagem, então por que o conjunto de ferramentas dos neandertalenses mostra tão pouca mudança cultural?

Além do mais, os genes, sem dúvida, mudaram durante a revolução humana após 200 mil anos atrás, porém mais em resposta a hábitos novos do que como causas deles. Numa época anterior, cozinhar alimentos selecionou mutações para intestinos e bocas menores em vez de vice-versa. Numa época posterior, beber leite selecionou para mutações destinadas a retardar a digestão da lactose na idade adulta de pessoas da Europa Ocidental e do leste africano. O cavalo cultural vem antes da carroça genética. A ideia de uma mudança genética conduzindo a evolução deixa a coevolução genético-cultural para trás: é uma explicação de cima para baixo para um processo de baixo para cima.

Além disso, existe uma objeção mais básica. Se uma mudança genética desencadeou novos hábitos humanos, por que seus efeitos aparecem gradual e erraticamente em lugares diferentes, em épocas diferentes, e depois se aceleram uma vez estabelecidos? Como o novo gene poderia ter efeito mais lento na Austrália do que na Europa? Qualquer que seja a explicação para a modernização da tecnologia humana após 200 mil anos atrás, ela deve ser alguma coisa que ganha velocidade alimentando-se de si mesma, algo autocatalítico.

Como você pode ver, não gosto de nenhuma dessas teorias. Vou argumentar que a resposta não se encontra no clima, nem na genética, nem na arqueologia, nem mesmo inteiramente na "cultura", mas na economia. Os seres humanos tinham começado a fazer algo para e com os outros, o que, com efeito, começou a construir uma inteligência coletiva. Eles começaram, pela primeira vez, a trocar coisas com indivíduos com quem não eram casados, de quem não eram parentes; para compartilhar, permutar, trocar e comerciar. Daí os *Nassarius* se movimentarem para o interior a partir do Mediterrâneo. O efeito disso foi causar especialização, que, por sua vez, estimulou mais especialização, que levou a mais trocas — e nasceu o "progresso", com o qual quero dizer tecnologia e hábitos que mudam mais rapidamente do que a anatomia. Eles haviam tropeçado no que Friedrich Hayek chamou de cataláxia: a possibilidade de expansão permanente gerada por uma crescente divisão do trabalho. Isso é algo que se amplifica uma vez iniciado.

A troca teve de ser inventada. Ela não ocorre naturalmente entre a maioria dos animais. Existe um uso espantosamente pequeno da permuta em qualquer outra espécie animal. Existe compartilhamento entre famílias e comida por sexo em muitas espécies animais, incluindo insetos e macacos, mas não há caso em que um animal dê uma coisa a outro animal não aparentado em troca de uma coisa diferente. "Nenhum homem jamais viu um cachorro fazer uma troca deliberada e justa de ossos com outro cachorro", argumentou Adam Smith.

Preciso fazer uma digressão aqui: seja indulgente comigo. Não estou falando sobre permutar favores — qualquer antigo primata pode fazer isso. Existe muita "reciprocidade" entre macacos e grandes macacos antropoides: você coça as minhas costas que eu coço as suas. Ou, como Leda Cosmides e John Tooby dizem, "uma parte ajuda a outra em algum ponto no tempo, a fim de aumentar a probabilidade de que, quando suas situações se inverterem em algum (usualmente) não especificado tempo futuro, o ato tenha reciprocidade".[21] Tal reciprocidade é uma importante cola social humana, uma fonte de cooperação e um ato herdado do passado animal que indubitavelmente preparou os seres humanos para a troca. Todavia, reciprocidade não é a mesma coisa que troca. Reciprocidade significa dar ao outro a mesma coisa (usualmente) em épocas diferentes. Troca — chame de permuta ou comércio se preferir — significa dar coisas diferentes ao mesmo tempo um para o outro: trocar simultaneamente dois objetos diferentes. Nas palavras de Adam Smith, "dê-me o que eu quero e você terá o que quer".[22]

Troca é um pouco mais portentosa que reciprocidade. Afinal, catação de piolhos à parte, quantas atividades existem na vida em que compensa fazer a mesma coisa uns pelos outros? "Se eu costurar uma túnica de pele para você hoje, você poderá costurar uma para mim amanhã" traz recompensas limitadas e rendimentos decrescentes. "Se eu fizer a roupa, você apanha comida" traz rendimentos crescentes. De fato, a troca tem a bela propriedade de *nem precisar nem ser justa*. Para o intercâmbio funcionar, dois indivíduos não precisam oferecer coisas de igual valor. O comércio é com frequência desigual, mas ainda beneficia ambos os lados. Esse é um ponto que nem todo mundo percebe. Nos campos de Camarões, por exemplo, nos séculos passados, os produtores de óleo de coco que viviam na periferia da região, nos solos mais pobres, trabalhavam muito para produzir um produto de baixo valor que podiam trocar com seus vizinhos por cereal, animais e ferro.[23] Eles levavam, em média, 30 dias para pagar o preço de uma enxada de ferro que custara aos seus fabricantes apenas sete dias-pessoa de trabalho. Mas o óleo de coco ainda era o produto mais lucrativo que podiam fazer em sua própria terra e com seus próprios recursos. O modo mais barato de eles obterem uma enxada de ferro era fazer mais óleo de coco. Imagine uma tribo na ilha Trobriand, numa costa que tem muito peixe, e uma tribo do interior do continente que tem muita fruta: enquanto houver duas pessoas vivendo em *habitats* diferentes, cada uma irá valorizar o que a outra tiver a mais, e o comércio recompensará ambas. E quanto mais comerciarem, mais compensará que se especializem.

Psicólogos evolucionistas aceitam que é raro haver condições em que duas pessoas têm, simultaneamente, algo de valor para oferecer uma à outra. Mas isso simplesmente não é verdade, porque as pessoas podem valorizar altamente aquilo a que não têm acesso. E quanto mais contarem com a troca, mais se especializarão, o que tornará a troca mais atraente. A troca é, portanto, uma coisa de possibilidades explosivas, algo que se reproduz, expande, cresce, se autocatalisa. Pode ter sido construída sobre o instinto mais antigo de reciprocidade do animal e pode ter sido grande e singularmente facilitada pela linguagem — não estou argumentando que esses não eram ingredientes vitais da natureza humana que permitiram que o hábito se iniciasse. Mas estou dizendo que a troca — a troca simultânea de objetos diferentes — foi em si mesma uma descoberta humana, talvez até mesmo a principal coisa que levou à dominação ecológica e à florescente prosperidade material da espécie. Fundamentalmente, outros animais não comerciam.

Ainda não sei exatamente por que, mas tenho muito problema em fazer com que esse ponto seja compreendido por economistas e biólogos. Os economistas veem a troca apenas como mais um exemplo de um hábito humano maior de reciprocidade geral. Os biólogos falam do papel que a reciprocidade desempenhou na evolução social, querendo dizer com isso "faça para os outros aquilo que eles fazem para você". Ninguém parece interessado na distinção que penso ser vital, então, deixe-me repetir aqui mais uma vez: em algum ponto, depois de milhões de anos de ceder à vontade de coçar reciprocamente as costas com intensidade cada vez maior, uma espécie, e apenas uma, tropeçou com uma aptidão inteiramente diversa. Adam deu a Oz um objeto em troca de um objeto diferente. Isso não é o mesmo que Adam coçar as costas de Oz agora, e Oz coçar as costas de Adam depois, ou de Adam dar a Oz sobras de comida agora e Oz dar a Adam alguma sobra de comida amanhã. A extraordinária promessa desse evento foi que Adam, potencialmente agora, teve acesso a objetos que não sabia como fazer ou achar; e Oz tampouco. E quanto mais eles os fizeram, mais valiosos se tornaram. Por alguma razão, nenhuma outra espécie animal tropeçou com essa habilidade — ao menos entre indivíduos não aparentados.

Não fique apenas com a minha palavra. A primatologista Sarah Brosnan tentou ensinar a troca a dois tipos diferentes de chimpanzés e achou isso muito problemático.[24] Os chimpanzés dela preferiam uvas a maçãs e pepinos a cenouras (de que gostavam menos entre todos). Eles estavam preparados, às vezes, para desistir de cenouras em troca de uvas, mas quase nunca trocavam maçãs por uvas (ou vice-versa), não importava o quão vantajosa fosse a troca. Eles não podiam entender a razão de desistir de comida que apreciavam por comida de que gostavam ainda mais. Chimpanzés e macacos podem ser ensinados a trocar moedas por comida,[25] mas há uma grande distância entre isso e a troca espontânea de uma coisa pela outra: as moedas não têm valor para os chimpanzés, então eles ficam contentes em dá-las. A verdadeira troca requer que você abra mão de algo a que dá valor em troca de algo que valoriza um pouco mais.

Isso se reflete na ecologia de chimpanzés selvagens. Enquanto entre os seres humanos, cada sexo come "não apenas os alimentos que ele próprio coletou, como também o que seus parceiros encontraram", diz Richard Wrangham, "nem mesmo uma sugestão dessa complementaridade se encontra entre primatas não humanos".[26] É verdade que o chimpanzé macho caça mais macacos do que as fêmeas e que, depois de matar um macaco, um macho, às vezes, permite que outros o compartilhem se implorarem por isso, especialmente uma fêmea fértil, ou um parceiro próximo a quem deve um favor. Mas uma coisa que não se vê é a troca de uma comida pela outra. Nunca há troca de carne por nozes. O contraste com seres humanos, que mostram interesse quase obsessivo não apenas em partilhar comida desde tenra idade como em trocar um item por outro, é impressionante. Birute Galdikas educou uma orangotango fêmea jovem em seu lar com sua filha Binti e ficou perplexo com as atitudes contrastantes na partilha de comida dos dois filhotes.[27] "Dividir a comida parecia dar a Binti um grande prazer", escreveu Birute. "Em contraste, Princess, como qualquer orangotango, implorava, roubava e devorava comida em toda oportunidade."

Meu argumento é que esse hábito de trocar, esse apetite pelo escambo, apareceu de alguma forma em nossos ancestrais africanos em algum momento antes de 100 mil anos atrás. Por que os seres humanos adquirem o gosto pelo comércio da troca enquanto outros animais não? Talvez isso tenha alguma relação com o hábito de cozinhar alimentos. Richard Wrangham defende persuasivamente que o controle do fogo teve um efeito de longo alcance na evolução humana. Além de tornar seguro viver no nível do chão, além de liberar os ancestrais humanos para desenvolver grandes cérebros com dietas altamente energéticas, a cozinha também predispôs os seres humanos a trocar diferentes tipos de comida. E isso pode tê-los levado ao comércio de troca.

Caçando para coletar

Como diz o economista Haim Ofek, o fogo em si mesmo é difícil de começar, mas fácil de compartilhar;[28] do mesmo modo, comida cozida é difícil de fazer, mas fácil de partilhar. O tempo despendido em cozinhar é subtraído do tempo gasto para mastigar: chimpanzés selvagens gastam seis horas ou mais todos os dias mastigando sua comida. Carnívoros podem não mastigar a carne (estão frequentemente com pressa de comê-la antes que seja roubada), mas gastam horas esmigalhando-a em estômagos musculosos, o que dá mais ou menos no mesmo. Então, cozinhar acrescenta valor: a grande vantagem da comida cozida é que, embora leve mais tempo para ser preparada do que a crua, leva, no entanto, minutos para ser comida, e isso significa que alguém mais pode comê-la, assim como a pessoa que a prepara. Uma mãe pode alimentar seus filhos por muitos anos. Ou uma mulher pode alimentar um homem.

Entre a maior parte dos caçadores-coletores, as mulheres passavam longas horas reunindo, preparando e cozinhando grandes quantidades de comida, enquanto os homens estavam fora, caçando iguarias. Não há, incidentalmente, nenhuma sociedade caçadora-coletora que dispense a cozinha. Cozinhar é a atividade mais preconcebidamente feminina de todas, excetuando-se unicamente quando os homens preparam banquetes rituais ou assam lanches enquanto estão fora caçando. (Isso lembra alguma coisa moderna? *Chefs* caprichosos e churrasco são as duas formas masculinas de cozinhar hoje.) Em média, em todo o mundo, cada sexo contribui com quantidades similares de calorias, embora o padrão varie de tribo para tribo: entre os inuítes, por exemplo, a maior parte dos alimentos é obtida pelos homens, enquanto entre o povo kalahari khoisan a maior parte é reunida pelas mulheres. Mas — e aqui está o ponto crucial —, em toda a raça humana, machos e fêmeas se especializam e depois compartilham a comida.[29]

Em outras palavras, cozinhar estimulou a especialização por sexo. A primeira e mais profunda divisão do trabalho é a sexual. É uma regra áurea documentada em praticamente todos os povos coletores que "homens caçam, mulheres e crianças coletam".[30] Os dois sexos "se movimentam no mesmo *habitat*, tomando decisões chocantemente diferentes a respeito de como obter recursos dentro daquele *habitat* e, com frequência, retornam a um lugar central com os resultados de seu trabalho".[31] Então, por exemplo, enquanto as mulheres hiwis, na Venezuela, viajam a pé para desenterrar raízes, socar farinha de palma, colher legumes e coletar mel, seus companheiros homens vão de canoa caçar, pescar e colher laranja; enquanto os homens aches, no Paraguai, caçam porcos, cervos e tatus por até sete horas por dia, as mulheres os seguem colhendo frutos, desenterrando raízes, juntando insetos ou socando farinha — e, às vezes, pegando tatus também; enquanto mulheres hadzas, na Tanzânia, colhem tubérculos, frutos e nozes, os homens caçam antílopes; enquanto os homens inuítes, da Groenlândia, caçam focas, as mulheres fazem ensopados, ferramentas e vestimentas com as peles dos animais. E assim por diante, de exemplo em exemplo. Até as aparentes exceções à regra, em que as mulheres de fato caçam, são ilustrativas, porque ainda existe uma divisão de trabalho. Mulheres agtas, nas Filipinas, caçam com cachorros; homens caçam com arcos. Mulheres martus, na Austrália ocidental, caçam lagartos-monitores;[32] homens caçam abetardas e cangurus. Como disse um antropólogo que viveu com os khoisans, "as mulheres exigem carne como seu direito social e conseguem isso — de outra forma deixam os maridos, casam-se em outros lugares ou fazem sexo com outros homens".[33]

O que é verdade para caçadores-coletores que ainda existem era igualmente verdade para modos extintos de vida, tanto quanto se pode apurar. Mulheres índias crees caçavam lebres; homens caçavam alces. Mulheres chumashes, na Califórnia, juntavam conchas; homens arpoavam leões-marinhos. Índios homens yahgans (na Terra do Fogo) caçavam lontras e leões-marinhos; mulheres pescavam. No estuário do Mersey perto de Liverpool são preservadas dúzias de pegadas de 8 mil anos de idade:[34] as mulheres e crianças parecem ter estado coletando ali mariscos-faca e camarões; as pegadas dos homens se movem mais rápido e paralelamente às dos cervos vermelhos.

Um acordo evolucionário parece ter sido fechado: em troca de exclusividade sexual, o homem traz carne e protege o fogo de ladrões e ameaças; em troca da ajuda para criar as crianças, a mulher traz vegetais e faz a maior parte da comida. Isso pode explicar por que os seres humanos são os únicos grandes macacos antropoides com ligações longas entre os casais.

Apenas para ficar claro, esse argumento não tem nada a ver com a noção de que "o lugar da mulher é no lar" enquanto os homens saem para trabalhar. As mulheres trabalham muito em sociedades caçadoras-coletoras, com frequência muito mais do que os homens. Nenhuma coleta ou caça é preparação evolucionária especialmente boa para a habilidade de sentar-se a uma mesa e atender o telefone. Os antropólogos costumavam argumentar que a divisão sexual do trabalho aconteceu por causa da infância longa e indefesa dos seres humanos. Como as mulheres não podiam abandonar os bebês, elas não iam caçar gamos e, então, ficavam perto de casa e coletavam e cozinhavam comida de tipo compatível com cuidar de crianças. Com um bebê amarrado às costas e um infante dando risadinhas a seus pés, é, sem dúvida, mais fácil juntar frutas e desencavar raízes do que emboscar um antílope. Os antropólogos, no entanto, têm revisitado o ponto de vista de que a divisão do trabalho por sexo só diz respeito às restrições da educação das crianças. Eles descobriram que, mesmo quando a mulher caçadora-coletora não enfrenta a escolha entre cuidar do filho e caçar, elas ainda buscam alimentos diferentes dos de seus companheiros homens. Entre os aborígines alyawarres da Austrália, enquanto mulheres jovens cuidam das crianças, as mais velhas saem procurando lagartos *goannas*, não os cangurus e avestruzes que seus companheiros homens caçam.[35] Uma divisão sexual do trabalho existiria mesmo sem as restrições do cuidado infantil.[36]

Quando essa especialização começou? Existe uma clara explicação econômica para a divisão sexual do trabalho entre caçadores-coletores. Em termos de nutrição, as mulheres geralmente coletam carboidratos confiáveis e importantes, enquanto os homens trazem a preciosa proteína. Combine os dois — calorias previsíveis das mulheres e proteína ocasional dos homens — e você consegue o melhor dos dois mundos. À custa de algum trabalho extra, as mulheres conseguem comer alguma proteína boa sem ter de caçá-la; os homens acostumam-se a saber de onde virá a próxima refeição se fracassarem em caçar um cervo. Esse mesmo fato torna mais fácil para eles passar mais tempo caçando cervo, e, com isso, aumenta a probabilidade de caçarem um. Todo mundo ganha — ganhos da troca. É como se a espécie agora tivesse dois cérebros e dois estoques de conhecimento em vez de um — um cérebro que aprende sobre caça e um cérebro que aprende sobre coleta.[37]

Ótimo, como costumo dizer. Há complicações na história, incluindo a que os homens parecem esforçar-se para pegar um gamo grande a fim de alimentar todo o bando — em troca tanto de status como da ocasional sedução —, enquanto as mulheres alimentam a família.[38] Isso pode levar os homens a serem economicamente menos produtivos do que poderiam. Os homens hadzas levam semanas tentando pegar um antílope gunga enorme, quando poderiam estar caçando uma lebre por dia;[39] os homens nas ilhas Mer, no estreito de Torres, ficam de pé com suas lanças à beira dos rochedos, na esperança de arpoar carangídeos gigantes, enquanto as mulheres juntam duas vezes mais comida coletando mariscos. Mesmo levando em conta tal generosidade conspícua ou parasitismo social — depende de como você o vê —, os benefícios econômicos do compartilhamento da comida e dos papéis especializados por sexo são reais; também são exclusivos dos seres humanos. Existem alguns pássaros em que os sexos têm hábitos de alimentação ligeiramente diferentes — entre os extintos huias da Nova Zelândia, machos e fêmeas tinham até bicos de formato diferente —, mas coletar comida e partilhá-la é algo que nenhuma outra espécie faz. É um hábito que pôs fim à autossuficiência muito tempo atrás e levou nossos ancestrais ao hábito de trocar.

Quando foi inventada a divisão sexual do trabalho? A teoria da cozinha aponta para meio milhão de anos ou muito mais, mas dois arqueólogos argumentam diferente. Steven Kuhn e Mary Stiner acham que o *Homo sapiens* moderno, de origem africana, tinha uma divisão sexual do trabalho, e os neandertalenses, não, e que essa era a vantagem ecológica crucial dos primeiros sobre os últimos quando eles começaram a competir na Eurásia 40 mil anos atrás.[40] Ao apresentar essa ideia, Kuhn e Stiner contradizem um princípio antigo de sua ciência, defendido primeiro por Glyn Isaac, em 1978 —[41] o de que os diferentes papéis sexuais começaram com a divisão da comida milhões de anos atrás. Eles apontam que simplesmente não existe nenhum indício do tipo de comida normalmente trazido por mulheres coletoras nas ruínas neandertalenses, nem do vestuário e dos abrigos elaborados que mulheres inuítes fazem enquanto seus homens caçam. De vez em quando há conchas, tartarugas, cascas de ovos e coisas semelhantes — coisas facilmente coletáveis enquanto se está caçando —, mas nenhuma pedra amoladeira e nenhum sinal de nozes e raízes. Isso não é para negar que os neandertalenses cooperavam e cozinhavam, mas para desafiar a ideia de que os sexos tinham estratégias diferentes de buscar comida e trocavam os resultados. Ou as mulheres neandertalenses ficavam sentadas sem fazer nada, ou, uma vez que eram tão machonas quanto os homens modernos, saíam para caçar com os homens. Isso parece mais provável.

Esse é um ponto de vista surpreendente. Em vez de falar sobre "caça-coleta" como o estado natural da humanidade efetivamente desde sempre, como parecem inclinados a fazer, os cientistas devem começar a considerar a possibilidade de que essa fase é comparativamente recente, uma inovação dos últimos 200 mil anos, aproximadamente. Seria a divisão sexual do trabalho uma explicação possível para o que tornou uma raça pequena de africanos tão mais capaz de sobreviver que todos os outros hominídeos do planeta, numa época de megassecas e mudanças climáticas voláteis?

Talvez. Lembre quão poucos são os resquícios dos sítios neandertalenses. Mas ao menos o ônus da prova mudou um pouco de lugar. Mesmo que seja mais antigo, o hábito pode ter sido o fator de predisposição que, então, condicionou a raça africana para toda a noção de especialização e troca. Tendo treinado para especialização e troca entre sexos, adquirido o hábito de trocar trabalho com outros, os inteiramente modernos africanos tinham começado a estender a ideia um pouco mais e a tentar um novo e ainda mais portentoso artifício, de especializar-se dentro do bando e depois entre os bandos. Esse último passo foi muito difícil de dar por causa das relações homicidas entre as tribos. Notoriamente, nenhuma outra espécie de macaco pode encontrar estrangeiros sem tentar matá-los, e o instinto ainda espreita no peito humano. Mas, em torno de 82 mil anos atrás, os seres humanos tinham superado esse problema o bastante para serem capazes de passar as conchas *Nassarius* de mão em mão até 200 quilômetros de distância da costa. O comércio da troca tinha começado.

Catando nas praias do leste

O escambo foi o artifício que mudou o mundo. Parafraseando H.G. Wells, "fechamos nosso acampamento para sempre e saímos para as estradas".[42] Após conquistar grande parte da África, cerca de 80 mil anos atrás, as pessoas modernas não pararam ali. Os genes contam uma história quase inacreditável. O padrão de variação no DNA dos cromossomos tanto mitocondriais quanto Y de todos os povos de origem não africana atestam que, em algum momento por volta de 65 mil anos atrás, ou não muito mais tarde, um grupo de pessoas, em número de apenas poucas centenas ao todo, deixou a África. Provavelmente cruzou a extremidade sul do mar Vermelho, um canal muito mais estreito do que agora. Depois se espalhou ao longo da costa sul da Arábia, saltando por um golfo Pérsico em grande parte seco, contornando a Índia e o então conectado Sri Lanka, movendo-se gradativamente para baixo pela Bermânia (atual Mianmar), Malásia e ao longo da costa de uma massa de terra chamada Sunda — na qual a maioria das ilhas indonésias estava então encaixada —, até que chegou a um estreito em algum lugar perto de Bali. Mas não parou ali. Remou por, no mínimo, oito estreitos, o maior dos quais de, pelo menos, 60 quilômetros de largura, presumivelmente em canoas ou balsas, abrindo caminho por um arquipélago até a terra, provavelmente cerca de 45 mil anos atrás, no continente de Sahul, no qual Austrália e Nova Guiné estavam unidas.[43]

Esse grande movimento da África para a Austrália não foi uma migração, mas uma expansão. À medida que bandos de pessoas se banqueteavam com cocos, mariscos, tartarugas, peixes e pássaros numa parte da costa e se tornavam gordos e numerosos, provavelmente enviavam pioneiros (ou criadores de problemas desterrados) para o leste em busca de novos locais de acampamento. Algumas vezes esses emigrantes tinham que passar por outros, já em posse da costa, e ir para o interior, ou usar canoas.

Ao longo do caminho, deixaram tribos de descendentes de caçadores-coletores, um punhado das quais sobreviveu até estes dias geneticamente não misturadas com outras raças. Na península malaia, caçadores-coletores da floresta lembravam o visual Orang Asli ("povos originais"), "negrito" na aparência, e provaram ter genes mitocondriais que se ramificaram da árvore africana cerca de 60 mil anos atrás. Também na Nova Guiné e na Austrália a genética conta uma história sem ambiguidades de isolamento quase completo desde a primeira migração.[44] O mais notável de tudo, o povo nativo das ilhas Andaman, de pele negra, cabelo encaracolado e falando uma língua sem relação com nenhuma outra, tem cromossomo Y e genes mitocondriais que divergiram do ancestral comum do resto da humanidade 65 mil anos atrás. Isso é verdade no mínimo acerca da tribo Jarawa, na Grande Andaman. Numa ilha próxima, Sentinela do Norte, seus habitantes, os norte-sentinelenses, não se ofereceram para doar sangue — ao menos não o deles. Únicos caçadores-coletores que ainda resistem ao "contato", essas pessoas de aparência bonita — fortes, esguios, ágeis e completamente nus, exceto por um pequeno cinto de fibra vegetal em volta da cintura — normalmente saúdam os visitantes com chuvas de flechas. Boa sorte para eles.

Para chegar às ilhas Andaman (então mais próximas à costa birmanesa, mas ainda fora de vista) e a Sahul, entretanto, os migrantes de 65 mil anos atrás devem ter sido exímios canoístas. Foi no início dos anos 1990 que o zoólogo nascido na África Jonathan Kingdon primeiro sugeriu que a pele negra de muitos africanos, australianos, melanésios e asiáticos "negritos" sugeria um passado marítimo.[45] Para um caçador-coletor da savana africana, uma pele muito negra não é necessária, como provam os relativamente pálidos khoisans e os pigmeus. Mas num arrecife ou praia, ou numa canoa de pesca, é reclamado o filtro solar máximo. Kingdon acreditava que a "Banda Encalhados na Praia", como ele os chamava, havia voltado para conquistar a África a partir da Ásia, em vez do oposto, mas se adiantou às provas genéticas ao cunhar a ideia de uma raça paleolítica essencialmente marítima.

Essa notável expansão da raça humana ao longo da costa da Ásia, atualmente conhecida como "expresso catador de praia", deixou poucos traços arqueológicos, mas isso é porque a então linha da costa está hoje 60 metros debaixo d'água. Era um tempo frio, seco, com vastos lençóis de gelo a grandes altitudes e grandes glaciares em cadeias de montanhas. O interior de muitos continentes era inóspito — seco, ventoso e frio. Mas a costa baixa era pontilhada de oásis com fontes de água fresca. O baixo nível do mar não apenas expôs mais fontes como aumentou a pressão relativa sobre os aquíferos subterrâneos para descarregar perto da costa. Ao longo de toda a costa da Ásia, os catadores de praia teriam encontrado água fresca borbulhando e fluindo em riachos que serpeavam para o oceano.[46] A costa também é rica em comida, se você tem a esperteza para encontrá-la, mesmo às margens do deserto. Fazia sentido ficar nas praias.

A prova do DNA atesta que alguns desses catadores de praia, ao chegar à Índia e aparentemente não antes, devem ter finalmente mudado para o interior, porque 40 mil anos atrás pessoas "modernas" se apinhavam rumo ao ocidente, para a Europa, e rumo leste, para o que hoje é a China. Abandonando a costa superpovoada, retornaram aos antigos modos africanos de caçar gamos e juntar frutos e raízes, tornando-se gradualmente mais dependentes da caça, uma vez mais, à medida que se dirigiam para o norte, por estepes pastadas por rebanhos de mamutes, cavalos e rinocerontes. Logo cruzaram com seus primos distantes, os descendentes do *Homo erectus* com quem tinham compartilhado um ancestral meio milhão de anos antes. Chegaram perto o bastante para adquirir os piolhos dos últimos e acrescentá-los aos seus próprios, assim sugerem genes de piolhos,[47] e concebivelmente até mais perto para adquirir um conhecimento superficial dos genes de seus primos, cruzando com eles.[48] Mas, inexoravelmente, recuaram de volta pelo território desses hominídeos eretos eurasianos, até que o último sobrevivente do tipo europeu adaptado ao frio conhecido como neandertal morreu com as costas voltadas para o estreito de Gibraltar cerca de 28 mil anos atrás. Outros 15 mil anos viram alguns deles derramarem-se para dentro das Américas pelo nordeste da Ásia.

Eles eram muito bons em eliminar não apenas os primos distantes, como também grande parte de suas presas de caça, algo que as espécies hominídeas anteriores não haviam conseguido. O primeiro dos grandes pintores de cavernas que trabalhou em Chauvet, no sul da França, 32 mil anos atrás, era quase obcecado por rinocerontes. Um artista mais recente, trabalhando em Lascaux 15 mil anos atrás, desenhou mais bisões, touros e cavalos — os rinocerontes eram raros ou estavam extintos na Europa àquela altura. No início, os modernos seres humanos em torno do Mediterrâneo contavam mais com os grandes mamíferos para obter carne. Só comiam um gamo pequeno se estivessem se movimentando com lentidão — tartarugas e lapas eram populares. Então, gradual e inexoravelmente, começando no Oriente Médio, eles mudaram seu foco de atenção para animais menores e, especialmente, para espécies que procriavam com mais rapidez, como coelhos, lebres, perdizes e pequenas gazelas. Gradativamente pararam de comer tartarugas. O registro arqueológico conta a mesma história em sítios em Israel, Turquia e Itália.

A razão para essa mudança, dizem Mary Stiner e Steven Kuhn, foi que as densidades das populações humanas estavam crescendo demais para presas de reprodução lenta, como tartarugas, cavalos e elefantes. Apenas animais de reprodução rápida, como coelhos, lebres e perdizes, e, por um tempo, gazelas e cervos, podiam enfrentar tanta pressão de caça. Essa tendência se acelerou cerca de 15 mil anos atrás, quando grandes gamos e tartarugas desapareceram completamente da dieta mediterrânea — levados à beira da extinção pela ação predatória humana.[49] (Um paralelo moderno: no deserto de Mojave, da Califórnia, corvos ocasionalmente matam tartarugas para se alimentar.[50] Mas assim que os campos supriram os corvos de ampla alternativa de alimento e reforçaram — subsidiaram — sua reprodução, o número de tartarugas começou a cair verticalmente por causa da predação dos corvos. Do mesmo modo, as pessoas modernas, subsidiadas pela carne de lebre, puderam extinguir mamutes.)

É raro um predador exterminar sua presa. Em tempos de escassez de presa, hominídeos eretos, como outros predadores, simplesmente sofreram despovoamento local; isso, por sua vez, teria poupado a presa da extinção, e o número de hominídeos pôde recuperar-se a tempo. Mas essas novas pessoas podiam criar meios novos para sair de problemas; podiam mudar seu nicho, de modo que continuavam a prosperar mesmo quando extinguiam sua antiga presa. O último mamute a ser comido na planície asiática foi provavelmente considerado uma iguaria rara, uma bela mudança do ensopado de lebre e gazela.

Enquanto ajustavam suas táticas para caçar presas menores e mais rápidas, os modernos desenvolveram armas melhores, o que, por sua vez, lhes possibilitou sobreviver em grandes densidades, embora à custa de extinguir presas maiores e de reprodução mais lenta. Esse padrão de mudança de presas grandes para pequenas quando as primeiras eram eliminadas foi uma característica dos novos ex-africanos aonde quer que fossem. Na Austrália, a maioria das espécies de animais maiores, de diprotodontes a cangurus gigantes, se tornou extinta logo após a chegada de seres humanos. Nas Américas, a chegada humana coincidiu com uma súbita extinção das bestas maiores e de reprodução mais lenta. Muito depois, em Madagascar e na Nova Zelândia, a extinção em massa de animais grandes também se seguiu à colonização humana. (Incidentalmente, dada a obsessão por "se mostrar" de caçadores masculinos ao pegar os maiores animais para adquirir prestígio na tribo, vale a pena questionar se essas extinções em massa devem algo à seleção natural.)

Vamos comerciar?

Enquanto isso, o fluxo de novas tecnologias se acelerava. A partir de 45 mil anos atrás, as pessoas da Eurásia ocidental revolucionaram progressivamente a caixa de ferramentas. Faziam lâminas delgadas e afiadas do "miolo" de rochas cilíndricas — um artifício que produz lâminas dez vezes mais afiadas do que pelo velho método de trabalho, mas mais difíceis de conseguir. Há 34 mil anos, estavam fazendo pontas de osso para lanças e há 26 mil anos faziam agulhas. Arremessadores de dardos com ponta de osso, ou propulsores — que aumentam grandemente a velocidade dos dardos —, apareceram há 18 mil anos. Arcos e flechas vieram logo depois. Furadores "microburis" eram usados para fazer buracos em agulhas e contas. Naturalmente, as ferramentas de pedra têm sido apenas a pequena ponta de um iceberg tecnológico, dominado pela madeira, que desde há muito apodreceu. Chifres galhados, marfim e ossos eram tão importantes quanto a pedra. Cordas, feitas de fibras de plantas ou couro, eram quase certamente usadas na época para pegar peixes e coelhos em redes ou armadilhas, e para fazer malas para carregar coisas.

Esse virtuosismo não se confinava em coisas práticas. Assim como osso e marfim, também conchas, corais fósseis, pedra-sabão, azeviche, linhita, hematita e pirita eram usados para fazer ornamentos e objetos.[51] Uma flauta feita do osso de um abutre data de 35 mil anos atrás em Hohle Fels,[52] e um cavalinho, esculpido em marfim de mamute e lixado até ficar liso, para ser usado como pendente, data de 32 mil anos atrás em Vogelherd — ambos locais na Alemanha. Na época de Sungir, num assentamento ao ar livre de 28 mil anos atrás, perto da cidade de Vladimir, a nordeste de Moscou, pessoas eram enterradas em roupas enfeitadas com milhares de contas de marfim laboriosamente esculpidas, e até pequenos ornamentos de osso em forma de roda apareceram. Em Mezherich, no que agora é a Ucrânia, 18 mil anos atrás, joias feitas de conchas do mar Negro e âmbar do Báltico implicavam a existência de comércio em extensões superiores a centenas de quilômetros.[53]

Isso representa um notável contraste com os neandertalenses, cujas ferramentas de pedra eram quase sempre feitas de matéria-prima disponível a uma hora de caminhada do local onde a ferramenta era usada.[54] Para mim, isso é uma pista vital de por que os neandertalenses ainda faziam machados de mão enquanto seus competidores de origem africana estavam fazendo uma variedade cada vez maior de ferramentas. Sem comércio, a inovação simplesmente não acontece. A troca está para a tecnologia assim como o sexo para a evolução. Ela estimula a novidade. A coisa fora do comum acerca dos modernos da Ásia Ocidental não é tanto a diversidade de seus artefatos quanto a inovação contínua. Há mais invenção entre 80 mil e 20 mil anos atrás do que no milhão de anos anterior. Pelos padrões de hoje seria muito lento, mas pelos padrões do *Homo erectus* era rápido como raio. E os dez milênios seguintes veriam ainda mais inovações: anzóis de pesca, toda sorte de implementos, lobos domesticados, trigo, figos, carneiros, dinheiro.

Se você não é autossuficiente, mas está trabalhando para outras pessoas também, então vale a pena gastar algum tempo e esforço para melhorar a tecnologia e vale a pena você se especializar. Suponha, por exemplo, que Adam vive numa estepe coberta de grama, onde existem rebanhos de renas no inverno, mas a alguns dias de viagem existe uma costa onde há peixe no verão. Ele poderia passar o inverno caçando, depois migrar para a costa para pescar. Contudo, dessa forma, ele não apenas gastaria tempo viajando como provavelmente correria um risco imenso ao cruzar o território de outra tribo. Ele também teria de ser bom em duas coisas muito diferentes.

Se, em vez disso, Adam se dedica a caçar e depois dá alguma carne-seca e alguns chifres de rena — ideais para a confecção de anzóis — para Oz, um pescador da costa, em troca de peixe, ele terá atingido a meta de variar sua dieta de um modo menos cansativo e perigoso. Adam também comprou uma apólice de seguro. E Oz estaria em situação melhor, porque poderia agora pegar (e ter de reserva) mais peixe. Em seguida, Adam percebe que, em vez de dar a Oz os chifres da forma em que estão, pode dar a ele pedaços de chifre já em forma de anzóis. Estes são mais fáceis de transportar e rendem um preço melhor para o peixe. Ele teve a ideia quando foi uma vez ao ponto de troca e notou que outros vendiam chifres de rena que já tinham sido cortados em pedaços mais cômodos. Um dia, Oz lhe pede para fazer anzóis farpados. E Adam sugere que Oz seque ou defume seu peixe para que ele dure mais. Logo Oz traz conchas também, que Adam compra para fazer bijuterias para uma jovem que ele deseja sexualmente. Depois de algum tempo, deprimido pelo preço baixo até mesmo dos anzóis de boa qualidade, Adam encontra uma alternativa na ideia, que lhe surge casualmente, de curtir alguns couros extras e levá-los para o ponto de troca. Agora, descobre que é melhor em curtir peles do que em fazer anzóis, então se especializa em couro curtido, dando os chifres para alguém de sua própria tribo em troca de suas peles. E assim por diante e assim por diante.

Fantasioso, pode ser. E, sem dúvida, errado em todos os detalhes. Mas o que importa é a facilidade de conjeturar oportunidades de comércio entre dois caçadores-coletores — carne por plantas, peixe por couro, madeira por pedra, chifres por conchas — e o quanto era fácil para as pessoas da Idade da Pedra descobrir ganhos mútuos com o comércio e depois intensificar esse efeito com mais especialização e mais divisão de trabalho. A coisa extraordinária sobre a troca é que ela procria: quanto mais você a faz, mais pode fazer dela. E isso faz a inovação acontecer.

O que só levanta outra pergunta: por que o progresso econômico não se acelerou rumo a uma revolução industrial imediata? Por que o progresso foi tão dolorosamente lento por tantos milênios? A resposta, suspeito, se encontra na natureza fóssil da cultura humana. Seres humanos têm uma profunda capacidade para isolar-se e fragmentar-se em grupos que divergem um do outro. Na Nova Guiné, por exemplo, há mais de 800 línguas, algumas faladas em áreas de apenas poucos quilômetros e tão ininteligíveis para os que estão de um lado e do outro como o francês e o inglês. Ainda existem 7 mil idiomas falados na Terra, e as pessoas que os falam são notavelmente resistentes a tomar emprestadas palavras, tradições, cerimônias ou preferências dos vizinhos. "Enquanto a transmissão vertical de traços culturais passa amplamente despercebida, a transmissão horizontal tem probabilidade muito maior de ser vista com suspeita, ou até indignação", dizem os biólogos evolucionistas Mark Page e Ruth Mace.[55] "As culturas, parece, gostam de matar seus mensageiros." As pessoas fazem o máximo que podem para se excluir do livre fluxo de ideias, tecnologias e hábitos, limitando assim o impacto da especialização e da troca.

O truque mágico de Ricardo

As divisões de trabalho além da ligação de pares provavelmente foram inventadas no Paleolítico Superior. Ao comentar as 10 mil contas de marfim de mamute que decoravam as roupas de cadáveres de crianças 28 mil anos atrás em Sungir, na Rússia, o antropólogo Ian Tattersall observa: "Dificilmente essas pessoas jovens fizeram elas próprias essas vestimentas ricamente adornadas. É muito mais provável que a pura diversidade da produção material em sua sociedade tenha sido o resultado da especialização de indivíduos em atividades diferentes."[56] Os buriladores de contas de marfim de mamute em Sungir, a pintura de rinocerontes em Chauvet, a produção de lâminas de miolo de pedra, o fabricante das redes de pegar coelhos — talvez todos eles fossem especialistas, trocando seu trabalho pelo de outros. Talvez houvesse diferentes papéis em cada bando de seres humanos desde o primeiro surgimento de pessoas modernas mais de 100 mil anos atrás.

É uma coisa tão humana de fazer, e tão óbvia a explicação da coisa, que ela precisa ser explicada: a capacidade para a inovação.[57] A especialização levaria à perícia, e a perícia levaria ao aperfeiçoamento. A especialização também daria ao especialista uma desculpa para investir tempo no desenvolvimento de uma técnica nova e laboriosa. Se você tem um único arpão de pesca para fazer, não faz sentido construir primeiro uma ferramenta inteligente para fazer arpões, mas se tem de fazer arpões para cinco pescadores, então talvez faça sentido e poupe tempo fazer a ferramenta de produzir arpões.

A especialização, portanto, criaria e aumentaria as oportunidades de ganhos com o comércio. Quanto mais Oz pescar, melhor fará isso, então menos tempo vai levar para pegar peixe. Quanto mais anzóis de chifre de rena Adam fizer, melhor fará isso, então menos tempo vai levar para fazer cada um. Então, vale a pena Oz gastar seu tempo pescando e comprar anzóis de Adam com o peixe que dá em troca. E vale a pena Adam passar o dia fazendo anzóis e ter o peixe entregue por Oz.

E, de um modo maravilhoso, isso é verdadeiro ainda que Oz seja melhor fazendo anzóis que Adam. Suponha que Adam seja um tolo desajeitado que quebra metade de seus anzóis, mas é um pescador ainda mais desajeitado, que não consegue jogar uma linha nem para salvar a própria vida. Oz, por outro lado, é um daqueles irritantes modelos de perfeição que pode talhar um anzol de osso sem problema e sempre pega montes de peixes. Mesmo assim, ainda vale a pena para Oz obter os anzóis feitos para ele pelo desajeitado Adam. Por quê? Porque, com a prática, Adam ao menos se torna melhor em fazer anzóis do que é em pescar. Ele leva três horas para fazer um anzol, mas quatro horas para pegar um peixe. Oz leva apenas uma hora para pegar um peixe, mas, mesmo sendo bom em fazer anzóis, ainda precisa de duas horas para fazer um. Então, se cada um for autossuficiente, Oz trabalhará por três horas (duas para fazer o anzol e uma para pegar o peixe), enquanto Adam trabalha sete horas (três para fazer o anzol e quatro para pegar um peixe). Se Oz pegar dois peixes e trocar um por um anzol com Adam, ele só terá de trabalhar duas horas. Se Adam faz dois anzóis e usa um para comprar um peixe de Oz, ele trabalha apenas durante seis horas. Ambos estão em situação melhor do que quando eram autossuficientes. Ambos ganham uma hora de lazer.

Não fiz nada aqui além de contar novamente, em termos de Idade da Pedra, a noção de vantagem comparativa como foi definida pelo corretor de ações David Ricardo em 1817. Ele usou o exemplo da Inglaterra de trocar tecidos por vinho português, mas o argumento ainda é o mesmo:

> A Inglaterra pode estar em situação tal que produzir o tecido pode requerer o trabalho de 100 homens durante um ano; e se tentasse fazer o vinho, isso poderia exigir o trabalho de 120 homens pelo mesmo tempo. A Inglaterra, portanto, acharia de seu interesse importar vinho e adquiri-lo com a exportação de tecido. Produzir o vinho em Portugal poderia requerer o trabalho de 80 homens durante um ano, e produzir o tecido no mesmo país exigiria o trabalho de 90 homens pelo mesmo tempo. Seria, portanto, vantajoso para ele exportar vinho em troca de tecido. Essa troca poderia até ter lugar não obstante a *commmodity* importada por Portugal poder ser produzida lá com menos trabalho do que na Grã-Bretanha.

A lei de Ricardo tem sido chamada de a única proposição no conjunto das ciências sociais que tanto é verdadeira quanto surpreendente. É uma ideia tão elegante que é difícil acreditar que as pessoas do Paleolítico levaram tanto tempo para topar com ela (ou os economistas para defini-la);[58] difícil entender por que outras espécies não a utilizam também. É muito desconcertante que pareçamos a única espécie que explora isso rotineiramente. Naturalmente, isso não é bem verdade. A evolução descobriu a lei de Ricardo e aplicou-a às simbioses, como a colaboração entre a alga e o fungo que é o líquen, ou a colaboração entre uma vaca e uma bactéria na pança da vaca. Entre espécies também, há benefícios claros na troca entre as células de um corpo, pólipos de uma colônia de coral, formigas, numa colônia de formigas, ou rato-toupeira de uma colônia de ratos-toupeira. O grande sucesso das formigas e cupins — os dois podem responder por um terço de toda a biomassa de animais terrestres — é, sem dúvida, sua divisão de trabalho. A vida social do inseto não se constrói sobre aumentos na complexidade do comportamento individual, "mas, em vez disso, na especialização entre indivíduos".[59] Entre as formigas cortadoras de folhas na floresta tropical da Amazônia, as colônias podem ser milhões e os trabalhadores crescem numa de quatro castas distintas: menores, médias, maiores e supermaiores. Em uma espécie, um supermaior (soldado) pode pesar o mesmo que quinhentos menores.

Mas a grande diferença é que em todas as outras espécies que não a dos seres humanos as colônias consistem em parentes próximos — até uma cidade de um milhão de formigas é, realmente, apenas uma imensa família. Mas a reprodução é a única tarefa que as pessoas nunca delegam a um especialista, muito menos a uma rainha. O que deu às pessoas a chance de explorar ganhos do comércio, sem esperar o rastejar evolucionário enfadonho da Mãe natureza, foi a tecnologia. Equipado com a ferramenta certa, um ser humano pode ser um soldado ou um trabalhador (talvez não uma rainha) e pode trocar de papel. Quanto mais você faz uma coisa, melhor se torna nela. Um bando de caçadores-coletores na Eurásia ocidental 15 mil anos atrás, dividindo o trabalho não apenas por sexo, como por indivíduo também, teria sido tremendamente mais eficiente do que um bando indiferenciado. Imagine, digamos, 100 pessoas no bando. Alguns deles faziam ferramentas, outros faziam roupas, outros caçavam, outros coletavam. Um sujeito cansativo insiste em saracotear por ali com uma cabeça de cervo, cantando feitiços e preces, contribuindo um pouco para o bem-estar geral, mas, por outro lado, talvez fosse ele o responsável pelo calendário lunar, então podia dizer às pessoas quando as marés estariam mais baixas para as expedições de catar moluscos.

É verdade, não há muita especialização entre os caçadores-coletores modernos. No deserto de Kalahari, ou no australiano, à parte as mulheres coletoras, os homens caçadores e o xamã, não há muitas ocupações distintas em cada bando. Essas são sociedades simples que vivem nos *habitats* mais severos. Mas nas terras relativamente férteis da Eurásia ocidental depois de 40 mil anos atrás, quando os bandos de pessoas eram maiores e as linhas de trabalho diversificadas, a especialização provavelmente aumentou dentro de cada bando. O pintor de rinocerontes de Chauvet era tão bom em seu trabalho (e, sim, os arqueólogos acham que foi basicamente um artista) que devia ter muito tempo fora de seus deveres de caça para praticar. O fabricante de contas de Sungir deve ter trabalhado por alguma espécie de salário, porque ele certamente não podia ter tempo para caçar para si mesmo. Até Charles Darwin considerava que "o homem primitivo praticava uma divisão do trabalho; cada homem não fazia suas próprias ferramentas ou cerâmica rústica, mas certos indivíduos pareciam devotados a tal trabalho, recebendo em troca, sem dúvida, o produto da caça".[60]

Redes de inovação

De acordo com o antropólogo Joe Henrich,[61] os seres humanos aprendem habilidades uns dos outros ao copiar os indivíduos de prestígio e ao inovar cometendo erros que muito de vez em quando são melhorias — assim é que a cultura evolui. Quanto maior a população relacionada, mais habilidoso o professor e maior a probabilidade de erro produtivo. Inversamente, quanto menor a população relacionada, maior a deterioração gradual da habilidade à medida que vai sendo passada adiante. Como dependiam de recursos da natureza, os caçadores-coletores raramente podiam viver em bandos maiores do que algumas centenas de pessoas e nunca atingiam as densidades das populações modernas. Isso teve uma importante consequência. Significa que havia um limite para o que podiam inventar. Um bando de 100 pessoas não pode manter mais que um limitado número de ferramentas, pela simples razão de que tanto a produção como o consumo de ferramentas requerem um tamanho mínimo de mercado. As pessoas vão aprender apenas um limitado conjunto de habilidades e, se não houver especialistas suficientes de quem aprender uma habilidade rara, vão perder aquela habilidade. Uma boa ideia, manifestada em osso, pedra ou corda, precisa ser mantida viva por grande quantidade de pessoas. O progresso pode facilmente titubear e se tornar retrocesso.

Onde os caçadores-coletores modernos foram privados do acesso a uma população grande de parceiros comerciais — na Austrália esparsamente povoada, especialmente na Tasmânia, e nas ilhas Andaman, por exemplo — seu virtuosismo tecnológico foi retardado e mal progrediu além dos neandertalenses. Não havia nada especial com o cérebro dos modernos; foram suas redes comerciais que fizeram a diferença — seu cérebro coletivo.

O caso mais impressionante de retrocesso tecnológico é a Tasmânia.[62] Isolada numa ilha no fim do mundo, a população de menos de 5 mil caçadores-coletores, dividida em nove tribos, não apenas estagnou, ou não conseguiu progredir: caíram, contínua e gradualmente, de volta num estilo mais simples de vida e de ferramentas, puramente por não terem número suficiente para preservar a tecnologia que existia. Os seres humanos chegaram à Tasmânia há 35 mil anos, quando ela ainda era ligada à Austrália. Ficou ligada — de forma intermitente — até cerca de 10 mil anos atrás, quando a elevação dos mares encheu o estreito de Bass. Depois disso, os tasmanianos ficaram isolados. Na época em que os europeus encontraram nativos tasmanianos pela primeira vez, descobriram que careciam não apenas de muitas das habilidades e ferramentas de seus primos do continente como de muitas tecnologias que seus próprios ancestrais tiveram uma vez. Não possuíam utensílios de osso de espécie alguma, tais como agulhas e furadores, não tinham roupas de frio nem anzóis nem ferramentas com punho nem lanças farpadas nem armadilhas para peixes nem arremessadores de dardos nem bumerangues. Alguns desses artefatos tinham sido inventados no continente depois que os tasmanianos ficaram isolados dele — o bumerangue, por exemplo —, mas a maioria tinha sido feita e usada pelos primeiros tasmanianos. Constante e inexoravelmente, assim contam os livros de história arqueológica, essas ferramentas e artifícios foram abandonados. As ferramentas de osso, por exemplo, tornaram-se cada vez mais simples até serem completamente suprimidas 3.800 anos atrás. Sem artefatos de osso tornou-se impossível costurar peles para transformar em roupas. Então, até mesmo no inverno mais penoso, os tasmanianos ficavam quase nus, exceto pela gordura de foca esfregada na pele e peles de cangurus pequenos sobre os ombros. Os primeiros tasmanianos pegavam e comiam muito peixe, mas, na época do contato ocidental, não apenas não comiam peixe e não haviam comido nenhum havia 30 mil anos como sentiam nojo quando lhes era oferecido (embora comessem moluscos com satisfação).

A história não é tão simples assim, porque os tasmanianos de fato inventaram algumas coisas novas no período de seu isolamento. Em torno de 4 mil anos atrás, eles apareceram com uma forma de jangada temerária, feita de feixes de caniços e tanto impulsionada por remadores como empurradas por nadadoras (!), o que lhes permitia chegar às ilhotas na costa para pegar pássaros e focas. A jangada ficava cheia d'água e se desintegrava ou afundava após algumas horas, então não era boa para restabelecer contato com o continente. Como inovação, essa jangada foi tão insatisfatória que quase representa uma exceção à regra. As mulheres também aprenderam a mergulhar quase 4 metros abaixo da superfície para arrancar mariscos das rochas com cunhas de madeira e agarrar lagostas. O trabalho era perigoso e cansativo, e elas tinham muita prática nele: os homens não participavam. Então, não é que não tenha havido inovação; o que houve foi que o retrocesso subjugou o progresso.[63]

O arqueólogo que primeiro descreveu a decadência dos tasmanianos, Rhys Jones, chamou-a de "lento estrangulamento da mente", o que, talvez compreensivelmente, enraiveceu alguns de seus colegas acadêmicos. Não havia nada errado com o cérebro individual dos tasmanianos; havia algo errado com seu cérebro coletivo. Isolamento — autossuficiência — causou a contração de sua tecnologia. Antes escrevi que a divisão de trabalho era possibilitada pela tecnologia. Mas é mais interessante do que isso. A tecnologia se tornou possível pela divisão do trabalho: a troca no mercado provoca inovação.

Agora, finalmente se torna claro por que o hominídeo ereto divisou um progresso tecnológico tão lento. Eles e seus descendentes, os neandertalenses, viviam sem comércio (lembre agora como suas ferramentas de pedra se originavam num raio de uma hora de caminhada de onde eram usadas). Então, com efeito, cada tribo de hominídeos eretos ocupava uma Tasmânia virtual, excluída do cérebro coletivo da população mais ampla. A Tasmânia é mais ou menos do tamanho da República Irlandesa. Na época em que Abel Tasman chegou, em 1642, a ilha tinha aproximadamente 4 mil caçadores-coletores divididos em nove tribos, que viviam, principalmente, de focas, aves marinhas e cangurus pequenos que matavam com cacetes de madeira e lanças. Isso significa que havia apenas algumas centenas de adultos em toda a ilha que aprendiam novas habilidades num dado momento. Se, como parece ser o caso em toda parte, a cultura funciona pela imitação fiel, com uma inclinação para imitar indivíduos de prestígio (em outras palavras, copie o especialista, não o parente ou a pessoa mais próxima à mão), então tudo que seria necessário para certas técnicas se perderem seria um punhado de acidentes infelizes nos quais o indivíduo de mais prestígio esquecesse ou aprendesse errado um passo crucial — ou até fosse para o túmulo sem ensinar a um aprendiz. Suponha, por exemplo, que uma abundância de aves marinhas levasse um grupo a se abster de pescar por muitos anos até que o último indivíduo capaz de fazer equipamento de pesca morresse. Ou que quem fizesse a melhor lança farpada na ilha caísse de um rochedo um dia sem deixar aprendiz. Suas ponteiras farpadas continuariam a ser usadas por alguns anos, mas, depois que todas se quebrassem, subitamente não haveria mais ninguém que pudesse fazê-las a começar do zero. As pessoas se concentravam em aprender as técnicas que podiam observar em primeira mão.

Aos poucos, a tecnologia tasmaniana se simplificou. As ferramentas mais difíceis e as técnicas mais complexas se perderam primeiro, porque eram as mais difíceis de dominar sem um mestre de quem aprender. Utensílios são, na prática, uma medida da extensão da divisão do trabalho, e, como Adam Smith argumentou, a divisão do trabalho está limitada à extensão do mercado. O mercado tasmaniano era pequeno demais para sustentar muitas habilidades especializadas.[64] Imagine se 4 mil pessoas da sua cidade natal fossem socadas numa ilha e deixadas em total isolamento por dez milênios. Quantas habilidades e artefatos você acha que poderiam preservar? Telefone sem fio? Contabilidade de dupla entrada dever/haver? Suponha que uma das pessoas da sua cidade fosse contador. Ele poderia ensinar escrituração de dupla entrada a um jovem, mas o jovem, ou o jovem do jovem, passaria isso — para sempre?

Em outras ilhas australianas aconteceu quase a mesma coisa que na Tasmânia. Na ilha Canguru e na ilha Flinders, a ocupação humana desapareceu, provavelmente por extinção, alguns milhares de anos após o isolamento.[65] Flinders é uma ilha fértil que devia ser um paraíso. Mas a centena de pessoas, aproximadamente isso, que poderia sustentar era uma população humana pequena demais para conservar a tecnologia dos caçadores-coletores. O povo de Tiwi, isolado em duas ilhas ao norte de Darwin por 5.500 anos, também inverteu a catraca de acumular invenções e deslizou de volta a um conjunto mais simples de ferramentas. Os ilhéus de Torres não conseguiram preservar a arte de fazer canoas, levando o antropólogo W.H.R. Rivers a se intrigar com o "desaparecimento de habilidades úteis".[66] Parece que o estilo caçador-coletor se condenava se ficasse isolado demais. O continente australiano, em contraste, experimentou um constante progresso tecnológico. Onde as lanças tasmanianas tinham meramente pontas de madeira endurecidas pelo fogo, no continente as lanças adquiriram pontas removíveis, farpas de pedra e paus para arremessar lanças com mais pressão. Não é coincidência que o continente tivesse comércio de grande alcance, de forma que invenções e luxos podiam se originar em partes distantes da Terra. Contas de conchas vinham se movimentando a longas distâncias pela Austrália desde, no mínimo, 30 mil anos antes.[67] Pendentes de pérolas e grandes conchas de moluscos da costa norte atravessavam pelo menos oito áreas tribais para chegar ao extremo sul, a mais de 1.000 quilômetros de onde tinham sido colhidos, e seu caráter de objeto sagrado crescia à medida que se aproximavam. *Pitchera* — planta semelhante ao tabaco — foi para oeste a partir de Queensland. Os melhores machados de pedra viajaram até 800 quilômetros da mina de onde a pedra tinha sido extraída.[68]

Em contraste com a Tasmânia, a Terra do Fogo — uma ilha não muito maior do que a Tasmânia, lar para um número não muito maior de pessoas e, em geral, bastante mais fria e menos hospitaleira — possuía uma raça de pessoas que, quando Charles Darwin os conheceu, em 1834, punham iscas para os peixes, redes para focas e armadilhas para pássaros, usavam anzóis e arpões, arcos e flechas, canoas e vestimentas — tudo feito com utensílios e habilidades especializados.[69] A diferença é que os fueguinos estavam em contato bastante frequente com outros povos do outro lado do estreito de Magalhães, de forma que podiam reaprender técnicas perdidas ou importar utensílios novos de tempos em tempos. Só era necessário um intruso ocasional do continente para impedir que a tecnologia deles regredisse.

Criando redes de contato no Oriente Próximo

A lição é dura. A autossuficiência estava morta havia dezenas de milhares de anos. Até o estilo de vida relativamente simples de um caçador-coletor não pode existir sem uma população grande trocando ideias e habilidades. Não é possível exagerar a importância dessa ideia: comércio é uma parte vital da história.

Vasta como é, a Austrália pode ter sofrido esse efeito do isolamento. Lembre-se de que ela foi colonizada 45 mil anos atrás por catadores de praia pioneiros que se espalhavam para o leste a partir da África ao longo da costa da Ásia. A vanguarda de tal migração deve ter sido pequena em número e deve ter viajado com relativamente pouca bagagem. As probabilidades são de que tiveram apenas uma amostra da tecnologia disponível para seus parentes ao atravessarem o mar Vermelho. Isso pode explicar por que a tecnologia aborígine australiana, embora tenha se desenvolvido e elaborado continuamente no milênio seguinte, careça de tantas características do Velho Mundo — armas elásticas, por exemplo, como arcos e catapultas, eram desconhecidas, assim como fornos.[70] Não que fossem "primitivos" ou tivessem retrocedido mentalmente: é que chegaram com apenas um subconjunto de tecnologias e não tinham uma população densa o bastante, e o sucesso dos seres humanos depende crucialmente, porém precariamente, de números e conexões.[71]

O "efeito tasmânico" também pode explicar por que o progresso tecnológico foi tão lento e errático na África após 160 mil anos atrás.[72] Explica por que as explosões periódicas de utensílios modernos encontraram na África do Sul sítios como Pinnacle Point, caverna de Blombos e rio Klasies. Apesar da invenção da troca, o continente era uma colcha de retalhos de Tasmânias virtuais. Como Steve Shenan e seus colegas conjeturaram, sempre que a combinação certa de (digamos) alimentos do mar, água fresca e savanas férteis produzia explosões populacionais locais, a tecnologia se sofisticava em proporção ao número de pessoas interligadas pela troca para mantê-la e desenvolvê-la — em proporção à escala da inteligência coletiva. Mas quando um rio secava, ou desertos avançavam, e as populações humanas desapareciam ou encolhiam, a tecnologia se simplificava novamente. O progresso cultural humano é um empreendimento coletivo e precisa de um cérebro coletivo denso.

Assim, a mudança extraordinária na tecnologia e na tradição cultural que parece ter florescido mais de 30 mil anos atrás na Ásia Ocidental e no Oriente Próximo — também conhecida como Revolução do Paleolítico Superior — pode ser explicada por uma população densa. Alimentadas por um estilo de vida crescentemente intensivo e caçador-coletor vegetariano e com estreito contato entre as tribos, as pessoas do Sudeste da Ásia estavam em posição de acumular mais habilidades e tecnologias do que qualquer população humana anterior. Uma população maior, interligada, significava invenção cumulativa mais rápida — verdade surpreendente até estes dias, demonstrada pelas ilhas de Hong Kong e Manhattan. Como afirmou o economista Julian Simon, "crescimento populacional que leva a rendimentos decrescentes é ficção; o crescimento induzido da produtividade é fato científico".[73] E uma dessas invenções foi a agricultura, que é o assunto do meu próximo capítulo.

É justo, no entanto, encerrar o capítulo dos caçadores-coletores lembrando o que aconteceu aos tasmanianos. No início dos anos 1800, navios de caçadores de focas começaram a chegar à costa da ilha, e não se passou muito antes que os tasmanianos se encontrassem avidamente com os caçadores para comerciar com eles, provando que 10 mil anos de troca limitada não haviam diminuído em nada seu entusiasmo inato pelo intercâmbio. Os cachorros eram especialmente apreciados, pois eram de caça e podiam perseguir e alcançar cangurus com facilidade. É triste lembrar que, em troca, os tasmanianos venderam mulheres para os caçadores como concubinas.[74] Quando agricultores brancos chegaram, as relações entre os dois grupos se deterioraram, e, finalmente, os brancos mandaram caçadores de recompensas matar os nativos, depois reuniram os sobreviventes e os exilaram na ilha Flinders, onde os tasmanianos morreram na miséria.

3

A manufatura da virtude: escambo, confiança e regras de 50 mil anos atrás aos dias de hoje

Dinheiro não é metal. É confiança insculpida.

Niall Ferguson
The Ascent of Money[1]

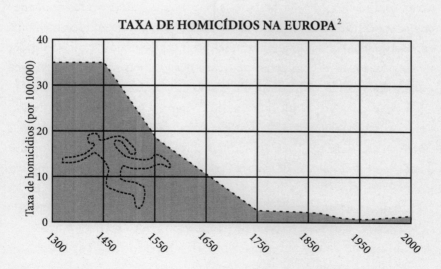

TAXA DE HOMICÍDIOS NA EUROPA[2]

Há uma cena no filme *O falcão maltês* em que Humphrey Bogart está para receber US$ 1.000 de Sydney Greenstreet e terá de repassar algum dinheiro a Mary Astor. Greenstreet sussurra para Bogart que gostaria de lhe dar um conselho:[3] Greenstreet supõe que Bogart dará a Mary um pouco daquele dinheiro, mas, se não der o quanto ela acha que deve receber, Bogart precisará tomar cuidado. A cena prefigura um jogo, inventado por Werner Guth no fim dos anos 1970 e muito apreciado por economistas, chamado "Jogo do Ultimato", que abre uma pequena janela para dentro do espírito humano. Ao primeiro jogador é dado algum dinheiro e lhe é dito para dividi-lo com o segundo jogador. Ao segundo jogador é dito que pode aceitar ou recusar a oferta, mas não mudá-la. Se aceitar, recebe o dinheiro; se recusar, nem ele nem o primeiro jogador receberão um centavo. A questão é: quanto dinheiro o primeiro jogador deveria oferecer ao segundo? Racionalmente, deveria oferecer quase nada, e o segundo jogador deveria aceitar, porque, por menor que seja a soma, a recusa só faz o segundo jogador ficar em situação pior do que ao aceitar o dinheiro. Mas, na prática, as pessoas normalmente oferecem perto de metade do dinheiro. A generosidade parece vir naturalmente, ou melhor, o comportamento mesquinho é irracionalmente tolo, porque o segundo jogador irá — e fará isso — considerar que vale a pena rejeitar uma oferta irrisória, quanto mais não seja para punir o egoísmo do primeiro jogador.

A lição do jogo do ultimato, e de centenas como ele, é que, muitas vezes, as pessoas emergem de tais experiências mais bondosas do que se poderia pensar. Mas a lição ainda mais surpreendente é que, quanto mais as pessoas estão imersas no cérebro coletivo do mundo comercial moderno, mais generosas elas são. Como afirma o economista Herb Gintis, "as sociedades que usam mercados extensivamente desenvolvem uma cultura de cooperação, justiça e respeito pelo indivíduo".[4] A prova que ele apresenta vem de um fascinante estudo em que pessoas de 15 sociedades tribais, em sua maioria pequenas, foram atraídas para jogar o Jogo do Ultimato.[5] As sociedades com menos experiência de comércio eram as mais cruéis, avarentas e mesquinhamente "racionais". Agricultores machiguengas que derrubavam e queimavam vegetação na Amazônia ofereciam, com mais frequência, apenas 15% da soma ao parceiro, e, em todos os casos, exceto um, o segundo jogador aceitou. Igualmente, um caçador-coletor da Tanzânia faz, normalmente, uma oferta muito pequena e experimenta poucas rejeições. Por outro lado, jogadores das sociedades que estão mais integradas nos mercados modernos, como os nômades ormas do Quênia, ou os achuares, horticultores que trabalham para subsistência no Equador, usualmente vão oferecer metade do dinheiro, exatamente como um estudante não graduado do Ocidente faria. Os lamaleras, caçadores de baleia da ilha de Lembata, na Indonésia, que precisam coordenar várias equipes de forasteiros nas caçadas, oferecem em média 58% do dinheiro — como se investissem na sorte inesperada de adquirir novos compromissos. Quase a mesma coisa acontece em duas tribos da Nova Guiné, os aus e os gnaus, cujos membros fazem, com frequência, ofertas "hiperjustas" e, ainda assim, as veem rejeitadas: em algumas culturas, presentes podem representar um ônus para quem os recebe porque implicam a obrigação de reciprocidade.

A lição deste estudo é que, no geral, ter de negociar com estrangeiros ensina a tratá-los com educação, e, para que tal generosidade apareça, podem ser necessárias custosas punições ao egoísmo.[6] Rejeitar a oferta sai caro para o segundo jogador, mas ele considera que vale a pena dar uma lição ao primeiro jogador. A questão não é que o comércio ensine as pessoas a ser gentis; é que o comércio ensina as pessoas a admitir que o seu esclarecido interesse próprio se baseia em buscar cooperação. Aqui, então, se encontra uma pista para o atributo unicamente humano de ser capaz de negociar com estrangeiros, de estender a divisão do trabalho até para incluir inimigos.

Cooperação, troca e especialização dentro de um grupo familiar são rotineiras em todo o reino animal: entre chimpanzés e golfinhos, entre lobos e leões, entre indivíduos e quase em qualquer espécie social. Uma fuinha ou uma gralha confiam a parentes de sentinela o dever de dar o alarme se uma águia aparecer e compartilham esse dever. Uma formiga operária divide o trabalho com sua rainha, com soldados e com suas irmãs em outras castas de trabalhadores. Todas essas sociedades são apenas grandes famílias. A colaboração entre estranhos não aparentados parece uma realização unicamente humana. Em nenhuma outra espécie, dois indivíduos que nunca se encontraram antes podem trocar bens ou serviços para benefício mútuo, como acontece rotineiramente quando se visita uma loja, um restaurante ou um website. Na verdade, em outras espécies que vivem em grupo, como formigas ou chimpanzés, as interações entre membros de diferentes grupos são quase sempre violentas.[7] Mas os seres humanos podem tratar estranhos como amigos honorários.[8]

Dar o primeiro passo para oferecer a mão da cooperação a um inimigo homicida deve ter sido significativo e quase irrealizável, razão pela qual é habilidade tão rara no reino animal. Foi preciso que primatólogos como Sarah Hrdy e Frans de Waal observassem como isso é peculiar:[9] o quão inconcebível seria uma fila ordeira de chimpanzés estranhos entre si lotar um avião, ou sentar-se num restaurante, sem se voltarem violentamente uns contra os outros. E, falando em geral, quanto mais cooperativa uma espécie é no interior de seu grupo, mais hostilidade existe entre grupos. Como espécie altamente "grupista" que somos, ainda dados à ajuda mútua no interior dos grupos e à violência mútua entre grupos, é uma coisa extraordinária que pessoas possam sobrepujar seus instintos o bastante para comerciar socialmente com estranhos.

Acho que as primeiras sondagens podem ter sido feitas por fêmeas humanas. Afinal, ataques homicidas contra grupos vizinhos são — em seres humanos e na maioria dos outros primatas — sempre conduzidos por machos. Já encontros entre fêmeas estranhas não necessariamente se tornarão violentos. Além do mais, entre todos os grandes macacos antropoides, as fêmeas, ao se acasalar, são o sexo que deixa o grupo no qual nasceu; entre os macacos, curiosamente, são os machos que partem. Admitindo que os seres humanos sigam o padrão dos grandes macacos antropoides — como acontece até o dia de hoje na maior parte das sociedades humanas —, então, a mulher teria contato estreito em outros grupos com mães, pais e irmãos com quem construir relacionamentos. Existe até um vestígio curioso, muito posterior, desse padrão centrado na fêmea, nos padrões comerciais do Sudeste da Ásia antes da chegada dos ocidentais. Os comerciantes da Malásia, Indonésia e Filipinas eram com frequência mulheres, ensinadas a calcular e a contar desde tenra idade.[10]

Muitas vezes na história, a confiança teve de começar entre parentes antes de poder estender-se a estranhos; mandar parentes ao exterior como agentes tem uma longa história. Cada um dos portos comerciais da Ásia tinha suas próprias comunidades de gujaratis, fujianeses, persas, armênios, judeus e árabes, exatamente como os portos da Europa tinham suas comunidades separadas de mercadores genoveses, florentinos, holandeses, ingleses e hanseáticos, mantendo a confiança dentro da família quando suas diásporas se espalhavam. O financiamento dos exércitos de Wellington na Espanha em 1809-1812 tornou-se possível porque o governo britânico entregou aos cuidados de um financista judeu chamado Nathan Rothschild a tarefa de confiar aos seus irmãos no continente a compra de barras de ouro maciço com papel-moeda inglês.[11]

Encontrando um parceiro comercial

Em 2004, uma série de estudantes não diplomados voluntários sentou-se diante de telas de computadores da Universidade George Mason na Virginia para jogar por dinheiro. No jogo, cada pessoa estava numa aldeia virtual em sua própria casa e um campo onde podia produzir e consumir "unidades" virtuais vermelhas e azuis durante breves sessões do jogo. Em cada caso, sabia que, quanto mais adquirisse e mais perto chegasse de determinada proporção de unidades azuis e vermelhas (por exemplo, 3:1), iria para casa com mais dinheiro real. Mas sem saber, era um jogador "ímpar", programado para ser mais rápido em fazer unidades vermelhas, ou um jogador "par", mais rápido em fazer unidades azuis. Em sua tela, cada jogador via o que outros jogadores (dois, quatro ou oito, no total) tramavam e podia conversar com eles na tela durante cada corrida e nos intervalos de 100 segundos entre as corridas. Em uma das corridas do jogo, na sessão seis, dois jogadores tiveram o seguinte diálogo:

> "Gostaria de saber se você pode me dar objetos."
> "Oh, sim."
> "Eeeiii, faço azuis mais rápido, que cor você faz mais rápido?"
> "Vermelha."
> "Kkkkk. Certo."
> "Kkkkk."
> "Então, vou fazer todas as azuis e você faz todas as vermelhas."
> "Depois deixar na casa de cada um?"
> "Sim, faça isso."
> "Tá, 100% vermelhas."
> "Cem por cento azuis."

O objetivo do experimento, supervisionado por Bart Wilson, Vernon Smith e seus colegas, foi, naturalmente, ver se as pessoas descobriam a troca e a especialização por si mesmas, sem regras ou instruções.[12] No jogo, especializar-se é arriscado porque o pagamento por terminar com unidades de uma só cor é zero, mas a especialização com troca permite um pagamento três vezes maior que o da autossuficiência. Mas não havia pistas de que o comércio sequer era possível. Embora alguns jogadores permanecessem emperrados na autossuficiência de baixa remuneração, a maioria, finalmente, descobriu os ganhos do comércio. "Antes da troca", comentaram os experimentadores, "a quase autarquia prevalece, e, quando o 'poder da troca' é descoberto, a especialização gradativamente se desenvolve." Curiosamente, os jogadores começaram a trocar bilateral e pessoalmente — isto é, cada jogador desenvolveu uma relação de comércio com outro parceiro e só mais tarde estendeu o convite a outros.

Que o comércio tenha começado como um negócio bilateral e pessoal parece plausível. No século XIX, entre os aborígines yir yoront na Austrália setentrional,[13] o acampamento da família de cada homem tinha pelo menos um machado de pedra altamente valorizado. Todos os machados de pedra vinham de uma mina a céu aberto, zelosamente vigiada e sistematicamente explorada pela tribo kalkadoon, no monte Isa, a 600 quilômetros para o sul, bem longe das terras dos yir yoront, e passavam pelas mãos de muitos parceiros de troca para chegar à tribo. Cada homem mais velho tinha um parceiro de troca no sul com quem se encontrava uma vez por ano, na estação seca, numa reunião cerimonial. Em troca de uma dúzia de espinhos de raia-lixa para serem usados como pontas de lança, recebia um machado. Em seguida, obtinha alguns espinhos de seu outro parceiro de escambo no norte — a quem dava um machado em troca. Mais 200 quilômetros para o sul, a taxa de troca era diferente: um machado por um espinho. Havia lucros de arbitragem ao longo de toda a corrente.

Então, talvez os primeiros passos para o comércio com estranhos tenham sido dados entre amigos. Uma mulher poderia confiar em sua filha, que se casara com alguém de um bando aliado dentro do mesmo grupo tribal. E, talvez, o marido da mulher pudesse aprender a confiar no genro. A aliança entre bandos em face de um inimigo comum permitia que a barreira da suspeita fosse rompida por tempo suficiente para se descobrir que o outro tinha um excedente de pedras para fazer machados, ou de espinhos de raia-lixa para fazer pontas de lança. Gradativamente, passo a passo, o hábito da troca começou a crescer com o hábito da xenofobia, complicando as ambições de homens e mulheres.

A maioria das pessoas presume que o comércio de longa distância entre estranhos e o próprio conceito de mercado foram um desenvolvimento comparativamente tardio na história humana, vindo depois da agricultura. Todavia, como sugerem os aborígines australianos, isso é absurdo. Não existe nenhuma tribo humana que não saiba negociar. Exploradores ocidentais, de Cristóvão Colombo ao capitão Cook, depararam com muitas confusões e desentendimentos quando fizeram o primeiro contato com povos isolados. Mas o princípio do comércio não foi um deles, porque todas as pessoas que encontraram já tinham noção de troca. Com algumas horas ou poucos dias do encontro com uma nova tribo, cada explorador estava trocando. Em 1834, na Terra do Fogo, um jovem naturalista chamado Charles Darwin deparou com alguns caçadores-coletores:[14] "Alguns dos fueguinos mostraram claramente que tinham uma boa noção de troca. Eu dei a um homem um prego (presente muito valioso), sem fazer nenhum sinal indicando que queria uma troca; mas ele, imediatamente, pegou dois peixes e os estendeu na ponta de sua lança." Darwin e seu novo amigo não precisaram de uma linguagem comum para entender a barganha que faziam. Da mesma forma, os habitantes das terras altas da Nova Guiné, quando contatados pela primeira vez por Michael Leahy e seus companheiros exploradores, em 1933, deram a eles bananas em troca de conchas brilhantes.[15] Antes desse contato, os habitantes da Nova Guiné vinham trocando machados de pedra a longas distâncias havia muito tempo. Na Austrália, conchas grandes e machados de pedra cruzavam o continente inteiro mediante troca por incontáveis gerações. As pessoas da costa do Pacífico da América do Norte enviavam conchas a centenas de quilômetros de distância para o interior do continente e importavam obsidiana de mais longe ainda.[16] Na Europa e na Ásia, na Velha Idade da Pedra, âmbar, obsidiana, pederneira e conchas viajavam para mais longe do que as pessoas, individualmente, poderiam tê-las carregado. Na África, obsidiana, conchas e ocra eram trocadas a grandes distâncias desde cerca de 100 mil anos atrás. A troca é pré-histórica e ubíqua.

Além disso, algumas sociedades antigas de caçadores-coletores alcançaram um grau de comércio e prosperidade suficiente para viver em sociedades densas, sofisticadamente hierarquizadas, com muita especialização. Onde o mar produzia um rico butim, era possível atingir densidade populacional do tipo que normalmente requer agricultura para ser sustentado — completada com chefes, sacerdotes, mercadores e consumo chamativo. Os americanos kwakiutl, que viviam à custa dos cardumes de salmão do noroeste do Pacífico, tinham direitos de propriedade familiar sobre riachos e pontos de pesca e enormes construções, abundantemente decoradas com esculturas e têxteis. Eles se engajavam em rituais de consumo chamativo, como a doação de ricos presentes de cobre uns para os outros, ou a queima de óleo de peixe, exatamente pelo prestígio de serem vistos como filantropos. Eles também usavam escravos. Embora fossem, estritamente falando, caçadores-coletores. Os chumashes das ilhas do canal californiano,[17] bem alimentados com frutos do mar e carne de foca, tinham artesãos especialistas que faziam contas de conchas de haliote para usar como moeda num comércio com canoa sofisticado e de longo alcance. O comércio com estranhos e a confiança que o sustenta foram um hábito muito precoce dos seres humanos modernos.

O caldo da confiança

Mas a troca é possibilitada pelo leite da gentileza humana, ou pelo ácido do egoísmo humano? Houve uma vez uma charada filosófica alemã, conhecida como *Das Adam Smith Problem* [O problema Adam Smith],[18] que dizia ter encontrado uma contradição entre os dois livros do economista. Num deles, Smith diz que as pessoas eram dotadas de simpatia e bondade instintivas; em outro, que as pessoas eram grandemente impulsionadas pelo egoísmo. "Por mais egoísta que se supõe seja o homem, existem, evidentemente, alguns princípios em sua natureza que o fazem interessar-se pela sorte dos outros e tornam a felicidade deles necessária para ele, embora ele não ganhe nada com isso, exceto o prazer de ver isso", escreve Smith em *Theory of Moral Sentiments* [Teoria dos sentimentos morais].[19] "O homem tem quase constantemente ocasião para o auxílio de seus semelhantes, e é vão que ele o espere apenas da benevolência deles. Terá mais probabilidade de se sair bem se conseguir interessar o amor-próprio deles em seu favor", escreveu Smith em *A riqueza das nações*.[20]

A resolução do enigma de Smith é que benevolência e amizade são necessárias, mas não suficientes para a sociedade funcionar, porque o homem "fica em todos os momentos necessitado da cooperação e assistência de grandes multidões, sendo sua vida inteira mau o suficiente para ganhar a amizade de poucas pessoas". Em outras palavras, as pessoas ultrapassam a amizade e encontram interesse comum com estranhos: transformam estranhos em amigos honorários, para usar o termo de Paul Seabright.[21] Smith turvou brilhantemente a distinção entre altruísmo e egoísmo: se a simpatia permite que você agrade a si mesmo agradando os outros, você está sendo egoísta ou altruísta? Como o filósofo Robert Solomon colocou, "o que eu quero para mim é a sua aprovação, e, para consegui-la, muito provavelmente farei o que você acha que eu deveria fazer".[22]

Essa habilidade para se relacionar com estranhos como se eles fossem amigos é possibilitada por uma intrínseca, instintiva capacidade humana para a confiança. Com frequência, a primeira coisa que se faz quando se conhece um estranho e se começa a interagir com ele ou ela, digamos um garçom num restaurante, é sorrir — um pequeno, instintivo gesto de confiança. O sorriso humano, a entusiasmada personificação do sentimento inato de simpatia de Smith, pode atingir diretamente o cérebro da outra pessoa e influenciar seus pensamentos. No caso extremo, um bebê sorrindo acende circuitos específicos no cérebro da mãe e a faz sentir-se bem.[23] Nenhum outro animal sorri dessa maneira. Mas até entre adultos, um toque, uma massagem, ou, como experimentos têm mostrado, um simples ato de generosidade financeira podem causar a liberação do hormônio ocitocina no cérebro de quem o recebe. A ocitocina é a química que a evolução usa para fazer mamíferos sentirem-se bem uns em relação aos outros — pais em relação aos bebês, amantes em relação aos companheiros, ou amigos com amigos. Funciona no sentido oposto também: esguichar ocitocina no nariz de estudantes os fará confiar dinheiro a estranhos mais prontamente do que aqueles que recebem no nariz um esguicho de placebo. "A ocitocina é a assinatura fisiológica da empatia", diz o neuroeconomista Paul Zak, que conduz esses experimentos, "e parece induzir a uma ligação temporária com outros."[24]

Em 2004, Zak, com Ernst Fehr e outros colegas, conduziu um dos mais reveladores experimentos da história da economia, que mostrou exatamente como é específico o efeito de confiança da ocitocina.[25] Eles recrutaram 194 estudantes homens de Zurique (o experimento não deve ser feito com mulheres, porque, se acontecer de uma estar grávida sem o saber, a ocitocina poderá ter efeito abortivo) e os fizeram jogar um de dois jogos. No primeiro jogo, o da confiança, um jogador chamado de investidor recebe 12 unidades monetárias e lhe é dito que, se ceder algum dinheiro daquele para outro jogador, o depositário, o valor oferecido será quadruplicado pelo pesquisador. Assim, se ceder as 12 unidades, o depositário receberá 48. O depositário pode dar ao investidor alguma parte do dinheiro que ganhar, mas não tem obrigação alguma de fazer isso. Então, o risco do investidor é perder todo o dinheiro, mas, se tiver confiança em que o depositário será generoso, pode acontecer que obtenha bom lucro. A questão é: quanto o investidor vai repassar?

Os resultados foram notáveis. Os investidores que receberam uma esguichada de ocitocina em seus narizes cedem 17% mais dinheiro do que aqueles que receberam uma esguichada de solução salina inerte, e a transferência média é de 10 unidades para oito. Os investidores que receberam ocitocina foram duas vezes mais capazes de ceder todas as 12 unidades do que o grupo de controle. Mas a ocitocina não tem o mesmo efeito nas transferências feitas de volta ao investidor pelos depositários, que são tão generosos com ocitocina quanto sem ela. Então — como experimentos com animais têm sugerido — a oxitocina não afeta a reciprocidade, apenas a tendência a correr um risco social, a ficar em posição vulnerável. Além disso, um segundo jogo, idêntico ao primeiro, exceto que a generosidade dos depositários é decidida ao acaso, não mostra efeito da ocitocina sobre os investidores. Então, a ocitocina aumenta especificamente a confiança, mais do que a disposição para correr risco em geral. Da mesma forma que com amantes e mães, o hormônio capacita os animais a correr o risco de aproximar-se de outros membros da espécie — ele "conecta a superação da rejeição social com a ativação de circuitos cerebrais implicados na recompensa". Faz isso parcialmente pela supressão da atividade da amígdala, o órgão que expressa o medo.[26] Se o progresso econômico humano incluiu um momento crucial em que seres humanos aprenderam a tratar estranhos como parceiros de comércio, ao invés de inimigos, então a ocitocina teve um papel vital.

As pessoas são surpreendentemente boas para adivinhar em quem confiar. Robert Frank e seus colegas montaram um experimento em que os voluntários tinham conversações em grupos de três por meia hora. Depois disso, eram mandados a salas separadas para jogar com os parceiros de conversa o jogo do dilema do prisioneiro (em que cada jogador decide se vai cooperar, na esperança de ganho mútuo, ou se vai desertar, na esperança de um ganho egoísta se o outro jogador cooperar). Primeiro, no entanto, cada jogador preenche um formulário em que diz não apenas como jogaria com cada parceiro, mas também prediz a estratégia que cada parceiro adotaria. Como acontece com frequência nesse jogo, três quartos dos voluntários disseram que cooperariam, reforçando o ponto de vista de Smith de que as pessoas são bondosas por natureza (estudantes de economia, ensinados sobre a natureza egoísta dos seres humanos, são duas vezes mais capazes de desertar!). Notavelmente, os sujeitos da experiência foram muito bons em predizer quem cooperaria e quem desertaria; as pessoas para quem a previsão era de que cooperariam fizeram isso 81% das vezes, em comparação com 74% do grupo como um todo. Pessoas sobre quem se previa deserção fizeram isso 57% das vezes, comparados a 26% do grupo como um todo. A maioria das pessoas, diz o economista Robert Frank,[27] consegue pensar num amigo não aparentado em quem confiaria para lhes devolver uma carteira de dinheiro que tivesse sido perdida num concerto lotado. De modo inverso, elas se lembrariam intensamente dos rostos daqueles que as enganaram.[28]

Assim, todo o edifício da cooperação humana e da troca, sobre o qual a prosperidade e o progresso são construídos, depende de um fato biológico afortunado. Os seres humanos são capazes de empatia e são capazes de confiar com discernimento. É isso, então? Que os seres humanos possam construir sociedades complicadas e experimentar prosperidade depende do fato de possuírem um instinto biológico que encoraja a cooperação? Quem dera fosse tão simples! Quem dera os argumentos de Hobbes e Locke, de Rousseau e Voltaire, de Hume e Smith, de Kant e Rawls pudessem ser trazidos a uma conclusão tão límpida e reducionista. No entanto, a biologia é apenas o começo. É algo que torna a prosperidade possível, mas não explica tudo.

Além disso, ainda não há prova de que essa biologia se desenvolveu unicamente nos seres humanos. Macacos capuchinhos e chimpanzés se ressentem tanto de tratamento injusto quanto os seres humanos e são tão capazes quanto estes de atos úteis em relação à família e a membros do grupo.[29] Quanto mais se busca altruísmo e cooperação, menos exclusivamente humanos esses atributos parecem. A ocitocina é comum a todos os mamíferos e é detectada no amor materno entre carneiros e no amor de amantes entre ratos silvestres, então as probabilidades são de que esteja disponível para sustentar a confiança em quase todos os mamíferos sociáveis. É necessária, mas não suficiente para explicar a propensão humana para a troca. Por outro lado, é altamente provável que, nos últimos 100 mil anos, os seres humanos tenham desenvolvido sistemas de ocitocina peculiarmente sensíveis, muito mais preparados para excitar a simpatia como resultado de uma seleção natural numa espécie comerciante. Em outras palavras, exatamente como os genes para digerir leite mudaram em resposta à invenção dos laticínios, assim mudaram os genes que irrigam o cérebro com ocitocina, provavelmente em resposta ao crescimento da população, à urbanização e ao comércio — as pessoas se tornaram muito mais viciadas em ocitocina do que muitos outros animais.

Além disso, encontrar a fisiologia subjacente da confiança serve pouco para explicar por que algumas sociedades humanas são muito melhores em gerar confiança que outras. Numa generalização ampla, quanto mais as pessoas confiam umas nas outras numa sociedade, mais próspera essa sociedade é,[30] e o crescimento da confiança parece preceder o crescimento da renda. Isso pode ser medido por uma combinação de questionários e experiências — deixando uma carteira de dinheiro na rua e vendo se ela é devolvida, por exemplo. Ou perguntando às pessoas em sua língua nativa, "falando de modo geral, você diria que se pode confiar na maioria das pessoas, ou que todo cuidado é pouco ao negociar com pessoas?" Segundo essas medições, a Noruega está cheia de confiança (65% confiam uns nos outros) e rica, enquanto o Peru chafurda na desconfiança (5% confiam uns nos outros) e na pobreza. "Um aumento de 15% na proporção de pessoas num país que acha que os outros são confiáveis", diz Paul Zak, "eleva a renda *per capita* 1% ao ano em todos os anos seguintes." É muito improvável que isso aconteça porque os noruegueses tenham mais receptores cerebrais de ocitocina do que os peruanos, mas, de fato, isso sugere que a sociedade norueguesa esteja mais bem delineada para trazer à tona os sistemas de confiança do que a peruana.

Não está totalmente claro o que vem primeiro: o instinto de confiança ou o comércio. É muito improvável que o sistema de ocitocina tenha sofrido fortuitamente uma mutação para uma forma sensível, que, então, capacitou os seres humanos a desenvolver o comércio. Muito mais plausível é que os seres humanos tenham começado a tentar comerciar e captado os benefícios da vantagem comparativa e dos cérebros coletivos, o que, por sua vez, estimulou a seleção natural a favorecer formas mutantes do cérebro humano particularmente capazes de confiança e empatia — e, mesmo então, a fazer isso com cautela e suspeita. Vou me espantar se a genética do sistema de ocitocina não mostrar provas de ter mudado rápida e recentemente em resposta à invenção do comércio, por uma coevolução genético-cultural.

A sombra do futuro

Um trilhão de gerações de generosidade paterna e materna não interrompida está por trás de uma barganha com a sua mãe. Uma centena de boas experiências está por trás de sua confiança num amigo. A longa sombra do futuro paira sobre qualquer transação com o lojista local. Ele, certamente, sabe que, ao enganar você hoje para ganhar um dólar fácil, se arrisca a perder todas as compras que você poderia fazer futuramente. O miraculoso na sociedade moderna é que você pode confiar e ter a confiança de um lojista que não conhece. Quase invisíveis, os garantidores da confiança espreitam abaixo de todas as modernas transações de mercado: a embalagem selada, a garantia, o formulário de resposta do cliente, a legislação do consumidor, a própria marca, o cartão de crédito, a "promessa de pagar ao portador" no dinheiro. Quando vou ao supermercado conhecido e escolho um tubo de pasta de dentes de uma marca conhecida, não preciso abrir a embalagem e espremer um pouco da pasta de dentes em meu dedo para testar se o tubo está ou não está cheio de água; não preciso nem saber que a loja está sujeita a leis que a levariam a juízo por venda de bens falsificados. Só preciso saber que essa grande companhia de vendas a varejo e que a grande companhia que fez a pasta de dentes estão ansiosas para me ver voltar ano após ano, que a sombra do risco de manchar a reputação paira sobre essa simples transação, assegurando que posso confiar no vendedor de pasta de dentes sem um momento de hesitação.

Há uma vasta história por trás da confiabilidade de um tubo de pasta de dentes, um longo caminho de construção da confiança centímetro por centímetro. Uma vez que esse caminho esteja marcado por muitas pegadas, no entanto, a confiança pode ser tomada emprestada para novos produtos e novos anúncios com surpreendente facilidade. A coisa mais notável sobre os primeiros dias da internet não foi o quanto era difícil habilitar as pessoas a confiar umas nas outras nos anônimos recantos do éter, mas como isso era fácil. Só foi preciso o eBay solicitar respostas dos clientes após cada transação e publicar os comentários dos compradores sobre os vendedores. Subitamente, toda transação está sob a sombra do futuro; subitamente, cada usuário do eBay sentiu a respiração quente da reputação em seu pescoço, tão certamente quanto um vendedor de carne de rena da Idade da Pedra ao retornar a um local de comércio depois de ter vendido carne podre no ano anterior. Quando Pierre Omidyar fundou o eBay, poucos acreditavam como ele que a confiança entre estranhos seria fácil de criar no novo meio. Mas, perto de 2001, menos de 0,01% de todas as transações no *site* eram tentativas de fraude. John Clippinger tira uma conclusão otimista: "O sucesso das organizações cuja confiança se baseia na observação, como eBay, Wikipédia e o software em que o código original da fonte se encontra disponível gratuitamente, indica que a confiança é uma propriedade altamente expansível da rede."[31] Talvez a internet nos tenha feito retornar a um mundo um pouco como a Idade da Pedra, no qual não existe lugar para um fraudador se esconder.

Essa resposta seria ingênua. Existe muito cibercrime inovador e destrutivo por vir. Não obstante, a internet é um lugar onde o problema da confiança entre estranhos se resolve diariamente. Vírus podem ser evitados, filtros de spam podem funcionar, e-mails nigerianos que enganam pessoas para que divulguem detalhes de suas contas bancárias podem ser excluídos, e, quanto à questão da confiança entre comprador e vendedor, companhias como eBay capacitaram seus clientes a policiar a reputação uns dos outros pela simples prática do *feedback*. A internet, em outras palavras, pode ser o melhor fórum para o crime, mas também é o melhor para a troca mais livre e justa que o mundo jamais viu.

Meu argumento principal é simplesmente este: com recuos frequentes, a confiança cresceu gradual e progressivamente, espalhou-se e aprofundou-se durante a história humana em decorrência das atividades de troca. A troca produz confiança tanto como o inverso. Você pode pensar que vive num mundo suspeito e desonesto, mas é, na verdade, o beneficiário de imensos carregamentos de confiança. Sem essa confiança, a troca de frações de trabalho que vai enriquecer as pessoas não poderia acontecer. A confiança importa, disse J.P. Morgan para uma audiência num congresso em 1912, "mais do que o dinheiro ou qualquer outra coisa. O dinheiro não pode comprá-la... porque um homem em quem não confio não conseguiria tirar dinheiro de mim nem com todos os fiadores da cristandade". O código de conduta do Google faz eco a Morgan: "A confiança é o alicerce sobre o qual nosso sucesso e nossa prosperidade descansam, e ela deve ser reconquistada todos os dias, de todas as formas, por todos nós individualmente." (E, claro, provavelmente um dia as pessoas também vão olhar os fundadores do Google como barões ladrões.) Se as pessoas têm confiança umas nas outras, então a prestação mútua de serviços pode evoluir com baixa fricção transacional; se não for assim, a prosperidade se esvairá. Essa é, naturalmente, uma grande parte da história da crise bancária de 2008. Os bancos se viram segurando pedaços de papel que contavam mentiras — diziam que os papéis valiam muito mais do que realmente valiam. As transações desmoronaram.

Se confiança faz mercados funcionarem, é possível mercados gerarem confiança?

Uma transação bem-sucedida entre duas pessoas — uma venda e uma compra — deveria beneficiar ambas. Se beneficia uma e não a outra, é exploração, e não eleva o padrão de vida. A história da prosperidade humana, como Robert Wright argumenta,[32] está na repetida descoberta de barganhas *non-zero-sum*,* que beneficiam ambos os lados. Assim como a clemência de Portia em *O mercador de Veneza*, a troca é "duas vezes abençoada: abençoa aquele que dá e aquele que recebe". Mas bastam alguns olharem para o lado, para os nossos companheiros seres humanos, para perceber que muito poucas pessoas pensam dessa forma. O pensamento *zero-sum* domina o discurso popular, seja em debates sobre o comércio, ou em reclamações acerca dos fornecedores de serviços. Não se veem pessoas saindo das lojas e dizendo: "fiz um grande negócio, mas não se preocupe, paguei o suficiente ao lojista para que ele também alimente sua família". Michael Shermer acha que isso acontece porque a maioria das transações da Idade da Pedra raramente beneficiava os dois lados: "Durante o nosso período evolucionário vivemos na *zero-sum*** (mundo do ganha-perde), em que o ganho de uma pessoa significava a perda para outra pessoa."[33]

Isso é uma pena, porque foi o erro da soma zero que tornou tantos "ismos" dos séculos passados tão errados. O mercantilismo dizia que as exportações tornavam você rico, e as importações o tornavam pobre, falácia de que zombou Adam Smith ao apontar que, ao vender artigos domésticos duráveis para a França em troca de vinho perecível, a Grã-Bretanha perdeu a oportunidade de conseguir "um incrível aumento das caçarolas e frigideiras do país".[34] O marxismo dizia que os capitalistas ficavam ricos porque os trabalhadores ficavam pobres — outra falácia. No filme *Wall Street*, o fictício Gordon Gekko não apenas diz que a cobiça é boa; ele acrescenta que é um jogo de soma zero, em que alguém ganha e alguém perde. Ele não está necessariamente errado acerca de alguns mercados especulativos

---

*Em que todos os participantes podem ganhar ou perder juntos; jogo do ganha-ganha. [*N. da T.*]
**Soma zero, situação em que perdas e ganhos são iguais, o ganho de um lado equivale à perda do outro. [*N. da T.*]

de capitais e de ativos, mas sim sobre os mercados de bens e serviços. A noção de sinergia, dos dois lados beneficiando-se, simplesmente não parece vir naturalmente para as pessoas. Se a simpatia é instintiva, a sinergia, não.

A maioria das pessoas, no entanto, não percebe o mercado como um local virtuoso. Ele é notado como uma arena em que o consumidor, de fato, luta com o produtor para ver quem pode vencer. Muito antes da crise de crédito de 2008, a maioria das pessoas via o capitalismo (e, portanto, o mercado) como mal necessário, em vez de inerentemente bom. É quase um axioma do debate moderno que o livre comércio estimula e requer o egoísmo, uma vez que as pessoas podiam ser mais amáveis e gentis antes de suas vidas serem comercializadas; que pôr um preço em tudo fragmentou a sociedade e barateou as almas. Talvez isso esteja por trás da visão extraordinariamente disseminada de que o comércio é imoral, o lucro é sujo e que as pessoas modernas são boas apesar de estarem enredadas nos mercados mais do que por causa deles — opinião que pode ser ouvida de qualquer púlpito anglicano em qualquer tempo. "Marx há muito tempo observou o modo pelo qual o capitalismo sem controle se tornou uma espécie de mitologia, atribuindo realidade, poder e função a coisas que não tinham vida por si mesmas", disse o arcebispo de Canterbury em 2008.[35]

Assim como a evolução biológica, o mercado é um mundo de pernas pro ar sem ninguém no comando. Como argumenta o economista australiano Peter Saunders: "Ninguém planejou o sistema capitalista global, ninguém o dirige e ninguém realmente o compreende. Isso ofende particularmente os intelectuais, porque o capitalismo os torna redundantes. Ele continua perfeitamente bem sem eles."[36] Não há nada de novo nisso. A *intelligentsia* desdenhou o comércio ao longo de toda a história ocidental. Homero e Isaías desprezavam os mercadores. São Paulo, São Tomás de Aquino e Martinho Lutero, todos consideravam a usura um pecado. Shakespeare não conseguiu persuadir-se a transformar o perseguido Shylock num herói. Sobre os anos 1900, Brink Lindsey escreve: "Muitas das mais brilhantes mentes do século se enganaram ao interpretar o mecanismo de libertação final da massa — o sistema de mercado competitivo — como o principal baluarte da dominação e opressão."[37] Economistas como Thorstein Veblen ambicionavam substituir o motivo do lucro pela combinação do espírito público e da tomada de decisões por um governo centralizado. Nos anos 1880, Arnold Toynbee, fazendo uma conferência para trabalhadores sobre a Revolução Industrial inglesa que os havia enriquecido tanto, criticou o capitalismo de livre iniciativa como um "mundo de animais em busca de ouro, despidos de toda afeição humana" e "menos real que a ilha de Lilliput".[38] Em 2009, Adam Phillips e Barbara Taylor argumentaram que o "capitalismo não é sistema para os compassivos. Até seus devotos reconhecem isso quando insistem em que, por mais baratos que os motivos do capitalista possam ser, os resultados são socialmente benéficos".[39] Como diz o político britânico lorde Taverne, falando de si mesmo: "Uma educação clássica o ensina a desprezar a riqueza que o impede de ganhar."[40]

Mas tanto a premissa quanto a conclusão estão erradas. A noção de que o mercado é um mal necessário, que permite às pessoas serem ricas o bastante para compensar defeitos corrosivos, está muito longe da realidade. Em sociedades de mercado, se você ganha uma reputação de deslealdade, as pessoas não vão negociar com você. Em lugares onde sociedades feudais tradicionais, baseadas na honra, deram lugar a economias comerciais, baseadas na prudência — por exemplo, Itália, em 1400, Escócia, em 1700, Japão, em 1845 —, o efeito é civilizador, não brutalizador. Quando John Padgett, na Universidade de Chicago, compilou dados sobre a revolução comercial na Florença do século XIV,[41] descobriu que, longe de aumentar, o egoísmo se suavizou ao emergir um sistema de "crédito recíproco" em que os parceiros de negócios gradativamente ampliavam a confiança e o apoio para cada um. Houve uma "verdadeira explosão". "Onde quer que os costumes dos homens sejam gentis, existe comércio, e onde quer que exista comércio, as maneiras dos homens são gentis", observou Charles, barão de Montesquieu.[42] Voltaire destacou que pessoas que, de outra maneira, tentariam matar umas às outras por adorar o deus errado eram corteses quando se encontravam no saguão da Bolsa em Londres. David Hume achava que o comércio "é bastante favorável à liberdade e tem uma tendência natural para preservar, se não criar, um governo livre" e que "nada é mais favorável à ascensão da polidez e do aprendizado que alguns estados independentes e vizinhos, ligados pelo comércio e pela política".[43] Tornou-se claro para vitorianos, como John Stuart Mill, que um governo de Rothschilds e Barings demonstrava ser muito mais agradável do que um de Bonapartes e Habsburgos, que a prudência poderia ser uma virtude menos sangrenta do que a coragem, ou honra ou fé. (Coragem, honra e fé sempre produzirão uma ficção melhor.) Verdade, havia sempre um Rousseau, ou um Marx para queixar-se, e um Ruskin ou um Goethe para zombar, mas sempre era possível perguntar-se, com Voltaire e Hume, se o comportamento comercial tornava as pessoas mais virtuosas.

Coerção é o contrário de liberdade

Talvez Adam Smith tivesse razão ao dizer que, ao transformar estranhos em amigos honorários, o comércio pode transmutar o egoísmo básico em benevolência geral. A rápida comercialização das vidas desde 1800 coincidiu com uma extraordinária melhoria na sensibilidade humana em comparação com séculos anteriores,[44] e o processo começou nas nações mais comerciais — Holanda e Inglaterra. Crueldade inimaginável era lugar-comum no mundo pré-comercial: a execução era um espetáculo com torcedores; a mutilação, uma punição rotineira; o sacrifício humano, uma tragédia fútil; e a tortura de animais, um entretenimento popular. O século XIX, quando o capitalismo industrial arrastou tantas pessoas para a dependência dos mercados, foi um tempo em que a escravidão, o trabalho infantil e passatempos como briga de galo se tornaram inaceitáveis. O fim do século XX, quando a vida se tornou ainda mais comercializada, foi um tempo em que o racismo, o preconceito sexual e o abuso sexual de crianças se tornaram intoleráveis. Nesse meio-tempo, em que o capitalismo cedeu lugar a estados totalitários e seus pálidos imitadores, essas virtudes se destacaram por seu recuo — enquanto a fé e a coragem reviveram. O século XXI, em que a comercialização tem continuado a se espalhar até agora, já é um tempo em que criação de galinhas confinadas e a declaração unilateral de guerra acabaram de se tornar inaceitáveis. A violência fortuita dá manchete nos jornais precisamente porque é tão rara; a delicadeza rotineira não dá manchete precisamente porque é tão lugar-comum. A doação caritativa tem crescido com mais rapidez do que a economia em décadas recentes. A internet fervilha de pessoas que compartilham dicas gratuitamente.

Naturalmente, essas tendências poderiam não ser nada mais que coincidências: acontece de nos tornarmos mais amáveis à medida que nos tornamos mais irremediavelmente dependentes dos mercados e da livre iniciativa. Mas eu não penso assim. Foi uma "nação de lojistas" a primeira que se preocupou em abolir o tráfico de escravos, emancipar os católicos e alimentar os pobres. Exatamente como os mercadores ricos, com nomes como Wedgwood e Wilberforce, que financiaram e lideraram o movimento antiescravagista antes e depois de 1800,[45] enquanto a antiga classe de proprietários olhava indiferente, da mesma forma hoje é o dinheiro novo de empresários e atores que financia a compaixão por pessoas, animais de estimação e planetas. Existe uma relação direta entre comércio e virtude. "Longe de ser um vício", diz Eamonn Butler, "o sistema de mercado torna o egoísmo algo completamente virtuoso."[46] Esta é a característica extraordinária dos mercados: exatamente como podem levar muitas pessoas individualmente irracionais a um resultado coletivamente racional, da mesma forma podem levar os motivos individualmente egoístas de muitos a um resultado coletivamente amável.

Por exemplo, como confirmam psicólogos evolucionistas, os motivos por trás de exibições chamativas de virtude pelos muito ricos às vezes estão longe de ser puros. Quando apresentada à fotografia de um homem atraente e solicitada a escrever uma história sobre um encontro ideal com ele, uma mulher dirá que está preparada para gastar seu tempo como voluntária de uma ação social vista por outros.[47] Em contraste, uma mulher apresentada à foto de uma cena de rua e solicitada a escrever sobre um tempo ideal para estar ali não mostra tal urgência súbita para a filantropia. (Um homem jovem na mesma situação vai querer gastar mais em luxos visíveis, ou atos heroicos.) Que as doações de Sarah Wedgwood, tia solteirona de Charles Darwin, para o movimento antiescravagista (era a maior doadora do movimento) possam conter alusão a motivos inconscientemente sexuais é uma encantadora surpresa. Mas isso não desvaloriza o bem que ela fez, ou o fato de o comércio pagar por esse bem.

Isso se aplica tanto aos pobres quanto aos ricos. Os trabalhadores pobres dão uma proporção muito maior de sua renda para boas causas do que os ricos e, muito importante, dão três vezes mais do que as pessoas que recebem salário-desemprego. Como comenta Michael Shermer, "pobreza não é barreira para a caridade, mas salário-desemprego é".[48] Os de inclinação liberal frequentemente se mostram mais generosos do que os de convicção socialista: onde o socialista acha que é dever do governo cuidar dos pobres usando os impostos, os liberais acham que é seu próprio dever. Não estou dizendo que o mercado é a única fonte de caridade. Claramente, não: religião e comunidade provêm muita motivação para filantropia também. Mas a ideia de que o mercado destrói a caridade e ensina o egoísmo está amplamente equivocada. Quando a economia de mercado experimenta um crescimento súbito, o mesmo acontece com a filantropia. Pergunte a Warren Buffett e Bill Gates.

Não apenas a crueldade e a indiferença em relação aos despossuídos regrediram com a expansão do cérebro coletivo. Da mesma forma, o analfabetismo e a doença. E da mesma forma o crime: as probabilidades de alguém ser assassinado caíram firmemente desde o século XVII em todos os países europeus,[49] uma vez mais começando pelos loucos por comércio Holanda e Inglaterra. O assassinato era dez vezes mais comum (*per capita* da população) antes da Revolução Industrial na Europa do que é hoje.[50] A queda dos índices de criminalidade tornou-se um mergulho vertical na virada do século XXI — e o uso de drogas ilegais caiu também. Da mesma forma a poluição, que era muito pior sob os regimes comunistas do que no Ocidente democrático, de livre mercado. Existe agora um princípio básico, muito bem estabelecido (conhecido como a curva ambiental Kuznets),[51] de que, quando a renda *per capita* atinge US$ 4.000,00, as pessoas exigem a limpeza total dos cursos d'água locais e do ar.[52] O acesso universal à educação aconteceu durante um tempo em que as sociedades ocidentais estavam incomumente devotadas à livre iniciativa. Horas flexíveis de trabalho, pensões ocupacionais, segurança no trabalho — tudo isso melhorou no Ocidente de pós-guerra porque as pessoas estavam enriquecendo e exigindo padrões melhores,[53] assim como padrões mais altos eram aplicados a empresas recalcitrantes por políticos bem-intencionados; o declínio dos acidentes nos locais de trabalho foi tão acentuado antes da lei de segurança ocupacional e saúde quanto depois dela. Novamente, algumas dessas tendências poderiam ter acontecido da mesma forma sem a comercialização da vida, mas não aposte nisso. Os impostos que pagaram pelos esgotos foram gerados pelo comércio.

O comércio é bom para as minorias também. Se você não gosta do resultado de uma eleição, terá de engolir o sapo; se não gosta de seu cabeleireiro, pode achar outro. As decisões políticas são monopolísticas por definição, despoticamente majoritárias e cassam direitos; os mercados são bons em suprir as necessidades das minorias. No outro dia, comprei um dispositivo para prender ao meu carro uma vara de pesca com molinete. Quanto tempo teria de esperar na Leningrado dos anos 1970 até que algum planejador central tivesse a brilhante ideia de suprir uma necessidade tão trivial? O mercado descobriu isso. Além disso, graças à internet, a economia está cada vez melhor em responder aos desejos das minorias. Pelo fato de muito poucas pessoas no mundo necessitarem de dispositivos de prender varas de pesca, ou de livros sobre o suicídio no século XIV poderem agora encontrar fornecedores na *web*, os nichos estão prosperando. A "cauda longa" da distribuição —[54] exatamente os muitos produtos que são, cada um deles, pedidos por muito poucos, muito mais do que vice-versa (poucos produtos pedidos por muitos) — pode ser suprido com facilidade cada vez maior.

A própria liberdade deve muito ao comércio. O grande impulso para o sufrágio universal, a tolerância religiosa e a emancipação feminina começou com entusiastas pragmáticos da livre iniciativa, como Ben Franklin, e foi levado adiante pela burguesia urbana em resposta ao crescimento econômico. Em pleno século XX, tzares e secretários-gerais achavam tremendamente mais fácil ditar ordens numa tirania de camponeses do que numa democracia de burgueses consumidores. A reforma parlamentar começou na Grã-Bretanha nos anos 1830 por causa da grotesca sub-representação das cidades crescentemente manufatureiras. Até mesmo Marx foi subsidiado pela tecelagem do pai de Engels. Foi o filósofo agora fora de moda Herbert Spencer que insistiu em que a liberdade aumentaria com o comércio.[55] "Minha aspiração", ele escreveu em 1842 (antecipando-se a John Stuart Mill em nove anos), "é a liberdade de cada um limitada apenas pela liberdade igual de todos." Mas ele via que a batalha para persuadir os líderes a não acreditar em coerção estava longe de terminar. "Embora não mais exerçamos coação sobre os homens para o seu bem espiritual, ainda nos sentimos chamados a coagi-los para o seu bem material: sem ver que um é tão injustificado quanto o outro." A ausência de liberalismo inerente à burocracia, sem mencionar sua tendência à corrupção e à extravagância, foi uma armadilha contra a qual Spencer advertiu em vão.

Um século mais tarde, o desmantelamento gradativo da separação e segregação racial foi ajudado pela comercialização também. O movimento americano dos direitos civis tomou sua força emprestada em parte de uma grande migração econômica.[56] Mais afro-americanos deixaram o sul dos Estados Unidos entre 1940 e 1970 do que poloneses, judeus, italianos ou irlandeses chegaram aos Estados Unidos como imigrantes durante suas grandes migrações. Atraídos por melhores empregos ou expulsos por colheitadeiras mecânicas de algodão, meeiros negros foram para as cidades industriais do norte e começaram a descobrir sua voz política e econômica. Começaram, então, a desafiar o sistema de preconceito e discriminação que haviam deixado para trás. A primeira vitória nessa estrada foi um exercício do poder de consumo — o boicote ao ônibus de Montgomery em 1955-1956.

Nos anos 1960, a liberação sexual e política das mulheres seguiu-se imediatamente à sua libertação doméstica da cozinha pelo maquinário elétrico que poupou trabalho. As mulheres pobres sempre haviam trabalhado por salário — cultivando a terra, costurando em fabriquetas de fundo de quintal, servindo em salões. Entre as classes mais altas, no entanto, era símbolo de status, oriundo do passado feudal, ser ou ter uma mulher que não trabalhasse (ou fosse, pelo menos, dedicada ao lar). Nos anos 1950, muitos homens que moravam nos subúrbios descobriram, ao voltar da guerra, que também poderiam sustentar tal "acessório", e muitas mulheres foram pressionadas a devolver aos homens seus empregos de soldadoras de navios de guerra. Se não houvesse mudança econômica, as coisas provavelmente teriam ficado mais ou menos nisso, mas logo as oportunidades de trabalho fora de casa cresceram à medida que diminuía o tempo consumido pelo trabalho doméstico mecanizado, e foi isso, tanto quanto qualquer despertar político, que capacitou o movimento feminista a ganhar força nos anos 1960.

A lição dos dois séculos passados é que liberdade e bem-estar caminham de mãos dadas com prosperidade e comércio. Países que hoje perdem a liberdade para tiranos mediante golpes militares estão, em geral, experimentando queda na renda *per capita* a uma taxa média de 1,4% no momento do golpe — exatamente como a queda da renda *per capita* ajudou Rússia, Alemanha e Japão a entrarem em ditaduras entre as duas guerras mundiais. Um dos grandes enigmas da história é por que isso não aconteceu nos Estados Unidos, onde, no geral, o pluralismo e a tolerância não só sobreviveram aos severos choques econômicos dos anos 1930 como vicejaram. Talvez isso quase tenha acontecido de fato: padre Coughlin tentou, e tivesse Roosevelt sido mais ambicioso ou a Constituição menos fraca, quem sabe aonde o New Deal poderia ter levado? Talvez algumas democracias fossem simplesmente fortes o bastante para que seus valores sobrevivessem. Existe hoje muita discussão sobre se a democracia é necessária para o crescimento —[57] a China, aparentemente, prova que não é. Mas pouca dúvida pode existir de que a China veria — de fato, ainda pode ver — mais revolução, ou mais repressão, se a sua taxa de crescimento caísse a zero.

Sinto-me feliz por aplaudir, com Deirdre McCloskey: "Um viva para a democratização e o enriquecimento do fim do século XX. Um viva para o controle da natalidade e o movimento dos direitos civis. Levantem-se vocês, desditosos da terra."[58] A independência através dos mercados tornou essas coisas possíveis. Politicamente, como Brink Lindsey diagnosticou, a coincidência de riqueza com tolerância levou ao paradoxo bizarro de um movimento conservador que abraça a mudança econômica, mas odeia suas consequências sociais, e um movimento liberal que adora as consequências sociais, mas odeia a fonte de onde elas provêm. "Um lado denunciava o capitalismo, mas devorava seus frutos; o outro maldizia os frutos enquanto defendia o sistema que lhes dava origem."[59]

Contrariamente à caricatura, foi o comércio que libertou as pessoas do materialismo estreito, que lhes deu chance de ser diferentes. Por muito que a *intelligentsia* continuasse a desprezar os subúrbios, foi lá que a tolerância e a comunidade e a organização voluntária e a paz entre as classes floresceram; foi lá que os refugiados de cortiços lotados e fazendas tediosas se tornaram consumidores conscientes de seus direitos — e pais de hippies.

Porque foi nos subúrbios que os jovens, aproveitando sua independência econômica, fizeram algo mais do que seguir timidamente o conselho de pai e mãe. No fim dos anos 1950, adolescentes ganhavam tanto quanto famílias inteiras no início dos anos 1940. Foi essa prosperidade que fez Presley, Ginsberg, Kerouac, Brando e Dean repercutirem. Foi a prosperidade em massa dos anos 1960 (e os fundos fiduciários que ela gerou) que tornou possível o sonho de comunidades de amor livre. Exatamente da mesma forma que subverte a ordem econômica, o progresso material também subverte a ordem social — pergunte a Osama Bin Laden, o insuperável menino rico mimado.

O monstro corporativo

Apesar de todos os efeitos liberadores do comércio, a maioria dos analistas modernos vê ameaça muito maior para a liberdade humana no poder das corporações que os mercados livres inevitavelmente erguem. O crítico, ou crítica, cultural da moda vê a si mesmo, ou mesma, como um Davi atirando pedras nas vastas, corruptas e desumanizadoras corporações goliardas que castigam, poluem e lucram com a impunidade. Tanto quanto sei, nenhuma grande companhia já foi caracterizada num filme de Hollywood sem seu patrão estar embarcando numa trama sinistra para matar pessoas (no último que vi, Tilda Swinton, de forma um tanto previsível, tenta matar George Clooney por este ter denunciado a companhia dela pelo envenenamento de pessoas com pesticida). Não sou nenhum advogado de grandes companhias, cujas ineficiências, complacências e tendências anticompetitivas com frequência me deixam tão louco quanto "o próximo homem".* Como Milton Friedman, observo que "as corporações de negócios não são, em geral, defensoras da livre iniciativa. Ao contrário, são uma das principais fontes de perigo".[60] Viciadas no bem-estar corporativo, elas adoram regulações que impõem barreiras à entrada de seus pequenos

---

*Alusão ao filme *The Next Man* (1976), estrelado por Sean Connery, na pele de um diplomata saudita que propõe o reconhecimento do Estado de Israel e sua entrada na Opep, além da venda do petróleo saudita para as nações do Terceiro Mundo com o objetivo de protegê-las da ideologia da Guerra Fria. [*N. da T.*]

competidores, anseiam pelo monopólio e se tornam balofas e ineficientes com a idade.

Mas detecto que a crítica está cada vez mais obsoleta e que as grandes corporações são sempre mais vulneráveis aos competidores mais ágeis no mundo moderno — ou seriam, se não lhes fossem concedidos privilégios especiais pelo Estado. A maioria das firmas grandes está, na verdade, se tornando débil, frágil e assustada — com a imprensa, os grupos de pressão, o governo, seus clientes. Ou deveriam estar assim. Dada a frequência com que desaparecem — por aquisição hostil ou bancarrota —, isso dificilmente surpreende. A Coca-Cola pode desejar que seus clientes sejam "servos sob senhores feudais donos de marcas registradas",[61] nas palavras de um crítico, mas veja o que aconteceu com a New Coke. A Shell pode ter tentado em 1995 descartar em alto-mar um equipamento de estocagem de petróleo,[62] mas bastou uma brisa de boicote do consumidor e ela mudou de ideia. A Exxon pode ter se posicionado abertamente contra o consenso ao financiar grupos céticos quanto aos efeitos da ação humana sobre as mudanças climáticas (enquanto a Enron deu recursos para o alarmismo climático) —,[63] mas em 2008 já se havia amedrontado e se comprometido a suspender tais financiamentos.

As empresas têm uma meia-vida muito mais curta que as agências do governo. Metade das maiores corporações dos Estados Unidos de 1980 desapareceu por compra hostil ou bancarrota; metade das maiores companhias de hoje sequer existia em 1980.[64] O mesmo não é verdade acerca dos monopólios do governo: o Serviço da Receita Federal e o Serviço Nacional de Saúde não vão morrer, por maior que seja a incompetência que possam exibir. Mas a maioria dos ativistas anticorporação acredita na boa vontade dos leviatãs que podem forçar você a fazer negócio com eles, mas são desconfiados dos monstros que têm de implorar pelos seus serviços. Acho isso curioso.

Além do mais, apesar de todos os seus pecados no final, as corporações empresariais podem fazer um bem enorme enquanto são jovens e estão crescendo. Considere o caso da venda no varejo com desconto. A explosão de crescente produtividade que países como Estados Unidos e Grã-Bretanha experimentaram, de forma muito inesperada, nos anos 1990, intrigou a princípio muitos economistas. Eles queriam dar o crédito aos computadores, mas, como satirizou o economista Robert Solow em 1987, "pode-se ver o computador em toda parte, exceto nas estatísticas de produtividade", e aqueles de nós que já tiveram a experiência de como era fácil desperdiçar tempo usando o computador naqueles dias concordamos. Um estudo da McKinsey concluiu que o aumento nos Estados Unidos foi causado (rufar de tambores em expectativa) por mudanças logísticas nos negócios (grunhidos de desapontamento), especialmente nos negócios de vendas no varejo e especialmente em apenas uma firma — Walmart. Ordens eficientes, negociação implacável, controle de tempo hiperpontual (fornecedores devem, às vezes, acessar uma janela de 30 segundos para entregas), controle de custo inclemente e respostas habilidosas às preferências do consumidor deram à Walmart uma vantagem de 40% em eficiência sobre os competidores no início dos anos 1990. Os competidores da Walmart rapidamente seguiram o exemplo, elevando sua própria produtividade em 28% no fim dos anos 1990. Contudo, a Walmart não ficou parada, ganhando outros 22% nesse período, mesmo enquanto abriu por mês uma média de sete novos supercentros de 3 acres durante uma década. De acordo com Eric Beinhocker, da McKinsey, essas inovações em "tecnologia social" no setor de varejo responderam sozinhas por um quarto de todo o crescimento da produtividade dos Estados Unidos.[65] A Tesco provavelmente produziu efeito similar na Grã-Bretanha.

A determinação de Sam Walton, no Arkansas dos anos 1950, de vender itens do dia a dia por menos do que seus competidores vendiam dificilmente seria uma ideia nova. É difícil descrever isso como inovação, embora fossem novas, de fato, coisas como *cross-docking* (despacho rápido), quando mercadorias vão diretamente do caminhão dos fornecedores para o caminhão dos distribuidores sem ficar em armazéns no meio-tempo. Mas o modo como ele perseguiu e, resolutamente, se apegou àquela ideia simples acabou dando um enorme empurrão no padrão de vida americano. Assim como o ferro corrugado e o transporte por contêineres,[66] o *discount merchandising** está entre as inovações menos sofisticadas, mas mais en-

---

*Lojas de varejo que vendem por preços mais baixos que aqueles que as lojas tradicionais praticam. [*N. da T.*]

riquecedoras do século XX. Uma decisão simples, rotineira, minúscula, da Walmart nos anos 1990 — vender desodorantes sem as embalagens de cartolina — poupou US$ 50 milhões por ano para os Estados Unidos, metade dos quais foi repassada para os consumidores.[67] Charles Fishman escreve: "Florestas inteiras deixaram de cair em parte por causa de uma decisão dos departamentos da Walmart... eliminar a caixa do desodorante."

Em média, quando chega a uma cidade, a Walmart provoca uma queda de 13% nos preços dos competidores e poupa para seus consumidores nacionalmente US$ 200 bilhões por ano. Embora críticos de megacorporações, que normalmente se queixam de exploração, ainda desaprovem a Walmart, dizendo que preços baixos são uma coisa ruim porque os pequenos negócios não podem competir, ou que a Walmart é a maior *sweatshop** do mundo por pagar baixos salários, embora a Walmart pague o dobro do salário mínimo (e enquanto eu escrevia anunciou um bônus de US$ 2 bilhões para a equipe, apesar da recessão, em decorrência das vendas recordes). É verdade que o crescimento da Walmart nos anos 1990, como acontece quando uma nova Walmart chega a uma cidade, gerou tumulto. Os competidores iam à falência, ou eram forçados a fusões humilhantes. Fornecedores se viram levados a novas práticas. Os sindicatos perderam sua força entre os empregados do varejo. Os fabricantes de caixas de papelão ficaram contra a parede. Consumidores mudaram seus hábitos. Inovação, seja sob a forma de uma nova tecnologia ou de novos meios de organizar o mundo, pode destruir assim como criar. Uma loja da Walmart empurra pequenos varejistas para fora do negócio, assim como o computador tirou a máquina de escrever do negócio. Mas contra isso devem ser comparados os enormes benefícios que os consumidores (especialmente os mais pobres) colhem em termos de produtos mais baratos, mais variados e de boa qualidade.

Foi Joseph Schumpeter quem destacou que a competição que mantém um homem de negócios acordado à noite não é a dos rivais baixando os preços, mas de pessoas empreendedoras tornando seu produto obsoleto. À medida que Kodak e Fuji saíam lentamente da liderança da indústria

---

*Loja ou fábrica em que as condições de trabalho são péssimas e que explora os empregados. [N. da T.]

do filme de 35 mm, a fotografia digital começou a extinguir todo o mercado para o filme analógico —[68] assim como os discos analógicos e os videocassetes analógicos se foram antes. Destruição criativa, Schumpeter a chamou. Seu argumento era que aconteciam tanto a destruição como a criação — que o crescimento da fotografia digital criaria tantos empregos no longo prazo quantos os que se perderam com o fim do analógico, ou que a poupança embolsada por um consumidor da Walmart logo seria gasta com outras coisas, levando à abertura de novas lojas para atender essas novas demandas. Nos Estados Unidos, cerca de 15% dos empregos são destruídos todos os anos; e mais ou menos 15% são criados.[69]

Comércio e criatividade

Essa reviravolta por si mesma garante uma sólida melhoria das condições de trabalho. Desde Josiah Wedgwood, orgulhoso das condições em sua fábrica de cerâmica Etruria, passando por Henry Ford, que dobrou o salário de seus empregados em 1914 para reduzir a rotatividade da equipe, até Larry Page, idealisticamente desenhando o Googleplex, cada geração de empresários frequentemente tenta fazer do trabalho uma experiência melhor para seus empregados. Nos primeiros dias da internet, o eBay era apenas uma das muitas companhias de leilão on-line. Foi bem-sucedida onde seus competidores falharam porque percebeu que o fator-chave era o senso de participação da comunidade e não o processo competitivo do leilão. "Não se trata de leilões", disse Meg Whitman, executiva-chefe do eBay.[70] "Na verdade, isso não é uma guerra econômica. É o contrário." Trata-se da sobrevivência dos mais amáveis.

A reviravolta das firmas está se acelerando tanto que a maior parte das críticas às corporações já se desatualizou. As grandes companhias não apenas caem com mais frequência nestes dias — o desaparecimento num mês de 2008 de muitos nomes de bancos é, meramente, um caso acelerado numa atividade econômica em particular —, como também se fragmentam e descentralizam cada vez mais. Como ilhas de planejamento do geral para o particular num mar de cabeça para baixo, as grandes companhias têm cada vez menos futuro (quanto menor a escala, melhor funciona o planejamento). Os contribuintes podem ter mantido vivas a AIG e a General Motors, mas elas estão em coma corporativo. As estrelas da moderna economia de mercado são tão diferentes dos gigantes do capitalismo industrial, como o eBay da Exxon, como o capitalismo do socialismo. A Nike, nascida em 1972, tornou-se uma gigante simplesmente fazendo contratos entre fábricas na Ásia e lojas nos Estados Unidos de um escritório central relativamente pequeno. A Wikipédia tem uma equipe paga de menos de 30 pessoas e não tem lucro. Enquanto a firma típica era antes uma equipe de trabalhadores hierarquicamente organizados e alojados em um mesmo lugar, hoje ela é cada vez mais uma união nebulosa e efêmera de talento criativo e marketing para transmitir os esforços de contratar indivíduos a fim de satisfazer as preferências dos consumidores.

Nesse sentido, o "capitalismo" está morrendo, e rápido. O tamanho médio da companhia americana caiu de 25 empregados para 10 em apenas 25 anos. A economia de mercado está desenvolvendo uma forma nova em que até falar sobre o poder das corporações é equivocado. Os empregados de amanhã, em grande parte autoempregados, contando os minutos para trabalhar on-line entusiasticamente para clientes diferentes quando e onde lhes for mais proveitoso, certamente vão achar engraçados os dias de patrões e capatazes, de reuniões e avaliações, de cartões de ponto e sindicatos que ficarão para trás. Repito: firmas são agregados temporários de pessoas reunidas para ajudá-las a produzir de uma forma que ajude os outros a consumir.

Nem pode existir dúvida alguma de que o cérebro coletivo enriquece a cultura e estimula o espírito. A *intelligentsia* em geral menospreza o comércio, considerando-o irremediavelmente materialista, convencional e de gosto vulgar. Mas deixe qualquer pessoa que pense que a grande arte e a grande filosofia não têm nada que ver com comércio visitar Atenas e Bagdá para perguntar como Aristóteles e al-Khwarizmi tinham tempo de lazer para filosofar. Deixe-a visitar Florença, Pisa e Veneza e perguntar como Michelangelo, Galileu e Vivaldi eram pagos. Deixe-a ir a Amsterdã e Londres e perguntar o que financiou Spinoza, Rembrandt, Newton e Darwin. Onde o comércio prospera, a criatividade e a compaixão podem florescer.

Regras e ferramentas

Mesmo que o mundo, de fato, se torne um lugar mais confiável e menos violento à medida que se torna mais comercial, isso não significa que o comércio seja também o único meio de tornar o mundo confiável, ou que seja suficiente por si mesmo para gerar confiança. Assim como novas ferramentas, teriam de existir novas regras. Pode-se argumentar que as inovações que tornaram o mundo mais amável são instituições, não tecnologias: coisas como conceito moral, primado da lei, respeito à propriedade privada, governo democrático, tribunais imparciais, crédito, proteção para o consumidor, estado do bem-estar, imprensa livre, ensino religioso da moralidade, propriedade intelectual, o costume de não cuspir na mesa e a convenção de que sempre se dirige pela mão direita (ou esquerda no Japão, Grã-Bretanha, Índia, Austrália e grande parte da África). Essas regras tornaram o comércio seguro e confiável, ou, no mínimo, tanto quanto vice-versa.

Os aborígines da Austrália ou os khoisan do sul da África não careciam apenas de aço e vapor quando encontraram os ocidentais pela primeira vez; também careciam de tribunais e de Natal. Certamente, a imposição de um novo domínio com frequência capacitou a sociedade a captar os benefícios da troca e da especialização à frente de seus rivais, e a melhorar as vidas de seus cidadãos tanto do ponto de vista moral quanto de seus meios materiais. Procurando-se pelo mundo, encontram-se sociedades que, simplesmente, administram bem a vida de seus cidadãos com boas leis, e sociedades que administram mal a vida de seus cidadãos com más leis. As boas leis recompensam a troca e a especialização; más leis recompensam confisco e politicagem. A Coreia do Sul e a do Norte vêm à mente. Uma, em geral, é um lugar bom e livre, onde as pessoas, em sua maioria, estão ficando mais ricas e felizes; a outra é um lugar arbitrário, faminto, de onde as pessoas estão fugindo como refugiados desesperados sempre que podem. A diferença — cujos resultados são 15 vezes mais prosperidade *per capita* para o Sul — está simplesmente no modo como os países são governados, em suas instituições. Mais adiante neste livro vou argumentar que o tipo errado de governo pode ser um fator desastroso de empobrecimento no longo prazo. O império Ming é meu exemplo preferido. O Zimbábue hoje precisa antes de leis melhores que de mercados melhores. Mas observe aqui que a liberdade econômica de um país prognostica melhor sua prosperidade do que sua riqueza mineral, sistema educacional ou infraestrutura. Numa amostra de 127 países,[71] os 63 com mais liberdade econômica tinham quatro vezes a renda *per capita* e quase duas vezes a taxa de crescimento dos países que não tinham.

Poucos anos atrás, o Banco Mundial publicou um estudo sobre "riqueza intangível" —[72] tentando medir o valor da educação, do domínio da lei e de outras coisas nebulosas como essas. Ele, simplesmente, acrescentou o capital natural (recursos, terra) e o capital produzido (ferramentas, propriedades) e mediu o que ficou de fora para explicar a renda *per capita* de cada país. Concluiu que os norte-americanos podem atrair mais de dez vezes capital intangível do que os mexicanos, o que explica por que o mexicano que cruza a fronteira pode quadruplicar sua produtividade quase imediatamente. Ele tem acesso a instituições mais estáveis, leis mais claras, clientes mais instruídos, formulários mais simples — esse tipo de coisa. "Países mais ricos", concluiu o banco, "são ricos em grande parte por causa das habilidades de sua população e da qualidade das instituições que garantem a atividade econômica." Em alguns países, o capital intangível pode ser minúsculo ou até negativo. A Nigéria, por exemplo, pontua tão baixo em relação ao domínio da lei, educação e probidade das instituições públicas que até mesmo suas imensas reservas de petróleo falharam em enriquecê-la.

Então, talvez eu esteja errado em buscar o volante do progresso humano no desenvolvimento gradativo da troca e da especialização. Talvez sejam sintomas, não causas, e foi, então, a invenção de instituições e leis que tornou a troca possível. A lei contra o assassinato por vingança, por exemplo, deve ter ajudado grandemente a sociedade a se estabilizar. Deve ter sido realmente uma descoberta dizer que "faça aos outros" se aplica somente à caridade, não ao homicídio, e que transferir a questão da vingança para o Estado e deixar que ele a realize em seu nome, mediante o devido processo, seria um benefício geral para todos. Tanto *Orestes* quanto *Romeu e Julieta* (e *O poderoso chefão* e *Perseguidor implacável*, por falar nisso) retratam situações em que as sociedades se voltam contra isso: todos podem concordar em que o domínio da lei é melhor que a regra da vingança recíproca, embora as histórias não sejam tão boas, mas nem todos conseguem vencer seus instintos e costumes para conquistar isso.

Tudo isso é bem verdade, mas eu vejo essas regras e instituições como fenômenos evolucionários também, emergindo de baixo para cima na sociedade, mais que sendo impostas de cima para baixo por legisladores salomônicos fortuitos. Elas passam pelo filtro da seleção cultural, exatamente como as tecnologias. E se você olha para a história da lei mercantil, por exemplo, encontra exatamente isso: mercadores a fizeram à medida que seguiam adiante, transformando as inovações em costumes, relegando ao ostracismo aqueles que quebravam as regras, e apenas mais tarde os monarcas incluíram essas regras entre as leis da terra. Essa é a história da *lex mercatoria* do período medieval:[73] os grandes reis legisladores da Inglaterra, como Henrique II e João, estavam na maior parte do tempo codificando o que os seus súditos comerciantes já haviam acordado entre si quando comerciavam com estranhos em Bruges, Brabant e Visby. Na verdade, essa é toda a questão da lei comum. Quando Michael Shermer e três amigos começaram uma corrida de bicicleta pelos Estados Unidos nos anos 1980,[74] eles a iniciaram praticamente sem regra alguma. Apenas com a experiência, tiveram de estabelecer regras sobre como lidar com a prisão por causar congestionamento de tráfego num morro no Arizona e outras complicações inesperadas.

Então, se bem que seja verdade que os inovadores institucionais na esfera pública sejam tão vitais quanto os inovadores tecnológicos na esfera privada, suspeito que a especialização seja a chave para ambos. Exatamente como tornar-se um especialista em fazer machados para toda a tribo pode dar a você o tempo, o capital e o mercado para desenvolver um modelo melhor de machado, assim também tornar-se corredor de bicicleta especialista capacita você a criar regras para a corrida de bicicletas. A história humana é impulsionada por uma coevolução de regras e ferramentas. A crescente especialização da espécie humana e a ampliação do hábito da troca são as causas básicas em ambos.

4
Alimentação dos 9 bilhões: a agricultura nos últimos 10 mil anos

Quem quer que consiga cultivar duas espigas de milho ou duas folhas de grama, onde antes apenas uma crescia, fará mais bem à humanidade do que toda a raça de políticos juntos.

JONATHAN SWIFT
Viagens de Gulliver[1]

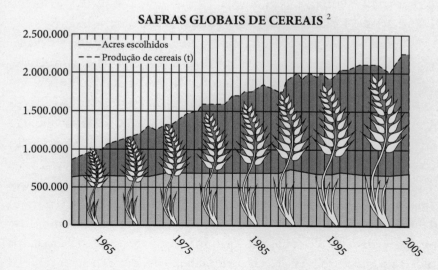

Oetzi, o "homem de gelo" mumificado encontrado no alto dos Alpes em 1991, carregava consigo tanto equipamento quanto os esquiadores que o acharam.[3] Tinha ferramentas feitas de cobre, pederneira, osso, cal e cinco tipos de madeira: freixo, viburno, corniso, teixo e bétula. Usava roupas feitas de capim, casca de árvore, tendões e quatro tipos de couro: de urso, de cervo, de cabra e de bezerro. Levava duas espécies de fungo, uma como remédio, outra como parte de um kit de materiais inflamáveis que incluía uma dúzia de plantas e pirita para produzir faíscas. Ele era uma espécie de enciclopédia ambulante de conhecimento acumulado — conhecimento de como modelar ferramentas e roupas e com que material fazê-las. Carregava consigo as invenções de muita gente, talvez milhares de pessoas, seus insights patentes em seu kit. Se ele tivesse inventado desde o início todo esse equipamento, seria um gênio. Mas, mesmo sabendo o que fazer e como fazer, se Oetzi tivesse gasto seus dias coletando toda a matéria-prima de que necessitava apenas para comer e se vestir (sem falar em seu abrigo ou suas ferramentas), teria ficado completamente esgotado, isso sem contar com a possibilidade de ele ter que fundir, curtir, tecer, costurar, modelar e afiar tudo. Ele estava, sem dúvida, consumindo o trabalho de muitas outras pessoas e dando o seu próprio trabalho em troca.

Ele também estava consumindo o trabalho especializado de outras espécies. Oetzi viveu há cerca de 5.300 anos no vale alpino. Isso aconteceu 2 mil anos depois de a agricultura ter chegado ao sul da Europa. Em comparação com seus ancestrais caçadores-coletores, o gado e as cabras de Oetzi tinham passado todo o dia trabalhando para ele, coletando grama e transformando-a em couro e carne; os pés de trigo tinham absorvido luz solar e a transformado em grão. Sob a tutela genética do homem, essas espécies se tornaram especializadas em fazer isso à custa de seus outros imperativos biológicos. Esta é a questão da agricultura: ela desvia o trabalho de outras espécies para prover serviços para os seres humanos. Certa vez, o biólogo Lee Silver observou galinhas voltando para o poleiro numa aldeia no Sudeste da Ásia e percebeu subitamente que elas eram como as ferramentas do agricultor: tinham coletado comida para ele na floresta durante todo o dia.[4] A exploração agrícola é a extensão da especialização e da troca para incluir outras espécies.

Oetzi era também beneficiário de investimento de capital. Ele viveu exatamente no início da Idade dos Metais, quando o cobre foi fundido pela primeira vez. Seu primitivo machado de cobre, 99,7% puro, tinha sido fundido numa fornalha que, para ser construída, consumira um bocado do capital de alguém. Os resíduos em seu vestuário vinham de uma safra de grão cultivada com capital investido na forma de sementes e trabalho estocados. Para Adam Smith, capital é "como era, certa quantidade de trabalho estocado e armazenado para ser empregado, se necessário, em outra ocasião".[5]

Se você pode armazenar o trabalho de outros para uso futuro, então pode poupar para si mesmo o tempo e a energia para trabalhar em suas próprias necessidades imediatas, o que significa que poderá investir em algo novo que trará recompensa ainda maior. Quando o capital chegou à cena, a inovação pôde ser acelerada, porque tempo e propriedade puderam ser investidos em projetos que inicialmente não geravam benefício. Alguns caçadores-coletores, por exemplo, podiam até dispor de tempo fora do "trabalho" para construir uma fornalha e, vagarosa e laboriosamente, fundir metal suficiente para fazer um machado de cobre: mas morreriam de fome nesse meio-tempo — mesmo que pudessem encontrar mercado para os machados.

No relato convencional, foi a agricultura que tornou o capital possível ao gerar excedentes armazenáveis, e excedentes armazenáveis podiam ser usados no comércio. Antes da lavoura, ninguém podia acumular excedente. Existe alguma verdade nisso, mas, até certo ponto, a história é invertida. A agricultura se tornou possível por causa do comércio. O comércio forneceu o incentivo para a especialização em bens agrícolas e a produção de alimento excedente.

A agricultura começou a aparecer independentemente no Oriente Próximo, nos Andes, no México, na China, nas terras altas da Nova Guiné, na floresta tropical brasileira e no Sahel africano — tudo num intervalo de poucos milhares de anos. Alguma coisa tornou isso inevitável, quase compulsório, por volta daquele tempo: por mais que resultasse em miséria, doença e despotismo no longo prazo, a agricultura claramente deu vantagem competitiva aos seus primeiros praticantes. Não foi, no entanto, uma transição da noite para o dia, mas a culminação de uma longa e lenta intensificação da dieta humana que levou dezenas de milhares de anos. Em busca de calorias extras, as pessoas gradativamente "se movimentaram para baixo na pirâmide nutricional" — isto é, se tornaram mais vegetarianas. Por volta de 23 mil anos atrás, o povo do que hoje é Israel e Síria se havia tornado dependente de bolota, grãos de leguminosas e até de sementes de grama, bem como de peixes e pássaros, enfeitados com uma gazela ocasional — talvez fornecida por outras tribos caçadoras-coletoras mediante o comércio. Num sítio notável, Ohalo II,[6] agora submerso exceto em anos secos, perto do lago Kinneret (o mar da Galileia), foram encontradas evidências diretas de consumo de grãos selvagens muito antes da agricultura. Entre os remanescentes de uma de seis choças há uma pedra chata aparentemente usada para pilar grãos e, sobre ela, preservados durante 23 mil anos por sedimentos do lago, grãos de amido provenientes de sementes de cevada selvagem. Perto está o que parece um forno de pedra para assar. Ao moer o grão para obter a farinha e assá-la, seus consumidores teriam quase dobrado a energia que podiam obter dela.

Então, o pão é mais velho do que a agricultura. Mais surpreendentes 12 mil anos se passariam depois de Ohalo II, antes que alguém começasse a plantar e colher cereais como centeio, trigo e cevada, e 4 mil anos depois disso, antes que o trigo moderno, geneticamente hexaploide, com suas sementes pesadas, selecionadas, fosse inventado e iniciasse sua longa carreira como a maior e mais difundida fonte de calorias da espécie humana. A inescapável conclusão é que as pessoas do Oriente Próximo não eram bobas. Elas captaram os benefícios dos cereais — amido moído e assado — muito antes de assumir a dura labuta de cultivá-los. Por que gastar meses zelando por seu próprio campo de trigo se você pode colher trigo selvagem em apenas algumas horas? Um estudo observa a "extrema relutância em mudar para comidas domésticas".[7]

Por volta de 13 mil anos atrás, as pessoas do Oriente Próximo, conhecidas como cultura natufiana, estavam usando lâminas de foice de pedra para colher a parte de cima da grama, em vez de bater as sementes em cestos. Elas viviam em assentamentos suficientemente estáveis para serem empestados por ratos domésticos. Estavam tão próximas da agricultura quanto se poderia sem a domesticação genética das safras. Mas, nesse momento, à beira de fazer história, elas regrediram. Abandonaram seus assentamentos, voltaram ao nomadismo e ampliaram a dieta novamente. O mesmo aconteceu no Egito mais ou menos na mesma época — um recuo de moer grão para caçar e pescar (exceto no caso do Egito, muito tempo se passou antes que a experiência protoagrícola fosse retomada). A causa provável desse hiato foi um período glacial, de mais de 1.000 anos de duração, conhecido como "Dryas Recente".[8] A causa provável desse gelado golpe foi o esfriamento súbito do Atlântico Norte, tanto por causa da explosão de uma série de vastas represas de gelo no continente norte-americano como pelo súbito transbordamento de água do oceano Ártico. O clima não apenas ficou mais frio e seco, também sofreu flutuações enormes de ano para ano, com mudanças de até sete graus em uma única década. Sem poder contar com chuvas locais, ou com o verão para o amadurecimento, as pessoas não podiam sustentar seu estilo de vida de alimentação intensiva de cereais. É possível que muitos tenham morrido de fome, e os que sobreviveram voltaram ao nomadismo caçador-coletor.[9]

Então, por volta de 11.500 anos atrás, a temperatura da capa de gelo da Groenlândia saltou 10 graus (centígrados) para cima em metade de um século; em todo o mundo, as condições ambientais se tornaram radicalmente mais quentes, úmidas e previsíveis. No Oriente, a intensificação do uso do cereal pôde ser retomada, os natufianos puderam voltar a construir casas, e, logo, alguma coisa levou alguém a deliberadamente guardar sementes para plantar. Grão-de-bico pode ter sido a primeira colheita, depois centeio e um tipo antigo de trigo, embora os figos provavelmente tivessem sido cultivados e os cães domesticados alguns milênios antes. Pode existir alguma dúvida de que foi a mulher, a diligente coletora, mais que o homem, o caçador diletante, quem primeiro teve a ideia de semear grão? Uma safra bem plantada, semeada na lama da barranca do rio, ou em alguma outra terra nua, depois de cuidadosamente limpa das ervas daninhas e protegida dos pássaros, teria significado trabalho novo e mais difícil, mas teria trazido recompensas em lucros para a família da mulher que tentasse isso. Poderia ter trazido um excedente de farinha que poderia ser trocado com caçadores por carne, de maneira a manter não apenas a dona do campo e seus filhos vivos, como talvez um par de outras famílias de caçadores também. A troca de grão por carne efetivamente subsidiou a caça, ou elevou o preço da carne, tornando mais raras as lebres e gazelas e assim, gradativamente, tornando todo o assentamento mais dependente da exploração agrícola — dando, assim, um novo incentivo ao primeiro homem que pensou em criar um cabrito órfão em lugar de comê-lo. A agricultura se teria transformado em necessidade para todas as pessoas que viviam ali, e o modo de vida de caça-coleta se teria gradativamente atrofiado. Foi, sem dúvida, um processo longo e vagaroso: agricultores suplementaram sua dieta com animais que não eram considerados de caça durante muitos milênios depois que começaram a cultivar a terra. Na maior parte da América do Norte, os nativos combinavam safras com caçadas sazonais. Em partes da África, muitos ainda fazem isso.

O Crescente Fértil foi provavelmente o primeiro lugar onde a agricultura se firmou. Dali, o hábito gradualmente se espalhou para o sul, o Egito, para o oeste, a Ásia Menor, e para o leste e para a Índia. Todavia, a agricultura foi rapidamente inventada em, no mínimo, seis outros lugares num período curto de tempo, impulsionada pela mesma engrenagem de comércio, crescimento populacional, clima estável e intensificação crescente da dieta vegetariana. No Peru, cultivavam-se abóboras e, depois, amendoins, 9.200 anos atrás;[10] painço e arroz na China, por volta de 8.400 anos atrás;[11] milho, no México, há 7.300 anos;[12] taro e bananas, na Nova Guiné, há 6.900 anos;[13] girassóis, na América do Norte, há 6 mil anos; e sorgo, na África, mais ou menos nesse mesmo tempo. Essa coincidência fenomenal,[14] tão bizarra quanto descobrir que um aborígine, um inuíte, um polinésio e um escocês, todos inventaram máquinas a vapor na mesma década do século XVIII sem nenhum contato entre si, é explicada pela estabilização do clima depois que a Idade do Gelo acabou. Nas palavras de estudo recente, "a agricultura era impossível durante o último glaciário, mas compulsória no Holoceno".[15] Não é acidental que a Austrália moderna, com seus imprevisíveis anos de seca, seguidos de anos de chuva, ainda se pareça um pouco com aquele volátil mundo glaciário.[16] Os australianos eram, provavelmente, muito capazes para a atividade agrícola: sabiam moer sementes de grama, queimar o mato para melhorar o pasto dos cangurus e estimular as plantas preferidas; e, certamente, sabiam como alterar o fluxo dos rios para estimular a criação e a pesca de enguias. Mas também sabiam, ou descobriram pelo caminho mais difícil, que a agricultura não funciona em climas altamente voláteis.

Sem comércio não há agricultura

Uma das coisas mais intrigantes sobre os primeiros assentamentos agrícolas é que eles também parecem cidades comerciais.[17] Desde 14 mil anos atrás, obsidianas (vidro vulcânico) muito valorizadas dos vulcões da Capadócia, na Anatólia, estavam sendo transportadas para o sul, ao longo do alto Eufrates, através da bacia do Damasco e pelo vale do Jordão. Conchas do mar Vermelho faziam o caminho inverso. Foi nessa rota precisamente que se verificaram os primeiros assentamentos agrícolas — em Catalhoyuk, Abu Hureyra e Jericó. Tais assentamentos se localizavam em oásis, onde fontes de água fresca que vinha das montanhas se derramavam na margem ocidental do deserto: lugares onde os nutrientes do solo, a umidade e a luz solar se juntavam perfeitamente — e também lugares onde as pessoas se misturavam aos vizinhos por causa do comércio. Isso é surpreendente porque é fácil pensar nos primeiros agricultoress como gente sedentária, autossuficiente. Mas eles estavam comerciando mais nessa região que em qualquer outro lugar, e é razoável imaginar que alimentar e obter lucros nas trocas com os mercadores ricos foram fatores que estabeleceram certa pressão para o aparecimento da agricultura — passar de coletores a agricultores poderia permitir a obtenção de um excedente que pudesse ser trocado por obsidianas, conchas ou mesmo outros bens mais perecíveis. O comércio veio primeiro.

Nos anos 1960, Jane Jacobs sugeriu, em seu livro *The Economy of Cities* [A economia das cidades],[18] que a agricultura foi inventada para alimentar as primeiras cidades, mas que as cidades se tornaram possíveis com a invenção da agricultura. Isso é um exagero. Os arqueólogos desacreditaram a ideia de centros urbanos precedendo as primeiras áreas agrícolas. Os maiores assentamentos de caçadores-coletores não podem ser descritos como urbanos, mesmo entre os pescadores da costa do Pacífico da América do Norte. Apesar disso, havia um germe de verdade na ideia dela: os primeiros agricultores já eram comerciantes entusiastas, libertando-se da subsistência através da troca, e a agricultura era apenas outra expressão do comércio.

Na Grécia, os agricultores chegaram súbita e espetacularmente por volta de 9 mil anos atrás.[19] Ferramentas de pedra sugerem que eram colonos da Anatólia ou do Oriente que provavelmente vieram de barco, deliberadamente buscando colonizar terra nova. Além disso, esses primeiros agricultores gregos aparentemente também comerciavam entusiasticamente uns com os outros e estavam muito longe de ser autossuficientes: valiam-se de artesãos especialistas para produzir ferramentas de obsidiana com matéria-prima importada de outro lugar. Isso, uma vez mais, não é o que a sabedoria convencional pensa. O comércio veio primeiro, não por último. A agricultura funciona precisamente porque está inserida em redes de comércio.

Algum tempo depois, 7.600 anos atrás, os agricultores que cultivavam satisfeitos as planícies férteis em torno do "lago Euxino" sofreram um grande choque, quando marés montantes irromperam sobre o Helesponto e inundaram a bacia do lago, enchendo-o a uma taxa de 15 centímetros por dia até que ele se tornou o moderno mar Negro. Refugiados confusos presumivelmente fugiram pelo Danúbio para o coração da Europa. Dentro de apenas poucas centenas de anos tinham chegado à costa do Atlântico, povoando toda a metade sul da Europa de agricultores, às vezes contagiando os vizinhos com o entusiasmo pelo novo artifício da agricultura, mas, com mais frequência (assim sugere a genética),[20] expulsando e dominando violentamente caçadores-coletores à medida que chegavam. Outros mil anos foram necessários para chegar ao Báltico, principalmente porque pescadores habitavam aquela costa em altas densidades e não tinham necessidade de iniciar uma lavoura. As culturas que os agricultores levavam consigo mudaram pouco, apesar das novas condições que encontraram. Algumas culturas, como lentilha e figo, tiveram de ser deixadas para trás, no Mediterrâneo. Outras, como trigo *emmer* e trigo antigo,* prontamente

---

*_Triticum dicoccum_ e _Triticum monococcum_. [N. da T.]

se adaptaram às terras mais úmidas e frias do norte da Europa. Por volta de 5 mil anos atrás, os agricultores tinham chegado a Irlanda, Espanha, Etiópia e Índia.

Outros descendentes dos refugiados do mar Negro pegaram as planícies do que hoje é a Ucrânia,[21] onde domesticaram o cavalo e desenvolveram uma nova linguagem, indo-europeia, que iria dominar a parte ocidental do continente eurasiano e da qual o sânscrito e o gaélico são derivados. Foi também em algum lugar perto do Báltico ou do mar Negro entre 6 mil e 10 mil anos atrás que uma mutação genética, substituindo G por A numa sequência de controle contra a corrente de um gene de pigmento chamado OCA2, deu ao homem olhos azuis pela primeira vez.[22] Foi uma mutação que finalmente seria herdada por quase 40% dos europeus. Como acompanhava a pele incomumente clara, essa mutação provavelmente ajudou as pessoas que tentavam viver de grãos deficientes em vitamina D nos climas setentrionais sem sol: a luz solar permite que o corpo sintetize vitamina D. A frequência do gene fala da fecundidade dos agricultores.

Uma das razões pelas quais a agricultura se espalha com tanta rapidez quando se inicia é que, como as primeiras safras são muito mais produtivas e crescem com mais facilidade do que as seguintes, os agricultores sempre ficam felizes em se mudar para terras virgens. Com a queima de uma floresta, fica-se com solo macio, friável, temperado com cinza fertilizante. Tudo de que se precisa é cutucar o chão com um pau e plantar uma semente, sentar-se e esperar que ela cresça. Após alguns anos, entretanto, o solo se compactou e precisa ser quebrado com uma enxada, e as ervas daninhas proliferaram. Se esse solo não for cultivado, para permitir que volte a ser bastante fértil, as raízes firmes dos capins precisam ser arrancadas e enterradas para fazer um bom leito para as sementes. Para isso você precisa de um arado e de um boi para puxá-lo. Mas o boi precisa ser alimentado, então você precisa de pasto tanto quanto de terra arável. Não é de estranhar que a agricultura que se movimenta — corte e queima — permaneça tão mais popular entre muitos povos tribais nas florestas até hoje. Na Europa neolítica, a fumaça dos fogos deve ter pairado pesadamente no ar à medida que a frente agrícola se expandia para oeste. O dióxido de carbono liberado pelos incêndios pode ter ajudado a elevar a temperatura climática a uma máxima aprazível há 6 mil anos, quando o gelo do Ártico recuou da costa norte da Groenlândia no verão.[23] Isso aconteceu porque a agricultura inicial provavelmente usou nove vezes mais terra *per capita* do que a agricultura hoje, então as pequenas populações da época geravam um bocado de dióxido de carbono.

Capital e metal

Aonde quer que fossem, os agricultores também levavam consigo seus hábitos: não apenas semear, colher e selecionar os grãos, como também assar, fermentar, acumular e possuir. Os caçadores-coletores tinham de viajar com pouca bagagem; mesmo não sendo sazonalmente nômades, devem estar preparados para se mudar a qualquer momento. Agricultores, ao contrário, têm de estocar grão e proteger rebanhos, ou vigiar os campos até eles serem colhidos. A primeira pessoa a plantar um campo de trigo deve ter enfrentado o dilema de como dizer "isto é meu; apenas eu posso colher". Os primeiros indícios da propriedade privada são os sinetes do povo halaf, 8 mil anos atrás, na fronteira de Síria e Turquia;[24] sinetes semelhantes foram usados mais tarde para denotar posse. Essa corrida à terra presumivelmente deixou os caçadores remanescentes perplexos à medida que seus campos de caça eram dilacerados, possivelmente por pessoas "mais pobres", mais desesperadas. Talvez Caim fosse um agricultor; Abel, um caçador.

Enquanto isso, à medida que a agricultura substituía a coleta, os rebanhos substituíam a caça. Os assentamentos neolíticos do Oriente Médio provavelmente cresceram como mercados onde os pastores das montanhas se encontravam com agricultores das planícies e trocavam seus excedentes. O mercado do caçador-coletor agora se tornava o mercado do pastor-agricultor. Haim Ofek escreve: "No nível humano, nada poderia ser mais cômodo no começo da agricultura do que uma bem estabelecida propensão para a troca, porque nada poderia conciliar melhor a necessidade de especialização na produção de alimentos com a necessidade de diversificação do consumo de alimentos."[25]

A fundição do cobre foi uma prática que não faz sentido para um indivíduo que tenta satisfazer suas próprias necessidades, ou até mesmo para uma tribo autossuficiente. Requer um estupendo esforço extrair o minério da mina e, depois, graças à virtude de foles aprimorados, fundir esse minério num fogo de carvão vegetal a mais de 1.083 graus centígrados apenas para produzir uns poucos lingotes de um metal que é forte e maleável, mas não muito duro. Imagine: você tem de cortar madeira e fazer carvão com ela, fazer cadinhos de cerâmica para a fundição, escavar e esmagar o minério, depois modelar e martelar o cobre. Só consumindo o trabalho armazenado de outros — vivendo à custa de capital — você conseguiria terminar o trabalho. Depois, mesmo que possa vender machados de cobre para outros caçadores-coletores, o mercado provavelmente será pequeno demais para fazer com que valha a pena instalar uma fundição de cobre. Mas, desde que a agricultura proveu o capital, a densidade das pessoas aumentou e lhes deu uma boa razão para derrubar florestas, então poderia existir um mercado grande o bastante para sustentar uma comunidade de fundidores de cobre em tempo integral, enquanto pudessem vender o cobre para tribos vizinhas. Ou, nas palavras de dois teóricos: "As sociedades mais densas tornadas possíveis pela agricultura podem perceber retornos consideráveis para melhorar a exploração do potencial de cooperação, coordenação e da divisão do trabalho."[26]

Consequentemente, a invenção da fundição do metal foi quase o resultado inevitável da invenção da agricultura (embora alguma mineração muito antecipada de depósitos de cobre puro em torno do lago Superior tenha sido feita aparentemente por caçadores-coletores, talvez para suprir os rancheiros de salmão quase agrícolas da costa do Pacífico).[27] O cobre foi produzido nos Alpes, onde algumas de suas melhores minas seriam encontradas, mas exportado para o resto da Europa por vários milhares de anos após a morte de Oetzi, só mais tarde sendo substituído pelo cobre das minas de Chipre. Pouco mais de mil anos após a morte de Oetzi e a uma pequena distância para oeste, na região de Mitterberg, do que hoje é a Áustria, havia assentamentos habitados por pessoas que, aparentemente, pouco faziam além de minerar e fundir cobre de filões das montanhas próximas. Vivendo num frio vale de montanha, elas acharam que era mais lucrativo fazer cobre e trocá-lo por, digamos, carne e grão das planícies do Danúbio, do que criar seu próprio gado. Isso não parece tê-los tornado muito ricos — nem o estanho de Cornwall, a prata peruana, ou, por falar nisso, o carvão galês, enriqueceriam os mineiros no milênio que viria. Comparados aos agricultores das planícies do Danúbio, os mineradores de cobre do Mitterberg deixaram para trás poucos ornamentos ou luxos.[28] Mas estavam em situação melhor do que estariam se tentassem viver de modo autossuficiente nas montanhas, cultivando seus próprios alimentos. Eles não apenas supriam uma necessidade; ganhavam a vida, respondendo aos incentivos econômicos tão claramente quanto qualquer pessoa moderna. O *Homo economicus* não foi uma invenção escocesa do século VIII. Seu cobre, transformado em lingotes e lâminas, com peso padronizado, depois se dispersou e circulou longe e amplamente e logo se tornaria uma forma primitiva de dinheiro, amplamente usado em toda a Europa para agilizar a troca.

A sabedoria convencional tem provavelmente subestimado a amplitude da especialização e do comércio no período neolítico. Existe uma tendência a pensar que todo mundo era agricultor. Mas, no mundo de Oetzi, havia agricultores que cultivavam espelta e, talvez, agricultores que cultivavam capim para ser tecido em capas; ferreiros de cobre que faziam machados e, talvez, caçadores de ursos que faziam sapatos e chapéus. E ainda havia coisas que Oetzi, sem dúvida, fez sozinho: seu arco estava inacabado, assim como algumas de suas flechas. Numa estimativa tosca, pessoas tipicamente modernas não industriais, vivendo em sociedades tradicionais, consomem diretamente entre um terço e dois terços do que produzem e trocam o resto por outros bens.[29] Até cerca de 300 quilos de alimentos *per capita* por ano, as pessoas comem o que cultivam;[30] depois disso, começam a trocar o excedente de alimentos por roupa, abrigo, medicamentos ou educação. Quase por definição, quanto mais rico alguém é, mais adquire coisas de especialistas. A assinatura característica da prosperidade é a especialização crescente. A assinatura característica da pobreza é o retorno à autossuficiência. Vá a uma aldeia pobre em Malaui ou Moçambique hoje e encontrará poucos especialistas e muitas pessoas consumindo em alta proporção o que produzem. Eles "não estão no mercado", diria um economista. E, muito possivelmente, estão menos "no mercado" que uma pessoa agrária antiga como Oetzi.

Deixe-me fazer um pequeno sermão. A tradição entre muitos antropólogos e arqueólogos tem sido tratar o passado como um lugar muito diferente do presente, um lugar com seus próprios e misteriosos rituais. Meter à força a Idade da Pedra ou os Mares do Sul tribais na terminologia econômica moderna é, portanto, um erro anacrônico que mostra doutrinação capitalista. Essa visão foi promovida especialmente pelo antropólogo Marshall Sahlins, que distinguiu economias pré-industriais baseadas na "reciprocidade" das economias modernas baseadas nos mercados. Stephen Shennan satiriza assim essa visão: "Nós nos envolvemos no comércio para ter alguma espécie de lucro; eles fazem isso para solidificar relações sociais; nós comerciamos *commodities*; eles dão presentes."[31] Como Shennan, acho que isso é besteira paternalista. Acho que as pessoas respondem a incentivos e sempre o fizeram. As pessoas pesam custos e benefícios e fazem o que é mais lucrativo para elas. Por certo, levam em consideração fatores não econômicos, como a necessidade de permanecer em bons termos com parceiros de negócios e aplacar deidades cruéis. Claro, fazem acordos melhores para seus parentes, amigos e benfeitores do que para estranhos. Mas também fazem isso hoje. Até mesmo o mais moderno comerciante financeiro inserido nos mercados está envolvido numa rede de rituais, etiquetas, convenções e obrigações, sem excluir a dívida social para um bom almoço ou um convite para uma partida de futebol. Exatamente como os economistas modernos com frequência exageram a racionalidade sem coração dos consumidores, assim os antropólogos exageram a aconchegante irracionalidade das pessoas pré-industriais.

O sistema "kula" do Pacífico Sul é um dos estudos de caso favorito daqueles que gostam de argumentar que os mercados eram desconhecidos das pessoas pré-industriais.[32] De acordo com Bronislaw Malinowski, pessoas de 14 grupos de ilhas diferentes trocavam pulseiras de conchas por colares de tal forma que as pulseiras viajavam num círculo anti-horário em volta de um grupo inteiro de ilhas, enquanto os colares vinham no sentido horário. Passados dois anos ou mais, um item necessariamente acabaria voltando a seu dono original. Descrever esse sistema como um mercado é claramente absurdo: a troca em si mesma, não o lucro, deve ser o objetivo. Mas observe mais de perto e o kula se torna menos peculiar. Ele era apenas um dos muitos tipos de troca praticados naquelas ilhas; o fato de os ocidentais darem uns para os outros cartões e meias no Natal fala da importância em suas vidas do significado social da troca, mas não quer dizer que também não busquem lucros nos mercados. Um antropólogo do Pacífico Sul poderia estudar o Natal do Ocidente e concluir que uma frenética atividade comercial no meio do inverno, profundamente sem sentido e sem lucro, inspirada pela religião, domina as vidas dos ocidentais. Os ilhéus do Pacífico eram e são agudamente conscientes da importância de fazer uma boa barganha quando comerciam com um estranho. De qualquer modo, mais pesquisas desde os dias de Malinowski demonstraram que ele exagerou bastante na natureza circular do sistema, mero efeito secundário do fato de os comerciantes que trocavam itens úteis também gostarem de dar uns para os outros presentes inúteis, mas bonitos, que, depois, às vezes terminavam de volta onde começaram.

Selvagem ignóbil?

Na primeira metade do século XX, a revolução neolítica era interpretada por Gordon Childe e seus seguidores como uma melhoria da condição humana que trouxe benefícios óbvios: comida armazenada com a qual sobreviver em períodos de fome; novas formas de nutrição ao alcance da mão, como leite e ovos; menos necessidade de canseira, perigo e viagens frequentes, longas e fatigantes, por território selvagem; trabalho que os incapazes e feridos ainda podiam fazer; talvez mais tempo extra no qual inventar a civilização.

No terceiro quarto do século XX, época próspera ainda que nostálgica, a agricultura chegou a ser reinterpretada como invenção nascida mais do desespero que da inspiração e, talvez, "o pior erro da história da raça humana".[33] Os pessimistas, liderados por Mark Cohen e Marshall Sahlins, argumentaram que a agricultura era um trabalho monótono, extenuante, que trouxe uma dieta monótona, deficitária em nutrientes para pessoas empestadas pela contaminação, miséria, por doenças infecciosas e pela morte prematura. Mais pessoas podiam agora viver da terra, mas, com o descontrole da fertilidade, tinham de trabalhar mais. Mais bebês nasciam, mas mais pessoas morriam jovens. Enquanto caçadores-coletores sobreviventes, como os dobe !kungs, pareciam desfrutar de um amplo lazer e viver na "sociedade originalmente afluente" (palavras de Sahlins), limitando sua reprodução e, assim, prevenindo a superpopulação, esqueletos dos primeiros agricultores pareciam mostrar desgaste pelo uso, deformidade crônica, problemas dentários e baixa estatura. Ao mesmo tempo, os primeiros agricultores sofriam contaminação de sarampo do gado, varíola dos camelos, tuberculose do leite, gripe dos porcos, peste dos ratos, sem mencionar os vermes provenientes do hábito de usar o próprio excremento como fertilizante e a malária transmitida pelos mosquitos dos diques e barragens de água.

E também foram, pela primeira vez, atingidos pela desigualdade. Caçadores-coletores sobreviventes são notavelmente igualitários, um estado de coisas ditado por sua dependência em dividir uns com os outros a sorte na caça e na coleta. (Eles, às vezes, precisam reforçar essa igualdade com represálias selvagens contra pessoas que têm ideias acima de suas posições.) Um agricultor de sucesso, no entanto, logo pode estocar provisões com as quais adquirir o trabalho de vizinhos menos bem-sucedidos e isso o faz ainda mais bem-sucedido, até que finalmente — especialmente no vale irrigado de um rio, onde ele controla a água — pode se tornar um imperador e usar servos e soldados para impor seu despótico capricho sobre seus súditos.

Pior ainda, como Friedrich Engels foi o primeiro a afirmar, a agricultura pode ter agravado a desigualdade sexual. É, de fato, dolorosamente óbvio que, em muitas comunidades camponesas agrícolas, os homens obrigam as mulheres a fazer grande parte do trabalho árduo. Entre os caçadores-coletores, os homens têm muitos hábitos sexistas cansativos, mas, ao menos, contribuem. Quando o arado foi inventado, cerca de 6 mil anos atrás, os homens assumiram o trabalho de guiar as juntas de bois que cultivavam os campos, o que requeria mais força, mas isso só acentuou a desigualdade. As mulheres passaram a ser tratadas cada vez mais como bens pessoais do homem, carregadas de pulseiras e adereços nos tornozelos para indicar a riqueza do marido. A arte passou a ser dominada por símbolos do poder masculino e da competição — flechas, machados e adagas. A poligamia provavelmente aumentava, e os homens mais ricos adquiriam haréns e status patriarcal: em Branc, na Eslováquia, mais mulheres que homens eram enterradas com objetos sepulcrais ricos, complexos e ornamentados, indicando não que eram ricas, mas como eram ricos seus maridos polígamos, enquanto outros homens definhavam em pobreza celibatária. Dessa forma, a poligamia capacita mulheres pobres a partilhar a prosperidade, mais do que os homens pobres.[34] Foi uma era de patriarcado.

Mas não existam provas de que os primeiros agricultores se comportavam pior do que os caçadores-coletores. As poucas sociedades caçadoras-coletoras que se tornaram abundantes e prósperas como resultado de uma fonte rica e segura de recursos locais — mais notadamente as tribos de pescadores de salmão do noroeste americano — logo cederam ao patriarcado e à desigualdade também. A "afluência original" dos modernos caçadores-coletores !kungs só foi possível por causa das ferramentas modernas, do comércio com agricultores e até da mais curiosa assistência de antropólogos. Sua baixa fertilidade se devia mais a doenças sexualmente transmissíveis do que ao controle da natalidade. Quanto às deformidades dos primeiros agricultores, seus esqueletos podem não ser representativos e, sim, contar mais sobre os ferimentos e as doenças aos quais sobreviveram em lugar de se tornarem vítimas fatais deles. Até a igualdade sexual de caçadores-coletores pode ser uma comprovada criação fantasiosa. Afinal de contas, os homens fueguinos, que não sabiam nadar, deixavam que suas mulheres ancorassem canoas em algas marinhas e nadassem perto da costa no meio de tempestades de neve.[35] A verdade é que tanto a caça-coleta quanto a agricultura produziam riqueza ou miséria, dependendo da abundância de comida e da relativa densidade de pessoas. Um analista escreve: "Todas as economias pré-industriais, não importa o quão simples ou complexas, são capazes de gerar miséria e o farão se houver tempo suficiente."[36]

A crônica e perpétua violência do mundo caçador-coletor não acabou com a invenção da agricultura. Oetzi morreu de morte violenta, atingido por trás por uma flecha que perfurou uma artéria em seu ombro depois de — assim sugere o DNA — matar dois homens com uma de suas próprias flechas e carregar um companheiro ferido nas costas. O sangue de um quarto homem estava em sua faca. Nesse processo, Oetzi suportou um corte profundo no polegar e um golpe fatal na cabeça. Essa não foi nenhuma briguinha. Sua posição depois de morto sugere que seu matador o virou de frente para recuperar a flecha, mas a ponta de pedra da flecha se partiu dentro do corpo de Oetzi. O arqueólogo Steven LeBlanc diz que as provas de violência constante no passado remoto são sistematicamente negligenciadas pelo pensamento rousseauniano fantasioso entre acadêmicos.[37] Ele cita suas próprias descobertas de inumeráveis pedras para bodoques e pedras em formato de rosquinha em sítios da Turquia de cerca de 8 mil anos atrás. Nos anos 1970, quando trabalhou lá, achou que essas pedras eram usadas pelos pastores para espantar lobos e por agricultores para curvar as enxadas. Agora, percebe que eram armas de violência: as roscas eram cabeças de clavas, e as pedras dos bodoques estavam empilhadas para defesa.

Para onde quer que olhem, os arqueólogos encontram provas de que os primeiros agricultores lutavam uns contra os outros incessantemente e com efeito mortal. Os primeiros habitantes de Jericó cavaram um dique defensivo de 10 metros de profundidade e três metros de largura em rocha sólida sem ferramentas de metal. No vale Merzbach, na Alemanha,[38] a chegada da agricultura trouxe cinco séculos de pacífico crescimento populacional, seguidos da construção de fortificações defensivas, descarte de cadáveres em fossas e abandono de todo o vale. Em Talheim, por volta de 4900 a.C., uma comunidade inteira de 34 pessoas foi massacrada com golpes na cabeça e flechadas nas costas, exceto as mulheres adultas que faltavam — presumivelmente raptadas como prêmios sexuais.[39] Os matadores não faziam nada além do que Moisés mais tarde ordenou aos seus seguidores na Bíblia. Após uma batalha bem-sucedida contra os midianitas e o massacre dos machos adultos, ele lhes disse para terminar o trabalho estuprando as virgens: "Agora matem todos os machos entre os pequenos e matem toda mulher que tiver conhecido um homem deitando-se com ele. Mas todas as crianças mulheres, que não conhecem um homem por deitar com ele, mantenham-nas vivas para vocês" (Números, 31).

Da mesma forma, para onde quer que os antropólogos olhem, da Nova Guiné ao Amazonas e à ilha de Páscoa, encontram guerra crônica entre os agricultores de subsistência atuais. Atacar preventivamente os vizinhos a fim de que não ataquem você é comportamento humano de rotina. Como Paul Seabright escreveu: "Onde não existem freios institucionais a tal comportamento, a matança sistemática de indivíduos não ligados por laços familiares é tão comum entre seres humanos que, por horrível que seja, não pode ser descrita como excepcional, patológica ou perturbada."[40]

Nem se pode negar que tal violência fosse habitualmente acompanhada de crueldade em um grau que viraria o estômago moderno. Quando Samuel Champlain acompanhou (e auxiliou com seu arcabuz) um ataque hurão bem-sucedido aos mohawks em 1609,[41] teve de observar como seus aliados sacrificavam um cativo, marcando seu torso com paus incandescentes da fogueira, reanimando-o com baldes de água se desmaiava, do alvorecer ao crepúsculo. Apenas quando o sol nascia podiam estripá-lo e, depois, comer a desafortunada vítima, que, durante esses procedimentos, morria aos poucos.

A revolução fertilizadora

A revolução neolítica deu à posteridade calorias quase ilimitadas. Haveria abundante ocorrência de fomes no milênio vindouro, mas elas nunca mais reduziriam a densidade da população humana no nível do que era na sociedade de caçadores-coletores. Palmo a palmo, truque a truque e safra a safra, as pessoas encontrariam meios de obter comida até dos solos mais pobres e calorias até dos alimentos mais mirrados e cristalizariam percepções de uma esperteza quase miraculosa de como fazê-lo. Avance rapidamente do neolítico alguns milhares de anos até a Revolução Industrial, quando a população começou a explodir mais que se expandir, e espante-se pelo fato de você e seus ancestrais terem passado pela explosão mais bem alimentados e não mortos de fome. Em 1798, em seu *Essay on Population* [Ensaio sobre a população],[42] Robert Malthus previu que o suprimento de alimentos simplesmente não acompanharia o crescimento da população por causa da produtividade finita da terra. Ele estava errado, mas isso não foi resolvido facilmente; durante o século XIX, houve, às vezes, momentos críticos. Muito embora os navios a vapor, as ferrovias, o canal Eriê, a refrigeração e as máquinas que ao mesmo tempo cortavam e amarravam as plantas em feixes tivessem capacitado as Américas a mandar vastas quantidades de trigo para o leste a fim de alimentar as massas de trabalhadores industriais da Europa — diretamente e na forma de carne bovina e suína —, a fome nunca foi definitivamente afastada.

Teria sido pior não fosse um acontecimento singular e inesperado por volta de 1830. Nas ilhas secas, cheias de pássaros, próximas da costa sul-americana e do sul da África, onde nenhuma chuva varria o cormorão, o pinguim e as fezes dos mergulhões, imensos depósitos de nitrogênio e fósforo se haviam acumulado durante séculos. A mineração de guano tornou-se um negócio muito lucrativo e repugnante. A pequena ilha de Ichaboe rendeu 800 mil toneladas de guano em poucos anos. Entre 1840 e 1880, o nitrogênio do guano fez uma diferença colossal para a agricultura europeia. Mas logo os melhores depósitos foram exauridos. Os mineiros se voltaram para os abundantes depósitos de salitre mineral dos Andes (que mostraram ser antigas ilhas de guano levantadas com o movimento do lado ocidental da América do Sul), mas estes mal puderam acompanhar a demanda. Próximo à virada do século XX, a crise de fertilizantes era desesperadora. Em 1898, no centenário do prognóstico pessimista de Malthus, o eminente químico britânico *sir* William Crookes fez lamento semelhante em discurso presidencial à Associação Britânica, intitulado "O problema do trigo".[43] Afirmou que, diante do crescimento da população e da falta de novas terras adequadas para o plantio nas Américas, "toda a civilização está em perigo mortal de não ter o bastante para comer". A menos que nitrogênio pudesse ser quimicamente "solidificado" do ar por algum processo científico, "a grande raça caucasiana cessará de ser a mais avançada no mundo e será espremida para fora da existência por raças para as quais o pão de trigo não é o esteio da vida".

Em 15 anos seu desafio foi respondido. Fritz Haber e Carl Bosh inventaram uma forma de fazer grandes quantidades de fertilizante inorgânico de nitrogênio do vapor, do metano e do ar.[44] Hoje, quase a metade dos átomos de nitrogênio do seu corpo passou por tal fábrica de amônia. Mas um fator ainda maior para evitar o desastre de Crookes foi a máquina de combustão interna. Os primeiros tratores tinham poucas vantagens sobre os melhores cavalos, mas, de fato, traziam um enorme benefício para o que preocupava o mundo até então: não eram necessárias terras para cultivar seu combustível. A população norte-americana de cavalos chegou ao pico de 21 milhões de animais em 1915; na época, cerca de um terço das terras agricultáveis era devotado a alimentá-los. Então, a substituição de animais de tração por máquinas liberou uma enorme extensão de terras para a produção de alimentos destinada ao consumo humano. Ao mesmo tempo, o transporte motorizado levava a terra ao alcance das ferrovias. Até mesmo em 1920, mais de 3 milhões de acres de boas terras agricultáveis do Meio-Oeste americano ainda estavam sem cultivar porque se encontravam a mais de 120 quilômetros de uma ferrovia, o que significava uma viagem de cinco dias de carroça puxada por cavalos que saía por até 30% mais que o valor do grão.[45]

Em 1920, cultivadores de plantas desenvolveram uma nova variedade de trigo, vigorosa e resistente, a "Marquis", cruzando uma planta americana e uma do Himalaia, que poderia sobreviver mais ao norte no Canadá. Então, graças aos tratores, fertilizantes e a novas variedades, por volta de 1931, ano que Crookes escolheu para situar sua fome futura em potencial, o suprimento de trigo excedia a demanda, o preço do trigo havia caído e terra de trigo estava novamente sendo entregue para pasto em toda a Europa.

Genes Borlaug

O século XX continuaria a confundir os pessimistas malthusianos, mais espetacularmente nos anos 1960, na Ásia. Durante dois anos, em meados da década de 1960, a Índia parecia estar à beira da fome em massa. As safras fracassavam por causa de uma seca e cada vez mais pessoas não tinham o que comer. A fome nunca estivera ausente do subcontinente por muito tempo, e as lembranças da grande fome de Bengala de 1943 eram recentes. Com mais de 400 milhões de habitantes, o país estava em meio a uma explosão populacional sem precedentes. O governo teve de colocar a agricultura como prioridade, mas os monopólios do Estado encarregados de achar novas variedades de trigo e arroz não tinham nada para oferecer. Havia pouca terra para ser usada no cultivo. Uma ajuda de 5 milhões de toneladas de alimentos por ano dos Estados Unidos era tudo que estava entre a Índia e um destino terrível, e aqueles carregamentos com certeza não poderiam continuar para sempre.

Mas até em meio a tal derrotismo a produção de trigo da Índia decolava como resultado de uma sequência de eventos que se iniciara 20 anos antes. Na equipe do general Douglas MacArthur, no Japão do fim da Segunda Guerra Mundial, havia um cientista agrícola chamado Cecil Salmon. Salmon coletou 16 variedades de trigo, incluindo uma chamada "Norin 10". Crescia apenas 60 centímetros, em lugar dos 120 usuais — graças, agora se sabe, a uma única mutação num gene chamado Rht1, que torna a planta menos responsiva a um hormônio natural de crescimento. Salmon coletou algumas sementes e mandou-as para os Estados Unidos, aonde chegaram para um cientista chamado Orville Vogel, no Oregon, em 1949. Na época, era impossível reforçar o rendimento do trigo alto mediante o acréscimo de fertilizante artificial. O fertilizante levava a safra a crescer alta e espessa, mas, depois disso, ela caía, ou "derrubava". Vogel começou a cruzar Norin 10 com outros trigos para fazer novas variedades de galhos pequenos. Em 1952, Vogel foi visitado por um cientista que trabalhava no México chamado Norman Borlaug,[46] que levou algum trigo Norin e sementes híbridas de Norin-Brevor para o México e começou a cultivar novos cruzamentos. Em poucos anos, Borlaug produzira trigo que rendia três vezes mais. Por volta de 1963, 95% do trigo do México era da variedade de Borlaug, e a safra de trigo do país era seis vezes maior do que quando Borlaug pôs os pés no México pela primeira vez. Borlaug começou a treinar cientistas agrícolas de outros países, inclusive Egito e Paquistão.

Entre 1963 e 1966, Borlaug e seus trigos pigmeus enfrentaram inúmeros obstáculos para serem aceitos no Paquistão e na Índia. Pesquisadores locais ciumentos deliberadamente subfertilizaram os canteiros experimentais. Funcionários da alfândega no México e nos Estados Unidos — sem mencionar distúrbios raciais em Los Angeles — atrasaram carregamentos de sementes para que chegassem tarde demais à estação do plantio. Fumigação mais que entusiástica na alfândega matou metade das sementes. Os monopólios estatais indianos de grão pressionaram contra as sementes, espalhando rumores de que eram suscetíveis a pragas. O governo indiano recusou-se a permitir o crescimento das importações de fertilizantes porque queria construir uma indústria local de fertilizantes, até Borlaug gritar com o primeiro-ministro. Para rematar tudo, os dois países, Índia e Paquistão, entraram em guerra.

Mas, gradativamente, graças à persistência de Borlaug, as variedades anãs prevaleceram. O ministro da Agricultura do Paquistão elogiou as novas variedades em pronunciamento pelo rádio. O ministro da Agricultura indiano arou e semeou seu campo de críquete. Em 1968, depois de enormes carregamentos de sementes mexicanas, a safra de trigo foi extraordinária em ambos os países.[47] Não houve gente bastante, carros de boi, caminhões ou instalações de armazenamento suficientes para a safra. Em algumas cidades, o grão foi estocado em escolas.

Em março daquele ano, o correio da Índia lançou um selo para celebrar a revolução do trigo. Naquele mesmo ano, o livro do ambientalista Paul Ehrlich, *The Population Bomb*, foi publicado, afirmando ser uma fantasia que a Índia alguma vez conseguisse alimentar a si mesma. Sua predição se mostrou errada antes que a tinta secasse. Em 1974, a Índia era uma exportadora líquida de trigo. A produção de trigo havia triplicado. O trigo de Borlaug — e as variedades anãs de arroz que se seguiram — conduziram à Revolução Verde, a extraordinária transformação da agricultura asiática nos anos 1970 que baniu a fome de quase todo o continente, embora a população se expandisse rapidamente. Em 1970, Norman Borlaug recebeu o Prêmio Nobel da Paz.

De fato, Borlaug e seus aliados haviam liberado o poder do fertilizante feito com combustíveis fósseis. Desde 1900, o mundo aumentou sua população em 400%; a área agrícola, em 30%; a produtividade média, em 400%; e a safra total de grãos, em 600%. Então, a produção de comida *per capita* subiu 50%. Grandes novas — graças aos combustíveis fósseis.

Agricultura intensiva preserva a natureza

Somando-se todas as safras de cereais de todo o mundo, em 2005 foi produzido o dobro do volume de grãos de 1968 na mesma extensão de terras cultiváveis. Essa intensificação poupou terra em vasta escala. Considere esta extraordinária estatística, calculada pelo economista Indur Goklany. Se as produtividades médias de 1961 tivessem prevalecido em 1998, alimentar 6 bilhões de pessoas teria exigido lavrar 7,9 bilhões de acres, em vez dos 3,7 bilhões arados de fato em 1998: uma área extra do tamanho da América do Sul menos o Chile. E isso, considerando-se, com otimismo, que as produtividades tivessem permanecido no mesmo nível nas novas terras cultivadas, arrebatadas das florestas tropicais, dos pântanos e das regiões semidesérticas. Se as produtividades não tivessem aumentado, portanto, florestas tropicais teriam sido queimadas, desertos irrigados, terras pantanosas drenadas, planícies de marés reivindicadas, pastos arados — em extensão muito maior do que o efetivamente arado. Dito de outra forma, hoje as pessoas cultivam (isto é, aram, colhem ou pastoreiam) 38% das terras do planeta, donde se conclui que, com as produtividades de 1961, elas teriam de cultivar 82% para alimentar a população atual. A intensificação salvou 44% do planeta para as florestas.[48] A intensificação é a melhor coisa que jamais aconteceu — do ponto de vista ambiental. Existem agora mais de 2 bilhões de acres de florestas tropicais "secundárias", crescendo novamente depois que os agricultores partiram para as cidades, e essas florestas já são quase tão ricas em biodiversidade quanto a floresta primária. Isso ocorre por causa da urbanização e da agricultura intensiva.

Alguns argumentam que a raça humana já se apropriou de uma fração insustentável da produção primária do planeta e que, se usar mais do que isso, o ecossistema de todo o globo vai entrar em colapso.[49] Os seres humanos compreendem aproximadamente 0,5% do peso dos animais no planeta, mas mendigam, tomam emprestados e roubam para si mesmos mais ou menos 23% da produção primária inteira dos vegetais do planeta (o número é muito menor se os oceanos forem incluídos). Esse número é conhecido pelos ecologistas como HANPP — a "apropriação humana da produtividade primária líquida", na sigla em inglês.[50] É o mesmo que dizer que, dos 650 milhões de toneladas de carbono potencialmente absorvidos do ar pelas plantas da terra a cada ano, 80 são colhidos, 10 são queimados e 60 são impedidos de crescer por arados, ruas e cabras, deixando 500 para sustentar todas as outras espécies.

Pode parecer que isso ainda deixa algum espaço para o crescimento, mas seria realmente útil esperar que um planeta continue a sustentar tal monocultura de um grande macaco antropoide dominante? Para responder a essa pergunta, é preciso desmembrar os números por região. Na Sibéria e na Amazônia, talvez 99% do crescimento das plantas sustente mais vida selvagem do que pessoas. Em grande parte da África e da Ásia central, as pessoas reduzem a produtividade da terra até mesmo quando se apropriam de um quinto da produção — uma terra de vegetação rasteira excessivamente pastada sustenta menos cabras do que sustentaria antílopes se fosse uma floresta. Na Europa Ocidental e no Leste da Ásia, no entanto, as pessoas comem quase a metade da produção de vegetais, embora quase não reduzam a quantidade deixada para outras espécies — porque elevam de forma impressionante a produção da terra com fertilizantes: uma campina existente perto da minha casa, regada com nitrato duas vezes por ano, sustenta um grande rebanho de vacas leiteiras, mas também fervilha de vermes, larvas de moscas que se desenvolvem em fezes frescas e moscas-varejeiras — e de melros, gralhas e andorinhas que as comem. Isso na verdade é motivo para um grande otimismo, porque implica que a agricultura intensiva em toda a África e Ásia central poderia alimentar mais pessoas e ainda sustentar outras espécies. Ou, em academiquês: "Estas descobertas sugerem que, numa escala global, pode haver um considerável potencial para aumentar a produção agrícola sem necessariamente aumentar a HANPP."[51]

Outras tendências também têm tornado a agricultura melhor para o planeta. Agora que as ervas daninhas podem ser controladas com herbicidas mais do que aradas (a principal função de um arado é enterrar as ervas daninhas), mais e mais safras são semeadas diretamente no solo sem lavra. Isso reduz a erosão do solo, a retirada do lodo e o massacre de pequenos animais inocentes que, inevitavelmente, acompanha a aragem de um campo — tal como atestam bandos de gaivotas comedoras de vermes. O processamento dos alimentos com conservantes — muito desprezado pelo pessoal verde chique — reduziu enormemente a quantidade da comida que vai para o lixo. Até o confinamento de galinhas, porcos e gado em estábulos e em granjas,[52] embora isso incomode a consciência (a minha, inclusive) dos que se importam com o bem-estar dos animais, sem dúvida resulta em mais carne produzida com menos ração, menos poluição e menos doença. Quando a gripe aviária ameaçou, foram os bandos de galinhas caipiras e não as de granja que correram o maior risco. Algumas criações intensivas de animais são inaceitavelmente cruéis; mas algumas não são piores do que alguns tipos de agricultura caipira, e seu impacto ambiental é, sem dúvida, menor.

Os genes de Borlaug, sexualmente recombinados com a amônia de Haber e a máquina de combustão interna de Rudolf Diesel, reagruparam átomos suficientes não apenas para assegurar que Malthus estivesse errado por, pelo menos, mais uma metade de século, como para que tigres e tucanos ainda pudessem viver nas florestas. Então, farei uma proposta insultante: que o mundo estabeleça com sensatez uma meta para alimentar-se em padrões cada vez mais altos ao longo do século XXI sem colocar nenhuma terra nova sob o arado; na verdade, com uma redução gradual da área cultivada. Isso poderia ser feito? No início dos anos 1960, o economista Colin Clark calculou que os seres humanos poderiam, teoricamente, sustentar-se com apenas 27 m² de terra cada um.[53] Seu raciocínio foi o seguinte: uma pessoa precisa em média de cerca de 2.500 calorias de alimentos por dia, equivalente a 685 gramas de grão. Duplique isso para cultivar um pouco de combustível, fibra e alguma proteína animal: 1.370 gramas. A taxa máxima de fotossíntese em solos bem regados, ricos, é de cerca de 350 gramas por metro quadrado por dia, mas é possível diminuir isso em 50%, de acordo com o melhor que a agricultura, na prática, é capaz de conseguir numa área ampla. Então, são necessários 27 m² para cultivar os 1.370 gramas de que uma pessoa precisa. Com essa base e usando a produtividade do dia, Clark calculou, nos anos 1960, que o mundo poderia alimentar 35 bilhões de bocas.

Bem, deixe-me admitir que, apesar do conservadorismo de Clark sobre a fotossíntese, isso é loucamente otimista. Deixe-me quadruplicar o número de Clark e admitir que a terra não poderia alimentar um ser humano médio com menos de 100 m². Quão próximos estamos desse ponto? Em 2004, o mundo cultivou cerca de 2 bilhões de toneladas de arroz, trigo e milho em cerca de meio bilhão de hectares de terra:[54] uma produtividade média de quatro toneladas por hectare. Aquelas três safras forneceram dois terços dos alimentos do mundo, tanto diretamente como via carne bovina, de galinha e porco — equivalente para alimentar 4 bilhões de pessoas. Então, um hectare alimentou cerca de oito pessoas, ou cerca de 1.250 m² para cada uma, menos que os 4 m² dos anos 1950 — mas muito acima dos 100 m². Além disso, o mundo cultivou mais um bilhão de hectares de outros cereais, soja, vegetais, algodão e assemelhados (terra de pastagem não entra nesse cálculo) — o que dá 5 mil m² para cada uma. Mesmo que você eleve o número de pessoas para 9 bilhões, ainda resta um espaço grande para melhorias antes de começarmos a alcançar o limite da produtividade agrícola. Seria possível duplicar ou quadruplicar as produtividades e ainda ficarmos muito longe da máxima produtividade prática da terra, sem falar no limite da fotossíntese. Se todos nos tornássemos vegetarianos, o volume de terra de que precisaríamos seria ainda menor, mas se nos tornássemos orgânicos seria maior: precisaríamos de acres extras para criar as vacas cujo esterco fertilizaria nossos campos: mais precisamente, substituir todo o nitrogênio industrial fertilizante hoje aplicado significaria ter 7 bilhões de cabeças de gado extras pastando em mais 30 bilhões de acres de pastagem.[55] (Você verá, com frequência, os defensores do orgânico glorificando as virtudes tanto do esterco quanto do vegetarianismo: observe a contradição.) Mas esses cálculos mostram que, até sem vegetarianismo, haverá um excedente crescente de terra agricultável.

Então, façamos isto: vamos continuar a reduzir a área agricultável por pessoa até o ponto em que possamos começar a devolver o que sobra para as florestas. Ficar sem terra para captar a luz solar não será problema para a produção de alimentos — não desde que Haber quebrou o gargalo fertilizador. Ficar sem água bem poderia ser um problema. Lester Brown destaca que a Índia depende severamente de um lençol aquífero que se vem esgotando com rapidez e de um Ganges que seca vagarosamente para irrigar as safras,[56] que a salinização causada pela evaporação da água de irrigação é um problema crescente em todo o mundo e que inteiros 70% do uso da água em todo o mundo são para a irrigação de safras. Mas Brown segue em frente para admitir que a ineficiência dos sistemas de irrigação (isto é, a perda por evaporação) cai rapidamente, em especial na China, e que já existe uma técnica bem utilizada — irrigação por gotejamento — que poderia quase eliminar o problema. Países como Chipre, Israel e Jordânia já são grandes usuários do sistema de irrigação por gotejamento. Em outras palavras, o desperdício na irrigação é produto do baixo custo da água.

Quando tem seu preço apropriadamente definido pelos mercados, a água não apenas é usada com mais frugalidade, como sua própria abundância aumenta mediante incentivos para apanhá-la e estocá-la.[57]

Eis o que será necessário para alimentar 9 bilhões de pessoas em 2050: pelo menos a duplicação da produção agrícola possibilitada por um enorme aumento do uso de fertilizantes na África, a adoção da irrigação por gotejamento na Ásia e na América, a difusão da dupla colheita em muitos países tropicais, o uso de safras GM (geneticamente modificadas) em todo o mundo para aumentar as produtividades e reduzir a poluição, troca adicional na alimentação do gado, substituindo outros cereais por soja, contínua expansão relativa da criação de peixes em tanques, criação de galinhas e porcos em lugar de carne bovina e carneiro (galinhas e peixes convertem grão em carne com eficiência três vezes maior que o gado; porcos ficam no meio-termo) — e um grande volume de comércio, não apenas porque bocas e vegetais não estarão no mesmo lugar, como também porque o comércio estimula a especialização das safras de maior produtividade de qualquer região em particular. Se a sinalização dos preços levar os agricultores do mundo a tomar essas medidas, é muito concebível que, em 2050, haja 9 bilhões de pessoas alimentando-se com mais conforto do que hoje de uma área cultivável menor que a de hoje, liberando grande porções de terra para reservas naturais. Imagine isto: uma imensa expansão das florestas em todo o mundo por volta de 2050. É uma meta maravilhosa que só poderá acontecer com mais intensificação e mudança, não por desistência e subsistência orgânica. De fato, pensando nisso, vamos fazer da agricultura um negócio de muitos andares, com irrigação hidropônica por gotejamento e iluminação elétrica para produzir comida durante o ano inteiro. Pode-se fazê-lo em centros urbanos degradados, e os locais de produção podem ser ligados por correias transportadoras diretamente a supermercados. Vamos pagar pelos edifícios e pela eletricidade, concedendo ao agente imobiliário isenções de impostos por aposentar terra agricultável em outro lugar, deixando-a para florestas, pântanos ou savanas. É um ideal que edifica e anima.

Se o mundo decidisse, como um professor e um *chef* sugeriram recentemente num programa de rádio,[58] que os países deveriam, em grande medida, cultivar e comer sua própria comida (por que países? Por que não continentes, ou cidades, ou planetas?), então, naturalmente, seria necessária uma quantidade muito maior de terras cultiváveis. Acontece que o meu país é tão inepto em cultivar bananas e algodão quanto a Jamaica em produzir trigo e lã. Se o mundo decidir, como loucamente começou a fazer no início dos anos 2000, que deseja começar a cultivar o combustível para motores nos campos, em lugar de extraí-lo de poços de petróleo, então, novamente, a área de terra sob o arado terá de crescer muito.[59] E adeusinho florestas tropicais. Mas, enquanto alguma sanidade for preservada, então, sim, meus netos poderão tanto comer como visitar reservas naturais maiores e mais selvagens do que eu posso hoje. Sinto-me feliz por esforçar-me em prol dessa visão. Produtividades intensivas são o meio de chegar lá.

Quando os seres humanos ainda eram todos caçadores-coletores, cada um necessitava de cerca de 1.000 hectares de terra para sustentá-lo, ou sustentá-la. Agora — graças à agricultura, à genética, ao petróleo, às máquinas e ao comércio — cada um precisa de pouco mais de 1.000 m^2, um décimo de um hectare.[60] (Se o petróleo vai durar o bastante é um assunto diferente do qual trato adiante no livro: brevemente respondo que substitutos serão adotados, se os preços subirem o suficiente.) Isso é possível apenas porque cada metro quadrado é estimulado a cultivar o que quer que seja bom de ser cultivado, e o comércio global distribui o resultado para assegurar que todos tenham um pouco de tudo. Uma vez mais, o tema da produção especializada/consumo diversificado revela-se a chave da prosperidade.

O apelo errado do orgânico

Políticos podem fazer minha predição falhar. Se o mundo decidir se tornar orgânico — isto é, se a agricultura buscar seu nitrogênio nas plantas e nos peixes em lugar de fazê-lo diretamente no ar, usando fábricas e combustíveis fósseis —, então muitos entre os 9 bilhões vão morrer de fome e todas as florestas tropicais serão derrubadas. Sim, escrevi "todas". A agricultura orgânica é de baixa produtividade, queira você ou não.[61] A razão para isso é química simples. Uma vez que se abstém de todo fertilizante sintético, a agricultura orgânica exaure os nutrientes minerais do solo — especialmente fósforo e potássio, mas, finalmente, também enxofre, cálcio e manganês. Ela resolve esse problema acrescentando ao solo pedra moída ou polpa de peixe. Isso tem de ser escavado ou pescado. Seu principal problema, no entanto, é a deficiência de nitrogênio, que pode ser revertida pelo cultivo de legumes (trevo, alfafa ou feijão), que fixam o nitrogênio do ar, ou arando-os para dentro do solo, ou alimentando com eles o gado, cujo esterco será depois arado para dentro do solo. Com tal ajuda, um plantio orgânico específico pode competir com produtividades não orgânicas, mas somente mediante o uso de mais terra em outro lugar para cultivar legumes e alimentar o gado, efetivamente dobrando a área sob o arado.[62] A agricultura convencional, por contraste, obtém o nitrogênio do que são, com efeito, suas fontes principais: fábricas, que o fixam do ar.

Os agricultores orgânicos também aspiram a depender menos de combustíveis fósseis, mas, a menos que a comida orgânica seja cara, rara, suja e deteriorada, terá de ser intensivamente produzida, e isso significa usar combustível — na prática, meio quilo de alface orgânica, cultivada sem fertilizantes sintéticos ou pesticidas na Califórnia e contendo 80 calorias, requer 4.600 calorias de combustível fóssil para chegar ao prato de um cliente num restaurante da cidade:[63] plantação, extirpação de erva daninha, colheita, refrigeração, lavagem, processamento e transporte — todos usam combustível fóssil. O pé de alface convencional requer cerca de 4.800 calorias. A diferença é trivial.

Mas quando surgiu uma tecnologia que prometeu tornar a agricultura orgânica tanto competitiva quanto eficiente, o movimento orgânico prontamente a rejeitou.[64] A tecnologia era a mutação genética, inventada primeiro em meados dos anos 1980 como alternativa mais amável, gentil, à "geração por mutação", que usava raios gama e químicos carcinogênicos. Você sabia que esse foi o modo de muitas safras serem produzidas na última metade de século? Que muita massa vem de uma variedade de trigo *durum* irradiada? Que grande parte das peras asiáticas é cultivada com enxertos irradiados? Ou que a Promessa Dourada, uma variedade de cevada especialmente popular entre os criadores orgânicos, foi criada primeiro num reator atômico na Grã-Bretanha nos anos 1950 por mutação maciça de seus genes seguida de seleção? Por volta dos anos 1980, os cientistas haviam atingido o ponto em que, no lugar da mistura ao acaso dos genes de uma planta-alvo com resultado desconhecido e muito dano genético colateral, podiam pegar um gene conhecido, com função conhecida, e injetá-lo no genoma de uma planta, onde ele faria seu trabalho conhecido. Aquele gene poderia vir de uma espécie diferente, alcançando, assim, a transferência horizontal de características entre espécies que acontece de modo relativamente raro entre as plantas na natureza (embora seja lugar-comum entre micróbios).

Por exemplo, muitos agricultores orgânicos adotaram, felizes, uma bactéria matadora de insetos chamada *Bacillus thuringiensis* ou bt, comercializada primeiro na França como Sporeine, nos anos 1930, e espalhada sobre as safras para controlar pestes. Como *spray* biológico, "não químico", satisfez os testes. Por volta dos anos 1980, muitas variantes de bt tinham sido desenvolvidas para insetos diferentes. Todas vistas como orgânicas. Mas, então, os engenheiros genéticos pegaram a toxina bt e a incorporaram à planta do algodão para produzir o algodão-bt, uma das primeiras safras modificadas geneticamente. Isso tinha duas imensas vantagens: matava a lagarta que vivia dentro da planta, aonde os *sprays* não chegavam facilmente; e não matava os insetos inocentes que não estavam comendo o algodoeiro. Mas, embora esse fosse um produto oficialmente orgânico, biologicamente integrado à planta e obviamente melhor para o meio ambiente, os sumos sacerdotes orgânicos rejeitaram a tecnologia. O algodão-bt seguiu adiante e transformou a indústria do algodão, e hoje já substitui mais de um terço de toda a safra de algodão. Os agricultores indianos, quando seu governo rejeitou a tecnologia, promoveram manifestações para reclamá-la depois de ver safras ilegais crescendo nos campos de seus vizinhos. Agora, a maior parte do algodão indiano é bt, e o resultado tem sido uma quase duplicação da produtividade e a redução quase à metade do uso de inseticida — ganha/ganha.[65] Em todos os estudos sobre as safras do algodão-bt pelo mundo, da China ao Arizona, o uso de inseticidas caiu em 80%,[66] e abelhas, borboletas e pássaros estão de volta em abundância. Econômica e ecologicamente, boas notícias de todos os lados. No entanto, pela mera popularidade passageira da publicidade de protesto, os líderes do movimento orgânico ficaram de fora de uma tecnologia nova que vem ocasionando imensas reduções no uso de pesticidas sintéticos.[67] Uma estimativa situa o volume de inseticidas *não* usados por causa da modificação genética em mais de 200 milhões de quilos em ingredientes ativos,[68] e esse volume continua a subir.

Esse é apenas um exemplo de como a insistência do movimento orgânico em congelar a tecnologia agrícola num momento de meados do século XX significa que ela não inclui os benefícios ambientais trazidos por invenções posteriores. "Estou tão cansado de pessoas que não visitariam um médico que usasse um estetoscópio em lugar de um aparelho de ressonância magnética exigirem que agricultores como eu usem tecnologia dos anos 1930 para cultivar alimentos", escreve o fazendeiro de Missouri Blake Hurst.[69] Agricultores orgânicos ficam felizes em pulverizar sulfato de cobre ou sulfato de nicotina, mas proíbem a si mesmos o uso de piretroides sintéticos, que matam insetos rapidamente, mas têm toxicidade muito baixa para mamíferos e não persistem no meio ambiente para provocar dano colateral a insetos não nocivos. Eles se proíbem o uso de pesticidas, o que significa que têm de extirpar ervas daninhas a mão, usando trabalho mal pago, ou mediante o uso de arado ou lança-chamas, que podem devastar a fauna do solo, acelerar a erosão do solo e liberar gases de efeito estufa. Proíbem a si mesmos de usar fertilizantes feitos do ar, mas se permitem fertilizante feito de peixes pescados com arrastão.

Em seu livro clássico, *Silent Spring*,[70] Rachel Carson convidou os cientistas a virar as costas para pesticidas químicos e buscar "soluções biológicas" para o controle de pestes. Eles fizeram isso, e o movimento orgânico os rejeitou.

Os muitos modos de modificar genes

Naturalmente, quase por definição, todas as plantas de safra são "geneticamente modificadas". São mutantes monstruosos capazes de render sementes anormalmente grandes e livres de palhiços, ou frutos pesados e doces, e dependem da intervenção humana para sobreviver. As cenouras são alaranjadas graças apenas à seleção de um mutante descoberto talvez no século XVI, na Holanda. As bananas são estéreis e incapazes de assentar sementes. O trigo tem três genomas diploides (duplos) inteiros em cada uma de suas células, descendentes de três gramas selvagens diferentes, e, simplesmente, não consegue sobreviver como planta da natureza — nunca se encontram pés de trigo fora de áreas cultivadas. Arroz, milho e trigo, todos partilham mutações genéticas que alteram o desenvolvimento da planta para aumentar as sementes, impedir seu despedaçamento e permitir a separação do grão dos resíduos. Essas mutações foram selecionadas, embora inadvertidamente, pelos primeiros agricultores que semearam e colheram essas plantas.[71]

Contudo, a moderna mutação genética, utilizando genes isolados, foi uma tecnologia que chegou aflitivamente perto de ser sufocada no nascedouro por medos irracionais propostos por grupos de pressão. Primeiro, disseram que a comida poderia não ser saudável. Um trilhão de refeições GM depois, sem sequer um caso de doença humana causada por comida GM, esse argumento desapareceu. Então, disseram que não era natural para os genes cruzar a barreira das espécies. Embora o trigo, a maior safra de todas, seja uma fusão "poliploide" não natural de três espécies de plantas selvagens, e a transferência horizontal de genes apareça em muitas plantas, como a *Amborella*, uma primitiva planta florífera que demonstrou ter sequências de DNA apropriadas de musgos e algas.[72] (O DNA até foi apanhado saltando naturalmente de cobras para gerbos com a ajuda de um vírus.)[73] Então, disseram que as safras GM eram produzidas e vendidas pelo lucro, não para ajudar agricultores. Da mesma forma os tratores. Então, tentaram o argumento bizarro de que as safras resistentes a herbicidas poderiam cruzar com plantas selvagens e resultar numa "supererva" daninha impossível de matar — com aquele herbicida. Isso vindo de pessoas que eram contra herbicidas de qualquer espécie — o que poderia, então, ser mais atraente para eles do que tornar os herbicidas inúteis?

Em 2008, menos de 25 anos depois de as GMs serem inventadas, completos 10% de toda a terra arável, 30 milhões de acres, estavam sendo cultivados com safras geneticamente modificadas: uma das mais rápidas e bem-sucedidas adoções de nova tecnologia na história da agricultura. Apenas em partes da Europa e da África essas safras foram proibidas a agricultores e consumidores[74] pela pressão de ambientalistas militantes, com o que Stewart Brand chama de "sua costumeira indiferença à morte pela fome".[75] Governos africanos, após intensa campanha de militantes ocidentais, foram persuadidos a restringir os alimentos geneticamente modificados mediante formalidades burocráticas infindáveis, o que impede seu cultivo comercial em todos os países, exceto três (África do Sul, Burkina Faso e Egito). Num caso notório, Zâmbia até rejeitou, em 2002, uma ajuda na forma de alimentos em meio a uma fome depois de ser persuadida por uma campanha de grupos, incluindo o Greenpeace International e o Friends of the Earth, de que, por serem geneticamente modificados, poderiam ser perigosos. Um grupo de pressão chegou a dizer a uma delegação zambiana que as safras GM podiam causar infecções por retrovírus. Robert Paarlberg escreve que os "europeus estão impondo seus gostos mais refinados às pessoas mais pobres".[76] Ingo Potrykus, que desenvolveu o arroz dourado, considera que a "oposição generalizada a todos os alimentos GM é um luxo que apenas ocidentais mimados podem sustentar".[77] Ou, como diz a cientista queniana Florence Wambugu: "Vocês, pessoas do mundo desenvolvido, certamente são livres para debater os méritos dos alimentos geneticamente modificados, mas podemos comer primeiro?"[78]

Mas seria justamente a África quem se beneficiaria mais das safras GM precisamente porque muitos de seus agricultores e pequenos proprietários têm pouco acesso a pesticidas químicos. Em Uganda, onde uma doença causada por fungo, a "Sigatoka negra", ameaça a safra básica de banana, as cepas resistentes com genes de arroz ainda estão a anos de distância do mercado por causa das regulações. As plantas GM experimentais têm de ser guardadas com cadeados, não para impedir que sejam pisoteadas pelos denominados militantes de protesto, mas para protegê-las de usuários ávidos. A produção *per capita* de alimentos na África caiu 20% em 35 anos;[79] cerca de 15% da safra africana de milho é inutilizada pela larva da mariposa, e no mínimo, outros 15% são perdidos no armazenamento para os besouros: o milho-bt é resistente a ambas as pestes. A propriedade de corporações tampouco é um problema: companhias ocidentais e fundações são muito interessadas em dar essas safras livres de *royalties* para os agricultores africanos por meio de organizações como a African Agricultural

Technological Foundation. Há vislumbres de esperança. Experiências de campo começaram no Quênia em 2010 com milho resistente à seca e aos insetos,[80] embora ainda vão seguir-se anos de testes em relação à segurança alimentar da safra.

Ironicamente, o principal resultado global da campanha contra as safras GMs foi atrasar a retirada de pesticidas químicos e assegurar que apenas safras de *commodities* conseguissem abrir caminho pelo bosque regulatório cerrado e chegar ao mercado, o que, de fato, significou que as safras ficaram fora do alcance dos pequenos agricultores e das ações de caridade. A engenharia genética permaneceu por mais tempo do que teria permanecido como propriedade natural de grandes corporações capazes de dispor de recursos para arcar com as regulações impostas pela pressão dos ambientalistas. Embora os benefícios ambientais das safras GMs sejam imensos até agora — o uso de pesticidas vem caindo rapidamente onde quer que o algodão-bt cresça, e a técnica agrícola de não lavrar a terra enriqueça o solo onde quer que soja tolerante ao herbicida seja cultivada. Os benefícios não vão parar por aí. Plantas resistentes à seca, ao sal e ao alumínio tóxico estão a caminho. Soja enriquecida com lisina logo poderá estar alimentando salmões em criação de peixes em tanques, de forma que reservas de peixes selvagens não precisem ser pilhadas para alimentar os salmões. Quando você estiver lendo isto, plantas que absorvem nitrogênio com mais eficiência já poderão estar no mercado, de forma que produtividades mais altas poderão ser conseguidas com menos da metade do fertilizante usado hoje, salvando os habitantes aquáticos do excesso eutrófico, salvando a atmosfera de um gás de efeito estufa (óxido nítrico) trezentas vezes mais potente que o dióxido de carbono e reduzindo o volume de combustível fóssil usado para fazer fertilizante — sem mencionar a economia de recursos para os agricultores. Parte disso seria possível sem a transferência de gene, mas é muito mais rápido e seguro com ela. Greenpeace e Friends of the Earth ainda se opõem a tudo isso.

Existe um aspecto em que a crítica ambientalista à agricultura moderna tem força. Ao perseguir a quantidade, a ciência pode ter sacrificado a qualidade nutricional dos alimentos. De fato, a necessidade do século XX de suprir uma população crescente com um fornecimento de calorias que cresce ainda mais rápido foi satisfeita tão magnificamente que doenças causadas por comida demasiado agradável saltam à vista: obesidade, doenças do coração, diabetes e, talvez, depressão. Por exemplo, os modernos óleos vegetais e muita carne vermelha contribuem para uma dieta pobre em ácidos graxos ômega-3,[81] o que pode contribuir para cardiopatias; a moderna farinha de trigo é rica em amido de amilopectina, o que pode contribuir para a resistência à insulina e, daí, o diabetes; e o milho é especialmente pobre no aminoácido triptofano, um precursor da serotonina, o neurotransmissor da felicidade. Os consumidores estarão acertadamente olhando para a próxima geração de variedades de plantas para corrigir essas deficiências. Eles poderiam fazer isso comendo mais peixe, frutas e vegetais. Mas esta não seria apenas uma opção que demandaria mais terra, como se ajustaria mais aos ricos que aos pobres e, então, exacerbaria as desigualdades de saúde. Ao argumentar contra o arroz enriquecido com vitaminas, o ativista indiano Vandana Shiva repetiu Maria Antonieta, recomendando que os indianos comessem mais carne, espinafre e mangas em vez de confiar no arroz dourado.[82]

A modificação genética provê uma solução óbvia: inserir características nutricionais saudáveis em variedades de alta produtividade — triptofano no milho para combater a depressão, genes transportadores de cálcio nas cenouras para ajudar a combater a osteoporose em pessoas que não podem beber leite, ou vitaminas e minerais no sorgo e na mandioca para aqueles que dependem desses alimentos na dieta básica. A soja com ácidos graxos ômega-3 desenvolvidos em Dakota do Sul já pode ser encontrada nos supermercados dos Estados Unidos. Eles prometem baixar o risco de ataques do coração e talvez ajudar a saúde mental daqueles que cozinham com esse óleo — e ao mesmo tempo poderão reduzir a pressão sobre os estoques de peixes selvagens dos quais esses óleos de peixe derivam.

5
Triunfo das cidades: o comércio nos últimos 5 mil anos

As importações são manhã de Natal; as exportações são a conta de janeiro do Mastercard.

P.J. O'Rourke
On the Wealth of Nations[1]

ÍNDICES DE MORTALIDADE NOS EUA POR DOENÇAS [2] RELACIONADAS À ÁGUA

Uma ceifeira combinada moderna, guiada por um só homem, pode colher trigo suficiente num único dia para fazer meio milhão de pães.[3] Não surpreende que, enquanto escrevo estas palavras (por volta do fim de 2008), a maioria da população mundial, pela primeira vez, viva nas cidades — elevando-se de apenas 15% em 1900. A mecanização da agricultura possibilitou, e foi possibilitada, por uma maré de pessoas que deixaram a terra em busca de melhor sorte na cidade, todas livres para produzir outras coisas que não alimentos.

Embora alguns tenham vindo para a cidade com esperança e ambição e alguns com desespero e medo, quase todos foram atraídos pelo mesmo anseio: participar do comércio. As cidades existem para o comércio. São lugares aonde as pessoas vão para dividir seu trabalho, para especializar-se e comerciar. As cidades crescem quando o comércio se expande — a população de Hong Kong cresceu cerca de 30 vezes durante o século XX — e encolhe quando o comércio seca. Roma declinou de um milhão de habitantes em 100 a.C. para menos de 20 mil no início das Idades Médias. Como as pessoas mais morrem que procriam quando estão nas cidades, os grandes centros urbanos sempre dependeram de imigrantes rurais para manter seus números.

Exatamente como a agricultura apareceu em seis ou sete partes do mundo simultaneamente, sugerindo um determinismo evolucionário, o mesmo seria verdade, alguns milhares de anos depois, sobre as cidades. Grandes assentamentos urbanos, com construções comunais, monumentos e infraestrutura compartilhada, começaram a despontar após 7 mil anos atrás em vários vales férteis de rios. As cidades mais antigas ficavam no sul da Mesopotâmia, no que hoje é o Iraque. Seu aparecimento significou que a produção se tornava mais especializada, o consumo mais diversificado.

Parece que agricultores dos ricos solos aluviais do sul do Eufrates começaram a ficar suficientemente prósperos, num período de grande volume de chuvas, para trocar seu grão e tecido de lã por madeira e pedras preciosas do povo das montanhas ao norte. Desde cerca de 7.500 anos atrás, um estilo distinto de cerâmica "ubaid", foices de argila e desenho de casas se espalharam por todo o Oriente Próximo, subindo pelas montanhas do Irã, cruzando o Mediterrâneo e ao longo das margens da península Arábica, onde pescadores vendiam peixe para os mercadores de Ubaid em troca de grão e redes.[4] Essa foi uma diáspora comercial, não um império: os hábitos domésticos das pessoas distantes que adotaram o estilo ubaid permaneceram distintos, mostrando que não eram colonos da Mesopotâmia, mas locais imitando os hábitos ubaid.

A cidade-ur

Então, a Mesopotâmia ubaid, ao exportar grão e tecido, atraiu os vizinhos para exportar madeira e, mais tarde, metal. Os ubaids devem ter enriquecido o bastante para sustentar chefes e sacerdotes. Inevitavelmente, estes tinham ideias acima de suas posições, porque depois de 6 mil anos atrás, quando desapareceu, a cultura ubaid foi substituída por algo que mais parece um império — a expansão "uruk". Uruk era uma grande cidade, provavelmente a primeira que o mundo já vira, abrigando mais de 50 mil pessoas dentro de sua área murada (o rei Gilgamesh pode ter construído os quase 9 quilômetros de muro — depois de pilhar as terras dos sócios comerciais e ganhar sua inimizade). Todos os sinais são de que Uruk, cuja agricultura prosperou graças a sofisticados canais de irrigação, tinha, nas palavras do arqueólogo Gil Stein, "desenvolvido instituições centralizadas para mobilizar trabalho excedente e bens das terras do interior numa economia política meticulosamente administrada". Para expor mais sucintamente, uma classe de revendedores, de intermediários comerciais, havia emergido pela primeira vez. Estas eram pessoas que não viviam da produção, do saque e do tributo, mas apenas de negócios. Como fizeram todos os comerciantes desde então, eles se uniram o mais estreitamente que puderam para maximizar o fluxo de informação e minimizar custos. O comércio com as montanhas continuou, mas pareceu cada vez mais um tributo à medida que moradias dos mercadores de Uruk, com os característicos salões de reuniões centrais, templos com fachadas de nichos e formas peculiares de cerâmica e ferramentas de pedra, se instalavam pesadamente entre os assentamentos rurais de parceiros comerciais nas montanhas. Uma rede cooperativa de comércio parece ter-se tornado algo como o colonialismo. Imposto e até escravidão logo começaram a mostrar os dentes. Assim se estabeleceu um padrão que durou os 6 mil anos seguintes — mercadores fazem fortuna; os chefes as nacionalizam.

A história de Ubaid e Uruk é familiar e moderna. É possível imaginar os mercadores de Ubaid exibindo seus tecidos e panelas e sacos abarrotados de grãos aos olhos arregalados dos camponeses das montanhas. Podem-se ver os nababos de Uruk em seus enclaves privilegiados, cercados de nativos subservientes, como os britânicos na Índia, ou os chineses em Cingapura. É com um susto que nos lembramos de que isso é, essencialmente, Idade da Pedra. Somente no fim do período de Ubaid o cobre estava sendo fundido, e ainda bem dentro dos tempos de Uruk, as foices e facas eram feitas de pedra ou argila. Perto do fim do período Uruk aparecem tabletes de argila com marcas uniformes insculpidas neles, calculando meticulosamente estoques e lucros dos mercadores. Esses registros grosseiros, cavados na superfície de tabletes de argila, são os ancestrais da escrita — sua primeira aplicação foi a contabilidade. A mensagem desses tabletes é que o mercado veio muito antes dos outros privilégios da civilização.[5] A troca e o comércio eram tradições bem estabelecidas antes da primeira cidade, e a manutenção de registros deve ter representado um papel crucial em permitir que cidades emergissem cheias de estranhos que podiam confiar uns nos outros em transações. Foi o hábito da troca que possibilitou o aparecimento de especialistas em Uruk, enchendo a cidade de artesãos e artífices que nunca passaram perto dos campos. Por exemplo, parece ter havido quase uma produção em massa de tigelas com bordas chanfradas que, aparentemente, eram produtos descartáveis. Entregues às pessoas em eventos comunitários, como a construção de templos, eram, sem dúvida, feitas em algo como uma fábrica, por trabalhadores pagos para fazê-las e não por agricultores que faziam biscate.

Uruk não durou porque o clima secou e a população diminuiu drasticamente, ajudados, sem dúvida, pela erosão do solo, salinização, por gastos imperiais excessivos e bárbaros arrogantes. Mas Uruk foi seguida de uma série infindável de impérios na mesma base: sumeriano, acadiano, assírio, babilônio, neoassírio, persa, helenístico, romano (brevemente, sob Trajano), parto, abássida, mongol, timuride, otomano, britânico, sadamita, bushita...

Cada império foi produto de riqueza comercial e, em si mesmo, a causa final da destruição da riqueza. Mercadores e artesãos criam prosperidade; chefes, sacerdotes e ladrões a esbanjam.[6]

Algodão e peixe

A revolução urbana às margens do Eufrates se repetia às margens dos rios Nilo, Indo e Amarelo. O antigo Egito poderia cultivar aproximadamente duas toneladas de trigo por hectare em terra irrigada e reabastecida de nutrientes pela inundação anual do Nilo, provendo um amplo excedente de comida, se os camponeses pudessem ser convencidos a produzi-lo, para trocar por outros bens, sem excluir as pirâmides. Ainda mais que a Mesopotâmia, o Egito seguiu o caminho da irrigação, centralização, construção de monumentos e estagnação final. Dependentes da inundação do Nilo para suas safras, os camponeses ficaram sujeitos aos que possuíam barcos e portas de eclusas, e estes se apropriavam da maior parte do excedente. À diferença dos caçadores-coletores, ou dos donos de rebanhos, os agricultores, confrontados com impostos, tinham de ficar firmes e pagar, especialmente se estivessem cercados pelo deserto e dependendo de diques de irrigação.[7] Então, quando Menes unificou o vale alto e o vale baixo do Nilo e se tornou o primeiro faraó, a produtiva economia do Egito viu-se nacionalizada, monopolizada, burocratizada e finalmente sufocada — nas palavras de dois historiadores modernos — pelo "autoritarismo de chumbo" de seus governantes.[8]

Nas margens do Indo, uma civilização urbana surgiu sem produzir um imperador, ao menos não algum cujo nome seja conhecido. Harappa e Mohenjo-Daro são conhecidas pelo tamanho preciso de seus tijolos padronizados e pela asseada organização sanitária. O porto de Lothal se distinguia pelo que parece uma doca e comporta de maré e uma fábrica de contas de colares. Há menos sinais de palácios ou templos, e muito menos pirâmides, mas a conclusão preliminar do antropólogo Gordon Childe, de que tudo isso parece ter sido bastante igualitário e pacífico, mostrou-se, em grande medida, um pensamento fantasioso. Alguém impôs uma nítida grade de ruas e construiu uma robusta "cidadela" de pilares, torres e muros. Isso cheira a monarca para mim. Como escreveu *sir* Mortimer Wheeler em sua autobiografia: "Sentei-me e escrevi para Gordon Childe, em Londres, que a complacência burguesa da civilização do Indo se dissolveu na poeira, e, no lugar dela, um imperialismo completamente militarista mostrou os dentes dentro das ruínas."[9]

O povo do Indo era bom no transporte: carros de boi podem ter sido usados aqui pela primeira vez, assim como barcos de pesca construídos com pranchas de madeira. O transporte permitia comércio extensivo. Alguns dos primeiros assentamentos na região, como Mehrgarh, no Baluquistão, importavam lápis-lazúli do norte das montanhas do Hindu Kush havia já 6 mil anos. Por volta da época de Harappa, o cobre vinha do Rajastão, o algodão, de Gujarat, e a madeira serrada, das montanhas. Ainda mais notável, o arqueólogo Shereen Ratnagar concluiu que os barcos mandavam exportações para a região a oeste da Mesopotâmia, parando em portos ao longo da costa do que hoje é o Irã — implicando um conhecimento de pilotagem de barcos que é surpreendente em época tão prematura.[10] Pouca dúvida pode existir de que a grande riqueza das cidades do Indo era gerada pelo comércio.[11]

O povo harappano comia muito peixe e cultivava muito algodão, coisas que tinha em comum com cidadãos de outro vale de um lado distante do mundo. Caral, no Vale do Supe, no Peru, era uma grande cidade com monumentos, armazéns, templos e praças. Descoberta nos anos 1990 por Ruth Shady, encontra-se num deserto cruzado pelo vale de um rio e era a maior entre as muitas cidades da área, algumas das quais datam de mais de 5 mil anos atrás — a chamada civilização Norte Chico.[12] Para os arqueólogos, existem três características desconcertantes nas antigas cidades peruanas. Primeiro, o povo não tinha cereais na dieta. O milho estava para ser inventado, e, embora houvesse várias abóboras domesticadas e outros alimentos, não havia nada tão facilmente acumulável e armazenável quanto o grão que era a principal matéria-prima da Mesopotâmia. A ideia de que as cidades se tornaram possíveis pela estocagem em larga escala de grãos recebe, assim, um golpe. Segundo, as cidades de Norte Chico não produziram nenhuma louça de argila de espécie alguma: eram "précerâmica". Isso certamente tornava mais difícil tanto a estocagem quanto a confecção dos alimentos, o que, novamente, solapa uma das doutrinas favoritas dos arqueólogos ao tentar explicar como as cidades começaram. E, terceiro, não há prova de guerra ou de trabalhos defensivos. Assim, a sabedoria convencional de que armazéns de cereais tornaram as cidades possíveis, de que vasilhas de cerâmica os tornaram práticos e a guerra os tornava necessários recebe um golpe e tanto de Norte Chico.

Então, o que estava levando as pessoas a se juntarem nessas cidades sul-americanas? A resposta, numa palavra, é: comércio. Os habitantes dos assentamentos da costa pescavam em grandes quantidades, principalmente anchovas e sardinhas, mas também mariscos e mexilhões. Para isso, precisavam de redes. Nos assentamentos do interior eram cultivadas imensas quantidades de algodão em campos irrigados pela neve derretida dos Andes. O algodão era usado na confecção de redes, que eram trocadas por peixe. Não somente havia dependência mútua, como também ganho mútuo. Um pescador só precisava pegar um pouco mais de peixe em vez de gastar tempo fazendo suas próprias redes; um cultivador de algodão precisava apenas cultivar um pouco mais de algodão em vez de gastar tempo pescando. A especialização resultou em um melhor padrão de vida para ambos. Caral fica no centro de uma grande teia de comércio, que chega até o alto nos Andes, entra pela floresta tropical e vai longe ao longo da costa.

A bandeira segue o comércio

Argumentar, portanto, que imperadores ou excedentes agrícolas fizeram a revolução urbana é ver os fatos ao contrário. A intensificação do comércio veio primeiro.[13] Os excedentes agrícolas foram criados mais tarde pelo comércio, que ofereceu aos agricultores um meio de transformar seus produtos em bens valorizados em outros lugares. Os imperadores, com seus zigurates e pirâmides, se tornavam possíveis, com frequência, graças ao comércio. Ao longo da história, impérios começam como áreas de comércio antes de ser tornarem brinquedos de militares saqueadores de dentro ou de fora. A revolução urbana foi uma extensão da divisão do trabalho.

Quando fundou a dinastia acadiana pela conquista, em meados do terceiro milênio a.C., um usurpador chamado Sargon herdou a prosperidade da cidade síria de Ebla e de seus parceiros comerciais: um mundo em que grão, couro, têxteis, prata e cobre circulavam facilmente entre o Mediterrâneo e o Golfo Pérsico. Conseguindo resistir à tentação do autoritarismo burocrático bem mais do que seus contemporâneos chineses e egípcios, os acadianos permitiram que esse comércio se expandisse até fazer contato frutífero com Lothal, perto da foz do Indo, e comprar algodão e lápis-lazúli da Índia com trigo e bronze da Mesopotâmia. Uma grande área de livre comércio se espraiou do Nilo ao Indo. Um mercador anatoliano podia levar a prata de Anatólia até 1.600 quilômetros para leste. E isso significa que ele podia elevar o padrão de vida dos consumidores que supria, fossem agricultores ou sacerdotes, conectando-os com produtores de bens diversos em locais distantes.

Quem era esse mercador? O economista Karl Polanyi argumentou, nos anos 1950, que o conceito de mercado não pode ser aplicado em nenhuma época antes do quarto século a.C., que até lá, em vez de suprimento, demanda e preço, havia troca recíproca, redistribuição de bens patrocinada pelo Estado e acordos comerciais de cima para baixo, e que agentes eram enviados ao exterior para adquirir coisas em nome do palácio. O comércio era administrado, não espontâneo. Mas a tese de Polanyi, ou daqueles de seus colegas "substantivistas", não resistiu bem ao teste do tempo. Agora, parece mais que o Estado não foi tanto o patrocinador do comércio como seu capturador. Quanto mais vem à luz sobre o comércio na Antiguidade, mais de baixo para cima ele parece. É verdade que alguns mercadores acadianos bem podiam, finalmente, ver-se, em parte, como servidores civis mandados ao exterior para adquirir bens para os governantes, mas, assim mesmo, ainda ganhavam a vida comerciando por lucro para o próprio bolso. O que Polanyi descreveu foi um reflexo de seu tempo obcecado por planejamento. A mentalidade dirigista que dominou a segunda metade do século XX estava sempre perguntando quem estava no comando, procurando quem decidia uma política de comércio. Mas o mundo não funciona assim. O comércio emergiu de uma interação de indivíduos. Evoluiu. Ninguém estava no comando.

Então, o típico *tamkarum* acadiano, ou comerciante, era um homem de negócios do tipo mais surpreendentemente moderno, que dependia para seu sustento da livre troca de bens por lucro. Embora não houvesse moeda cunhada, a partir do fim do quarto milênio a.C. houve preços baseados na prata, que flutuava livremente.[14] O templo atuava como uma espécie de banco, emprestando dinheiro a juros — na língua uruk, a palavra para "sumo sacerdote" também é usada para "contador".[15] Em torno de 2000 a.C., sob o império assírio, os mercadores de Ashur operavam em enclaves "karum",[16] nos estados independentes da Anatólia, como empresários completamente modernos, com "escritórios centrais, filiais instaladas no exterior, hierarquias corporativas, lei de comércio extraterritorial e até um pouco de investimento estrangeiro direto e atividade de valor agregado". Adquiriam ouro, prata e cobre em troca de estanho, feltro de pelo de cabra, tecidos de lã e perfumes que eram enviados em caravanas de até 300 burros. A margem de lucro era de 100% no estanho e 200% nos tecidos,[17] mas tinha de ser assim porque o transporte não era de confiança, e o risco de roubo, alto. Um desses mercadores, Pusu-Ken, atuando numa zona livre de impostos da cidade anatoliana de Kanesh, seria encontrado em 1900 a.C. fazendo *lobby* junto ao rei, pagando multas por subtrair-se às regulamentações de importação de têxteis impostas pela assembleia e dividindo lucros com sócios investidores, soando exatamente, em outras palavras, como um moderno chefe executivo. Tais mercadores "não se devotavam a comerciar cobre e lã porque a Assíria necessitava deles, mas porque esse comércio era um meio de obter mais ouro e prata".[18] O lucro governava.

Nesses impérios da Idade do Bronze, o comércio era causa, não sintoma de prosperidade. Mesmo assim, uma área de livre comércio se presta facilmente à dominação imperial. Logo, mediante imposto, regulação e monopólio, a riqueza gerada pelo comércio estava sendo desviada para o luxo de poucos e a opressão de muitos. Próximo a 1500 a.C. se poderia argumentar que as partes mais ricas do mundo haviam afundado na estagnação do socialismo de palácio enquanto as atividades dos mercadores eram progressivamente nacionalizadas. Ditadores egípcios, minoanos, babilônicos e shang governavam sociedades de rígido dirigismo, burocracia extravagante, débeis direitos individuais; sufocavam a inovação tecnológica, reprimiam a inovação social e puniam a criatividade. Um império da Idade do Bronze estagnou em grande parte pela mesma razão que uma indústria nacionalizada estanca: o monopólio recompensa a precaução e desestimula a experimentação, a renda é gradualmente captada pelos interesses dos produtores a expensas dos interesses dos consumidores, e assim por diante. A lista de inovações conquistadas pelos faraós é tão magra quanto a da Ferrovia Britânica ou a do Serviço Postal dos Estados Unidos.

A revolução marítima

Apesar de tudo, não se pode deixar que uma boa ideia se perca. Por volta de 1.200 a.C., o poder tanto do Egito quanto da Assíria minguou, os minoanos caíram, os micenianos se fragmentaram e os hititas vieram e se foram. Foi uma época sombria para os impérios, e assim como sucedeu nas Idades Médias que sucederam a queda de Roma, a fragmentação política, ajudada talvez pelo declínio da população, causou uma explosão de invenções enquanto a demanda crescia entre pessoas livres. Os filisteus inventaram a metalurgia; os cananeus, o alfabeto; e seus primos do litoral, os fenícios, o vidro.

Foi uma invenção fenícia diferente, a galé birreme,[19] que verdadeiramente criou o mundo clássico. As pessoas de Biblos, Tiro e Sídon viviam perto de florestas de magníficos cedros e ciprestes, a madeira dura, aromática, que fazia barcos especialmente duráveis. Com deques de pinho de Chipre e remos de carvalho da Jordânia (diz Ezequiel), o barco fenício era maior do que a soma de seus remos. Naturalmente, não havia nada de novo sobre o barco como conceito: barcos navegavam pelos rios Nilo, Eufrates, Indo e Amarelo há séculos e a costa da Ásia e do Mediterrâneo por quase o mesmo tempo. Todavia, percebendo sua vantagem comparativa em madeira, os fenícios construíram navios com mais capacidade de carga, velame mais bem posicionado e mais malhetes de juntura próprios para o alto-mar do que qualquer povo antes deles. Finalmente, foram capazes de construir navios tão grandes que precisavam de dois bancos de remadores para propeli-los. Os remos, no entanto, eram usados apenas para manobras perto da margem. Eram barcos a vela, e quanto maiores fossem, mais poderiam amplificar o trabalho de seus operadores humanos. Usando o poder do vento, uma tripulação comparativamente pequena podia transportar carga pesada centenas de milhas adiante e muito mais barato do que uma caravana de burros jamais esperaria conseguir.

Subitamente, pela primeira vez, uma divisão de trabalho em grande escala a bordo de navios tornou-se uma possibilidade: trigo do Egito podia alimentar os hititas na Anatólia; lã da Anatólia podia vestir os egípcios no Nilo; azeite de Creta podia enriquecer a dieta dos assírios na Mesopotâmia. Os navios do que hoje é o Líbano podiam comerciar por lucro e correr os mares em busca de produtos tentadores. Grão, vinho, mel, azeite, resina, especiarias, marfim, ébano, couro, lã, tecido, estanho, chumbo, ferro, prata, cavalos, escravos e uma tintura púrpura extraída de uma glândula do corpo do molusco múrex — havia pouco que os fenícios não conseguissem para um faraó ambicioso com um harém para mimar, ou para um agricultor assírio próspero com uma noiva para impressionar.

Em volta de todo o Mediterrâneo, mercados cresciam para se tornar cidades, e portos se desenvolviam para se tornar cidades maiores ainda. Com as viagens pelo exterior, as inovações fenícias se multiplicaram: quilhas melhores, velas, conhecimento de navegação, sistemas de contabilidade, barquilha. O comércio, uma vez mais, era o volante da máquina de inovação. No sul, imersos em suas obsessões religiosas, os pastores israelitas viam com horror puritano a explosão de riqueza assim gerada. Isaías animadamente antecipa a destruição de Tiro, o "mercado das nações", por Jeová, para humilhar seu orgulho. Ezequiel dá vazão à sua *Schadenfreude** quando Tiro é atacada: "Quando tuas mercadorias partiram para os mares, tu abasteceste muitos povos; tu, de fato, enriqueceste os reis da terra com tuas mercadorias e tuas riquezas... Tu te tornaste um terror; e tu não o serás mais." No oeste, as ilhas rivais de agricultores do Egeu olhavam com desprezo de guerreiros para os mercadores burgueses que subitamente apareciam entre eles. Ao longo

---

*Prazer em observar o sofrimento alheio. [*N. da T.*]

da *Ilíada* e também da *Odisseia*, "Homero" exibe uma atitude inflexivelmente negativa em relação aos mercadores fenícios e sugere que deviam ser piratas.[20] O comércio grego na era de "Homero" supostamente se destinava a negociar preciosos presentes recíprocos entre as elites, não bens vulgares demandados por pessoas comuns. O esnobismo da elite em relação ao comércio tem raízes antigas.

O efeito dos fenícios deve ter sido criar uma explosão de especialização em toda a volta do Mediterrâneo. Aldeias, cidades e regiões teriam descoberto suas vantagens comparativas em fundir metais, manufaturar cerâmica, curtir peles ou cultivar grãos. A dependência mútua e os ganhos do comércio teriam surgido em lugares inesperados. Reparar a desigualdade natural em relação ao local onde se encontram minérios, por exemplo, beneficia a todos. O Chipre pode ter muito cobre, e a Grã-Bretanha muito estanho, mas juntem os dois e os tragam para Tiro, e se poderá ter o bronze, muito mais útil. Os comerciantes de Tiro fundaram Gadir, hoje Cádiz, por volta de 750 a.C.,[21] não para se instalar na área, mas para comerciar com seus habitantes, em particular para explorar as minas de prata do interior da Ibéria — descobertas, de acordo com a lenda, quando um incêndio na floresta fez com que arroios de prata pura brotassem das encostas das montanhas. Em decorrência disso, o povo da região deve ter se transformado de camponeses autossuficientes, em sua grande maioria, em produtores-consumidores. Os nativos tartessos controlavam a mineração e a fundição da prata, vendendo-a para os tirianos em Gadir, em troca de azeite, sal, vinho e joias sem valor para encantar os chefes das tribos que viviam mais para o interior. Os tirianos, então, levavam a prata (segundo Diodoro, fundindo, às vezes, âncoras de prata para os navios a fim de abrir lugar para mais prata a bordo) para a região a leste do Mediterrâneo e a trocavam por fibras de lã ou algodão e outros luxos.

Sem dúvida, os tirianos não podiam acreditar na sorte que tinham ao encontrar selvagens felizes por lhes dar tanta prata em troca de um pouco de azeite de Creta, da mesma forma que os tartessos não acreditavam em sua sorte ao encontrar estranhas pessoas marítimas preparadas para lhes dar um butim tão conveniente, estocável, rico em calorias, por um mero metal. É comum descobrir que dois comerciantes pensam que suas contrapartes estão pagando idiotamente caro demais: essa é a beleza do truque mágico de Ricardo. "Os ingleses não têm juízo", disse um caçador de Montagnais que comerciava peles a um missionário francês no Canadá do século XVII.[22] "Eles nos dão vinte facas por esta única pele de castor." O desprezo era mútuo. Quando os marinheiros do HMS *Dolphin's* descobriram que um prego de ferro de 20 tostões podia comprar um encontro sexual no Taiti em 1767,[23] nem os marinheiros, nem os homens taitianos podiam acreditar em sua sorte; se as mulheres taitianas ficaram tão felizes quanto os homens taitianos em geral, não se sabe. Doze dias depois, uma exuberante inflação se instalou, e o sexo agora custava uma espada de marlim-azul de uns 22 centímetros.

Mercadores de Gadir abriram caminho para o sul, ao longo da costa da África, adquirindo ouro de seus habitantes por meio de "comércio silencioso": deixando bens na margem e se retirando. A vantagem comparativa de Ricardo governou o mundo fenício. Tiro é o protótipo do porto comercial — era a Gênova, Amsterdã, Nova York ou Hong Kong de seus dias. A diáspora fenícia é um dos grandes episódios não contados da história — Tiro e seus escritos foram tão completamente destruídos por criminosos como Nabucodonosor, Ciro e Alexandre, e Cartago pelos Cipiões, que a história nos chega por fragmentos de vizinhos invejosos e esnobes. Mas, na verdade, já houve povo mais admirável que os fenícios? Eles entrelaçavam não apenas todo o Mediterrâneo, como também pedaços do Atlântico, do mar Vermelho e das rotas por via terrestre para a Ásia, embora nunca tivessem um imperador, tivessem comparativamente pouco tempo para religião e não lutassem batalhas memoráveis — a menos que você conte Canas, durante a Segunda Guerra Púnica, lutada por um exército mercenário pago por Cartago. Não digo que fossem necessariamente bondosos: traficavam escravos, às vezes recorriam à guerra e faziam acordos com "povos do mar", piratas filisteus que, por volta 1200 a.C., destruíram cidades costeiras. Mas parecem ter resistido mais à tentação de se tornarem ladrões, sacerdotes e chefes do que a maioria dos povos bem-sucedidos da história. Através da empresa, descobriram a virtude social.

A virtude do governo fragmentado

A diáspora fenícia ensina outra importante lição, explicada primeiro por David Hume:[24] a fragmentação política é com frequência o amigo, não o inimigo, do avanço econômico, por causa do empecilho que representa "tanto para o poder quanto para a autoridade". Não havia necessidade de Tiro, Sídon, Cartago e Gadir se unirem como uma única entidade política para que todas prosperassem. Elas eram, quando muito, uma federação. O extraordinário florescimento da riqueza e da cultura em torno do Egeu entre 600 e 300 a.C. conta a mesma história. Primeiro, os habitantes de Mileto, depois os atenienses e seus aliados ficaram ricos com o comércio entre "cidades-Estados" pequenas, independentes, e não as unificando como um império. Após copiar os navios fenícios e seus hábitos de comércio, Mileto, a mais bem-sucedida das cidades gregas jônicas, situava-se como "uma aranha inchada" na junção de quatro rotas de comércio, a leste por terra para a Ásia, ao norte pelo Helesponto para o mar Negro, ao sul para o Egito e a oeste para a Itália.[25] Porém, ainda que tenha estabelecido colônias em todo o mar Negro, Mileto não era uma capital imperial: era a primeira entre iguais. A cidade de Síbaris, parceira preferida de Mileto numa planície fértil na ponta mais ao sul da Itália, chegou a ter, talvez, várias centenas de milhares de habitantes e se tornou um exemplo por sua opulência e refinamento antes de ser destruída pelos inimigos e enterrada sob Crathis, um rio desviado, em 510 a.C.

A descoberta de ricos minérios de prata em Láurion, na Ática, em 480 a.C., elevou a democracia experimental de Atenas ao status de superpoder econômico regional, em particular permitindo-lhe financiar uma marinha com a qual derrotar os persas; mas Atenas também era *primus inter pares*. O mundo grego dependia crucialmente da obtenção de ganhos com o comércio: grão da Crimeia, açafrão da Líbia e metais da Sicília, trocados por azeite do próprio Egeu. Filósofos modernos que aspiram a elevar-se acima da sórdida realidade econômica do mundo fariam bem em lembrar que esse comércio tornou possível a fecundação cruzada de ideias que levaram a grandes descobertas. Pitágoras provavelmente obteve seu teorema de um estudante de Tales de Mileto que aprendeu geometria em excursões ao

Egito. Nunca teríamos ouvido falar em Péricles, Sócrates ou Ésquilo se não houvesse dezenas de milhares de escravos labutando nos subterrâneos de Láurion e dezenas de milhares de clientes dos bens atenienses em todo o Mediterrâneo.

Mas assim que foi unificada num império sob um facínora — Filipe da Macedônia em 338 a.C. —, a Grécia perdeu sua vantagem. Se o império do filho de Filipe, Alexandre, tivesse durado, sem dúvida teria se tornado tão inerte comercial e intelectualmente como seu predecessor persa. Mas, como o império fragmentou-se com a morte de Alexandre, partes dele renasceram como cidades-Estados independentes que viviam do comércio, mais notavelmente Alexandria, no Egito, que chegou a um terço de milhão de pessoas vivendo num estado de riqueza notória sob o domínio comparativamente benigno de um colecionador de livros, Ptolomeu III. Aquela riqueza se baseava em estradas novas para trazer cultivos comerciais de algodão, vinho, grãos e papiro até o Nilo para exportação.

Isso não é para dizer que cidades-Estados democráticas são os únicos lugares onde o progresso econômico pode ocorrer, mas é para discernir um padrão. Simplesmente, existe alguma coisa benéfica no crescimento da divisão do trabalho quando os governos são limitados (embora não tão fracos que exista pirataria difundida), republicanos ou fragmentados. A principal razão é, certamente, que governos fortes são, por definição, monopólios, e monopólios sempre se tornam complacentes, estagnados, e servem a si mesmos. Monarcas amam monopólios porque, embora não possam ficar com eles, podem vendê-los, outorgá-los a favoritos e cobrar impostos deles. Também se enamoram da falácia perpétua de que podem fazer os negócios funcionarem com mais eficiência se os planejarem, em lugar de permitir e estimular sua evolução. O cientista e historiador Terence Kealey destaca que empreendedores são racionais e, se descobrem que a riqueza pode ser mais facilmente roubada do que criada, então irão roubá-la: "A grande batalha da humanidade nos últimos 10 mil anos tem sido a batalha contra o monopólio."[26]

Isso não é refutado pelo sucesso de dois impérios mais ou menos do início da Era Cristã: tanto Roma quanto Índia perceberam os benefícios da unificação econômica antes de terem de suportar os desastres da unificação política. O império Máuria na Índia parece ter colhido a prosperidade do vale do Ganges para combinar uma monarquia imperial com um comércio que se expandia.[27] Foi governado em seu zênite em 250 a.C. por Asoka, um guerreiro que se transformou em pacifista budista depois de vencer (engraçado, isso) e era um líder tão economicamente benigno quanto se poderia desejar. Construiu estradas e canais para estimular a movimentação de bens, estabeleceu uma moeda comum e abriu rotas marítimas comerciais para a China, o Sudeste da Ásia e o Oriente Médio, provocando uma explosão liderada pela exportação, na qual o algodão e os tecidos de seda eram a parte mais importante. O comércio era feito quase inteiramente por firmas privadas (*sreni*) de um tipo corporativo reconhecível; os impostos, embora extensivos, eram administrados com justiça. Houve notáveis avanços científicos, notadamente a invenção do zero e do sistema decimal e o cálculo apurado do pi. O império asoka se desintegrou antes de se tornar totalitário, e seu legado foi impressionante: nos poucos séculos seguintes, o subcontinente da Índia foi tanto o mais populoso quanto a parte mais próspera do mundo, com um terço dos habitantes mundiais e um terço do produto interno bruto do mundo. Era, sem contestação, o superpoder econômico daquela época, tornando pequenas tanto China quanto Roma, e Paliputra, sua capital, era a maior cidade do mundo, famosa por seus jardins, luxos e mercados.[28] Somente mais tarde, sob os guptas, o sistema de castas calcificou o comércio indiano.

Do Ganges ao Tibre

Asoka foi contemporâneo de Aníbal e Cipião, o que me traz a Roma. A especialidade particular de Roma, de seus primeiros dias ao fim de seu império, foi simplesmente saquear suas províncias para pagar subornos, luxos, triunfos e pensões de soldados mais próximos de casa. Havia quatro maneiras respeitáveis de um romano proeminente ganhar riqueza: propriedade de terras, butins de guerra, empréstimo de dinheiro e suborno. Cícero pôs no bolso mais de 2 milhões de sestércios (três vezes a soma que havia citado para ilustrar "luxo") de seu governo na Sicília em 51 e 50 a.C. — e ele tinha a reputação de ser um governador especialmente honesto.

Entretanto, não há dúvida de que a hegemonia romana foi construída sobre o comércio. Roma foi a unificação final das zonas de comércio da Grécia e de Cartago, com um pouco de etruscos e latinos beligerantes no comando. "A história da Antiguidade ressoa com conquistas sanguinárias das elites guerreiras arianas", escreveu Thomas Carney, "mas foram os desprezados levantinos, arameus, sírios e povos falantes de grego os heróis econômicos do período."[29]

As populosas e prósperas cidades do sul da Itália, Sicília e pontos a leste que eram o coração do mundo romano falavam grego; elas faziam o árduo trabalho de manter as pessoas ricas enquanto legionários e cônsules pavoneavam seus triunfos. O fato de as histórias padronizadas de Roma mal mencionarem mercados, mercadores, navios e firmas familiares que sustentavam o império, preferindo, em lugar disso, fazer estardalhaço sobre as batalhas, não significa que eles não existiram. Óstia era uma cidade comercial tão certamente quanto Hong Kong o é hoje em dia, "com uma vasta praça que abrigava os escritórios centrais de cerca de cinco dúzias de companhias".[30] Grande parte do campo da Campânia era devotada a fazendas cultivadas por escravos que produziam vinho e azeite para exportação.

Além disso, a contínua prosperidade de Roma quando a República se tornou um Império devia resultar, ao menos em parte, da "descoberta" da Índia.[31] Seguindo-se à absorção do Egito por Augusto, os romanos herdaram o comércio egípcio com o leste, e logo o mar Vermelho ficou cheio de enormes navios de carga romanos que levavam estanho, chumbo, prata, vidro e vinho — o último logo se tornou uma excitante novidade na Índia. Graças à descoberta das confiáveis monções, que sopravam os navios para leste no verão e de volta para o oeste no inverno, as jornadas pelo mar Arábico foram reduzidas de anos para meses. Finalmente, Roma fazia contato direto com o superpoder econômico mundial.

No primeiro século d.C., o autor anônimo de *The Periplus over the Erythrean Sea* [Périplo pelo mar Eritreu] descreveu a navegação e o comércio no oceano Índico. Strabo escreveu: "agora, grandes esquadras são enviadas para lugares tão distantes quanto a Índia"; e o imperador Tibério queixou-se de os luxos indianos drenarem a riqueza do império. Pavões da Índia tornaram-se a posse favorita dos plutocratas romanos. Portos indianos como Barigaza (a moderna Baruch em Gujarat) parecem ter florescido mediante a exportação de roupas de algodão e outras manufaturas para o Ocidente. Logo, até mesmo dentro da Índia, havia enclaves de mercadores romanos cujas reservas de ânforas e moedas ainda vêm à luz. Arikamedu, por exemplo, na costa leste perto da moderna Puducherry, exportava para a China vidro importado da Síria romana (vidro soprado foi uma invenção romana, e o vidro ficou subitamente melhor e muito mais barato em todo o império).

Pense nisso do ponto de vista do consumidor. Ninguém na China sopra vidro; ninguém na Europa faz carretéis de seda. Graças a um intermediário na Índia, no entanto, os europeus podem usar seda, e os chineses podem ter vidro. Os europeus podem zombar da ridícula lenda de que esse adorável tecido é feito dos casulos de lagartas; e os chineses podem gargalhar da adorável fábula de que essa cerâmica transparente é feita de areia. Mas ambos estão em situação melhor, e, da mesma forma, o intermediário indiano. Todos os três adquiriram o trabalho de outros. Nos termos de Robert Wright, essa é uma transação não zero, em que todos ganham. O cérebro coletivo se expandiu pelo oceano Índico inteiro e elevou o padrão de vida nas duas pontas.

Navios do deserto

A pilhagem, a falta de invenções, os bárbaros e, acima de tudo, a burocracia de Diocleciano cuidaram de Roma no final. Enquanto o império se desintegrava, ao menos no oeste, sob seu peso burocrático, o empréstimo de dinheiro a juro cessou e as moedas pararam de circular tão livremente. Na Idade Média, como o comércio livre se tornou impossível, as cidades encolheram, os mercados se atrofiaram, os mercadores desapareceram, o conhecimento declinou e — falando cruamente —, quando a pilhagem de bárbaros, hunos e vândalos terminou, todos tiveram de se tornar autossuficientes de novo. A urbanização da Europa recuou. Até Roma e Constantinopla caíram a uma fração de sua população anterior. O comércio com o Egito e a Índia praticamente secou, especialmente quando os árabes assumiram o controle de Alexandria. Sendo assim, não apenas importações do Oriente, como papiro, especiarias e seda, deixaram de aparecer, como as fazendas da Campânia, orientadas para a exportação, tornaram-se, em vez disso, canteiros para subsistência de agricultores. Nesse sentido, o declínio do império romano levou comerciantes e consumidores a se tornarem novamente camponeses de subsistência. As Idades Médias foram um experimento maciço do estilo de vida hippie de volta à terra (sem o fundo fiduciário): você cultivava seu próprio milho, tosquiava carneiros, curtia o couro e cortava a madeira que utilizaria. Qualquer mínimo excedente que gerasse era confiscado para sustentar um monge, ou talvez você pudesse, ocasionalmente, vender alguma coisa para comprar uma ferramenta de metal de um ferreiro de meio expediente. Fora isso, a produção de subsistência substituiu a especialização.

Isso não foi nunca, naturalmente, uma verdade absoluta. Em cada aldeia ou monastério havia certo grau de especialização, mas não o bastante para sustentar cidades grandes. No mínimo, havia agora, como não existira na Roma movida a braço escravo, incentivos para melhorar a tecnologia. Um gotejamento constante de inovações começou a melhorar a produtividade no norte da Europa muito depois do fim do império ocidental: o barril, o sabão, as rodas com aros, a roda hidráulica, a ferradura e os arreios. Intermitentemente, os bizantinos prosperavam no que foi deixado do comércio do Mediterrâneo, mas as pragas, a guerra, os políticos e a pirataria continuavam a atrapalhar. A expansão predatória dos francos carolíngios no século VIII, resultante de um modesto reflorescimento do comércio regional de grãos e manufaturas, começou também a estimular o comércio de especiarias e escravos pelo Mediterrâneo.[32] Os viquingues, descendo pelos rios da Rússia em seus barcos a remo para o mar Negro e o Mediterrâneo, fizeram reviver em parte o comércio oriental (com um pouco de pilhagem no meio) —, daí sua súbita prosperidade e poder.

Nesse ínterim, a tocha passou para o Oriente. Enquanto a Europa afundava novamente na autossuficiência, a Arábia descobria os ganhos do comércio. A súbita emergência de um profeta todo-conquistador no meio de um deserto no século VII é bastante confusa do jeito que a história é normalmente contada — um conto de inspiração religiosa e liderança militar. O que falta é a razão econômica pela qual os árabes se encontraram, subitamente, em posição de varrer tudo diante deles. Graças a uma tecnologia recentemente aperfeiçoada, o camelo, o povo da península Arábica se achou bem situado para lucrar com o comércio entre leste e oeste. As caravanas de camelos da Arábia foram a fonte da riqueza que levou Maomé e seus seguidores ao poder. O camelo tinha sido domesticado vários milhares de anos antes, mas foi nos primeiros séculos d.C. que se tornou, finalmente, uma besta de carga confiável. Podia carregar muito mais do que um burro, ir a lugares a que um carro de boi não poderia chegar e, como era capaz de encontrar sua própria forragem em curso, seu custo de combustível era essencialmente zero — como um navio a vela. Durante algum tempo, até os navios a vela bizantinos que singravam o mar Vermelho, esperando os ventos certos e enfrentando o desafio de um número cada vez maior de piratas, se viram em desvantagem competitiva comparados aos "navios do deserto". Quando a rota pelo Eufrates foi interrompida por guerras entre os persas sassânidas e a Constantinopla bizantina, o caminho ficou aberto para que o povo de Meca, como fenícios a seco, enriquecesse com o comércio. Especiarias, escravos e têxteis iam para o norte e o oeste enquanto metais, vinho e vidro vinham do sul para o leste.

Mais tarde, adotando duas invenções chinesas, a vela latina, triangular, e o cadaste que suporta o leme do barco, os árabes estenderam seus tentáculos comerciais profundamente na África e no Extremo Oriente. Um barco árabe que afundou perto da costa de Belitung, na Indonésia, em 826 d.C., carregava objetos de ouro, prata, chumbo, laca, bronze e 57 mil peças de cerâmica, incluindo 40 mil tigelas Changsha, mil urnas funerárias e 800 tinteiros — produtos de exportação em massa dos kilns de Hunan para os consumidores abastados de Basra e Bagdá.[33] Não coincidentemente, os livre comerciantes árabes trocavam ideias, assim como bens, e a cultura prosperou. Quando se espalharam para longe de casa, os árabes trouxeram luxo e conhecimento para uma área que se estendia do Áden a Córdoba, ante a inevitável complacência imperial e, depois, uma severa repressão sacerdotal iniciada em casa. Quando os sacerdotes apertaram seu domínio, livros foram queimados, não lidos.[34]

O mercador de Pisa

No devido tempo, esses ganhos muçulmanos do comércio começaram a tirar a Europa de sua autossuficiência, graças, em grande parte, a comerciantes judeus, que, no século X, abandonaram a corte crescentemente opressiva dos abássidas em Bagdá pelo regime mais tolerante dos egípcios fatímidas. Estabelecendo-se ao longo da costa sul do Mediterrâneo e na Sicília, esses comerciantes magrebinos desenvolveram as próprias regras para reforçar contratos e punir com o ostracismo, bem à margem dos tribunais oficiais.[35] Como todos os melhores empresários, prosperaram a despeito do governo, mais do que por causa dele. E foram eles que começaram a comerciar com os portos da Itália. Camponeses italianos começaram a descobrir que, em lugar de dividir sua terra entre herdeiros empobrecidos, podiam mandar os filhos para a cidade para comerciar com judeus magrebinos.

O norte da Itália — por causa de um afastamento entre o imperador do Sacro Império Romano e o papa — foi temporariamente favorecido pela ausência de reis ávidos de renda. Quando a pirataria árabe e o saque papal foram interrompidos sob a influência de Oto I, as cidades da Lombardia e da Toscana ficaram livres para estabelecer seus próprios governos, e, uma vez que as cidades lá estavam por causa do comércio, esses governos foram dominados pelos interesses dos mercadores. Amalfi, Pisa e, acima de tudo, Gênova começaram a florescer em cima do comércio magrebino. Foi um comerciante pisano que vivia no norte da África, Fibonacci,[36] que trouxe os decimais indiano-arábicos, frações e cálculo de juros ao conhecimento da Europa em seu livro *Liber Abaci* [O livro do ábaco], publicado em 1202. O comércio de Gênova com o norte da África dobrou depois que um acordo para proteção dos mercadores foi alcançado em 1161, e, por volta de 1293, o comércio da cidade excedeu toda a renda do rei da França.[37] Lucca adquiriu forte posição no comércio de seda e, depois, no negócio bancário. Florença ficou rica com a tecelagem de lã e seda. Milão, portão para as passagens pelos Alpes, floresceu como cidade comercial. E Veneza, há muito independente na segurança de sua lagoa, gradativamente se tornou o epítome do estado comercial. Apesar de competir e, com frequência, guerrear umas com as outras, as cidades-Estados republicanas, governadas por mercadores, não só tomavam cuidado para não criar impostos ou regulamentos que levassem o comércio à extinção como faziam tudo para estimulá-lo: em Veneza, por exemplo, o governo construía e fazia *leasing* de navios e organizava comboios.

A prosperidade da Itália também era sentida no norte da Europa. Os mercadores de Veneza cruzavam o passo Brenner para a Alemanha em busca de prata e começaram a aparecer nas feiras de Champanhe em Flandres — outra terra de ninguém entre reinos —, levando seda, especiarias, açúcar e laca em troca de lã. No início dos anos 1400, por exemplo, Giovanni Arnolfini se estabeleceu em Bruges como agente do negócio de seda de sua família em Lucca e foi imortalizado na famosa pintura de Van Eyck. Embora uma pequena porcentagem da população europeia das Idades Médias tivesse encontrado até seda e açúcar, sem falar na regularidade com que isso acontecia, e uma pequenina proporção do produto interno bruto europeu viesse desse comércio, é inegável, mesmo assim, que o redespertar da Europa tenha sido impulsionado pelo contato com a produtividade de China, Índia, Arábia e Bizâncio através do comércio italiano. Regiões que participavam do comércio asiático se tornaram mais ricas que regiões que não participavam: em torno de 1500, o PIB da Itália era 60% maior do que a média europeia.[38] Mas os historiadores sempre dão demasiada ênfase ao comércio exótico com o Oriente. Ainda em 1600, o comércio europeu com a Ásia, predominante por causa do custo do transporte de luxos como especiarias, representava apenas metade do valor do comércio europeu interregional só de gado.[39] A Europa podia comerciar com a Ásia porque comerciava muito dentro dela mesma e não o contrário.

Inexoravelmente, os ganhos do comércio puderam ser redescobertos — pessoas puderam tornar-se consumidores novamente, o que significava que podiam também tornar-se produtores de safras de grande valor comercial para vender um para o outro. Se eu cultivar um pouco mais de trigo, você pode curtir um pouco mais de couro, então posso alimentar você, e você pode me calçar... Finalmente, no século XII, as cidades começaram a crescer a uma taxa rápida. Por volta de 1200, a Europa era novamente um lugar de mercados, mercadores e artesãos, embora pesadamente dependentes dos 70% que trabalhavam na terra para produzir alimentos, fibras, combustíveis e material de construção. Num clima anormalmente quente, o continente desfrutava uma explosão econômica. Os padrões de vida se elevaram em todo o continente europeu, especialmente no norte, onde os mercadores hanseáticos de Lubeck e de outras cidades, equipados com navios a vela novos, lentos, mas de grande capacidade, chamados barcos de pesca, fizeram pelo Báltico e o mar do Norte o que os genoveses haviam feito pelo Mediterrâneo. Trouxeram madeira, pele, cera, arenque e resina do oeste para o sul em troca de tecidos e grãos. Assim como os magrebinos, desenvolveram sua própria *lex mercatoria*, lei mercantil, com sanções contra os que rompiam contratos quando estavam no exterior, bastante independente das leis nacionais. Pelos rios da Rússia e o mar Negro, os mercadores de Visby em Gotland até restabeleceram contato com o Oriente via Novgorod, contornando os árabes que controlavam o estreito de Gibraltar.

O estado Moloch

Enquanto isso, a China ia para o outro lado, para a estagnação e a pobreza. A China passou de um estado de exuberância econômica e tecnológica por volta de 1000 d.C. para um de população densa, atraso agrícola e pobreza aflitiva em 1950. De acordo com estimativas de Angus Maddison,[40] era a única região do mundo com um PIB *per capita* mais baixo em 1950 do que no ano 1000 d.C. A culpa disso é justamente dos governos chineses.

Faça uma pausa para, em primeiro lugar, admirar a exuberância. Os melhores momentos da China vieram quando ela estava fragmentada, não unificada. A economia desenvolveu-se primeiro, de verdade, na instável dinastia Zhou, do primeiro milênio a.C. Mais tarde, quando o império Han se desintegrou em 220 d.C., o período dos Três Reinados viu o florescimento da cultura e da tecnologia. Quando o império Tang chegou ao fim, em 907, e as "Cinco Dinastias e Dez Reinos" lutavam uns contra os outros incessantemente, a China experimentou sua mais espetacular explosão de invenção e prosperidade, herdada pela dinastia Song. Até o renascimento da China, no fim do século XX, deveu-se muito à fragmentação do governo e a uma explosão de autonomia local. A irrupção da atividade econômica na China depois de 1978 foi impulsionada por "empresários de distritos municipais e aldeias", agências do governo que receberam liberdade local para iniciar companhias. Uma das características paradoxais da China moderna é a fraqueza do governo central, supostamente autoritário.[41]

No fim do ano 1000, os chineses eram mestres da seda, do chá, da porcelana, do papel e da imprensa, sem mencionar o compasso e a pólvora. Usavam rocas multifuso para fiar algodão, martinetes hidráulicos, assim como guarda-chuvas, fósforos, escovas de dentes e cartas de baralho.[42] Faziam coque de carvão para fundir ferro a alta temperatura: produziam 125 mil toneladas por ano de lingotes de ferro. Usavam a força da água para enrolar fios de cânhamo. Tinham magníficos relógios de água. Em todo o delta do Yangtsé o dito de Confúcio "homens aram; mulheres tecem" era obedecido com industriosa eficiência, de forma que os camponeses trabalhavam tanto por dinheiro como para subsistir e usavam o dinheiro para consumir bens. Arte, ciência e engenharia floresceram. Pontes e pagodes se espalharam por toda parte. A impressão com blocos de madeira saciava uma furiosa sede de literatura. A era Song teve, em resumo, uma divisão de trabalho altamente elaborada: muitos consumiam o que cada um produzia.

Então, vieram as calamidades dos anos 1200 e 1300. Primeiro, a invasão mongol, depois a peste negra, depois uma série de desastres naturais, seguida do desastre completamente não natural da totalitária dinastia Ming. A peste negra,[43] como argumentarei no próximo capítulo, incentivou a Europa a ganhar mais no comércio e, assim, escapar da armadilha da autossuficiência; por que não teve o mesmo efeito na China, onde deixou o país com apenas metade da população de antes, e, portanto, presumivelmente rico em terra excedente para manter a renda disponível? A culpa recai diretamente na dinastia Ming. A Europa Ocidental só se recobrou bem da peste negra porque tinha regiões de cidades-Estados independentes, governadas por e para mercadores, notadamente na Itália e em Flandres. Isso complicou o objetivo dos proprietários de terra de tornar a impor a servidão e as restrições ao movimento camponês depois que a praga deu um breve poder às classes trabalhadoras. Na Europa Oriental, no Egito de Mamluk e na China Ming a servidão foi efetivamente restaurada.[44]

Impérios, de fato os governos em geral, tendem a fazer coisas boas inicialmente e coisas ruins quanto mais duram. Primeiro, melhoram a habilidade da sociedade em prosperar ao prover serviços centrais e remover impedimentos ao comércio e à especialização; assim, até mesmo a *Pax Mongolica* de Gêngis Khan agilizou o comércio da Ásia por terra uma vez que acabou com os salteadores ao longo da Rota da Seda, baixando, dessa maneira, o custo dos bens orientais nos salões europeus. Mas, então, como argumenta Peter Turchin, seguindo a pista do geógrafo medieval Ibn Khaldun,[45] os governos gradativamente empregam elites cada vez mais ambiciosas, que capturam partes cada vez maiores da renda social pela interferência cada vez maior na vida das pessoas, enquanto dão a si mesmas mais e mais leis para fazer cumprir, até que matam a gansa que põe os ovos de ouro. Existe uma lição para hoje. Os economistas são rápidos em falar do "fracasso do mercado" e o fazem justificadamente, mas uma ameaça maior vem do "fracasso do governo". Como é um monopólio, o governo traz ineficiência e estagnação para a maior parte das coisas que administra; as repartições do governo perseguem a inflação de seus orçamentos mais do que o serviço que prestam aos clientes; grupos de pressão formam uma aliança nada santa com agências do governo a fim de extrair mais dinheiro dos contribuintes para seus membros. Mas, a despeito de tudo isso, pessoas muito inteligentes ainda chamam o governo para administrar mais coisas, admitindo que, se ele fizesse isso, de algum modo seria mais perfeito, mais abnegado, da próxima vez.[46]

Os imperadores Ming não só nacionalizaram grande parte da indústria e do comércio, criando monopólios do Estado em sal, ferro, chá, álcool, comércio exterior e educação, como interferiram na vida cotidiana de seus cidadãos e tolheram a liberdade de expressão a um grau totalitário.[47] Os funcionários Ming tinham alto status social e baixos salários, combinação que inevitavelmente gerava corrupção e busca de rendimentos. Como é comum a todos os burocratas, cultivavam uma suspeita instintiva contra a inovação, considerando qualquer iniciativa uma ameaça às suas posições, gastando cada vez mais da própria energia em cuidar dos próprios interesses em lugar das metas que lhes eram colocadas para perseguir. Como diz Etienne Balazs:[48]

O alcance do estado Moloch, a onipresença da burocracia, vai muito além. Existem normas para vestuário, uma regulamentação para construção pública e privada (dimensões de casas); as cores que se usam, a música que se ouve, os festivais — tudo está regulado. Há regras para o nascimento e regras para a morte; o Estado providencial observa minuciosamente cada passo de seus súditos, do berço ao túmulo. É um regime de papelada e assédio, interminável papelada e interminável assédio.

Não se iluda com o tempo presente: o que Balazs está descrevendo é a China Ming, não a maoista. O comportamento de Hongwu, primeiro imperador Ming, é uma lição objetiva de como sufocar a economia:[49] proibir todo o comércio e todas as viagens não autorizadas pelo governo; forçar os mercadores a registrar um inventário de seus bens uma vez por mês; ordenar aos camponeses que cultivem para seu próprio consumo e não para o mercado; e permitir que a inflação desvalorize o papel-moeda 10 mil vezes. Seu filho Yong-Le acrescentou alguns itens à lista: mudar a capital com imensas despesas; manter um exército gigantesco; invadir o Vietnã sem sucesso; pôr o eunuco favorito no comando de uma frota nacionalizada de monstruosos navios com capacidade para 27 mil passageiros, cinco astrólogos e uma girafa a bordo e, depois, num ataque de irritação pelo fracasso dessa missão em dar lucro, proibir todas as pessoas de construir navios ou comerciar no exterior.

Mas o povo chinês estava louco para comerciar com o resto do mundo. Nos anos 1500, galeões portugueses levavam seda de Macau para o Japão em troca de prata. Nos anos 1600, juncos que haviam escorregado não oficialmente para fora da costa de Fujian chegaram a Manila carregados de seda, algodão, porcelana, pólvora, mercúrio, cobre, nozes e chá. Lá encontraram um grande galeão espanhol repleto de prata das minas de Potosí, no Peru, que havia cruzado o Pacífico a partir de Acapulco.[50] Não foi acidental que, quando a dinastia Ming caiu, enfraquecida pela escassez de prata causada pela perda de três dos galeões vindos de Acapulco em três anos, o país passou à responsabilidade de comerciantes manchus que financiaram sua conquista com um lucrativo comércio de bens com Coreia e Japão.

Parte do problema era que um artesão chinês não podia fugir para trabalhar sob um governo mais tolerante, ou numa república mais agradável, como os europeus faziam rotineiramente. Por causa de suas penínsulas e cadeias de montanhas, a Europa é muito mais difícil de unificar do que a China: pergunte a Carlos V, Luís XIV, Napoleão ou Hitler. Por um tempo os romanos conseguiram uma espécie de unidade europeia, e o resultado foi exatamente como o de Ming: estagnação e excesso de burocracia. Sob o imperador Diocleciano (exatamente como sob o imperador Yong-Le), "os coletores de impostos começaram a exceder em número os pagadores de impostos", disse Lactâncio, "e uma multidão de governadores e hordas de administradores oprimiam cada região — quase toda cidade; e a estes se acresciam incontáveis coletores e secretários e assistentes de administradores".[51]

Desde então, a Europa se fragmentou em estados que guerreavam uns com os outros. Então, os europeus batiam em retirada o tempo todo, às vezes fugindo de governantes cruéis, como fizeram os huguenotes franceses e os judeus espanhóis, às vezes atraídos por governantes ambiciosos, às vezes buscando liberdade republicana. O italiano Cristóvão Colombo desistiu de Portugal e tentou a Espanha em seu lugar. Os Sforza atraíram engenheiros para Milão; Luís XI atraiu produtores italianos de seda a se estabelecerem em Lyon; Johann Gutenberg mudou de Mainz para Estrasburgo em busca de investidores; Gustavo Adolpho começou a indústria sueca de aço associando-se a um valão chamado Louis de Geer; John Kay, inventor inglês da lançadeira da máquina de tecer, ganhava 2.500 livres* por ano das autoridades francesas para fazer uma viagem pela Normandia demonstrando o funcionamento de sua máquina. Num caso especialmente bizarro de roubo industrial no início dos anos 1700, Augusto, o Forte, da Saxônia, obteve o monopólio da fabricação de porcelana mediante a astuciosa trama de aprisionar um charlatão que passava e clamava ser capaz de fazer ouro — para que outro estado não o pegasse. O homem em questão, Johann Friedrich Bottger, não fez ouro, mas aperfeiçoou a técnica de um colega de fazer porcelana fina, na esperança de com isso recobrar a liber-

---

*Antiga moeda francesa. [*N. da T.*]

dade.[52] Então, Augusto o trancou ainda mais seguramente num castelo no alto de uma montanha em Meissen e o pôs para trabalhar na produção de bules de chá e jarros. Em resumo, a competição foi um grande incentivo para a industrialização europeia e um freio para a sufocação burocrática, tanto no nível nacional quanto no corporativo.

Rejeitar novamente as leis do milho

Os maiores beneficiários da fragmentação política europeia foram os holandeses. Perto de 1670, sem serem comandados por imperadores e até divididos entre si, os holandeses dominaram tanto o comércio europeu internacional que sua frota mercante era maior do que a da França, Inglaterra, Escócia, do Sacro Império Romano, da Espanha e de Portugal — juntas.[53] Eles traziam grãos do Báltico, arenque do mar do Norte, gordura de baleia do Ártico, frutas e vinho da Europa meridional, especiarias do Oriente e, naturalmente, seus próprios artigos para quem quisesse. Mediante a construção eficiente de navios (não menos que uma nova divisão de trabalho no estaleiro, como observou um curioso William Petty), cortaram todos os custos de navegação em mais de um terço. Não durou muito. Em um século, Luís XIV e outros haviam encerrado a idade de ouro holandesa com uma mistura de guerra, retaliação mercantil e impostos altos para pagar pelas guerras. Fracassou, assim, mais uma tentativa de usar o livre comércio para elevar padrões de vida. Mas, como essa não era a China monolítica, o bastão foi pego por outros, especialmente os britânicos.

A grande sorte da Grã-Bretanha vitoriana foi que, no momento da decolagem industrial, Robert Peel abraçou o livre comércio, enquanto Yong-Le o baniu. Entre 1846 e 1860, a Grã-Bretanha adotou, unilateralmente, uma série de medidas para abrir seus mercados a fim de liberar o comércio a um grau sem precedentes na história. Aboliu as leis do milho, extinguiu as leis de navegação, eliminou todas as tarifas e fez acordos comerciais com a França e outros países, incorporando o princípio de "nação mais favorecida" — qualquer liberalização se aplicava a todos os parceiros comerciais. Isso espalhou a redução tarifária como um vírus pelas nações do mundo, e o genuíno livre comércio global chegou finalmente — um experimento planetário fenício. Então, no momento crucial, os Estados Unidos puderam especializar-se em prover alimentos e fibra para Grã-Bretanha e Europa, que puderam especializar-se em prover manufaturas para os consumidores do mundo. Ambos os lados se beneficiaram. Perto de 1920, por exemplo, 80% de toda a carne consumida em Londres era importada, na maior parte, da Argentina, que era, em consequência, um dos países mais ricos do mundo. Ambos os lados do estuário do rio da Prata se tornaram um vasto matadouro,[54] onde a carne era enlatada, salgada e dessecada para exportação — o nome da cidade uruguaia Fray Bentos tornou-se sinônimo de carne enlatada na Grã-Bretanha.

A mensagem da história é tão ostensivamente óbvia — que o livre comércio causa prosperidade mútua enquanto o protecionismo causa pobreza — que parece inacreditável que alguém pense de outra forma. Não existe um só exemplo de país que abriu suas fronteiras ao comércio e terminou mais pobre (comércio reprimido de escravos e drogas pode ser assunto diferente). O livre comércio trabalha pelos países mesmo que eles o pratiquem e seus vizinhos não. Imagine uma situação em que sua rua esteja preparada para aceitar a produção de outras ruas, mas estas só têm permissão para consumir o que produzem: quem perde? No entanto, no período imediatamente posterior à Primeira Guerra Mundial, um por um dos países tentaram empobrecer os vizinhos no século XX.[55] Quando as moedas se desvalorizaram e o desemprego aumentou, nos anos 1930, governo após governo buscou a autossuficiência e a substituição de importações: a Grécia, sob Ioannis Metaxas; a Espanha, sob Francisco Franco; os Estados Unidos, sob Smoot-Hawley. O comércio global caiu dois terços entre 1929 e 1934. Na Índia, nos anos 1930, o governo britânico impôs tarifas para proteger agricultores de trigo, manufaturas de algodão e produtores de açúcar contra importações baratas da Austrália, do Japão e de Java, respectivamente. Essas medidas protecionistas exacerbaram o colapso econômico. Em cinco anos a partir de 1929, as exportações japonesas de seda caíram de 36% do total para 13%. Não admira que com a população em rápido crescimento e a oportunidade de exportar tanto bens quanto pessoas encolhendo-se, o regime japonês tenha começado a buscar espaço imperial.

Então, depois da Segunda Guerra Mundial, todo o continente da América Latina rompeu com o livre comércio sob a influência do economista argentino Raúl Prebisch, que pensou ter encontrado uma falha na lógica de Ricardo, e obteve décadas de estagnação. A Índia, sob Jawaharlal Nehru, escolheu a autarquia também, fechando as fronteiras ao comércio, na esperança de provocar um aumento súbito da substituição de importações. Ela também encontrou a estagnação. Ainda assim, estes tentaram: Coreia do Norte, sob Kim Il Sung; Albânia, sob Enver Hoxha; China, sob Mao Tsé-tung; Cuba, sob Fidel Castro — todo país que tentou o protecionismo sofreu. Países que foram na direção oposta incluem Cingapura, Hong Kong, Taiwan, Coreia do Sul e mais tarde Maurício, casos clássicos de crescimento miraculoso. Países que mudaram de direção no século XX incluem Japão, Alemanha, Chile, China pós-Mao, Índia e, mais recentemente, Uganda e Gana. A política de portas abertas da China, que cortou as tarifas de importação de 55% para 10% em 20 anos, transformou o país de um dos mais protegidos do mundo num dos mercados mais abertos do mundo.[56] O resultado foi o maior crescimento econômico do mundo. O comércio, diz Johann Norberg, é como uma máquina que transforma batatas em computadores, ou qualquer coisa em qualquer coisa: quem não iria querer uma máquina dessas à sua disposição?

O comércio, por exemplo, poderia transformar as perspectivas da África. As compras chinesas da África (sem contar seus investimentos diretos lá) quintuplicaram nos anos 1990 e quintuplicaram novamente na primeira década de 2000, embora ainda representem apenas 2% do comércio exterior da China. A China pode estar a ponto de repetir alguns dos erros coloniais europeus de exploração abusiva na África, mas, em termos de abertura ao comércio, o continente faz a Europa e os Estados Unidos se envergonharem. Subsídios à agricultura e tarifas de importação sobre algodão, arroz e outros produtos custam à África US$ 500 bilhões por ano em oportunidades de exportação perdidas — ou 12 vezes todo o orçamento de ajuda ao continente.[57]

Sim, naturalmente, o comércio produz ruptura. Importações baratas podem destruir postos de trabalho em casa — embora ao fazer isso sempre criem muito mais, tanto em casa quanto no exterior, ao liberar o dinheiro dos consumidores para outros bens e serviços. Se os europeus fazem sapatos mais baratos no Vietnã, então têm mais dinheiro para ir ao cabeleireiro, e há empregos mais interessantes para os europeus nos salões de cabeleireiros e menos empregos monótonos em fábricas de sapatos. Certo, os fabricantes irão procurar países que tolerem salários menores e condições de trabalho piores — embora incitados por ativistas, cujo principal efeito, na prática, é elevar os salários e padrões em tais lugares, onde mais precisam ser elevados. É menos uma corrida para o fundo e mais uma corrida para levantar o fundo. As fabriquetas da Nike no Vietnã, por exemplo, pagam três vezes mais do que as fábricas estatais locais e têm instalações muito melhores. Isso aumenta salários e padrões. Durante o período em que houve a expansão mais rápida do comércio e a aquisição de produtos e serviços de fornecedores externos, o trabalho infantil baixou à metade desde 1980: se isso está baixando os padrões, que haja mais disso.

Apoteose da cidade

O comércio atrai pessoas para as cidades e incha os cortiços. Isso não é uma coisa ruim? Não. Por mais satânicas que as fábricas da Revolução Industrial parecessem aos poetas românticos, elas eram também faróis que iluminavam oportunidades para as pessoas jovens que enfrentavam a miséria e a aglomeração de uma cabana de aldeia num pedaço pequeno demais de terra. Como Ford Madox Ford celebrou em seu romance eduardiano *The Soul of London* [A alma de Londres],[58] a cidade podia parecer suja e ordinária para os ricos, mas era vista pelos trabalhadores como um lugar de liberação e empreendimento. Pergunte a uma mulher indiana moderna por que ela quer deixar a vila rural por um cortiço em Mumbai. Porque a cidade, apesar de todos os perigos e a miséria, representa oportunidade, a chance de escapar da aldeia natal, onde existem trabalho penoso sem salário, controle familiar sufocante, e onde as tarefas são desempenhadas sob o calor impiedoso do sol ou das chuvas copiosas das monções. Exatamente como Henry Ford disse que foi levado a inventar a charrete a gasolina para fugir "da esmagadora chateação da vida numa fazenda do Meio-Oeste", assim, diz Suketa Mehta, "para o jovem numa aldeia indiana, o chamariz de Mumbai não é apenas o dinheiro. É também a liberdade".[59]

Por toda a Ásia, a América Latina e a África, uma maré de agricultores de subsistência está deixando a terra para se mudar para as cidades e encontrar trabalho pago. Para muitos ocidentais, cheios de *nostalgie de la boue* (nostalgia da lama), essa tendência é lamentável. Muitas obras de caridade e organismos de ajuda acham que seu trabalho é ajudar a impedir que fazendeiros de subsistência tenham de se mudar para a cidade, tornando sua vida no campo mais sustentável. "Muitos de meus contemporâneos no mundo desenvolvido", escreve Stewart Brand, "veem a agricultura de subsistência como nobre e orgânica, mas ela é uma armadilha da pobreza e um desastre ambiental."[60] Um cortiço em Nairóbi ou uma favela em São Paulo são certamente lugares piores para se estar do que numa tranquila povoação rural? Não para as pessoas que foram para lá. Se tiverem a chance, elas expressarão com eloquência sua preferência pela relativa liberdade e oportunidade da cidade, por mais pobres que sejam suas condições de vida. "Estou melhor em todos os aspectos da minha vida em comparação com os colegas que deixei no povoado", diz Deroi Kwesi Andrew, um professor que ganha US$ 4 por dia em Acra.[61] A autossuficiência rural é uma miragem romântica. Oportunidade urbana é o que as pessoas querem. Em 2008, pela primeira vez, mais da metade da população do mundo vivia em cidades. Isso não é uma coisa ruim. É uma medida do progresso econômico que mais da metade da população possa deixar a subsistência e, em lugar disso, buscar as possibilidades de uma vida baseada no cérebro coletivo. Dois terços do crescimento econômico acontecem nas cidades.

Há não muito tempo, os demógrafos esperavam que a nova tecnologia esvaziasse as cidades quando as pessoas começassem a trabalhar em casa, em subúrbios tranquilos, usando computador conectado ao escritório. Mas não — até em indústrias sem peso como a financeira, as pessoas preferem apertar-se em contato cada vez mais próximo dentro de torres de vidro para fazer seu comércio e sua especialidade, e estão preparadas para pagar aluguéis absurdamente altos para isso.[62] Em 2025, parece que haverá 5 bilhões de pessoas vivendo nas cidades (e as populações rurais, na verdade, estarão caindo rapidamente) e haverá oito cidades com mais de 20 milhões de habitantes cada uma: Tóquio, Mumbai, Nova Délhi, Daca, São Paulo, Cidade do México, Nova York e Calcutá. Do ponto de vista do planeta, estas são notícias boas, porque os habitantes das cidades ocupam menos espaço, usam menos energia e provocam menos impacto nos ecossistemas naturais que os habitantes do campo. As cidades do mundo já contêm metade da população mundial, mas ocupam menos de 3% de toda a extensão de terra do mundo. A "expansão urbana" pode desagradar a alguns americanos ambientalistas, mas, em escala global, o que acontece é exatamente o oposto: à medida que os povoados se esvaziam, as pessoas vivem em formigueiros cada vez mais densos. Como diz Edward Glaeser: "Thoreau estava errado. Viver no campo não é o jeito certo de cuidar da Terra. A melhor coisa que podemos fazer pelo planeta é construir mais arranha-céus."[63]

Após uma noite "fétida e quente" dentro de um táxi, no centro de Nova Délhi, nos anos 1960, o ecologista Paul Ehrlich teve uma revelação.[64] "As ruas pareciam vivas com as pessoas. Pessoas comendo, pessoas se banhando, pessoas estendendo as mãos para as janelas do táxi, mendigando. Pessoas defecando e urinando. Pessoas subindo em ônibus. Pessoas tangendo animais. Pessoas, pessoas, pessoas, pessoas." Foi, então, que Ehrlich, como muitos ocidentais vítimas de choque cultural, decidiu que o mundo tinha (para citar o título de seu capítulo), "pessoas demais". Por melhor que a vida pudesse ficar, talvez, no final, fosse tudo em vão por causa do crescimento populacional. Ele estava certo? É tempo de compreender a velha "população Malthus".

6
Escapando da armadilha de Malthus: a população depois de 1200

A grande questão está agora em debate: o homem, daqui por diante, partirá em velocidade acelerada em direção ao progresso infinito, e inconcebível até agora; ou será condenado à perpétua oscilação entre felicidade e miséria.

T.R. Malthus
Ensaio sobre a população[1]

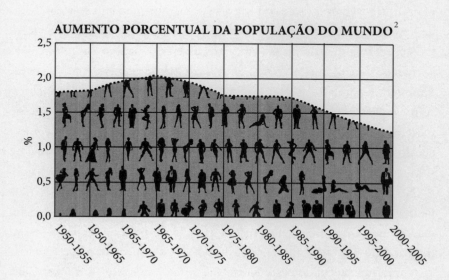

Já que os seres humanos são apenas outra espécie animal, a história da população humana deveria ser simples. Dê-nos mais comida e nós teremos mais bebês até chegarmos à densidade na qual fome, predadores e parasitas despedacem o sistema. Em alguns episódios da história humana algo parecido realmente aconteceu. Mas, com frequência, a densidade populacional sobe a um nível mais alto que antes. O nível de subsistência continua a subir de forma errática, mas inexoravelmente. Em termos de poder e riqueza relativa, o Egito moderno pode ser uma sombra do passado faraônico, mas está muito mais povoado hoje do que nos dias de Ramsés II.

Há outra característica curiosa. No caminho da subida do gráfico, comida abundante estimula algumas pessoas a se especializar em outra coisa que não cultivar ou catar comida, enquanto outros produzem alimentos para venda, não para autossuficiência. A divisão de trabalho cresce. Mas quando o suprimento de comida fica escasso, perto do alto do gráfico, menos pessoas estão preparadas para vender seus alimentos, ou têm excedente para vender. Elas vão alimentar suas famílias e contentar-se sem os bens que se habituaram a comprar dos outros. Os não agricultores, achando mais difícil encontrar tanto comida quanto clientes para seus serviços, terão de desistir de seus serviços e voltar a cultivar alimentos para si mesmos. Existe, então, um ciclo de altos e baixos na especialização das populações humanas. O economista Vernon Smith, em suas memórias, recorda como, durante a Depressão, sua família mudou-se, nos anos 1930, de Wichita, Kansas, para uma fazenda, quando seu pai foi despedido do emprego de mecânico, porque "podíamos, ao menos, cultivar a maior parte de nossa comida e participar de uma economia de subsistência".[3] Esse retorno à subsistência acontece com frequência na história humana.

No mundo animal, isso é único. Em nenhuma espécie animal os indivíduos se tornam mais especializados quando a população está crescendo, nem menos especializados quando a população para de crescer, ou está diminuindo. De fato, toda a noção de indivíduos especializados é rara fora da raça humana, e onde a especialização, de fato, acontece — em formigas, por exemplo — ela não cresce ou desaparece dessa maneira.

Isso sugere que aquela boa e antiquada limitação da população malthusiana não se aplica realmente aos seres humanos por causa do hábito da troca e da especialização. Em outras palavras, em vez de morrer de fome e peste quando são numerosas demais para o suprimento de comida existente, as pessoas podem aumentar a especialização, o que permite que mais pessoas subsistam com os recursos disponíveis. Por outro lado, se a troca se torna mais difícil, elas reduzem a especialização, o que pode levar a uma crise populacional mesmo sem o aumento da população. A crise malthusiana vem não como resultado direto do crescimento populacional, mas por causa do declínio da especialização.[4] O aumento da autossuficiência é a própria assinatura de uma civilização sob estresse, a definição de um padrão de vida decadente. Até 1800, era assim que toda explosão econômica terminava: com um retorno parcial à autossuficiência, impulsionado pela predação das elites, ou pelos retornos decrescentes da agricultura. É difícil ter certeza, em função da informação irregular, de que isso foi o que aconteceu na Mesopotâmia e no Egito depois de 1500 a.C., ou com a Índia e Roma depois de 500 d.C., mas é bastante claro que aconteceu na China e no Japão séculos depois. Como diz Greg Clark, "no mundo pré-industrial, o avanço tecnológico esporádico produzia pessoas, não riqueza".[5]

O colapso medieval

Robert Malthus e David Ricardo, embora fossem muito bons amigos, discordavam em muitas coisas. Mas num aspecto estavam inteiramente alinhados — que o descontrole populacional podia baixar o padrão de vida.

Malthus: "Em alguns países, a população parece ter sido forçada, isto é, a população foi habituada aos poucos a viver com menores quantidades possíveis de comida... A China parece corresponder a essa descrição."[6]

Ricardo: "A terra sendo limitada em quantidade e diferindo em qualidade, a cada porção maior de capital nela empregada haverá uma taxa de produção declinante."[7]

Ao primeiro olhar, a Inglaterra medieval oferece um meticuloso exemplo desses retornos declinantes. O século XIII, época de clima suave em toda a Europa, viu uma prolongada expansão da população, que, depois, despencou no século seguinte com a deterioração do clima. Os anos 1200 foram a marca dourada da maré cheia nas Idades Médias. As cortes eram ricamente mobiliadas; monastérios floresciam; catedrais subiam em direção aos céus, poetas exibiam-se. Moinhos de água, moinhos de vento, pontes e portos foram construídos por toda a Inglaterra. Feiras e mercados proliferavam e prosperavam: houve um aumento repentino sem precedentes da atividade comercial entre 1150 e 1300. Boa parte foi impulsionada pelo comércio da lã. Como buscavam cada vez mais a lã inglesa para suprir os mercados de tecidos de Flandres, os mercadores flamengos proviam, dessa maneira, um meio de vida para os donos de navios, pisoadores e, acima de tudo, criadores de carneiros. O rebanho nacional de carneiros expandiu-se para, talvez, 10 milhões de animais, mais de dois carneiros por pessoa. Os ingleses haviam encontrado vantagem comparativa em seu clima suave, úmido, bom para o crescimento do capim — um ganho do comércio —, e supriam a Europa de fibra. Especialização e troca estimularam o crescimento da população.

Por exemplo, em 1225, das 124 pessoas contatadas para uma pesquisa na aldeia de Damerham, em Wiltshire,[8] 51 possuíam carneiros, com um rebanho somado de 1.259 animais. Isso significava que vendiam lã para ganhar dinheiro mais do que lutavam pela autossuficiência. Presumivelmente usavam aquele dinheiro para comprar pão do padeiro, que comprava farinha do moleiro, que comprava o grão de outros agricultores, que, portanto, obtinham dinheiro também. Em vez de autossuficiência, todos estavam agora no mercado e tinham renda disponível. As pessoas queriam viajar para Salisbury, que ficava perto, para comprar coisas no mercado de lá: então, o condutor de carroças estava se dando bem também, e assim os mercadores em Salisbury. Em 1258, uma catedral espetacular começou a tomar forma em Salisbury, em consequência do *boom* da lã, porque a Igreja estava recolhendo dinheiro em dízimos e impostos. Ponha-se na pele de um produtor de grãos em Damerham. O moleiro quer toda a sua produção, então você estimula seus dois filhos a se casarem cedo e arrendarem alguns acres de você. O carroceiro, o moleiro, o padeiro, o mercador e os pastores estão todos fazendo o mesmo: pondo as crianças no negócio. A formação de famílias — que sempre tem sido tanto uma decisão econômica quanto biológica — teve um aumento notável no século XIII. A consequência dos muitos casamentos precoces foi a fecundidade. No século XIII, a população da Inglaterra parece ter dobrado, de mais de 2 milhões para algo como 5 milhões de pessoas.

Inevitável e gradativamente, o crescimento rápido da população superou a produtividade da economia. Os aluguéis inflaram e os salários murcharam: os ricos encareciam o preço da terra, enquanto os pobres recebiam os salários mais baixos. Perto de 1315, os salários reais tinham caído à metade em um século, embora por causa da formação da família a renda familiar provavelmente não estivesse caindo tão rápido quanto os salários individualmente. Por exemplo, um moleiro de Feering, em Essex,[9] nos anos 1290, concordou em reduzir seu salário à metade quando seu empregador contratou outro empregado. As probabilidades são de que o novo empregado fosse filho do moleiro e eles estivessem, simplesmente, dividindo a mesma renda dentro da família. Não obstante, enquanto as folhas de pagamento encolhiam, a demanda de bens fornecidos pelos mercadores deve ter começado a minguar. Para alimentar a população crescente, terra marginal foi arada e rendia menos grãos a cada colheita. Os retornos decrescentes predominavam. Chefes e sacerdotes predatórios não ajudavam.

Antes que muito tempo se passasse a fome era um risco real. Chegou, subitamente, nos verões úmidos de 1315 e 1317, quando as produtividades do trigo caíram a menos da metade em todo o norte da Europa.[10] As safras apodreciam nos campos; algumas pessoas eram forçadas a comer as próprias sementes de plantio de trigo. Mães abandonavam os bebês. Havia rumores de cadáveres recentes sendo retirados das prisões para serem comidos. Nos anos que se seguiram, com novas safras pobres e invernos anormalmente frios, uma morrinha fatal se espalhou entre bois famintos, e isso levou à diminuição da terra arada, exacerbando a falta de comida. A população, então, estagnou durante três décadas até a peste negra chegar, nos anos 1340, e causar um desastre no número de seres humanos. A praga retornou nos anos 1360, seguida de mais colheitas ruins e mais surtos de praga. Por volta de 1450, a população inglesa havia sido reduzida a aproximadamente ao que tinha sido em 1200.

Ainda assim, nem o *boom* do século XIII nem a falência do século XIV possam ser descritos em termos ricardianos e malthusianos simplistas.[11] A capacidade de sustentação da terra não foi muito aumentada no primeiro período pela mudança tecnológica ricardiana, nem muito diminuída no segundo pelas quedas de produtividade malthusianas. O que mudou foi a capacidade da economia, mais do que da terra, de sustentar tantas pessoas. Afinal, a peste negra não foi causada por superpopulação, mas por uma bactéria. Ironicamente, a praga pode ter sido uma das faíscas que acenderam a Renascença, porque a escassez de trabalhadores transferiu os rendimentos da renda para os salários, ao mesmo tempo que os proprietários lutavam para encontrar tanto inquilinos quanto empregados. Com os salários em alta, alguns entre os camponeses sobreviventes puderam, uma vez mais, simplesmente gastar nos luxos orientais e bons tecidos que os mercadores lombardos e hanseáticos forneciam. Houve uma irrupção de inovação financeira: notas de crédito para resolver o problema de como pagar pelos bens sem transportar prata por território de bandidos, dupla entrada nos livros de contabilidade (dever/haver), seguro. Banqueiros italianos começaram a aparecer em todo o continente, financiando reis e suas guerras, às vezes com lucro, às vezes com perda desastrosa. A riqueza que as cidades comerciais italianas geraram logo encontrou o caminho para bolsas de estudo, arte ou ciência e, no caso de Leonardo da Vinci, todos os três. A renda *per capita* inglesa era provavelmente mais alta em 1450 do que seria novamente antes de 1820.

O ponto principal é este. Em 1300, a Europa provavelmente estava em trajetória para uma revolução "industriosa" de trabalho intensivo de retornos decrescentes. Lembra-se do moleiro de Feering que dividiu seu salário ao dividir o trabalho com o filho nos anos 1290? Ou então, considere as mulheres que ganhavam a metade do que seus companheiros ganhavam quando carregavam água (para fazer argamassa) até o local de um moinho de vento em construção em Dover Castle em 1294.[12] Sem dúvida, estavam adorando ter um emprego e ganhar algum dinheiro, mas seu custo era tão pequeno que deu ao empregador um incentivo para não comprar uma carroça e um boi. Mas, em 1400, a Europa mudara parcialmente para uma trajetória "industrial" de poupar trabalho, e o padrão se repetiu após o frio e brutal século XVII, quando fome, praga e guerra uma vez mais reduziram a população europeia: em 1692-1694, cerca de 15% da população francesa morreu de fome. À diferença de Mesopotâmia, Egito, Índia, México, Peru, China e Roma, a Europa moderna, no início, se tornou intensiva em capital e não em trabalho. O capital foi usado para extrair trabalho de animais, rios e ventos, mais do que de pessoas. A Europa foi, nas palavras de Joel Mokyr, "a primeira sociedade a construir uma economia de energia não humana, mais do que nas costas de escravos e trabalhadores mal pagos".[13]

A revolução industriosa

Para imaginar o que teria acontecido com a Europa sem a peste negra, considere o caso do Japão no século XVIII. Nos anos 1600, o Japão era um país relativamente próspero e sofisticado, com uma população do tamanho da francesa e espanhola juntas e com uma forte indústria de manufaturas, especialmente produtos de papel, têxteis de algodão e armas — grande parte para exportação. Em 1592, os japoneses tinham conquistado a Coreia, levando dezenas de milhares de arcabuzes feitos em casa, copiados de modelos portugueses.[14] O Japão, não obstante, era, principalmente, uma economia agrária, com abundantes rebanhos de carneiros e cabras, muitos porcos, algum gado bovino e poucos cavalos. O arado era de uso comum, puxado por cavalos ou bois.

Por volta dos anos 1800, as fazendas de animais domésticos haviam praticamente desaparecido. Carneiros e cabras eram quase desconhecidos, equinos e bovinos, muito raros, e até porcos, poucos. Como observou a viajante Isabella Bird em 1880, "como os animais não são usados pelo leite, pela força de tração ou para alimento e não havia terras para pastagem, tanto o campo quanto as fazendas exibem um silêncio singular e uma paisagem inerte".[15] Carruagens, carroças (e até carrinhos de mão) eram escassos. Em seu lugar, a força necessária para o transporte vinha de seres humanos que carregavam bens pendurados em varas apoiadas nos ombros ou nas costas. Moinhos de água, embora a tecnologia fosse conhecida havia muito tempo, eram pouco usados; o arroz era triturado em moendas manuais, ou martinetes rombudos que pesavam como pedras, impulsionados por pedais. Era possível ouvir os homens no trabalho de bater o arroz — o que faziam nus atrás de uma cortina — durante horas, até em cidades como Tóquio; as bombas de irrigação necessárias aos campos de arroz eram, com frequência, impelidas por trabalhadores que pedalavam. Acima de tudo, o arado era praticamente desconhecido no país inteiro. Campos eram cultivados por homens e mulheres com enxadas. Onde os europeus usavam força animal, da água ou do vento, os japoneses faziam o trabalho eles próprios.[16]

O que parece ter acontecido é que, em algum momento entre 1700 e 1800, os japoneses desistiram, coletivamente, do arado em favor da enxada porque o custo de empregar pessoas era mais baixo do que o de usar animais de tração. À época, havia ocorrido um surto de rápida expansão populacional, em decorrência da alta produtividade do arroz com casca, naturalmente fertilizado pela cianobactéria fixadora de nitrogênio na água, necessitando, portanto, de pouco esterco (embora o esterco humano noturno fosse assiduamente coletado, cuidadosamente guardado e diligentemente aplicado à terra). Com alimento abundante e obstinada abordagem da higiene, a população japonesa cresceu a um ponto em que a terra era escassa, a mão de obra tornou-se muito barata, e era, literalmente, mais econômico e mais inteligente usar trabalho humano para capinar e aproveitar a terra que seria destinada à pastagem de bois ou cavalos que puxariam arados para produzir alimentos. Assim, em termos de tecnologia, os japoneses decidiram por um recuo em grau extraordinário, ocorrendo o mesmo em relação ao comércio e com suas demandas aos mercadores à medida que se tornavam mais autossuficientes. O mercado para tecnologias de todos os tipos se atrofiou. Eles desistiram até de revólveres intensivos em capital em favor de sabres intensivos em trabalho.[17] Um bom sabre japonês tinha uma lâmina de aço forte, mas flexível, de gume delicado, duro, mortalmente afiado por meio de malhação incessante.

Provavelmente a Europa chegou perto de ir pelo mesmo caminho do Japão no século XVIII. Exatamente como no século XIII, a população europeia aumentou subitamente nos anos 1700, para o que contribuíram a riqueza gerada pelo comércio local e oriental e as melhorias na agricultura. Novos cultivos, como a batata, embora sempre tratados com suspeita quando impingidos à população pelos governantes (Maria Antonieta usava flores de batata em seus chapéus e aparentemente isso ajudou a postergar a popularização do consumo do tubérculo na França por décadas), permitiram à população de alguns países prosperar, como os irlandeses. As batatas podiam ser cultivadas usando-se mais pá do que arado, e sua fantástica produtividade — mais de três vezes as calorias por acre do que o trigo ou o centeio — e alto valor nutritivo estimularam uma população muito densa. Um acre irlandês em 1840 podia produzir seis toneladas de batatas, quase tanta comida quanto um acre de arroz integral no delta do Yangtzé. (*Sir* William Petty, lamentando a preguiça dos escoceses em 1691, culpou a batata: "Que necessidade eles têm de trabalhar se podem contentar-se com batatas por meio das quais o trabalho de um homem pode alimentar quarenta?"[18] Adam Smith pediu para discordar, dando à batata o crédito por Londres ter "os homens mais fortes e talvez as mulheres mais belas dos domínios britânicos".)[19] Na época, um trabalhador inglês precisava de 20 acres para cultivar seu pão e queijo. Até os anos 1800, os agricultores de subsistência na Irlanda não apenas dependiam principalmente da força dos músculos para cultivar e transportar, como estavam "fora do mercado", consumindo muito poucos bens manufaturados por falta de renda disponível. (Donos de terra ingleses predatórios não ajudavam.) À medida que o tamanho do canteiro de batata de cada família encolhia, a Irlanda se tornava um desastre malthusiano iminente, antes mesmo que a fome *Phytophthora** de 1845 matasse um milhão de pessoas e levasse mais um milhão para os Estados Unidos. Também nas terras altas escocesas o *boom* populacional dos anos 1700 causou um recuo para a subsistência, ou para pequenas propriedades. Só uma grande "remoção", ou emigração para os Estados Unidos e Austrália, altamente forçada e altamente ressentida até os dias de hoje, aliviou a pressão malthusiana.

A Dinamarca também seguiu o caminho do Japão por um tempo. Os dinamarqueses responderam às crescentes restrições ecológicas no século XVIII pela intensificação do trabalho agrícola. Eles baniram o gado das florestas para

---

*Fungo que infestou a cultura de batata irlandesa, causando fome em massa de 1845 a 1847. [*N. da T.*]

proteger o futuro suprimento de combustível, o que aumentou o preço do esterco. Para manter a fertilidade do solo, trabalhavam (extraordinariamente) duro na construção de diques, no cultivo de trevos e na adubação com marga (cavando laboriosamente e espalhando visgo e barro no subsolo para neutralizar e liberar nutrientes dos solos arenosos ou ácidos). As horas de trabalho aumentaram em mais de 50%. Por volta dos anos 1800, a Dinamarca se tornara um país prisioneiro de sua própria autossuficiência.[20] Seu povo estava tão ocupado na agricultura que não sobrava ninguém para outras indústrias, e poucos tinham renda disponível para consumir produtos manufaturados. Os padrões de vida estagnaram, reconhecidamente num nível relativamente decente. Finalmente, no fim do século XIX, a industrialização dos vizinhos criou mercado para as exportações agrícolas dinamarquesas, e estas lentamente elevaram os padrões de vida dos dinamarqueses.

A excepcionalidade britânica

O destino britânico foi escapar da quase armadilha malthusiana, na qual Japão, Irlanda e Dinamarca caíram. As razões são muitas e discutíveis, mas aqui vale a pena observar um surpreendente fator demográfico. A Grã-Bretanha, mais que qualquer outro país, se preparou sem querer para a vida industrial de forma humana, elementar. Durante séculos — excluindo os aristocratas (que deixaram poucos herdeiros porque morriam de queda de cavalo) —, os relativamente ricos tinham mais filhos que os relativamente pobres. Em média, um comerciante na Grã-Bretanha que deixava £1.000 em seu testamento tinha quatro filhos sobreviventes, enquanto um trabalhador que deixava £10 tinha apenas dois — isso aconteceu por volta de 1600, mas o diferencial era semelhante em outras épocas.[21] Tal reprodução diferenciada aconteceu na China também, mas em extensão muito menor. Como houve um aumento pequeno ou nenhum aumento no padrão de vida entre 1200 e 1700, essa supernatalidade dos ricos significou que havia constante mobilidade para baixo. Gregory Clark mostrou, a partir de registros legítimos, que sobrenomes raros de pobres sobreviveram muito menos que sobrenomes raros de ricos.

Por volta de 1700, portanto, a maioria dos pobres na Grã-Bretanha descendia, na verdade, dos ricos. Eles, provavelmente, haviam levado consigo para as classes trabalhadoras muitos dos hábitos e costumes dos ricos: alfabetização, por exemplo, habilidade para a aritmética e, talvez, diligência ou prudência financeira. Essa teoria explica especialmente bem, de outra forma intrigante, a alta da alfabetização durante o início do período moderno. Também pode explicar o firme declínio da violência. As chances de se ser vítima de homicídio na Inglaterra caíram de 0,3 por 1.000 em 1250 para 0,02 por 1.000 em 1800: era 10 vezes mais provável alguém ser morto no período anterior.

Por mais fascinante que possa ser essa descoberta demográfica, ela não pode explicar inteiramente a Revolução Industrial. O mesmo não era nem parecido na Holanda em seus anos dourados; e seria difícil explicar a rápida e bem-sucedida industrialização chinesa depois de 1980 — na esteira de uma política de assassinato deliberado e humilhação dos literatos e burgueses na Revolução Cultural.

O que a Europa obteve depois de 1750 — unicamente, precariamente, inesperadamente — foi uma crescente divisão do trabalho que significou que cada pessoa podia produzir mais a cada ano e, portanto, consumir mais a cada ano, o que criava demanda para mais produção ainda. Duas coisas, diz o historiador Kenneth Pomeranz, foram vitais para a façanha da Europa: o carvão e os Estados Unidos. A razão básica para que a decolagem econômica da Grã-Bretanha prosseguisse e a dos chineses — ou, por falar nisso, dos holandeses, italianos, árabes, romanos, maurianos, fenícios ou mesopotâmicos — não foi porque os britânicos tivessem escapado do destino malthusiano. As terras cultiváveis de que precisavam para prover a si mesmos de milho, açúcar, chá e combustível simplesmente continuaram a se materializar em outros lugares. Aqui estão os números de Pomeranz: por volta de 1830, a Grã-Bretanha tinha 17 milhões de acres de terra arável, 25 milhões de acres de terras de pastagem e menos de 2 milhões de acres de florestas. Mas o açúcar que consumia das Índias Ocidentais era equivalente (em calorias) à produção de, pelo menos, outros 2 milhões de acres de trigo; madeira do Canadá equivalente a outro milhão de acres de florestas; algodão das Américas equivalente à lã produzida em espantosos

23 milhões de acres de terras de pastagem, e carvão do subsolo equivalente a 15 milhões de acres de florestas. Sem esses "acres fantasmas", a Revolução Industrial da Grã-Bretanha, que mal começava a elevar os padrões de vida em 1830, já teria se interrompido por falta de calorias, algodão ou carvão.

Não apenas os Estados Unidos mandavam de volta seus produtos agrícolas; eles também foram uma válvula de escape para a emigração, aliviando a pressão malthusiana da explosão populacional induzida pela industrialização. A Alemanha, em particular, quando se industrializou rapidamente no século XIX, viu um enorme aumento na taxa de natalidade, mas uma inundação de emigrantes para os Estados Unidos impediu a divisão da terra entre múltiplos herdeiros e o retorno à pobreza e à autossuficiência que afligira o Japão dois séculos antes.

Quando experimentou um *boom* populacional no início do século XX, a Ásia não tinha a válvula de segurança da emigração. Na verdade, os países ocidentais fecharam a porta, firme e deliberadamente, aterrorizados com o "perigo amarelo", que podia, de outra forma, rumar em sua direção. O resultado foi um típico aumento malthusiano da autossuficiência. Por volta de 1950, China e Índia viviam um surto de pobres lavouras de subsistência.

A transição demográfica

É difícil recordar hoje exatamente como eram coercitivas as políticas populacionais incitadas pelos especialistas em meados do século XX. Quando Joseph Califano, consultor do presidente Lyndon Johnson, sugeriu uma ampliação da ajuda humanitária para aliviar a fome antes de uma visita de Indira Ghandi aos Estados Unidos, Johnson supostamente replicou que não ia "desperdiçar recursos de assistência com nações que se recusam a enfrentar os próprios problemas populacionais".[22] Garrett Hardin, em seu famoso ensaio *The Tragedy of the Commons* [A tragédia dos comuns][23] (atualmente considerado uma obra referente à ação coletiva, mas, na verdade, um longo argumento em favor do controle forçado da natalidade), achava a "liberdade para procriar intolerável", a coerção "uma necessidade" e que "o único modo de podermos preservar e nutrir outras e mais preciosas liberdades é renunciar à liberdade para procriar, e isso muito em breve". O ponto de vista de Hardin era quase universal.[24] "Adicionar um esterilizador à água potável ou aos alimentos de consumo maciço é uma sugestão que parece horrorizar mais as pessoas do que a maior parte das propostas para controle da fertilidade involuntária", escreveram John Holdren (agora consultor científico do presidente Obama) e Paul e Anne Herlich em 1977,[25] mas não para preocupar: "Concluiu-se que as leis para controle compulsório da natalidade, até as leis que requerem aborto compulsório, poderiam ser toleradas sob a Constituição existente se a crise populacional se tornar severa o bastante para colocar a sociedade em risco." Todas as pessoas honradas concordaram, como concordam com tanta frequência, que a ação governamental impositiva era necessária: as pessoas devem obedecer à ordem ou, ao menos, ser subornadas para aceitar a esterilização e punidas por recusá-la.

Foi exatamente o que aconteceu. Instigada por governos ocidentais e grupos de pressão como a International Planned Parenthood Foundation, a esterilização forçada tornou-se padrão em muitas regiões da Ásia nos anos 1970. Os dispositivos intrauterinos como o "escudo Dalkon", objeto de processos judiciais nos Estados Unidos devido às dúvidas sobre os riscos de seu uso, foram comprados maciçamente pelo governo federal americano e embarcados para a Ásia. Mulheres chinesas foram retiradas à força de casa para serem esterilizadas. Aplaudido pelo Banco Mundial de Robert McNamara, Sanjay Gandhi, o filho da primeira-ministra indiana, conduziu uma vasta campanha de recompensa e coerção para forçar 8 milhões de indianos pobres a aceitar vasectomias.[26] Num episódio, contado pelo historiador Matthew Connely, a cidade de Uttawar foi cercada pela polícia e todos os homens qualificados foram esterilizados. Em resposta, uma multidão se reuniu para defender a aldeia próxima de Pipli, mas a polícia abriu fogo sobre a multidão, matando quatro pessoas. O governo jamais apresentou desculpas oficiais. Nessa guerra contra a "poluição populacional" a força era justificável: "Se excessos se tornarem visíveis, não me culpem... Gostem ou não, haverá pessoas mortas." Finalmente, as políticas de Sanjay Gandhi mostraram-se tão impopulares que sua mãe perdeu a eleição por esmagadora maioria em 1977, e o planejamento familiar foi tratado com profunda suspeita durante muitos anos depois disso.

Mas a tragédia é que essa coerção exercida pelo governo não foi apenas contraproducente; foi desnecessária. As taxas de natalidade em todo o continente asiático já estavam caindo rápido, e muito voluntariamente, nos anos 1970. Caíam com igual rapidez e na mesma medida — sem coerção. Assim que sentiu a prosperidade oriunda do comércio, a Ásia experimentou precisamente a mesma transição para taxas de natalidade mais baixas que a Europa experimentara antes.

Bangladesh é hoje o país mais densamente povoado do mundo, com mais de 1.000 habitantes por quilômetro quadrado; tem população superior à da Rússia vivendo numa área menor que a da Flórida. Em 1955, Bangladesh tinha uma taxa de natalidade de 6,8 crianças por mulher.[27] Cinquenta anos depois, a taxa caíra para menos da metade, 2,7 crianças por mulher. Se seguir a tendência atual, a população de Bangladesh logo cessará completamente de crescer. Sua vizinha Índia viu queda similar de fecundidade, de 5,9 para 2,6 crianças por mulher. No Paquistão, a taxa de natalidade não começou a cair senão em meados dos anos 1980, mas seu declínio tem surpreendido os vizinhos: em apenas vinte anos, passou para 3,2 crianças por mulher — a metade do que era. Esses três países respondem por cerca de um quarto da população mundial. Se não tivessem visto suas taxas de natalidade declinarem tão rápido, o *boom* da população mundial teria se tornado ensurdecedor.

No entanto, esses não são casos isolados. Em todo o mundo, as taxas de natalidade estão caindo. Não há país que registre uma taxa de natalidade maior do que a que tinha em 1960, e, no mundo em desenvolvimento em geral, as taxas de natalidade caíram aproximadamente à metade. Até 2002, as Nações Unidas, quando projetavam a futura densidade da população mundial, partiam do princípio de que as taxas de natalidade nunca cairiam abaixo de 2,1 crianças por mulher na maioria dos países: essa é a "taxa de reposição populacional", e considera que cada mulher produzirá bebês suficientes para substituí-la e ao marido, com 0,1 bebê acrescentado para cobrir as mortes infantis e contrabalançar a leve tendência pró-homem entre os nascidos. Mas, em 2002, as Nações Unidas mudaram sua pressuposição quando se tornou claro que, país após país,

Escapando da armadilha de Malthus: a população depois de 1200 | 211

o declínio dos nascimentos passou direto pelo nível 2,1 e continuou a cair. Na verdade, essas taxas podem diminuir mais ainda à medida que o efeito da família pequena se ajusta. Quase metade do mundo tem agora fertilidade abaixo da taxa de reposição. A taxa de natalidade do Sri Lanka, de 1,9, já está bem abaixo do nível de reposição. A população da Rússia está caindo tão rápido que será um terço menor em 2050 do que era em seu pico, no início dos anos 1990.

Essas estatísticas surpreendem você? Todos sabem que a população do mundo está crescendo. Mas um número notavelmente pequeno de pessoas parece saber que a taxa de aumento da população mundial vem caindo desde o início dos anos 1960, e que o número bruto de novas pessoas adicionadas a cada ano vem caindo desde o fim dos anos 1980. Como diz o ambientalista Stewart Brand, "muitos ambientalistas ainda não ouviram falar nisso. Em todo o mundo, as taxas de natalidade estão em queda livre. (...) Em todas as partes de todos os continentes e em todas as culturas (até na mórmon), as taxas de natalidade estão de cabeça para baixo. Elas atingem a taxa de reposição e continuam a cair".[28] Isso acontece a despeito de as pessoas viverem mais e, assim, expandirem as fileiras da população mundial por mais tempo e a despeito do fato de os bebês não estarem mais morrendo com a frequência com que o faziam no início do século XX. O crescimento da população está diminuindo mesmo quando as taxas de mortalidade caem.

Francamente, isso é um bocado de sorte. Se continuasse a transformar riqueza em mais bebês como fez por tantos séculos, a raça humana acabaria por lamentar isso. Quando tudo levava a crer que a população mundial chegaria aos 15 bilhões em 2050 e continuaria a subir depois disso, existia um risco muito palpável de que não seria possível alimentar essa população e dispor de água para todos, ao menos não enquanto se dependesse de *habitats* naturais. Mas agora que até a melhor estimativa das Nações Unidas é de que a população mundial provavelmente comece a cair quando chegar aos 9,2 bilhões em 2075, as perspectivas são de que se possa continuar a alimentar o mundo para sempre. Afinal, já existem 6,8 bilhões na Terra, e as pessoas ainda se alimentam cada vez melhor a cada década. Faltam apenas 2,4 bilhões.

Pense nisso dessa forma. Depois que a população mundial chegou ao seu primeiro bilhão em (melhor palpite) 1804, a raça humana teve outros 123 anos para planejar como alimentar o outro bilhão, tendo o marco de 2 bilhões sido atingido em 1927. Os próximos bilhões levaram 33, 14, 13 e 12 anos, respectivamente, para chegar. Mas, apesar da aceleração do passo, o suprimento mundial de alimentos em calorias *per capita* melhorou muito. A velocidade em que os bilhões são acrescentados está caindo agora. Os 7 bilhões de pessoas não serão atingidos até 2013, 14 anos após o sexto bilhão, o oitavo bilhão virá 15 anos depois, e o nono bilhão, outros 26 anos depois. Agora se prevê oficialmente que o décimo bilhão não virá nunca, em absoluto.

Em jargão técnico, o mundo inteiro está experimentando a segunda metade de uma "transição demográfica"[29] de alta mortalidade e alta fertilidade para baixa mortalidade e baixa fertilidade. É um processo que ocorreu em muitos países, a começar pela França no fim do século XVIII e depois se espalhou para a Escandinávia e a Grã-Bretanha no século XIX e para o resto da Europa no início do século XX. A Ásia começou a seguir o mesmo caminho nos anos 1960, a América Latina nos anos 1970 e a maior parte da África nos anos 1980. É agora um fenômeno mundial: com exceção do Cazaquistão, não existe país onde a taxa de mortalidade esteja alta e continue a subir. O padrão é sempre o mesmo: a mortalidade cai em primeiro lugar, causando um *boom* populacional; então, algumas décadas depois, a fecundidade cai súbita e rapidamente. Normalmente, leva uns 15 anos para a taxa de natalidade cair em torno de 40%. Até o Iêmen, o país com a maior taxa de natalidade do mundo durante a maior parte dos anos 1970, com uma média de quase nove bebês por mulher, fez o número cair à metade. Quando começa num país, a transição demográfica atinge todos os níveis da sociedade praticamente ao mesmo tempo.

Nem todos viram a transição demográfica chegar, mas alguns, sim. Quando escreveu um livro em 1973, argumentando que a transição demográfica já estava reduzindo as taxas de natalidade asiáticas, o jornalista John Maddox foi tratado com uma explosão de condescendência por Paul Ehrlich e John Holdren:[30]

O mais sério dos muitos erros demográficos de Maddox é a invocação de uma "transição demográfica" como a cura para o crescimento populacional na Ásia, África e América Latina. Ele espera que as taxas de natalidade de lá caiam, da mesma forma que caíram em muitos países desenvolvidos após a Revolução Industrial. Como não é provável que a maioria dos países subdesenvolvidos tenha uma revolução industrial, essa parece uma opinião otimista, na melhor das hipóteses. Mas, mesmo que essas nações seguissem aquele curso, começando imediatamente, o crescimento de sua população continuaria por bem mais de um século — produzindo, talvez, no ano 2010, uma população mundial de 20 bilhões.

Raramente um parágrafo se mostrou tão errado em tão pouco tempo.

Um fenômeno inexplicado

Ninguém sabia de fato como explicar esse fenômeno misteriosamente previsível. A teoria da transição demográfica é um campo esplendidamente confuso.[31] A queda da taxa de nascimentos parece, em grande medida, uma reação de baixo para cima que emerge por evolução cultural, se espalha no boca a boca e não pode ser comandada por decreto ou ordem. Nem os governos, nem as igrejas podem levar muito crédito por isso. Afinal, a transição demográfica europeia aconteceu no século XIX sem nenhum estímulo oficial, ou até mesmo conhecimento por parte das instituições. No caso da França, aconteceu apesar do estímulo das políticas de governo de estímulo à reprodução. Igualmente, a transição moderna começou sem nenhuma política de planejamento familiar em muitos países, especialmente na América Latina. O declínio altamente forçado da taxa de natalidade da China ("uma criança") desde 1955 (de 5,59 para 1,73 criança ou 69%) é espelhado pelo ocorrido no Sri Lanka, em grande parte voluntário e durante o mesmo período (5,70 para 1,88, ou 67%). Quanto à religião, a queda repentina da taxa de natalidade (agora de 1,3 criança por mulher) na Itália, no quintal do papa, parece sempre moderadamente divertida para os não católicos. A precaução do aconselhamento tendo em vista o planejamento familiar certamente ajuda, e em partes da Ásia pode ter acelerado a transição, mas, no geral, parece ajudar as mulheres de qualquer forma e de maneira barata e fácil a conseguir o que querem. O começo da transição demográfica britânica nos anos 1870 coincidiu com a publicação de livros sobre contracepção que se tornaram bastante populares, como os de Annie Besant e Charles Bradlaugh — mas o que causou o quê?

Então, qual poderia ser a causa desses episódios em que se registram extraordinários decréscimos na fecundidade humana? No topo da lista das explicações está, paradoxalmente, a queda da taxa de mortalidade infantil. Quanto mais é provável que os bebês morram, mais seus pais geram crianças. Só quando as mulheres estão tranquilas quanto à expectativa de sobrevivência de seus bebês é que, de fato, planejam e completam suas famílias mais do que ficam apenas dando à luz. Esse fato notável parece muito pouco conhecido. A maioria dos ocidentais educados parece pensar, com bastante racionalidade, que manter bebês vivos em países pobres é apenas tornar o problema populacional pior e isso... Bem, a implicação, em geral, não é dita em voz alta... Jeffrey Sachs diz que, em "incontáveis ocasiões", após uma palestra, um membro da audiência "sussurrou" para ele: "se salvarmos todas aquelas crianças, elas não irão simplesmente morrer de fome quando adultas?"[32] Resposta: não. Se conseguirmos evitar a morte de crianças, as pessoas terão famílias menores. Na Nigéria ou no Afeganistão na primeira década do século XXI, onde mais de 15 crianças em 100 morrem antes do primeiro ano de vida, a mulher média levará a termo sete gravidezes durante a vida; no Nepal ou na Namíbia, onde menos de cinco bebês em cada 100 morrem, a mulher média dá à luz três vezes. Mas a correlação não é exata. A Birmânia (atual Mianmar) tem duas vezes a taxa de mortalidade infantil e metade da taxa de natalidade da Guatemala, por exemplo.

Outro fator é a riqueza. Ter mais renda significa que você pode sustentar mais bebês, mas também significa que você pode sustentar mais luxos para distraí-lo de dar à luz constantemente. Crianças são consumidoras de bens, mas também bastante consumidoras de tempo e exigentes se comparadas com, digamos, automóveis. A transição parece acionar a redução da natalidade à medida que os países enriquecem, mas não existe um nível exato de renda em que ela acontece, e os pobres e os ricos de qualquer país começam a reduzir sua taxa de natalidade mais ou menos ao mesmo tempo. Uma vez mais, há exceções: o Iêmen tem quase duas vezes a taxa de natalidade e quase duas vezes a renda *per capita* do Laos.

É a emancipação feminina? Certamente, a correlação entre a difundida educação feminina e a baixa taxa de natalidade é bastante estreita, do mesmo modo que a alta fecundidade de muitos países árabes deve, em parte, refletir a relativa falta de controle das mulheres sobre suas próprias vidas. Estimular a escolarização feminina é provavelmente, e de longe, a melhor política para reduzir a população.[33] Em termos evolucionários, é plausível que, na espécie humana, as mulheres queiram ter relativamente poucos filhos e lhes dar uma educação de alta qualidade, enquanto os homens gostam de ter muitos filhos e se importam menos com a qualidade da educação. Então, a outorga de poder às mulheres por meio da educação lhes dá o controle. Mas existem exceções aqui também: 90% das meninas completam a escola fundamental no Quênia, que tem duas vezes a taxa de natalidade do Marrocos, onde apenas 72% das meninas completam a educação fundamental.

É a urbanização? Certamente, à medida que as pessoas se afastam das fazendas, onde as crianças podem ajudar no trabalho nos campos, e vão para as cidades, onde os gastos com moradia são mais altos e os empregos fora de casa não permitem manter os filhos por perto, elas começam a achar que famílias grandes são uma desvantagem. As cidades em sua maioria são — e sempre têm sido — lugares onde as taxas de mortalidade excedem as de natalidade. A imigração equilibra os números. Mas essa não pode ser a história toda: a Nigéria é duas vezes mais urbanizada e duas vezes mais fecunda que Bangladesh.

Em outras palavras, o melhor que pode ser dito com certeza sobre a transição demográfica é que as taxas de natalidade declinam à medida que as populações ficam mais saudáveis, mais ricas, mais bem-educadas, mais urbanizadas e mais emancipadas. Uma mulher típica provavelmente raciocina desta maneira: agora que sei que meus filhos provavelmente não vão morrer de doença, não preciso ter tantos filhos; agora que posso conseguir um emprego para sustentar essas crianças, não quero interromper demais minha carreira; agora que tenho educação e um contracheque, posso controlar a contracepção; agora que a educação pode dar aos meus filhos empregos não agrícolas, terei apenas os filhos que puder sustentar na escola; agora que posso comprar bens de consumo, tomarei cuidado para não diluir minha renda numa família grande demais; agora que vivo numa cidade, vou planejar minha família. Ou alguma combinação de pensamentos como esses. E ela será estimulada pelo exemplo de outros e pelo acesso facilitado a clínicas de planejamento familiar.

Argumentar que a transição demográfica é antes um fenômeno misterioso, evolucionário, natural, do que o resultado de uma política de governo bem-sucedida não é dizer que não se pode dar uma ajuda. Se a lenta queda da taxa de natalidade da África pudesse ser acelerada, haveria muitos dividendos em termos de bem-estar. Um programa corajoso, impulsionado pela filantropia, ou até com a ajuda do governo —[34] mas não vinculado ao ensino da abstinência sexual —, para reduzir a mortalidade infantil em países como Nigéria e, assim, levar adiante a redução do tamanho da família e espalhar a novidade do planejamento familiar nas aldeias rurais poderia significar que a África teria menos 300 milhões de bocas para alimentar em 2050 do que agindo de outra maneira. No entanto, os políticos deveriam ter cuidado para não repetir na África a brutalidade magnânima que a Ásia experimentou nos anos 1970.

É um tanto ofensivo para a *intelligentsia* aceitar que o consumo e o comércio poderiam ser amigos do controle populacional, ou que é quando "entram no mercado" como consumidoras que as pessoas planejam a família — isso não é o que a maioria dos professores marquetófobos que pregam o ascetismo anticapitalista desejam ouvir. Embora a relação esteja lá, e seja forte. Seth Norton encontrou taxas de natalidade duas vezes mais altas em países com pouca liberdade econômica (média de 4,27 crianças por mulher) em comparação com países de alta liberdade econômica (média de 1,82 criança por mulher).[35] Além disso, há uma exceção muito nítida que prova essa regra. As seitas anabatistas da América do Norte,[36] os huteritas e menonitas, resistiram grandemente à transição demográfica; em outras palavras, eles têm famílias grandes. Isso foi alcançado a despeito — ou talvez por causa — de uma ênfase ascética nos papéis da família, que os imunizou contra a difusão de *hobbies* que consomem muito tempo (incluindo a educação superior) e o gosto por bugigangas caras.

Que conclusão feliz. Os seres humanos são uma espécie que para suas próprias expansões populacionais quando a divisão do trabalho chega a um ponto em que os indivíduos estão todos comerciando bens e serviços uns com os outros, mais do que tentando ser autossuficientes. Quanto mais interdependentes nos tornarmos e em melhor situação ficarmos, mais a população se estabilizará bem dentro dos recursos do planeta. Como diz Ron Bailey, em completa contradição com Garrett Hardin: "Não há necessidade de impor medidas coercitivas de controle populacional; a liberdade econômica, na verdade, gera uma mão invisível e benigna de controle da população."[37]

A maioria dos economistas agora está mais preocupada com os efeitos de implodir populações do que de explodi-las. Os países com taxa de natalidade muito baixa têm força de trabalho que envelhece rapidamente. Isso significa cada vez mais pessoas idosas comendo a poupança e os impostos de cada vez menos pessoas em idade produtiva. Eles estão certos em ficar preocupados, mas estariam errados em se tornar apocalípticos. Afinal, os de 40 anos certamente ficarão mais felizes em continuar a operar computadores quando estiverem com 70 anos do que os que têm 70 anos hoje estão em continuar a trabalhar com máquinas operatrizes. E, uma vez mais, o otimista racional pode trazer algum conforto. A última pesquisa revela uma segunda transição demográfica, na qual os países muito ricos veem um pequeno aumento de sua taxa de natalidade quando ultrapassam certo nível de prosperidade. Os Estados Unidos, por exemplo, viram sua taxa de natalidade chegar ao ponto mais baixo em 1,74 criança por mulher em 1976; desde então, ela subiu para 2,05. As taxas de natalidade vêm crescendo em 18 dos 24 países que têm Índice de Desenvolvimento Humano maior do que 0,94. As intrigantes exceções são países como Japão e Coreia do Sul, que continuam a ver o declínio de sua taxa de natalidade. Hans-Peter Kohler, da Universidade da Pennsylvania, coautor do novo estudo, acha que esses países demoram em dar às mulheres melhores condições para uma vida de trabalho equilibrada à medida que enriquecem.[38]

Então, de modo geral, as notícias sobre a população mundial dificilmente poderiam ser melhores, embora seria ideal se os aperfeiçoamentos viessem com mais rapidez. As explosões estão desaparecendo; e os declínios, chegando ao fundo do poço. Quanto mais prósperas e livres as pessoas forem, mais suas taxas de natalidade se acomodarão em torno de duas crianças por mulher sem necessidade de coação. Agora, isso é ou não uma boa notícia?

7
Libertação dos escravos: a energia após 1700

Com carvão, quase toda façanha é possível ou fácil; sem ele, somos atirados de volta na laboriosa pobreza dos primeiros tempos.

STANLEY JEVONS
The Coal Question[1]

Em 1807, quando o Parlamento em Londres se preparava para, finalmente, aprovar a lei William Wilberforce para abolir o tráfico de escravos, o maior complexo fabril do mundo acabava de ser inaugurado em Ancoats, em Manchester. Movimentado a vapor e iluminado a gás, ambos gerados pelo carvão mineral, Murrays' Mills atraiu visitantes curiosos de todo o país e de fora que se maravilhavam com seu moderno maquinário. Existe uma ligação entre esses dois eventos. A indústria de algodão de Lancashire, movimentada pela força da água, estava sendo rapidamente convertida para usar o carvão mineral. O mundo seguiria o exemplo, e, perto do fim do século XX, 85% de toda a energia usada pela espécie humana viria de combustíveis fósseis. Foram os combustíveis fósseis que finalmente tornaram a escravidão — ao lado da tração animal, da madeira, do vento e da água — antieconômica. A ambição de Wilberforce seria mais difícil de se realizar sem combustíveis fósseis. "A História apoia essa verdade", escreve o economista Don Boudreaux:[2] "O capitalismo exterminou a escravidão."

A história da energia é simples. Era uma vez um tempo em que todo o trabalho era feito por pessoas, para elas mesmas, usando seus próprios músculos. Depois veio um tempo em que algumas pessoas conseguiram outras pessoas para fazer o trabalho por elas, e o resultado foram pirâmides e lazer para poucos, trabalho penoso e esgotamento para a multidão. Depois houve uma gradativa progressão de uma fonte de energia para outra: humana para animal, para água, para vento, para combustível fóssil. Em cada caso, o volume de trabalho que um homem podia fazer para outro era amplificado pelo animal ou pela máquina. O império romano foi grandemente construído com o poder muscular humano, na forma de escravos. Foram Spartacus e seus amigos que construíram as estradas e as casas, que aravam a terra e pisavam as uvas. Havia cavalos, forjas e navios a vela também, mas a principal fonte de watts em Roma eram as pessoas. O período que se seguiu ao império romano, especialmente na Europa, viu a difusão da substituição daquele poder muscular humano pelo poder muscular dos animais. O início das Idades Médias europeias foi a idade do boi. A ideia de produzir e estocar forragem como alimento para os animais capacitou os europeus do norte a manter o gado alimentado nos invernos, quando a neve cobre as pastagens. Suspeita-se que os escravos foram substituídos por animais muito mais em função de praticidade do que de compaixão. Os bois comem alimentos mais simples, queixam-se menos e são mais fortes do que os escravos. Os bois precisam pastar, então essa civilização precisava basear-se mais em aldeias do que em cidades. Com a invenção dos arreios para o cavalo, os bois, então, deram lugar aos cavalos, que podem arar a uma velocidade quase duas vezes maior do que a de um boi, dobrando, assim, a produtividade de um homem e capacitando cada agricultor tanto a alimentar mais pessoas como a gastar mais tempo consumindo o trabalho de outro. Na Inglaterra, os cavalos eram 20% dos animais de tração em 1086, e 60% em 1574.[3]

Em seguida, bois e cavalos logo foram sendo substituídos por energia inanimada. O moinho movido a água, conhecido dos romanos, mas comparativamente pouco usado, tornou-se tão comum nas Idades Médias que, à época do Domesday Book* (1086), havia um para cada 50 pessoas, no sul da Inglaterra.[4] Duzentos anos mais tarde, o número de moinhos de água havia dobrado novamente. Perto de 1300, havia 68 moinhos de água numa única milha do Sena em Paris, e outros flutuando em barcaças.

A ordem monástica cisterciense levou o moinho de água ao zênite tecnológico, não apenas mediante melhorias e aperfeiçoamentos, como pela supressão agressiva com ações judiciais dos moinhos rivais movidos a tração animal. Com engrenagens, cames e martinetes, usavam a água para atingir múltiplos fins. Em Clairvaux,[5] por exemplo, a água do rio primeiro girava a roda do moinho para moer o grão, depois sacudia a peneira para separar farinha de farelo, depois enchia os tonéis para fazer cerveja, depois movimentava os martelos dos pisoadores contra o tecido cru, depois escorria para dentro do curtume e, finalmente, era direcionada para onde podia lavar a sujeira.

O moinho de vento apareceu primeiro no século XII e se espalhou rapidamente pelos Países Baixos, onde a energia da água não era uma opção. Foi a turfa, mais que o vento, que deu ao povo holandês o poder de se tornar a oficina do mundo nos anos 1600.[6] Turfa cavada em vasta escala de pântanos recém-drenados fornecia energia para indústrias de tijolos,

---

*Livro de cadastramento das terras inglesas, encomendado por Guilherme, o Conquistador. [N. da T.]

cerâmica, cerveja, sabão, sal e açúcar. Harlem branqueava linho para toda a Alemanha. Numa época em que madeira era escassa e dispendiosa, a turfa deu ao povo holandês sua oportunidade.

Feno, água e vento são formas de obter energia do sol: o sol fornece energia para as plantas, a chuva e o vento. A madeira é uma forma de estoque de energia solar depositada em décadas anteriores — em capital solar, por assim dizer. A turfa é um estoque de luz solar mais antigo — capital solar depositado durante milênios. E o carvão mineral, cujo alto conteúdo de energia capacitou os britânicos a superar os holandeses, é luz solar ainda mais antiga, a maior parte captada cerca de 300 milhões de anos antes. O segredo da Revolução Industrial foi mudar da energia solar da época para energia solar estocada. Não que a força muscular do homem desaparecesse: a escravidão continuou, na Rússia, no Caribe e nos Estados Unidos, assim como em muitos outros lugares. Porém, gradativamente, mais e mais bens que as pessoas faziam eram feitos com energia fóssil.

O desencadear da Revolução Industrial não pode ser explicado apenas pelos combustíveis fósseis. No entanto, são, de fato, o que explica a sua continuidade. Uma vez que os combustíveis fósseis participaram dela, o crescimento econômico decolou, de verdade, e tornou-se quase infinitamente capaz de detonar o teto malthusiano e elevar os padrões de vida. Só então o crescimento se tornou, em uma palavra, sustentável. Isso leva a uma ironia chocante. Estou a ponto de argumentar que o crescimento econômico só se tornou sustentável quando começou a depender de energia não renovável, não verde, não limpa. Todos os *booms* econômicos da história, de Uruk em diante, terminaram em fracasso porque as fontes renováveis de energia se esgotaram: madeira, terra para cultura de grãos, pastagem, trabalho, água, turfa. Todas autorrenováveis, mas com demasiada lentidão e facilmente exauridas por uma população que se expande. O carvão mineral não apenas não acabou, não importa o quanto tenha sido usado: na verdade, tornou-se mais barato e mais abundante com a passagem do tempo, em marcante contraste com o carvão vegetal, que sempre se tornou mais dispendioso quando seu uso cresceu além de certo ponto, pela simples razão de que as pessoas têm de ir mais longe para buscar madeira. Se a Inglaterra nunca tivesse usado carvão mineral, ainda poderia ter tido um milagre industrial de tipo inferior, porque poderia (e o fez) usar a força da água para movimentar bastidores e teares que tornaram Lancashire a capital mundial do algodão. Mas a força da água, embora renovável, é finita, e o *boom* industrial britânico teria se extinguido quando a expansão se tornasse impossível, a pressão populacional tivesse superado a demanda e os salários caíssem, deprimindo a demanda.

Não se está sugerindo que as fontes não renováveis são infinitas — naturalmente que não. O oceano Atlântico não é infinito, mas isso não significa que você tenha de se preocupar em cair com um baque no chão da ilha de Newfoundland, no Canadá, se sair remando um bote de uma baía na Irlanda. Algumas coisas são finitas, mas vastas; algumas coisas são infinitamente renováveis, mas muito limitadas. Recursos não renováveis como o carvão mineral são suficientemente abundantes para permitir a expansão da atividade econômica e da população a ponto de poderem gerar riqueza sustentável para todas as pessoas do planeta sem chegar a um máximo malthusiano e, depois, entregar o bastão para outra forma de energia. A clareza ofuscante dessa percepção ainda me espanta: podemos construir uma civilização em que todos vivam a vida de Sun King, porque todos são servidos (e servem) por 1.000 servos, e o serviço de cada um deles é amplificado por extraordinários volumes de energia inanimada e cada um também vive como Sun King. Tratarei nos próximos capítulos das muitas objeções que os ambientalistas pessimistas vão levantar, inclusive a questão da capacidade não renovável da atmosfera de absorver dióxido de carbono.

Mais ricos ainda e mais ricos

Antes de afirmar que os combustíveis fósseis, ao movimentar pistões e dínamos, tornaram possível a vida moderna, primeiro uma digressão sobre padrões de vida. A industrialização realmente os melhorou? Ainda existem pessoas por aí, incluindo, ao que parece, aquelas que escreveram os livros nos quais meus filhos aprendem história, que seguem Karl Marx na crença de que a Revolução Industrial rebaixou os padrões de vida para a maioria ao meter à força caipiras felizes e desavisados em moinhos satânicos e cortiços poluídos, onde trabalhavam até o esgotamento e morriam prematuramente de tuberculose. É realmente necessário destacar que pobreza, desigualdade, trabalho infantil, doença e poluição existiam antes dessas fábricas? No caso da pobreza, o indigente rural de 1700 estava em situação marcantemente pior do que o indigente pobre de 1850, e havia muitos mais como ele. Na pesquisa de Gregory King da população britânica em 1688, 1,2 milhão de trabalhadores vivia com apenas £4 por ano, e 1,3 milhão de "trabalhadores rurais" — camponeses —, com apenas £2 por ano.[7] Ou seja, metade da população de toda a nação vivia em pobreza abjeta; sem as obras de caridade, morreriam de fome. Durante a Revolução Industrial havia muita pobreza, mas, nem de longe, em tal abundância, nem tão severa. Até a renda dos trabalhadores agrícolas aumentou nesse período.[8] Quanto à desigualdade, em termos tanto de estatura física quanto do número de crianças sobreviventes, a distância diminuiu entre os mais ricos e os mais pobres durante a industrialização. Isso não poderia ter acontecido se a desigualdade econômica aumentasse. Quanto ao trabalho infantil, o anúncio de uma patente para uma máquina manual de fiação de linho em 1678, muito antes dos moinhos movidos a água, se vangloriava alegremente de que "uma criança de 3 ou 4 anos de idade faz tanto quanto uma criança de 7 ou 8 anos".[9] Quanto à doença, as mortes por doença infecciosa caíram constantemente durante todo o período. Quanto à poluição, o *smog*, mistura de neblina e fumaça, aumentou nas cidades industriais, mas as ruas cheias de esgotos da Londres de Samuel Pepys* eram mais perniciosas do que qualquer coisa na Manchester de Elizabeth Gaskell** dos anos 1850.

O fato evidente é que a mecanização da produção na Revolução Industrial elevou a renda de todas as classes. A renda média do homem inglês, após permanecer estagnada durante três séculos, começou a crescer por volta de 1800, e, perto de 1850, estava 50% acima do nível registrado em 1750, apesar de a população ter triplicado.[10] A ascensão foi mais íngreme para trabalhadores desqualificados: o salário para trabalhadores da cons-

---

*Inglês de origem humilde (1633-1703) que ascendeu socialmente até se tornar confidente de reis e escreveu um famoso diário em que narra a vida de pobres e ricos em Londres de 1660 a 1669. [*N. da T.*]
**Escritora inglesa (1810-1865) que descreveu os problemas sociais da classe trabalhadora urbana londrina. [*N. da T.*]

trução caiu regularmente. A desigualdade de renda também diminuiu, assim como a desigualdade entre os sexos. A parcela da renda nacional obtida pelo trabalho cresceu, enquanto a parcela de terra obtida caiu: o arrendamento de um acre de terra agricultável inglesa compra hoje tantos bens quanto nos anos 1760, enquanto o salário real de uma hora de trabalho compra imensamente mais. Os salários reais subiram mais rápido do que a produção real durante todo o século XIX, o que significa que o benefício de bens mais baratos estava sendo obtido principalmente por trabalhadores enquanto consumidores, não por patrões ou proprietários de terra. Isso quer dizer que as pessoas que produziam bens manufaturados também podiam consumi-los cada vez mais.

É inegável que, pelos padrões modernos, os trabalhadores que operavam as fábricas e os moinhos de 1800 na Inglaterra tinham jornadas inumanas de trabalho desde tenra idade em condições de alta periculosidade, barulho e sujeira, retornando por ruas poluídas para lares apinhados de pessoas e sem higiene e tinham péssimas condições de segurança no trabalho, alimentação, serviço de saúde e educação. Não obstante, é da mesma forma verdadeiro que eles viviam melhor do que seus avôs que trabalhavam no campo e que suas avós fiandeiras de lã. Essa é a razão pela qual acorriam em bando das fazendas para as fábricas — e o fariam novamente na Nova Inglaterra nos anos 1870, na América do Sul, nos anos 1900, em Hong Kong, nos anos 1970, e na China de hoje. Essa é a razão pela qual os empregos nos moinhos eram negados aos irlandeses na Nova Inglaterra e aos negros na Carolina do Norte.

Eis aqui três episódios para ilustrar a noção de que empregos em fábricas são, com frequência, preferíveis aos do campo.[11] Um trabalhador de fazenda chamado William Turnbull, nascido em 1870, disse à minha avó que começou a trabalhar aos 13 anos, por 6 *pences** ao dia, seis dias por semana, das seis da manhã às seis da tarde, em geral ao ar livre, sem importar o clima, tendo como únicos feriados a Sexta-feira Santa, o Natal e metade do Ano-novo. Nos dias em que havia feira, começava a levar os carneiros ou os bois para a cidade, car-

---

*Moeda de prata usada na Grã-Bretanha antes da introdução do sistema decimal e cujo valor era de 6 *pences* velhos. [*N. da T.*]

regando uma lanterna, por volta da uma ou duas da madrugada. Um colhedor de algodão da Carolina do Norte nos anos 1920 explicou para um historiador diferente por que o moinho era tão melhor que a fazenda: "Logo que viemos trabalhar no moinho, depois que nos mudamos da fazenda para cá, tivemos mais roupas e mais tipos de alimentos do que tínhamos quando estávamos na fazenda. E tínhamos uma casa melhor. Então, sim, quando viemos para o moinho, a vida ficou mais fácil." E nos anos 1990, Liang Ying adorou fugir da fazenda de borracha da família no sul da China, onde diariamente tinha de cortar o córtice de centenas de seringueiras na escuridão do pré-alvorecer, para conseguir trabalho numa fábrica têxtil em Shenzhen: "Se você fosse eu, o que preferiria, a fábrica ou a fazenda?" A economista Pietra Rivoli escreve: "À medida que gerações de garotas de fábrica e costureiras da Europa, dos Estados Unidos e da Ásia são unidas pela experiência comum em *sweatshops* — controladas, exploradas, esgotadas e subpagas —, são unidas também por uma absoluta certeza, partilhada através de oceanos e séculos: isso é muito melhor do que a vida na fazenda."

A razão pela qual a pobreza do início da Inglaterra industrial nos choca tanto é que essa foi a primeira vez que escritores e políticos tomaram conhecimento dela e protestaram contra ela, não porque não existira antes. A Sra. Gaskell e o Sr. Dickens não tiveram equivalentes em séculos anteriores; leis fabris e restrições ao trabalho infantil eram insustentáveis antes. A Revolução Industrial provocou um salto na capacidade da população de gerar riqueza que superou grandemente seu potencial de gerar filhos, mas, relacionado a isso, também desencadeou o aumento da compaixão, muito da qual se expressou por meio de organizações de caridade e por iniciativas dos governos.

Mediterrâneos de metal

A explosão de inovação que a Grã-Bretanha experimentou muito subitamente no fim dos anos 1700 foi tanto causa quanto consequência da mecanização, da amplificação do trabalho de uma pessoa pela maquinaria e o combustível. A pequena nação da Grã-Bretanha — com apenas 8 milhões de pessoas em

1750, comparados aos 25 milhões da muito mais sofisticada França, 31 milhões do muito mais populoso Japão e 270 milhões da muito mais produtiva China — embarcou numa fenomenal expansão econômica que iria impulsioná-la à dominação mundial dali a um século. Entre 1750 e 1850, homens britânicos (alguns deles imigrantes) inventaram uma espantosa variedade de dispositivos para poupar trabalho e amplificar o trabalho, que lhes permitiu produzir mais, vender mais, ganhar mais, gastar mais, viver melhor e ter mais filhos sobreviventes. Uma famosa gravura, intitulada *Os homens ilustres de ciência da Grã-Bretanha nos anos 1807-1808*, o ano em que o Parlamento aboliu o tráfico de escravos, retrata 51 grandes engenheiros e cientistas, todos vivos na época — como se fossem reunidos por um artista na biblioteca da Royal Institution.[12] Ali estão os homens que fizeram canais (Thomas Telford), túneis (Marc Brunel), máquinas a vapor (James Watt), locomotivas (Richard Trevithick), foguetes (William Congreve), prensas hidráulicas (Joseph Bramah); homens que inventaram a máquina operatriz (Henry Maudslay), o tear automático (Edmund Cartwright), a fábrica (Matthew Boulton), a lâmpada do mineiro (Humphry Davy) e a vacina contra a varíola (Edward Jenner). Ali estão astrônomos como Nevil Maskelyne e William Herschel, físicos como Henry Cavendish e Count Rumford, químicos como John Dalton e William Henry, botânicos como Joseph Banks, sábios como Thomas Young e muitos mais. Você olha para tal retrato e se pergunta: "Como um só país conseguiu ter tantos talentos no mesmo lugar?"

A premissa é falsa, naturalmente, porque foi a aura do tempo e do lugar que atraiu (e atraiu do exterior — Brunel era francês, Rumford, americano) tal talento. Apesar de todo o seu brilho, existem Watts, Davys, Jenners e Youngs em abundância em todos os países e em todos os tempos. Mas só raramente são reunidos capital suficiente, liberdade, educação, cultura e oportunidade de uma forma tal que os faz aparecer. Dois séculos depois, alguém poderia pintar um retrato dos grandes homens do Vale do Silício, e a posteridade ficaria assombrada ao pensamento de que gigantes como Gordon Moore e Robert Noyce, Steve Jobs e Sergey Brin, Stanley Boyer e Leroy Hood — todos viveram ao mesmo tempo e no mesmo lugar.[13]

Exatamente como o californiano hoje, o empresário manufatureiro britânico de 1700 era surpreendentemente livre em comparação com seus iguais europeus e asiáticos para investir, inventar, expandir-se e colher os lucros. A imensa cidade que era sua capital era singularmente dominada por mercadores, não pelo governo, e sempre tinha sido. Ele também tinha um mercado mundial graças aos navios britânicos que singravam os trópicos do mundo. Suas terras do interior estavam cheias de pessoas livres para vender seu trabalho pela proposta mais alta. A maior parte do continente ainda era dominada por senhores e servos resistentes à mudança, nenhum dos quais tinha incentivo para produzir mais. Em grande parte da Europa central e oriental, a servidão ganhara uma nova sobrevida no século XVIII após as guerras e fomes dos anos 1600. Os camponeses deviam muito trabalho ou produção aos senhores (mais o dízimo da Igreja) e tinham pouca liberdade para se mudar, então tinham pouco estímulo para ser mais produtivos ou comerciais. Enquanto isso, os senhores resistiam ferozmente às tentativas de monarcas reformadores de liberar seus vassalos. "O senhor olha para o servo como uma ferramenta necessária para cultivar a terra", explicou um liberal húngaro, "é como uma posse que herdou dos pais, ou comprou, ou obteve como recompensa."[14]

Mesmo onde havia liberdade para comerciar e prosperar — em torno de Toulouse, na Silésia e na Boêmia — aqueles que faziam as leis serem cumpridas e os que extorquiam subornos eram legião, ao mesmo tempo que guerras frequentes destruíam o comércio. Dezessete pedágios eram cobrados em 16 léguas no vale de Limousin. A França, três vezes mais populosa que a Inglaterra, era "retalhada por barreiras alfandegárias internas em três grandes áreas comerciais, e por alfândegas informais, pedágios e encargos obsoletos e, acima de tudo, comunicações ruins, num mosaico de células semiautárquicas".[15] O contrabando interno predominava. A Espanha era "um arquipélago, ilhas de produção e consumo local, isoladas umas das outras por séculos de tarifas internas".[16] O homem inglês, ao contrário, não tinha que prestar contas, na mesma medida, a burocratas subalternos e coletores de taxas incômodos. Poderia por isso, em parte, agradecer às revoltas do século anterior, incluindo uma guerra civil e uma "revolução gloriosa" contra o governo arbitrário de James II.[17] O último evento foi mais que uma troca de reis; foi, na verdade, uma compra semi-hostil do país inteiro por capitalistas holandeses aventureiros, que resultou num grande afluxo de investimento holandês, uma guinada na direção do comércio estrangeiro como motor da política de Estado em emulação da Holanda e uma sacudida constitucional que deu poder a um parlamento de mercadores. Guilherme III teve de fazer um acordo para respeitar os direitos de propriedade de seu povo se quisesse continuar no trono.

Acrescente-se que a Grã-Bretanha não sustentava um exército permanente, que seu litoral altamente irregular permite o acesso por mar e, portanto, o transporte de mercadorias para a maioria das regiões do país e que o capital administrativo do país era também seu capital comercial e se tornou claro que este não era um mau lugar para começar ou expandir um negócio, digamos em 1700.[18] "Em nenhum outro lugar", escreve David Landes, "o campo estava tão cheio de manufaturas; em nenhum lugar, as pressões e incentivos para crescer eram mais fortes, as forças da tradição mais fracas".[19]

A pequena cidade de Birmingham, sem corporações restritivas e cartas patentes cívicas, havia começado a prosperar como centro de comércio metalúrgico no início dos anos 1600. Em 1683 tinha mais de 200 forjas que produziam ferro usando carvão. Uma forte combinação das habilidades disponíveis e da livre iniciativa criou um *boom* numa indústria conhecida como "comércio de brinquedos", embora os itens produzidos fossem, na maior parte, fivelas, alfinetes, pregos, botões e pequenos utensílios, mais do que brinquedos propriamente. Mais patentes foram emitidas em Birmingham — e do que em qualquer outra cidade — do que em Londres no século XVIII, embora poucas pudessem contar como grandes "invenções": estas seriam a exploração fomentadora das possibilidades do ferro, do latão, da folha de flandres e do cobre. O trabalho era feito em oficinas pequenas, com pouco maquinário novo, mas dividido em negócios especializados e organizados em linhas crescentemente sofisticadas. Os fabricantes saíam das firmas uns dos outros e começavam negócios por conta própria, exatamente como na baía de San Francisco nos anos 1980.

Exija e eles vão fornecer

As pessoas não começam negócios a menos que exista demanda. Uma causa básica do milagre da Inglaterra foi que, graças ao comércio, britânicos suficientes eram ricos o bastante depois de 1700 para comprar bens e serviços fornecidos pelos produtores de forma que valesse a pena para estes sair em busca de tecnologias mais produtivas, e, ao fazê-lo, descobrir algo próximo a uma máquina econômica de movimento perpétuo. "Um dos fatos mais extraordinários do século [XVIII] foi a expansão das classes consumidoras", diz Robert Friedel.[20] "Houve uma revolução do consumidor na Inglaterra do século XVIII", escreve Neil McKendrick: "Mais homens e mulheres que nunca na história humana desfrutaram a experiência de adquirir bens materiais."[21] Comparados aos europeus continentais, usavam roupas de lã (em lugar de linho), comiam carne (em lugar de queijo) e pão de trigo branco (em vez de centeio). Para Daniel Defoe, escrevendo em 1728, um nível baixo de demanda das massas era muito mais importante do que uma demanda rica de alguns poucos:

> Povo pobre, diaristas, gente trabalhadora e assídua... Existe o povo que leva o grosso de seu consumo; é para vocês que seus mercados ficam abertos até tarde nas noites de sábado... Seu número não são centenas ou milhares, ou centenas de milhares, mas milhões; é por sua multidão, eu digo, que todas as rodas do comércio estão em movimento, a manufatura e o produto da terra e do mar, terminado, conservado e adequado aos mercados de fora; é pela largueza de seus ganhos que eles são sustentados; e pela largueza de seus números que todo o país é sustentado.[22]

Inicialmente, foi o custo dos supérfluos que caiu mais rápido. Se você só tinha condições de comprar comida, combustível e fibra, então você não estava muito melhor do que o seu predecessor medieval; mas se podia comprar especiarias, vinho, seda, livros, açúcar, velas, fivelas e semelhantes, então estava três vezes melhor, não porque sua renda tivesse subido, mas porque os preços desses bens estavam baixando graças aos esforços dos comerciantes na Companhia das Índias Orientais e de sua classe. Havia uma mania de algodão indiano e porcelana chinesa, e foi copiando esses produtos importados do Oriente que os industrialistas começaram.[23] Josiah Wedgwood, por exemplo, não era tecnicamente melhor do que muitos outros para fazer cerâmica e porcelana, mas era sumamente bom em assegurar que tivessem preço acessível, dividindo o trabalho entre artesãos habilidosos e usando vapor no processo. Também era muito bom no marketing da porcelana para as classes consumidoras, fazendo-a parecer bacana e barata — o santo graal do marketing desde então.

O algodão conta a história melhor, no entanto. Nos anos 1600, o povo inglês usava lã, linho e — se fossem ricos — seda. O algodão era quase desconhecido, embora alguns refugiados da perseguição espanhola em Antuérpia se instalassem em Norwich como tecelões de algodão. Todavia, o comércio com a Índia trazia cada vez mais tecidos de morim para o país. Logo, suas características de leveza, maciez e facilidade de lavar, além do fato de poder ser estampado e tingido de cores e tons variados, atraíram o interesse dos ricos, que passaram a usar o algodão. Os tecelões de lã e seda ficaram ressentidos com esse rival repentino e pressionaram o Parlamento por proteção contra ele. Em 1699, todos os juízes e estudantes foram obrigados a usar túnicas de lã; em 1700, ordenou-se que todos os cadáveres usassem mortalhas de lã de carneiro; e de 1701 em diante foi decretado que "todos os morins pintados, tingidos, estampados ou manchados... não serão usados". Então, as mulheres que gostavam de seguir a moda compraram musselina simples e mandaram tingir. Houve tumultos, e as mulheres vistas usando algodão eram até atacadas por gangues de tecelões de seda ou lã. Algodão era considerado antipatriótico. Em 1722, o Parlamento se curvou aos desejos desses tecelões, e, no Natal daquele ano, quando a Lei do Algodão começou a vigorar, tornou-se ilegal usar algodão de qualquer espécie, até no estofamento da mobília doméstica.[24] Não pela última vez, o interesse estreito de produtores triunfou sobre os interesses mais amplos de consumidores numa lei de protecionismo comercial.

E não pela última vez, o protecionismo fracassaria, seria até um tiro pela culatra. Para contornar a lei, os comerciantes da Companhia começaram a importar algodão cru, e os empresários começaram a "pôr para fora" o algodão, mandando-o para as cabanas de fiandeiras e tecelões no campo para ser transformado em tecido para exportação, ou até mesmo misturado com um pouco de linho ou lã para mantê-lo dentro da lei (a Lei do Algodão foi finalmente revogada em 1774), para venda doméstica. Durante décadas, os empresários já vinham "pondo para fora" lã, adquirindo uma vantagem nos Países Baixos, onde poderosas associações de artesãos haviam impedido o artifício de "pôr para fora" por meio da destruição de teares em cabanas rurais. Os que "punham para fora" eram tecelões com a reputação de agiotas que forneciam lã crua para os que trabalhavam em suas cabanas no campo e pagavam para recolher o tecido pronto mais tarde, descontando os juros dos empréstimos. Mulheres e filhas de trabalhadores agrícolas, e seus companheiros em certas estações, estavam na verdade preparados para acrescentar à renda familiar, vendendo trabalho, assim como produtos. Às vezes ficavam endividados porque pediam emprestado aos que "punham para fora" para se equipar.

Essas pessoas podem ser vistas como escravos desesperados do salário, expulsos da terra comunal por leis que permitiram o cercamento dos campos, a divisão da terra coletiva em lotes privados, que, gradativamente, se espalharam pela maior parte da Inglaterra entre mais ou menos 1550 e 1800. Contudo, isso é enganoso. É mais acurado interpretar a atividade desses trabalhadores têxteis rurais como os primeiros passos na escada da produção e do consumo, da especialização e da troca. Eles estavam fugindo da autossuficiência para a economia do pagamento à vista. É verdade que algumas pessoas perderam seu meio de vida com os cercamentos (*enclosures*) das terras, mas isso, na verdade, aumentou o emprego remunerado para os trabalhadores rurais.[25] Então, isso foi, em sua maior parte, uma mudança da autossuficiência de baixa qualidade para produção e consumo levemente melhores. Além disso, irlandeses e escoceses, assim como migrantes ingleses, acudiam em bando aos distritos têxteis para juntar-se às indústrias caseiras. Eram pessoas desistindo do penoso trabalho camponês por uma chance de entrar na economia do dinheiro, embora por salário baixo e trabalho duro. As pessoas casavam-se mais jovens e, consequentemente, davam à luz mais filhos.

O resultado foi que as mesmas pessoas que estavam entrando para a indústria como trabalhadores logo começariam a ser seus clientes. De uma hora para outra, o aumento da renda do trabalhador britânico médio encontrou-se com o preço em queda do tecido de algodão, e, subitamente, todos podiam comprar (e lavar) roupa de baixo de algodão. O historiador Edward Baines observou, em 1835, que "a maravilhosa barateza dos bens de algodão" estava agora beneficiando "o grosso das pessoas": "O despertar de um país no século XIX pode exibir tanto refinamento quanto uma sala de visitas do (século) XVIII."[26] A conquista do capitalismo, disse Joseph Schumpeter, um século depois, "não consiste em fornecer mais meias de seda para rainhas e sim trazê-las ao alcance de garotas de fábrica em troca de volumes firmemente decrescentes de trabalho".[27]

Todavia, não era fácil aumentar o suprimento, porque até mesmo o mais remoto dos vales Apeninos e dos pântanos galeses estava agora densamente ocupado por barracões de tecelões e fiandeiras, o transporte era caro e alguns dos trabalhadores ganhavam agora salários bons o bastante para tirar folga nos fins de semana, ocasionalmente beber seu pagamento até segunda à noite, preferindo o consumo à renda extra. Como o economista do século XX Colin Clark disse, "o lazer tem um valor real até mesmo para pessoas muito pobres".[28]

Assim, espremidos entre uma demanda em rápido crescimento e um fornecimento estagnado, os que "punham para fora" e seus supridores estavam prontos para qualquer tipo de invenção que aumentasse a produtividade, e, com tal incentivo, os inventores logo agradeceram: lançadeira de tear, de John Kay; *spinning jenny*, tipo antigo de máquina de fiar, de James Hargreaves; máquina de bastidor movida a água, de Richard Arkwright; máquina de fiar automática, de Samuel Crompton — todas apenas marcos numa estrada contínua de crescente melhoria da produtividade. *Jenny* trabalhava 20 vezes mais rápido do que a roda de fiar e produzia um fio mais consistente, mas ainda era inteiramente operada por força muscular humana. Em 1800, no entanto, a *jenny* já era obsoleta, porque a máquina de bastidor era centenas de vezes mais rápida.[29] As máquinas de fiar passaram a ser movidas por moinhos de água. Dez anos depois, a máquina de fiar automática, que combinava características tanto da *jenny* quanto dos bastidores, já superava o bastidor por mais de dez fusos a um. E as máquinas de fiar automáticas logo seriam movidas a vapor. O resultado foi uma vasta expansão do volume de algodão trabalhado e uma grande queda no preço do tecido de lã. As exportações britânicas de bens de algodão quintuplicaram nos anos 1780 e quintuplicaram novamente nos anos 1790. O preço de uma libra de fio de algodão fino caiu de 38 xelins em 1786 para apenas 3 xelins em 1832.[30]

Até 1800, a maior parte do fio de algodão cru na Inglaterra vinha da Ásia. Mas os plantadores de algodão chineses e indianos não podiam ou não iriam aumentar a produção: tinham pouca terra nova para cultivo e pouco incentivo também. O dono do latifúndio ou o burocrata imperial tomavam para si o lucro de qualquer aumento da produtividade. Em lugar disso, foram os estados do sul dos Estados Unidos que aproveitaram a oportunidade. De uma produção insignificante de algodão em 1790, os Estados Unidos se tornaram o maior produtor mundial em 1820, e, em 1860, cultivavam dois terços do algodão mundial. O algodão respondeu por metade do valor das exportações americanas entre 1815 e 1860.[31]

Os escravos faziam o trabalho. O algodão era uma safra intensiva em trabalho, em que um único homem podia semear, extrair ervas daninhas muitas vezes, colher e limpar o produto de apenas 18 acres, e havia pouca economia de escala. Nos Estados Unidos, ricos em terra e com pequena população, a única forma de aumentar a produção era liquidar completamente o mercado de trabalho: forçar os trabalhadores a trabalhar sem receber salário. Como diz a economista Pietra Rivoli: "Não foram os perigos do mercado de trabalho e sim a supressão do mercado de trabalho que condenou a vida dos escravos."[32] A acessibilidade do tecido para a classe trabalhadora britânica foi possibilitada pela compra e venda de africanos capturados.

Rei carvão

Até então a participação dos combustíveis fósseis tinha sido pequena. Imagine agora o que teria acontecido em seguida se a Grã-Bretanha não tivesse acesso a reservas de carvão. O carvão existe em todos os lugares do mundo, mas as jazidas britânicas de carvão estavam bem próximas da superfície e muito próximas de cursos d'água navegáveis para permitir o transporte a baixo custo. O custo de transportar o carvão por terra era proibitivo até surgir a ferrovia. O carvão não era uma fonte de energia mais barata do que a alternativa — o carvão levou um século para competir em preço com a força motriz da água em fábricas —, mas era, efetivamente, de suprimento ilimitado. A subordinação da energia aquática logo experimentou ganhos decrescentes até chegar a um ponto de saturação nos Apeninos. Nem mesmo havia ali outro combustível renovável que pudesse suprir a demanda. Na primeira metade do século XVIII, até a relativamente pequena indústria do ferro inglesa estava perto de se tornar moribunda por falta de carvão vegetal numa ilha, em grande medida, desflorestada. Qualquer madeira que houvesse no sul da Inglaterra estava sendo exigida para a construção de navios, o que aumentava seu preço. Então, em busca de carvão vegetal para alimentar as forjas, os donos do ferro deixaram a região sul da Inglaterra e se mudaram para o oeste da região central do país, depois para os pântanos galeses, para South Yorkshire e, finalmente, para Cumberland. Importações de ferro forjado da Suécia e da Rússia, bem servidas de florestas, atendiam à crescente demanda oriunda da mecanização da indústria têxtil, mas nem mesmo essas importações bastavam para atender as necessidades da revolução industrial. Apenas o carvão podia fazer isso. Nunca haveria vento suficiente, água ou madeira na Inglaterra para movimentar as fábricas, sem falar no lugar certo para isso.[33]

Esta foi a posição em que a China se encontrou. Em 1700, o país tinha uma vibrante indústria têxtil, talvez igualmente madura para a mecanização, mas a distância das jazidas de carvão era grande, e sua indústria doméstica de ferro era inteiramente dependente de carvão vegetal, cujo preço subia à medida que as florestas recuavam. Parte do problema era que Shanxi e a Mongólia Interior, onde estava o carvão, tinham sido despovoadas pelos bárbaros e a praga nos três séculos após 1100, então o centro de gravidade econômica e demográfica mudou-se para o sul, para o vale do Yangtzé.[34] Como nenhuma das reservas de carvão estava perto de água navegável, a indústria de ferro da China desistiu de seu experimento prematuro com combustível fóssil. O preço do ferro subiu na China, desestimulando os inventores a utilizá-lo em maquinário. Então, a atividade industrial na China experimentou rendimentos decrescentes, e, à medida que a população crescia, as pessoas tinham cada vez menos incentivo tanto para consumir quanto para inventar. Além disso, a burocracia imperial teria tido um ataque de depressão se fosse solicitada a permitir que empresários independentes "pusessem para fora" trabalho desregulado no interior do país, que dirá construir fábricas.

A eficiência da indústria do carvão por si só não contribuiu, significativamente, para elevar a produtividade na Inglaterra até mesmo no século XIX. O algodão contribuiu 34 vezes mais do que o carvão para o crescimento da produtividade na Inglaterra que se industrializava. O custo do carvão por tonelada na boca da mina em Newcastle subiu parcialmente entre os anos 1740 e os 1860, embora o preço em Londres caísse por causa dos impostos mais baixos e dos custos decrescentes do transporte.[35] Afora a lâmpada de segurança do mineiro, o carvão usou poucas tecnologias novas depois da bomba movida a carvão. Até bem avançado o século XX, o equipamento de um mineiro típico consistia numa lâmpada, uma picareta, escoras de madeira e um pônei. O grande aumento do consumo de carvão (cinco vezes no século XVIII, 14 vezes no século XIX) foi resultado, principalmente, de mais investimento, não de mais produtividade. Compare isso com a indústria do ferro, em que a quantidade de carvão necessária para fundir uma tonelada de ferro em lingotes e depois refiná-lo em ferro forjado se reduzia à metade a cada 30 anos. Era necessário quase tanta força muscular humana para extrair uma tonelada de carvão em 1900 quanto em 1800. Só quando a mineração a céu aberto começou, na segunda metade do século XX, foi que a tonelagem produzida por mina realmente começou a subir abruptamente.

Essa foi uma razão para que a indústria do carvão, como todas as indústrias de mineração antes e desde então, se caracterizasse por condições de trabalho horríveis, toleradas apenas por causa dos salários um tanto maiores do que os que se podiam obter com trabalho agrícola. Eles eram mais altos, ao menos no início, ou, de outra maneira, escoceses e irlandeses não teriam acorrido a Tyneside, no século XIX. O salário de um mineiro de carvão no nordeste da Inglaterra era duas vezes mais alto e subia duas vezes mais rápido do que o de um trabalhador agrícola no século XIX.[36]

Sem carvão, as inovações na indústria inglesa de têxteis, ferro e transporte teriam que estagnar depois de 1800, quando todo aquele fermento de invenção até aquela data ainda não tivera quase nenhum efeito sobre os padrões de vida. Como expõe o historiador Tony Wrigley: "Até quase o meio do século XIX ainda era razoável temer para a Inglaterra um destino semelhante ao que havia dominado a Holanda. Daí a relevância do estado estacionário nos prognósticos dos economistas clássicos."[37] Wrigley defendeu o ponto de vista de que foi a transição de uma economia orgânica, que cultivava seu próprio combustível, para uma economia mineral, que o extraía de minas, que permitiu à Grã-Bretanha escapar da estagnação.

Foi o carvão que deu à Revolução Industrial seu surpreendente fôlego novo, que manteve moinhos, forjas e locomotivas em funcionamento e, finalmente, deu alento à chamada Segunda Revolução Industrial dos anos 1860, quando eletricidade, produtos químicos e telégrafo trouxeram para a Europa prosperidade e poder global sem precedentes.

O carvão deu à Grã-Bretanha combustível equivalente à produção de 15 milhões de acres extras de florestas para queimar, uma área quase do tamanho da Escócia. Perto de 1870, a queima do carvão na Grã-Bretanha gerava tantas calorias quantas teriam sido gastas por 850 milhões de trabalhadores. Era como se cada trabalhador tivesse 20 servos a seu serviço. A capacidade das máquinas a vapor do país era equivalente a 6 milhões de cavalos ou 40 milhões de homens, que, de outra forma, teriam comido três vezes toda a safra de trigo. Assim foi que muita energia foi controlada para ser aplicada na divisão do trabalho. Isso mostra o quão impossível teria sido a tarefa do milagre da Grã-Bretanha no século XIX sem os combustíveis fósseis.

Agora Lancashire podia bater o mundo tanto em qualidade quanto em preço. Em 1750, as musselinas e morins da Índia eram a inveja dos tecelões de todas as partes. Um século depois, apesar dos salários quatro ou cinco vezes maiores do que os da Índia, Lancashire estava pronta para inundar até este país com tecido de algodão barato, parte dele manufaturada com o algodão cru da Índia que fizera uma viagem em círculo de 21 mil quilômetros. Isso só foi possível devido à produtividade dos moinhos mecanizados de Lancashire.

Essa foi a grande diferença que os combustíveis fósseis fizeram. Não importa quão baixo fosse o seu salário, um tecelão indiano não poderia competir com um operador de máquina de fiar automática a vapor de Manchester.[38] Por volta de 1900, 40% dos bens de algodão do mundo eram produzidos num raio de 48 quilômetros de Manchester.

A industrialização tornou-se contagiosa: a crescente produtividade dos moinhos de algodão estimulou a demanda à indústria química, que inventou o cloro para tingir, e à indústria de estampagem, que se voltou para o cilindro giratório para imprimir imagens em tecido colorido. Ao reduzir o preço do algodão, ela também liberou os consumidores para gastar com outros bens, estimulando novas invenções para manufaturas. E, naturalmente, para fazer as novas máquinas, era preciso ferro de alta qualidade, possivelmente feito com carvão barato. O aspecto crucial do carvão era que, à diferença de florestas e riachos, ele não experimentava rendimentos decrescentes e preços em alta. O preço do carvão pode não ter caído muito nos anos 1800, mas também não subiu, a despeito do enorme aumento no volume de consumo.

Em 1800, a Grã-Bretanha consumia mais de 12 milhões de toneladas de carvão por ano, três vezes o que consumia em 1750. O carvão estava sendo usado para dois propósitos apenas: aquecimento doméstico e manufaturas em geral, o que até aquela data significava, na maior parte, tijolos, vidro, sal e metais. Perto de 1830, o consumo de carvão havia dobrado, com a manufatura do ferro representando 16%, e as próprias minas de carvão, 5%. Perto de 1860, o país havia consumido um bilhão de toneladas e agora usava o carvão para movimentar as rodas de locomotivas e as rodas de pás de navios. Em 1930, a Grã-Bretanha usava 68 vezes mais carvão do que em 1750, e agora também fazia eletricidade e gás com ele. Hoje, a maior parte do carvão é usada para gerar eletricidade.[39]

Dínamo

Dificilmente se poderia exagerar a contribuição da eletricidade para o bem-estar humano. Para a minha geração, é uma utilidade enfadonha, tão inevitável, ubíqua e mundana como a água ou o ar. Seus postes e fios são feios, seus plugues, cansativos, seus colapsos, exasperadores, seus riscos de incêndio, assustadores, suas contas, aborrecedoras, e suas usinas geradoras, símbolos monstruosos da mudança climática provocada pelo homem (completada com os furacões de Al Gore provindos de sua grande quantidade). Mas tente ver a mágica. Tente vê-la através dos olhos de alguém que nunca conheceu uma energia invisível e sem peso, que pode ser transmitida a quilômetros de distância através de um fio delgado, que pode fazer quase tudo, de iluminar a tostar, de propelir a tocar música. Dois bilhões de pessoas vivas hoje nunca acenderam uma lâmpada elétrica.

Imagine-se na exibição de Viena em 1873. Há um estande que exibe o trabalho do inventor belga semianalfabeto com o esplêndido nome de Zénobe Théophile Gramme e é demonstrado pelo igualmente eufônico engenheiro francês Hippolyte Fontaine. Eles estão fazendo uma demonstração do dínamo Gramme, o primeiro gerador de eletricidade que pode produzir uma corrente regular e uma luz firme quando é girado a mão ou por máquina a vapor. Nos cinco anos seguintes, seus dínamos vão levar energia a centenas de novas instalações elétricas industriais por toda a Paris. Na exibição de Viena, um dos trabalhadores comete um erro por descuido. Por acidente, ele conecta os fios do dínamo que gira ao dínamo de reserva que está ali para dar suporte em caso de o primeiro falhar. O dínamo de reserva imediatamente começa a girar por conta própria. Com efeito, ele se torna um motor. A mente de Fontaine começa a girar também. Busca o fio mais longo que existe por ali e liga os dois dínamos com um fio de 250 metros de extensão. O dínamo de reserva entra em atividade assim que é conectado. Subitamente, torna-se claro que a eletricidade pode transmitir energia a uma distância muito maior do que poderiam correias, correntes e engrenagens.

Em 1878, os dínamos Gramme, movidos a água no rio Marne, transmitiam energia para dois outros dínamos Gramme que trabalhavam como motores a quatro quilômetros de distância e que, por sua vez, puxavam arados por cabo num campo, no estado de Menier, perto de Paris, observados com olhos arregalados por aristocratas ingleses do Instituto Londrino de Engenheiros Mecânicos.[40] Uma cascata de invenções se seguiu: ferrovias elétricas, por William Siemens; lâmpadas elétricas melhores por Joseph Swan e Thomas Edison; corrente alternada, por George Westinghouse, Nikola Tesla e Sebastian de Ferranti; geradores de turbina, por

Charles Parsons. A eletrificação do mundo começou, e, embora, como o computador, tenha levado décadas para aparecer nas estatísticas de produtividade, seu triunfo foi inexorável e, na verdade, de longo alcance.[41] Hoje, mais de 130 anos depois, a eletricidade ainda transforma a vida das pessoas quando chega até elas pela primeira vez, trazendo energia sem cor, sem fumaça e sem peso para suas casas. Um estudo recente nas Filipinas estimou que uma casa mediana ganha US$ 108 por mês pelos benefícios de estar conectada a uma rede de energia — iluminação mais barata (US$ 37), rádio e televisão mais baratos (US$ 19), mais anos em educação (US$ 20), poupança de tempo (US$ 24) e produtividade no trabalho (US$ 8).[42] Que diabo, afeta até a taxa de natalidade quando a televisão substitui a procriação como atividade noturna.

A terra recebe 174 milhões de bilhões de watts de luz solar, cerca de 10 mil vezes a produção de combustível fóssil que os seres humanos usam. Ou, dito em outras palavras, um pedaço de terra de mais ou menos 4,5 por 4,5 metros recebe toda a luz solar de que você precisa para levar sua vida tecnológica. Então, por que pagar eletricidade quando existe energia em toda a sua volta? Porque, mesmo levando em conta invernos extemporâneos, noite, nuvens e sombras de árvores, essa saturante chuva de fótons é quase inútil. Ela não vem sob a forma de eletricidade, sem falar em combustível ou plástico. Joule por joule, madeira é menos conveniente que carvão, que é menos conveniente que gás natural, que é menos conveniente que eletricidade, que é menos conveniente que a eletricidade que flui aos poucos pelo meu telefone celular.[43] Estou preparado para pagar um bom dinheiro a quem entregar elétrons refinados e aplicáveis quando demandados, exatamente como estou disposto a pagar por filés e camisas.

Suponha que você dissesse para a hipotética família nos anos 1800, comendo seu ensopado gorduroso em frente a uma lareira, que, em dois séculos, seus descendentes não precisariam sair para buscar lenha ou água, nem lançar fora os próprios dejetos, porque água, gás e uma forma mágica de energia invisível chamada eletricidade entrariam na casa deles por meio de tubos e fios. Eles saltariam sobre a oportunidade de ter uma casa dessas, mas perguntariam cautelosamente como pagariam por ela. Então, você lhes diria que, para ganhar uma casa como essa, seria necessário que o pai e a mãe fossem trabalhar num escritório oito horas por dia, viajando mais ou menos 40 minutos por dia numa carruagem não puxada por cavalos, e as crianças não precisariam trabalhar de forma alguma, mas sim ir à escola para garantir que tivessem empregos como esses quando começassem a trabalhar aos 20 anos. Eles ficariam mais que estonteados; iriam delirar de contentamento. Onde, perguntariam, está a pegadinha?

Calor é trabalho e trabalho é calor

Posso esticar também a Revolução Industrial no leito procustiano da minha hipótese, como fiz com o Alto Paleolítico, o Neolítico e as revoluções urbana e comercial? Graças, principalmente, às novas tecnologias de energia, o que custava a um trabalhador têxtil 20 minutos em 1750 levava apenas um minuto em 1850. Ele poderia, portanto, ou abastecer vinte vezes mais pessoas num dia de trabalho, ou abastecer cada cliente com vinte vezes mais tecido ou liberar seu cliente para gastar 19/20 avos de sua renda em outra coisa que não camisas. Foi por isso, em essência, que a segunda metade da Revolução Industrial tornou a Grã-Bretanha rica. Possibilitou que menos pessoas fornecessem mais bens e serviços para mais pessoas — nas palavras de Adam Smith, "fazer uma quantidade menor de trabalho produzir uma maior quantidade de trabalho".[44] Houve um salto no número de pessoas que podiam ser servidas ou supridas por uma pessoa, um grande salto na especialização da produção e na diversificação do consumo. O carvão havia transformado todos em pequenos Luíses XIV.

Hoje, a pessoa média no planeta consome energia à razão de cerca de 2.500 watts, ou, dito de modo diferente, usa 600 calorias por segundo.[45] Mais ou menos 85% delas vêm da queima de carvão, petróleo e gás, o resto da energia nuclear e da água (vento, energia solar e biomassa são meros asteriscos no gráfico, assim como a comida que você come). Uma vez que uma pessoa fisicamente apta, numa bicicleta ergométrica, pode gerar cerca de 50 watts, isso significa que seriam necessários 150 escravos, trabalhando em turnos de oito horas cada um, para levar você ao seu atual estilo de vida.[46] (Os americanos precisariam de 660 escravos, os franceses, 360, e os nigerianos, 16.) Na próxima vez que lamentar a dependência humana dos combustíveis fósseis, pare para imaginar que, para cada família de quatro pessoas que vê na rua, deveria haver 600 escravos não pagos em casa, vivendo em pobreza abjeta: se eles fossem ter um estilo de vida um pouquinho melhor, precisariam de seus próprios escravos. É quase um trilhão de pessoas.

Você pode encarar esse *reductio ad absurdum* de dois modos. Pode lamentar a pecaminosa dissipação do mundo moderno, que é a reação convencional, ou pode concluir que, se não fossem os combustíveis fósseis, 99% das pessoas teriam de viver na escravidão para que o resto pudesse ter um padrão de vida decente, como, de fato, aconteceu nos impérios da Idade do Bronze. Isso não é para tentar fazer você amar carvão e petróleo, mas para que se convença do quanto o seu estilo de vida Luís XIV foi possibilitado pela invenção de substitutos para a energia dos escravos. Deixe-me repetir uma declaração interessante aqui: sou descendente de uma longa linhagem de pessoas que se beneficiaram da mineração do carvão, e ainda faço isso. O carvão tem imensas desvantagens — emite dióxido de carbono, radioatividade e mercúrio; mas meu ponto principal aqui é apontar como ele também contribui para a prosperidade humana. O carvão faz a eletricidade que ilumina a sua casa, gira a sua máquina de lavar e funde o alumínio com o qual o seu avião foi feito; o petróleo movimenta navios, caminhões e aviões que encheram o seu supermercado e fazem o plástico com que os brinquedos de seus filhos são feitos; o gás aquece sua casa, assa o seu bolo e faz o fertilizante que cultiva o seu alimento. Esses são quatro escravos.

Mas isso vai durar? Que os combustíveis fósseis estão em via de acabar é uma ansiedade tão velha quanto os próprios combustíveis fósseis.[47] Prevendo um iminente aumento do preço do carvão à medida que a demanda se expandia e os suprimentos encolhiam, o economista Stanley Jevons opinou em 1865: "Por essa razão, infere-se, simplesmente, que não podemos continuar por muito tempo com nossa atual taxa de progresso", acrescentando: "É inútil pensar em substituir qualquer outro tipo de combustível por carvão", e, assim, seus colegas britânicos "devem ou deixar o país numa vasta multidão, ou aqui permanecer para provocar dolorosa aflição e pobreza." Tão influente foi a lamentação de Jevons sobre o que hoje poderia ser chamado de "pico do carvão" que levou a um "pânico do carvão" em 1866, alimentado pelos jornais, e a uma promessa orçamentária de William Gladstone de, naquele ano, começar a pagar a dívida nacional enquanto o carvão durasse e a uma Comissão Real sobre o suprimento de carvão. Ironicamente, essa foi a mesma década em que vastas reservas de carvão foram descobertas em todo o mundo e a perfuração de petróleo começou a sério no Cáucaso e na América do Norte.

No século XX, o petróleo foi a principal causa de ansiedade. Em 1914, o Departamento de Minas dos Estados Unidos predisse que as reservas americanas de petróleo durariam dez anos. Em 1939, o Departamento do Interior disse que as reservas americanas durariam 13 anos. Doze anos depois, disse que o petróleo duraria outros 13 anos. O presidente Jimmy Carter anunciou nos anos 1970 que: "Poderemos esgotar todas as reservas comprovadas de petróleo do mundo inteiro até o fim da próxima década." Em 1970 havia 550 bilhões de barris de reservas no mundo, e, entre 1970 e 1990, o mundo usou 600 bilhões de barris de petróleo. Então, as reservas deviam ter sido excedidas em 50 bilhões de barris em 1990. Na verdade, as reservas não exploradas chegaram a 900 bilhões de barris em 1990 — sem contar as areias impregnadas de betume de Athabasca, Alberta, o xisto betuminoso do Orenoco, na Venezuela, e o xisto petrolífero das montanhas Rochosas, que, juntos, contêm cerca de 6 trilhões de barris de óleo pesado, ou 20 vezes as reservas comprovadas da Arábia Saudita. Essas reservas de óleo pesado são de exploração dispendiosa, mas é possível que o refino as torne competitivas com o petróleo convencional a preços "normais". As mesmas predições falsas de iminente exaustão do suprimento de gás natural se repetiram em décadas recentes. Descobertas recentes de gás de xisto duplicaram os recursos em gás dos Estados Unidos para quase três séculos.

Petróleo, carvão e gás são finitos; juntos, vão durar décadas, talvez séculos, e as pessoas encontrarão alternativas antes que eles se esgotem. Combustível pode ser sintetizado da água por meio de qualquer fonte de energia, como nuclear ou solar. No momento, isso é dispendioso demais, mas, à medida que a eficiência aumentar, e os preços do petróleo subirem, a equação parecerá diferente.

Além disso, é fato inegável, senão surpreendente e comumente negligenciado, que os combustíveis fósseis protegeram a paisagem da industrialização. Antes dos combustíveis fósseis, a energia tinha de ser cultivada na terra e exigia muita terra para ser cultivada. Onde eu moro, regatos correm livremente; madeira cresce e apodrece nas florestas; a pastagem sustenta as vacas; os horizontes não estão marcados por moinhos de vento — em lugar disso, se não fossem os combustíveis fósseis, esses acres seriam desesperadamente necessários para levar energia às vidas humanas. Se os Estados Unidos tivessem que cultivar todo o seu combustível para transporte como biocombustível, precisariam de mais 30% de terras agricultáveis do que usam hoje para cultivar alimentos.[48] Onde é que cultivariam comida, então? Para ter ideia de como as alternativas renováveis são devoradoras de paisagens, considere que, para suprir apenas os atuais 300 milhões de habitantes dos Estados Unidos, com sua atual demanda de energia, de mais ou menos 10 mil watts cada (2.400 calorias por segundo), seria preciso:

- painéis solares do tamanho da Espanha; ou
- fazendas com turbinas movidas a vento do tamanho do Cazaquistão; ou
- florestas do tamanho da Índia e do Paquistão; ou
- campos de feno para cavalos do tamanho da Rússia e do Canadá juntos; ou
- usinas hidrelétricas com represas um terço maiores do que todos os continentes somados.[49]

Do jeito que é hoje, um punhado de usinas de carvão e energia nuclear e um punhado de refinarias de petróleo e gasodutos suprem os 300 milhões de norte-americanos de quase toda a energia que usam, ocupando uma área tão pequena que é quase risível — mesmo levando em consideração a terra danificada por minas a céu aberto. Por exemplo, na região carbonífera apalachiana, onde existem minas a céu aberto, aproximadamente 7% de 12 milhões de acres estão sendo afetados há mais de 20 anos, ou uma área dois terços do tamanho do Delaware. É uma área grande, mas nada como os números mais acima. Turbinas de vento requerem de cinco a dez vezes mais concreto e aço por *watt* do que as usinas nucleares, sem mencionar milhas de estradas pavimentadas e cabos aéreos. Chamar esses monstros devoradores de terra de energia renovável "verde", de virtuosos ou limpos me surpreende pelo bizarro. Se você gosta de florestas como eu, a última coisa que quer é voltar ao hábito medieval de usar a paisagem que nos rodeia para gerar energia. Só uma fazenda de vento em Altamont, na Califórnia, mata 24 águias douradas por ano: se uma firma petrolífera fizesse isso estaria nos tribunais.[50] Centenas de orangotangos são mortos por ano porque ficam no caminho de fazendas de óleo de dendê biocombustível.[51] "Vamos parar de santificar deuses falsos e menores", diz o especialista em energia Jesse Ausubel, "e hereticamente cantar 'Os renováveis não são verdes'."[52]

A verdade é que foi uma boa sorte inacreditável da Europa ocidental o fato de surgir do subsolo uma substância quase mágica justamente quando a humanidade começava a ameaçar mais seriamente suas paisagens e *habitats*. Assim, em vez do desastre ecológico que aconteceu na Babilônia, a paisagem pôde ser parcialmente poupada. Hoje você não precisa de acres para cultivar o combustível do transporte (o petróleo substituiu o feno para os cavalos), o combustível do aquecimento (gás natural por madeira), a energia (carvão por água) ou a iluminação (nuclear e carvão por cera de abelha e sebo). Mas ainda tem de cultivar muito da sua roupa, embora as "lãs" venham agora do petróleo. É uma pena: se o algodão pudesse ser substituído por uma substância sintética da mesma qualidade, o mar de Aral poderia ser restaurado e partes de Índia e China restituídas aos tigres. A única coisa que ninguém ainda imaginou como fazer em fábricas que usem carvão ou petróleo foi comida — graças a Deus —, embora mesmo aqui o gás natural tenha fornecido a energia para fixar cerca de metade dos átomos de nitrogênio da sua refeição média.

O mundo louco dos biocombustíveis

Isso é o que torna o blá-blá-blá do etanol e do biocombustível tão irritante. Nem mesmo Jonathan Swift ousaria escrever uma sátira em que políticos afirmavam que — num mundo onde espécies estão desaparecendo e mais de um bilhão de pessoas mal conseguem comer — seria de, alguma forma, bom para o planeta acabar com florestas tropicais para cultivar óleo de dendê, ou desistir de terras para outros cultivos a fim de produzir biocombustíveis, somente para que pessoas pudessem queimar combustível derivado de carboidratos em lugar de hidrocarbonos em seus carros, aumentando, assim, o preço da comida para os pobres. Ridículo é uma palavra muito fraca para esse crime abominável. Mas me acalmarei o suficiente para vasculhar os números, caso alguém não os tenha ouvido.

Em 2005, o mundo produziu mais ou menos 10 bilhões de toneladas de etanol, 45% dos quais vieram da cana-de-açúcar brasileira e 45% do milho norte-americano. Adicione um bilhão de toneladas de biodiesel de sementes de colza europeia e o resultado é que mais ou menos 5% das terras aráveis do mundo foram desviadas da produção de comida para serem destinadas ao cultivo para produção de combustível (20% nos Estados Unidos). Somado à seca na Austrália e ao maior consumo de carne na China, esse foi o fator-chave que ajudou a empurrar o suprimento de alimentos para baixo da demanda em 2008, provocando distúrbios em todo o mundo. Entre 2004 e 2007, a safra mundial de milho cresceu 51 milhões de toneladas, mas 50 milhões de toneladas foram para o etanol, não deixando nada para satisfazer o aumento da demanda para todos os outros usos de 33 milhões de toneladas: daí a alta do preço.[53] Lembre-se de que os pobres gastam 70% de sua renda em comida. Na verdade, os carros norte-americanos estavam tirando carboidratos da boca dos pobres para encher os tanques.[54]

O que simplesmente poderia ser aceitável se o biocombustível tivesse um grande efeito sobre o meio ambiente, ou poupasse o dinheiro dos norte-americanos de forma que pudessem pagar por mais bens e serviços dos pobres e dessa maneira ajudá-los a sair da pobreza. No entanto, como os norte-americanos estão sendo de fato taxados triplamente para pagar pela indústria do etanol — subsidiam o cultivo do milho, subsidiam a manufatura do etanol e pagam mais pela comida —, a capacidade dos consumidores norte-americanos de contribuir para a demanda de bens manufaturados está sendo, na verdade, atingida pelo etanol, não ajudada. Enquanto isso, os benefícios ambientais dos biocombustíveis não são apenas ilusórios; são negativos. Fermentar carboidrato é um negócio ineficiente se comparado a queimar hidrocarbono. Cada acre de milho ou açúcar de cana requer combustível para trator, fertilizantes, pesticidas, combustível para caminhão e combustível para destilação — todos os quais são combustíveis. Então, a pergunta é: de quanto combustível se precisa para cultivar combustível? Resposta: mais ou menos o mesmo volume.[55] O Departamento de Agricultura dos Estados Unidos estimou em 2002 que cada unidade de energia aplicada ao cultivo do milho para etanol produz 1,34 unidade de produção, mas apenas contando a energia dos grãos secos dos destiladores, subproduto do processo de produção que pode entrar na ração do gado. Sem isso, o ganho seria de apenas 9%. Outros estudos, no entanto, vêm com conclusões menos positivas, incluindo uma estimativa de que existe uma perda de 29% de energia no processo. Perfurar e refinar petróleo, em contraste, dá um retorno de 600% ou mais na energia usada por você. Qual deles lhe parece o melhor investimento?

Mesmo que você aceite como verdadeiro um ganho líquido de energia proveniente do etanol — e o açúcar de cana brasileiro é bem melhor, mas apenas graças ao fato de empregar exércitos de trabalho humano mal pago —, isso não se traduz em benefício ambiental. Usar petróleo para dirigir carros é liberar dióxido de carbono, um gás de efeito estufa. Usar tratores para cultivar safras também libera óxido nitroso do solo, um gás de efeito estufa mais forte, com quase 300 vezes o potencial de aquecimento do dióxido de carbono. E cada aumento no preço do grão que a indústria do biocombustível causa significa mais pressão sobre as florestas tropicais, a destruição daquele que é o meio isolado de maior custo-benefício de adicionar dióxido de carbono à atmosfera. Converter os solos do cerrado do Brasil para diesel de soja, ou as terras de turfa da Malásia para diesel de óleo de coco, diz Joseph Fargione, da Nature Conservancy, libera "17.420 vezes mais CO_2 do que as reduções anuais de gases efeito estufa que seriam possíveis com a substituição dos combustíveis fósseis por esses biocombustíveis".[56] Ou, dito de outra forma, levaria décadas ou séculos para o investimento compensar em termos climáticos. Se você quer reduzir o dióxido de carbono na atmosfera, replante uma floresta numa antiga fazenda.

Além disso, são necessários 130 galões de água para o cultivo e mais cinco galões de água para destilar um único galão (3,8 litros) de etanol de milho — considerando-se que apenas 15% da safra seja irrigada. Em contraste, é preciso menos de três galões de água para extrair e outros dois galões de água para refinar um galão de gasolina. Alcançar a meta declarada dos Estados Unidos de cultivar 35 bilhões de galões de etanol por ano iria requerer tanta água quanto a que é consumida por toda a população da Califórnia em um ano. Não se iluda: a indústria de biocombustível não é ruim apenas para a economia.[57] É ruim para o planeta também. A principal razão de ter ganhado tanta influência entre os políticos norte-americanos foram os recursos para o *lobby* e para o apoio político fornecidos pelas grandes companhias.

Agora, dado que sou um fã do futuro, não devo descartar prematuramente a primeira geração de biocombustíveis. Há safras melhores por vir, cuja habilidade para atirar em seu próprio pé ecológico pode não ser tão acentuada. A beterraba de açúcar tropical pode gerar enorme produtividade com uso menor de água, e plantas como a *jatropha* ainda podem provar que são boas para extrair combustível de terras arruinadas — se forem geneticamente planejadas. E, certamente, algas, cultivadas na água, têm chance de ser mais produtivas sem exigir irrigação, naturalmente.

Mas não esqueça o único e mais importante problema com os biocombustíveis, o que os torna tão capazes de piorar os problemas ambientais — eles precisam de terra. Um futuro sustentável para 9 bilhões de pessoas num planeta virá do menor uso possível de terra para as necessidades de cada pessoa. E, se a produtividade dos alimentos da terra continuar a crescer à taxa atual, a área medida em acres das terras cultiváveis irá — apenas — alimentar o mundo em 2050, então, a terra extra para cultivar combustível terá de vir das florestas tropicais e de outros *habitats* selvagens. Outra forma de expor o mesmo ponto é tomar emprestado o conhecido lamento ambientalista de que a raça humana já "se apropria de 20% a 40% da energia solar captada no material orgânico", para citar o ecologista E.O. Wilson.[58] Por que você iria querer aumentar esse porcentual, deixando ainda menos para outras espécies? Arruinar *habitats* e paisagens e extinguir espécies para dar alento a uma civilização é um erro medieval que, certamente, não precisa ser repetido, quando existem filões de carvão, xisto betuminoso e reatores nucleares para ajudar.

Ah, responde você, por uma boa razão: a mudança climática. Tratarei desse assunto no capítulo 10. Por ora, simplesmente observe que, se não fosse pelo argumento da mudança climática, você não poderia começar a justificar a reivindicação de que a energia renovável é verde e a energia fóssil não é.

Eficiência e demanda

Civilização, como a própria vida, diz respeito à forma de captar energia. Em outras palavras, exatamente como uma espécie bem-sucedida é aquela que converte a energia do sol em descendência mais rapidamente do que outras espécies, isso também é verdade para uma nação. Progressivamente, enquanto passavam os éons, a vida como um todo se tornou gradativamente mais eficiente em fazer isso, em enganar localmente a segunda lei da termodinâmica. As plantas e animais que dominam a Terra hoje canalizam mais da energia solar através de seus corpos do que seus ancestrais do período Cambriano (quando, por exemplo, não havia plantas na Terra). Da mesma forma, a história humana é um conto de descoberta e diversificação progressiva de fontes de energia para sustentar o estilo de vida humano. Safras domesticadas captaram mais energia solar para os primeiros agricultores; animais de tração canalizaram mais energia das plantas para elevar os padrões de vida humanos; o moinho de água tomou o mecanismo de evaporação do sol e o usou para enriquecer monges medievais. "Civilização, como a vida, é uma fuga de Sísifo do caos", como disseram Peter Huber e Mark Mills.[59] "O caos prevalecerá no final, mas é nossa missão adiar esse dia o quanto pudermos e empurrar as coisas na direção oposta com toda a engenhosidade e determinação que pudermos reunir. Energia não é o problema. Energia é a solução."

A máquina a vapor Newcomen trabalhava com 1% de eficiência — isso quer dizer que ela convertia 1% do calor da queima do carvão em trabalho útil. A máquina de Watt era 10% eficiente e rodava muito mais rápido. A máquina de combustão interna de Otto era cerca de 20% eficiente e ainda mais rápida. Uma turbina moderna de ciclo combinado é cerca de 60%

mais eficiente em fazer eletricidade de gás natural e roda a 1.000 rpm.[60] A civilização moderna, portanto, obtém cada vez mais trabalho de cada tonelada de combustível fóssil. Você poderia pensar que essa eficiência crescente gradativamente reduzirá a necessidade de queimar carvão, petróleo e gás. À medida que um país atravessa uma revolução industrial, cada vez mais pessoas se juntam, a princípio, ao sistema de combustível fóssil — isto é, começam a usar os combustíveis fósseis tanto no trabalho quanto em casa — então, mais e mais combustível fóssil é usado. A "intensidade de energia" (watts por dólar do PIB) na verdade cresce. Isso aconteceu na China nos anos 1990, por exemplo. Depois, mais tarde, uma vez que a maioria das pessoas está no sistema, a eficiência começa a ser corroída e a intensidade da energia começa a cair. Isso acontece na Índia de hoje. Os Estados Unidos hoje usam a metade da energia por unidade do PIB que usavam em 1950. O mundo está usando 1,6% menos energia para cada dólar do crescimento do PIB a cada ano. Decerto agora o uso da energia começará finalmente a cair?

Isso era o que eu pensava, até o dia em que tentei ter uma conversa desnecessária por celular enquanto um homem usava um soprador de folhas nas proximidades. Mesmo que todo mundo isole seu apartamento para evitar fuga de calor e mude para lâmpadas compactas de luz fluorescente e jogue fora seus aquecedores externos e obtenha sua força de usinas geradoras mais eficientes e perca o emprego numa fábrica de aço, mas consiga outro numa central telefônica, a queda da intensidade de energia da economia será contrabalançada pelas novas oportunidades que a riqueza traz para usar energia de novas formas. Lâmpadas elétricas baratas liberam as pessoas para pôr mais plugues nas tomadas. *Chips* de silício usam tão pouca energia que estão em toda parte, e em agregados seu efeito aumenta. Um programa de busca pode não usar tanta energia quanto uma máquina a vapor, mas muitos deles logo vão usar mais. A eficiência da energia vem crescendo há muito tempo e o consumo de energia também. Isso é conhecido como paradoxo Jevons por causa do economista vitoriano que o explica assim: "É uma total confusão de ideias supor que o uso econômico do combustível é equivalente a um consumo diminuído. O contrário é a verdade. Em geral, novas formas de economia vão levar a um aumento do consumo."[61]

Não estou dizendo que os combustíveis fósseis sejam insubstituíveis. Posso imaginar com facilidade um mundo em 2050 em que os combustíveis fósseis tenham diminuído sua importância relativamente a outras formas de energia. Posso imaginar carros elétricos híbridos que usem energia de baixa demanda (nuclear) em seus primeiros 32 quilômetros; posso imaginar vastas fazendas de energia solar exportando eletricidade a partir de desertos ensolarados na Argélia ou no Arizona; posso imaginar usinas geotérmicas de rocha quente seca; acima de tudo, vislumbro reatores nucleares modulares que usam grafite, de segurança passiva, em todos os lugares. Posso até imaginar a energia do vento, da maré, das ondas e da biomassa fazendo pequenas contribuições, embora estas devessem ser um último recurso, pois são muito dispendiosas e ambientalmente destrutivas. O que sei é isto: vamos precisar de watts de algum lugar. Eles são nossos escravos. Thomas Edison merece a última palavra: "Estou envergonhado do número de coisas à volta na minha casa e nas lojas que são feitas por animais — digo, seres humanos — e que deveriam ser feitas por um motor sem nenhum sentimento de fadiga ou dor. De agora em diante, um motor deve fazer todas as tarefas."[62]

8
Invenção da invenção: rendimentos crescentes após 1800

Aquele que recebe uma ideia de mim recebe instrução sem diminuir a minha; da mesma forma que aquele que acende sua vela na minha recebe luz sem me deixar no escuro.

THOMAS JEFFERSON
Letter to Isaac McPherson[1]

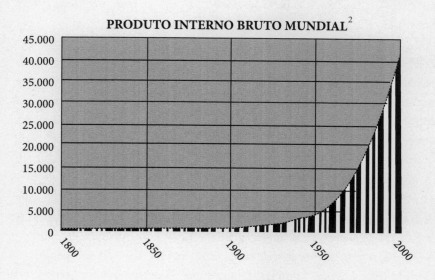

A expressão "rendimentos decrescentes" é um clichê tão grande que poucos pensam muito nela. Tirar nozes-pecãs de uma vasilha de nozes salgadas (um vício meu) me dá rendimentos decrescentes: os pedaços de noz-pecã na vasilha se tornam mais raros e menores. Os dedos continuam a encontrar amêndoas, avelãs, castanhas-de-caju e castanhas-do-pará. Gradualmente, a vasilha, como uma mina de ouro moribunda, cessa de produzir rendimentos decentes de noz-pecã. Imagine agora uma vasilha de nozes que tivesse a característica contrária. Quanto mais pecãs você pegasse, maiores e mais numerosas elas se tornariam. Implausível, admito. Mas esse é precisamente o caráter específico da experiência humana desde 100 mil anos atrás. Inexoravelmente, a vasilha mundial de nozes tem produzido sempre mais pecãs, mesmo que muitas estejam sendo usadas. O ritmo de aceleração dos rendimentos deu uma guinada para cima por volta de 10 mil anos atrás na revolução agrícola. Depois, deu outra guinada para cima novamente em 1800 d.C., e a aceleração continuou no século XX. O traço mais fundamental do mundo moderno desde 1800 — mais profundo que avião, rádio, armas nucleares ou websites, mais importante que ciência, saúde, ou bem-estar material — tem sido a descoberta contínua tão rápida de "rendimentos crescentes" que ultrapassaram até mesmo a explosão populacional.

Quanto mais se prospera, mais se pode prosperar. Quanto mais se inventa, mais as invenções se tornam possíveis. Como isso pode ser possível? O mundo de coisas — de nozes-pecãs ou usinas de energia — é, de fato, frequentemente sujeito a rendimentos decrescentes. Mas o mundo das ideias não. Quanto mais conhecimento se gera, mais se pode gerar. E a máquina que está impulsionando a prosperidade do mundo moderno é a geração acelerada de conhecimento útil. Assim, por exemplo, uma bicicleta é uma coisa e está sujeita a rendimentos decrescentes. Uma bicicleta é muito útil, mas não há muito ganho extra em ter duas, que dirá três. Mas a ideia "bicicleta" não diminui de valor. Não importa quantas vezes você diga a alguém como fazer ou andar numa bicicleta, a ideia não se tornará estagnada, ou inútil, ou esfiapada nas bainhas. À semelhança da chama da vela de Thomas Jefferson, ela dá sem perder. Na verdade, é justamente o contrário que acontece. Para quanto mais pessoas você falar sobre bicicletas, mais pessoas voltarão com aspectos novos e úteis para bicicletas — para-lamas, estruturas mais leves, pneus de corrida, assentos para crianças, motores elétricos. A disseminação de conhecimento útil faz com que esse conhecimento útil gere mais conhecimento útil.

Ninguém previu isso. Os pioneiros da economia política esperavam uma estagnação final. Adam Smith, David Ricardo e Robert Malthus, todos previram que os rendimentos decrescentes iriam finalmente começar, toda a melhoria dos padrões de vida que eles viam desapareceria. "A descoberta e aplicação útil de maquinaria sempre levam ao aumento da produção líquida do país, embora possam não aumentar, e não farão isso, o valor da produção líquida, após um intervalo sem importância", disse Ricardo, tudo se inclina na direção de um "estado estacionário".[3] Até mesmo John Stuart Mill, reconhecendo que os rendimentos não mostravam sinais de redução nos anos 1840, atribuiu isso a um milagre; inovação, ele disse, era um fator externo, uma causa, mas não efeito do crescimento econômico, um inexplicável golpe de sorte. E o otimismo de Mill não foi compartilhado por seus sucessores. À medida que a descoberta começasse a diminuir, a competição empurraria os lucros da empresa para fora do mercado cada vez mais perfeito até que tudo que restasse fosse arrendamento e monopólio. Com a mão invisível de Smith orientando os participantes do mercado infinito, imbuídos de perfeita informação para o equilíbrio sem lucro e rendimentos cessantes, a economia neoclássica previa sombriamente o fim do crescimento.[4]

Era a descrição de um mundo inteiramente fictício. O conceito de um estado final fixo, aplicado a um sistema dinâmico como a economia, é tão errado quanto qualquer abstração filosófica pode ser. É uma trivialidade de Pareto. Como diz o economista Eamonn Butler, "o mercado perfeito não é apenas uma abstração; é estupidez manifesta... Sempre que encontrar a palavra equilíbrio num livro escolar, apague-a".[5] É errado porque admite a competição perfeita, o conhecimento perfeito e a racionalidade perfeita, nenhum dos quais existe ou pode existir. É a economia planejada, não o mercado, que requer conhecimento perfeito.

A possibilidade do conhecimento novo torna o estado fixo impossível. Em algum lugar, alguém terá uma ideia que o capacitará a inventar uma nova combinação de átomos para criar e explorar imperfeições do mercado. Como argumenta Friedrich Hayek, o conhecimento está disperso na sociedade porque cada pessoa tem uma perspectiva especial. O conhecimento não pode nunca ser reunido num só lugar. É coletivo, não individual. Tampouco o fracasso de qualquer mercado específico em se igualar ao mercado perfeito constitui mais um "fracasso do mercado", assim como o fracasso de um casamento em particular em se equiparar ao casamento perfeito não constitui "fracasso do casamento".[6]

De um modo exatamente análogo, a ciência da ecologia tem uma falácia duradoura de que, no mundo natural, existe algum perfeito estado de equilíbrio para o qual um ecossistema retornará após sofrer perturbação.[7] Essa obsessão com "o equilíbrio da natureza" passa pela ciência ocidental, desde até mesmo antes de Aristóteles, e vê sua expressão recente em conceitos como o clímax ecológico, a vegetação natural que vai revestir uma área se houver tempo suficiente. Isso é besteira. Vou exemplificar com o lugar de onde estou escrevendo. Supostamente, sua vegetação clímax é floresta de carvalho, mas os carvalhos só chegaram aqui há mil anos, substituindo os pinheiros, os vidoeiros e, antes disso, a tundra. Há apenas 18 mil anos era um pântano vaporoso completado com hipopótamos. Qual desses é seu estado "natural"? Além disso, mesmo que o clima sossegasse numa estabilidade invariável (algo que nunca fez), os brotos de carvalho não prosperariam sob carvalho (as pragas das árvores choveriam em cima deles), então, após alguns milhares de anos, uma floresta de carvalho daria lugar a alguma outra coisa. O lago Vitória era completamente seco 15 mil anos atrás. O Great Barrier, um recife, era parte de uma cadeia de montanhas costeira 20 mil anos atrás. A floresta tropical amazônica vive num estado de constante perturbação: de queda de árvores a incêndios e inundações, sua diversidade requer que mude constantemente. Não existe equilíbrio na natureza; existe apenas um permanente dinamismo. Como diz Heráclito, "nada dura, mas muda".

Inovação é como incêndio incontrolável

Para explicar a moderna economia global, você terá de explicar de onde vem essa perpétua inovação das máquinas. O que deu a partida nos rendimentos crescentes? Eles não foram planejados, dirigidos ou ordenados: eles emergiram, evoluíram, de baixo para cima, da especialização e da troca. A troca rápida de ideias e pessoas possibilitada pela tecnologia estimulou a aceleração do crescimento da riqueza que caracterizou o século passado.

Políticos, capitalistas e funcionários são destroços de naufrágio que aparecem rio acima na pororoca provocada pela maré.

Mesmo assim, a geração de conhecimento novo e útil está muito longe de ser rotineira, uniforme, estável e contínua. Embora a raça humana como um todo tenha experimentado mudança incessante, povos individualmente viram uma centelha de progresso muito mais intermitente porque tanto o ritmo quanto o lugar dessa mudança estão sempre mudando. A inovação é como um incêndio incontrolável que queima brilhantemente por um breve tempo, depois morre antes de explodir novamente em algum outro lugar. Há 50 mil anos, a área de calor mais forte era a Ásia ocidental (forno, arcos e flechas); há 10 mil, o Crescente Fértil (agricultura, cerâmica); há 5 mil, a Mesopotâmia (metal, cidades); há 2 mil, a Índia (têxteis, zero); há 1.000, a China (porcelana, imprensa); há 500, a Itália (livro de contabilidade de dupla entrada, dever/haver, Leonardo); há 400, os Países Baixos (Amsterdam Exchange Bank); há 300, a França (o canal Du Midi); há 200, a Inglaterra (vapor); há 100, a Alemanha (fertilizantes); há 75, Estados Unidos (produção em massa); há 50, Califórnia (cartão de crédito); há 25, Japão (Walkman). Nenhum país permanece muito tempo como líder da criação de conhecimento.[8]

À primeira vista, isso surpreende, especialmente se rendimentos crescentes para a inovação são possíveis. Por que a tocha tem de ser passada para outro lugar de qualquer maneira? Como argumentei nos três capítulos anteriores, a resposta está em dois fenômenos: instituições e população. No passado, quando se empanturravam de inovações, as sociedades logo permitiam que seus bebês se tornassem numerosos demais para a terra disponível, reduzindo o lazer, a riqueza e o mercado de que os inventores precisavam (na verdade, os filhos de mercadores se tornaram camponeses labutadores novamente). Ou deixaram que seus burocratas escrevessem regras demais, seus chefes travassem guerras demais, ou seus padres construíssem monastérios demais (na verdade, os filhos de mercadores se tornaram soldados, sibaritas ou monges). Ou afundaram nas finanças e se tornaram arrendatários parasitas. Como escreve Joel Mokyr: "Prosperidade e sucesso levaram à emergência de predadores e parasitas de várias formas e aparências que, finalmente, massacraram a gansa que punha os ovos de ouro." Novamente, a chama da invenção iria crepitar e morrer... para brilhar em algum outro lugar. A boa notícia é que sempre há uma nova tocha acesa. Até agora.

Assim como é verdade que o incêndio incontrolável irrompe em diferentes partes do mundo em tempos diferentes, da mesma forma ele salta de tecnologia para tecnologia. Hoje, exatamente como durante a revolução da impressão de 500 anos atrás, as comunicações estão em chamas com rendimentos crescentes, mas o transporte estala com rendimentos decrescentes. Isto é, a velocidade de carros e aeroplanos só está aumentando muito lentamente, e cada melhoria é crescentemente dispendiosa. Um esforço cada vez maior é necessário para espremer mais algumas quilômetros por litro em veículos de qualquer tipo, enquanto cada porção de megabites extras é bem mais barata por enquanto. Muito *grosso modo*, a melhor indústria para se estar como inovador era: 1800 — têxteis; 1830 — ferrovias; 1860 — químicos; 1890 — eletricidade; 1920 — carros; 1950 — aviões; 1980 — computadores; 2010 — internet. Enquanto o século XIX viu o aparecimento súbito de novos meios de movimentar pessoas continuamente (ferrovias, bicicletas, carros, barcos a vapor), o século XX viu um transbordamento de novos meios de movimentar informação continuamente (telefones, rádio, televisão, satélites, fax, internet, celulares). Reconhecidamente, o telégrafo veio muito antes do avião, mas a ideia geral se sustenta. O satélite é um exemplo nítido de uma tecnologia inventada como subproduto de um projeto de transporte (viagem espacial), que encontrou uso em comunicações em vez disso. Parece que os rendimentos crescentes iriam de fato desaparecer se os inovadores não tivessem uma nova onda para pegar a cada trinta anos.

Observe que o maior impacto de uma onda de rendimentos crescentes vem muito tempo depois de a tecnologia ser inventada pela primeira vez. Ela vem quando a tecnologia é democratizada. A máquina de impressão de Gutenberg levou décadas para gerar a Reforma. Os navios contêineres de hoje não viajam muito mais rápido do que um barco a vela, e a internet de hoje envia cada pulso um pouco mais rápido do que um telégrafo do século XIX — mas todos os utilizam, não apenas os ricos. Os jatos viajam à mesma velocidade que nos anos 1970, mas linhas aéreas baratas são novas. George Orwell, já em 1944, estava cansado do modo como o mundo parecia encolher — supostamente um evento moderno.[9] Depois de ler o que chamou de "pilha de livros 'progressistas' otimistas de pouca profundidade", Orwell ficou surpreso com a repetição de certas frases que estavam na moda antes de 1914. As frases incluíam "abolição da distância" e "desaparecimento de fronteiras".

Mas o pessimismo de Orwell não entendeu a questão. Não é a velocidade, mas o custo — em termos de horas de trabalho — que conta. A morte da distância pode ser nova, mas se tornou algo ao alcance de todos. A velocidade era um luxo antes. Nos tempos de Orwell, apenas os mais ricos ou os politicamente poderosos tinham condições de viajar pelo ar, ou importar bens exóticos, ou fazer uma chamada telefônica internacional. Agora, quase todos podem pagar os bens baratos transportados por navios contêineres; quase todos podem pagar pela internet; quase todos podem viajar de jato. Quando eu era jovem, um telefonema transatlântico era absurdamente dispendioso; hoje, um e-mail transpacífico é absurdamente barato. A história do século XX foi a de estender a todos o acesso aos privilégios dos ricos, tornando as pessoas mais ricas, ou tornando os serviços mais baratos.

Igualmente, quando o cartão de crédito decolou na Califórnia, nos anos 1960, impulsionado por Joseph Williams, do Bank of America, não havia nada de novo em comprar a crédito.[10] Era tão velho quanto a Babilônia. Não havia nada de novo nem no cartão de crédito. O Diner's Club vinha emitindo cartões para a comodidade de usuários de restaurantes desde o início dos anos 1950, e as lojas de departamentos desde antes disso. O que o Bank of America conseguiu, especialmente quando emergiu como Visa do caos dos envios em massa pelo correio no fim dos anos 1960, sob a reinvenção de Dee Hock, foi a democratização do crédito. A possibilidade eletrônica de o cartão ser autorizado para uma compra em qualquer lugar do país ou até do mundo foi um poderoso lubrificante da especialização e do comércio na economia no fim do século XX, permitindo que os consumidores expressassem sua escolha de tomar emprestado contra ganhos futuros quando isso fazia sentido. Houve, naturalmente, irresponsabilidade, mas o cartão de crédito não levou ao caos financeiro, como muitos grandes intelectuais temeram. No início dos anos 1970, quando os cartões de crédito eram novos, políticos de todas as classes os denunciavam como daninhos, perigosos e predatórios, pontos de vista compartilhados até pelos que usavam os cartões. Lewis Mandell descobriu que "era muito mais provável que os norte-americanos usassem cartões de crédito do que os aprovassem".[11]

Isso capta muito bem o paradoxo do mundo moderno — as pessoas acolhem a mudança tecnológica, mas a odeiam ao mesmo tempo. "As pessoas não gostam de mudança", Michael Crichton me disse uma vez, "e a ideia de que a tecnologia é excitante é verdade apenas para um punhado de pessoas. O resto fica deprimido ou aborrecido com as mudanças."[12] Piedade para a sina do inventor, então. Ele é a fonte do enriquecimento da sociedade, e, ainda assim, ninguém gosta do que ele faz. "Quando uma nova invenção é proposta pela primeira vez", disse William Petty em 1679, "no começo, todos fazem objeções, e o pobre inventor percorre o circuito de todos os sabichões petulantes."[13]

Qual é o volante da máquina de inovação perpétua que impulsiona o mundo moderno? Por que a inovação se tornou rotina, e como foi que, nas palavras de Alfred North Whitehead, "a maior invenção do século XIX foi a invenção do método de invenção?"[14] Ela está ligada à expansão da ciência, à aplicação de dinheiro, à concessão de propriedade intelectual ou é alguma outra coisa, alguma coisa muito mais básica?

Impulsionada pela ciência?

Por muito que eu ame a ciência por seus próprios méritos, acho difícil argumentar que a descoberta necessariamente precede a invenção e que a maior parte das novas aplicações práticas flui da cunhagem de visões esotéricas de filósofos naturais. Francis Bacon foi o primeiro a defender que os inventores estão aplicando o trabalho de descobridores e que a ciência é a mãe da invenção. Como observou o cientista Terence Kealey, os políticos modernos são escravos de Bacon.[15] Acreditam que a receita para ter novas ideias é simples: ponha dinheiro público na ciência, que é um bem público, porque ninguém pagará pela geração de ideias se o contribuinte não pagar, e observe as novas tecnologias saírem pela ponta de baixo do cano. O problema é que existem duas falsas premissas aqui: primeiro, a ciência é muito mais filha do que mãe da tecnologia; e, segundo, não se conclui que apenas o contribuinte pagará por ideias em ciência.

Era bem aceito argumentar que a revolução científica europeia do século XVII liberou a curiosidade racional das classes educadas, cujas teorias foram, então, aplicadas na forma de novas tecnologias que, por sua vez, permitiram que os padrões de vida subissem. Por essa teoria, a China, de algum modo, careceu desse salto para a curiosidade científica e disciplina filosófica e, então, fracassou em construir sua liderança tecnológica. Mas a história mostrou que isso está de trás para a frente. Poucas invenções que fizeram a Revolução Industrial deveram alguma coisa à teoria científica.

É verdade, naturalmente, que a Inglaterra teve uma revolução científica no fim dos anos 1600, personificada em pessoas como Harvey, Hooke e Halley, sem mencionar Boyle, Petty e Newton, mas sua influência no que aconteceu na indústria manufatureira inglesa no século seguinte foi sem importância. Newton teve mais influência em Voltaire do que em James Hargreaves. A indústria que se transformou primeiro e mais que as outras — fiação e tecelagem de algodão — era de pouco interesse para os cientistas e vice-versa. As máquinas de fiação, máquinas descaroçadoras, bastidores, máquinas de fiar automáticas e teares que revolucionaram o trabalho com o algodão foram inventados por homens de negócios que consertavam utensílios, não por pesquisadores reflexivos: por "cabeças duras e dedos inteligentes". Diz-se que nada em seus desenhos teria intrigado Arquimedes.

Igualmente, dos quatro homens responsáveis pelos maiores avanços na máquina a vapor — Thomas Newcomen, James Watt, Richard Trevithick e George Stephenson —, três eram profundamente ignorantes das teorias científicas, e historiadores discordam sobre se o quarto, Watt, recebeu alguma influência da teoria.[16] Foram eles que tornaram possíveis a teoria do vácuo e as leis da termodinâmica e não o contrário. Denis Papin, seu precursor francês, era um cientista, mas teve sua visão quando construía uma máquina e não o contrário. Esforços heroicos feitos por cientistas do século XVIII para provar que Newcomen obteve suas principais ideias das teorias de Papin foram totalmente malsucedidos.[17]

Ao longo da Revolução Industrial, cientistas foram beneficiários da nova tecnologia, muito mais que seus benfeitores. Até na famosa Sociedade Lunar, onde gostava de entrar em contato com filósofos da natureza como Erasmus Darwin e Joseph Priestley, o empresário industrial Josiah Wedgwood obteve sua melhor ideia — o torno mecânico *rose turning* —* de um colega dono de fábrica, Matthew Boulton.[18] E, embora a mente fértil de Benjamin Franklin gerasse muitas invenções baseadas em princípios, de para-raios a óculos bifocais, nenhuma delas levou à fundação de indústrias.

Então, a ciência de cima para baixo teve pouca participação nos primeiros anos da Revolução Industrial. De qualquer modo, a virtuosidade científica inglesa secou no momento-chave. Você seria capaz de citar o nome de uma única grande descoberta científica inglesa na primeira metade do século XVIII? Era uma época especialmente infecunda para os filósofos naturais, até mesmo na Grã-Bretanha. Não, a Revolução Industrial não foi detonada por alguma solução inverossímil de inspiração científica. Depois disso, a ciência contribuiu, de fato, para o aumento do ritmo da invenção, e a linha entre descoberta e invenção se tornou crescentemente indistinta à medida que o século XIX passava. Assim, somente quando os princípios da transmissão elétrica foram entendidos, o telégrafo pôde ser aperfeiçoado; quando entenderam a sucessão dos extratos geológicos, mineiros de carvão souberam melhor onde cavar novas minas; depois que a estrutura em anel da benzina foi conhecida, fabricantes puderam projetar corantes mais do que descobri-los acidentalmente. E assim por diante. Mas até a maior parte disso foi, nas palavras de Joel Mokyr,[19] "um processo semiorientado, tateante e desajeitado de erro e acerto por profissionais inteligentes, hábeis, com uma noção vaga, mas gradativamente mais clara, dos processos em ação".[20] Seria interpretação forçada chamar isso de ciência, no entanto.[21] É o que acontece hoje nas garagens e cafés do Vale do Silício, mas não nos laboratórios da Stanford University.

---

*"Rosa torneada", padrão que lembrava uma rosa, insculpido na cerâmica por esse torno. [*N. da T.*]

O século XX também está repleto de tecnologias que devem tão pouco à filosofia e às universidades quanto a indústria do algodão deveu: aviação, equipamentos eletrônicos feitos de transistores, *chips* de silício e outros semicondutores, software. A qual cientista você daria o crédito pelo telefone celular, ou pelos programas de busca, ou pelo blog? Numa palestra em 2007 sobre descobertas importantes por acaso, o físico de Cambridge *sir* Richard Friend, citando o exemplo da supercondutividade de alta temperatura — que inventaram por acaso nos anos 1980 e explicaram depois —, admitiu que, ainda hoje, o trabalho dos cientistas é realmente aparecer e explicar as descobertas científicas de remendões tecnológicos *depois* que eles descobriram algo.

O fato inescapável é que a maior parte das mudanças tecnológicas vem das tentativas de melhorar a tecnologia existente. Elas acontecem no chão da fábrica, entre aprendizes e mecânicos, ou no local de trabalho, entre usuários de programas de computadores, e só raramente resultam da aplicação e transferência de conhecimento das torres de marfim da *intelligentsia*. Isso não é para condenar a ciência como inútil. As descobertas no século XVII da gravidade e da circulação do sangue foram esplêndidos acréscimos à soma do conhecimento humano. Mas fizeram menos para elevar os padrões de vida do que a máquina descaroçadora de algodão e a máquina a vapor. E até os estágios posteriores da Revolução Industrial são repletos de exemplos de tecnologias desenvolvidas em notável ignorância de por que funcionavam. Isso foi especialmente verdadeiro no mundo biológico. A aspirina vinha curando dores de cabeça há mais de um século antes que alguém tivesse a mais leve ideia de como isso acontecia. A habilidade da penicilina para matar bactérias foi finalmente entendida por volta da época em que a bactéria aprendeu a derrotá-la. Suco de limão prevenia escorbuto durante séculos antes da descoberta da vitamina C. A comida vinha sendo preservada por conservas em lata muito antes de alguém ter alguma teoria dos germes para explicar por que isso funcionou.

Capital?

Talvez o dinheiro seja a resposta à pergunta sobre o que movimenta a máquina da inovação. A maneira de incentivar a inovação, como qualquer capitalista de risco do Vale do Silício lhe dirá, é juntar talento e dinheiro. Na maior parte da história, as pessoas têm sido adeptas de mantê-los separados. Os inventores sempre irão aonde puderem encontrar dinheiro para financiá-los. Uma das vantagens da Grã-Bretanha no século XVIII era que o país acumulava uma fortuna coletiva, gerada com o comércio exterior e um mercado de capitais comparativamente eficiente para distribuir fundos entre os inovadores.[22] Mais especificamente, a Revolução Industrial requereu investimento de longo prazo em equipamentos que não podiam ser facilmente liquidados — fábricas e máquinas, em sua maioria. Mais do que outros países, os mercados de capitais britânicos estavam em posição de suprir os recursos necessários naquele momento. Londres tinha conseguido tomar emprestado de Amsterdã e estimular, no século XVIII, o capital social, companhias de responsabilidade limitada, mercados líquidos em bônus e ações e um sistema bancário capaz de gerar crédito. Isso ajudou a dar aos inventores os recursos para transformar suas ideias em produtos. Em contraste, os mercados de capital na França eram assombrados pela falência de John Law, os bancos assombrados pela inadimplência de Luís XIV, e a lei corporativa assombrada pelas extorsões arbitrárias dos cobradores de impostos.[23]

Numa misteriosa repetição do mesmo padrão, o Vale do Silício deve muito de sua explosão de novidade aos seus capitalistas de risco em Sandhill Road. Onde estariam Amazon, Compaq, Genentech, Google, Netscape e Sun sem Kleiner Perkins Caulfield? Não é coincidência que o crescimento de indústrias de tecnologia tenha decolado depois de meados dos anos 1970, quando o Congresso liberou os fundos de pensão e os fundos sem fins lucrativos para investir alguns de seus ativos em fundos de risco. A Califórnia não é o lugar de nascimento de empreendedores; é o lugar aonde estes vão para empreender; não menos de 1/3 dos negócios abertos com sucesso na Califórnia entre 1980 e 2000 tinha fundadores nascidos na Índia ou na China.[24]

Na Roma imperial, sem dúvida um grande número de escravos desconhecidos sabia como fazer melhores azeites de oliva, melhores moinhos de água e melhores teares de lã, enquanto um grande número de plutocratas sabia como poupar, investir e consumir. Mas os dois viviam a milhas de distância, separados por intermediários venais que não desejavam juntá-los. Uma história notável sobre vidro repetida por vários autores romanos torna o argumento convincente.[25] Um homem demonstrou ao imperador Tibério sua invenção de um vidro inquebrável, esperando uma recompensa. Tibério pergunta se ninguém mais conhece o segredo e se assegura de que ninguém sabe. Então, manda decapitar o homem para impedir que o novo material reduza o valor relativo do ouro em relação ao do barro. A moral da história — seja ou não verdadeira — não é apenas que os inventores romanos recebem recompensa negativa por seus esforços, mas que o capital de risco era tão escasso que o único jeito de financiar uma ideia era ir falar com o imperador. A China imperial também mandava fortes sinais de desestímulo àqueles cuja inventividade desafiava o status *quo*. Um missionário cristão na China Ming escreveu: "Qualquer homem de gênio é imediatamente paralisado pelo pensamento de que seus esforços lhe trarão mais punição que recompensas."[26]

O financiamento da inovação gradualmente se transferiu para dentro das firmas no século XX. Companhias do setor privado, assombradas pelo medo shumpeteriano de que a inovação possa tirar todo o mercado delas e igualmente fascinadas por sonhos de que podem tirar todo o mercado de suas rivais, têm gradativamente aprendido a semear a inovação dentro de sua cultura e reservar recursos para ela. A pesquisa corporativa e os orçamentos de desenvolvimento têm apenas um século de vida e têm crescido com muita consistência. A proporção de PIB gasto por empresas em pesquisa e desenvolvimento nos Estados Unidos mais que dobrou para quase 3% na última metade de século.[27] Não espanta que tenha havido um aumento correspondente em invenção e aplicação.

Bem abaixo da superfície estatística, no entanto, a cena muda. Longe de ser capaz de gastar tempo com novidades e crescimento, as companhias estão perpetuamente descobrindo que seus orçamentos de Pesquisa&Desenvolvimento são captados por burocratas corporativos cada vez mais defensivos e complacentes, que os gastam em projetos estúpidos, de baixo risco, e falham em notar gigantescas novas oportunidades, que, por isso, se tornam ameaças. Após tentar sem sucesso instilar um senso de pensamento inovador em seus departamentos de pesquisa, a indústria farmacêutica desistiu e, agora, simplesmente compra firmas pequenas que desenvolveram grandes ideias. A história da indústria do computador está coalhada de exemplos de grandes oportunidades perdidas por protagonistas dominantes, que, por causa disso, se viram desafiados por rivais novos que crescem rapidamente — IBM, Digital Equipment, Apple, Microsoft. Até o Google sofrerá esse destino. Os grandes inovadores ainda são, em geral, *outsiders*.

Embora possam começar cheias de zelo empreendedor, firmas ou burocracias quando ficam grandes se tornam tão avessas ao risco como se tivessem aderido ao luddismo. Georges Doriot, pioneiro capitalista de risco, disse que o momento mais perigoso na vida de uma empresa é quando ela atinge seu objetivo e, então, para de inovar.[28] "Este telefone tem falhas demais para ser considerado um meio de comunicação. O aparelho não tem valor inerente para nós", dizia um memorando interno da Western Union em 1876. Eis por que a Apple, não a IBM, aperfeiçoou o computador pessoal; por que os irmãos Wright, não o exército francês, inventaram a primeira aeronave dirigível; por que Jonas Salk, não o Serviço Nacional de Saúde Britânico, inventou a vacina contra a poliomielite; por que a Amazon, não os Correios, inventou o pedido *one-click*; e por que uma companhia finlandesa de suprimento de madeira, não um monopólio nacional de telefone, tornou-se líder mundial em celulares.

Uma solução para as companhias é tentar dar liberdade aos seus empregados para que se comportem como empresários. A Sony fez isso depois de descobrir, nos anos 1990, que seus tecnólogos famosos pelo pioneirismo haviam sucumbido a uma mentalidade "não inventado aqui". A General Electric sob Jack Welch conseguiu isso por um tempo, fragmentando a companhia em unidades menores competitivas. A 3M — animada por um crescimento vigoroso depois que seu empregado Art Fry concebeu a ideia dos lembretes antiaderentes que aderem (*post-its*) quando tentava marcar um trecho em seu hinário, na igreja, em 1980 — disse aos seus tecnólogos que passassem 15% de seu tempo trabalhando em projetos próprios e colhendo ideias dos consumidores.

Outra solução é terceirizar os problemas para serem resolvidos por um mercado virtual de inventores com a promessa de um prêmio, como o governo britânico fez com o problema de medir longitude no mar no século XVIII. A internet reviveu essa possibilidade em anos recentes. Sites como Innocentive e yet2.com permitem às empresas tanto apresentar problemas que não podem resolver, prometendo recompensas por sua solução, como postar tecnologias que inventaram e para a qual procuram aplicações. Engenheiros aposentados podem ganhar bom dinheiro e ter boa diversão negociando suas habilidades como *freelancers* em tais sites. O velho modelo da Pesquisa&Desenvolvimento "em casa" certamente abrirá caminho para esse nicho de mercado de inovação, ou "ágora de ideias", como Don Tapscott e Anthony Williams a chamam.[29]

O dinheiro é certamente fator importante para impulsionar a inovação, mas de maneira alguma o mais importante. Mesmo na mais empreendedora das economias, muito pouca poupança chega aos inovadores. Os inventores na Grã-Bretanha vitoriana viviam num regime em que uma grande proporção das despesas se destinava ao pagamento de juros, enviando, com efeito, um sinal aos ricos de que a coisa mais segura para fazerem com seu dinheiro era coletar renda dele dos impostos sobre o comércio. Hoje, muito dinheiro é desperdiçado em pesquisa que não se desenvolve e muitas descobertas são feitas sem a aplicação de muito dinheiro. Quando inventou o Facebook em 2004, o estudante de Harvard Mark Zuckerberg gastou muito pouco em Pesquisa&Desenvolvimento. Mesmo quando buscava expandir sua empresa, o primeiro investimento de US$ 500 mil de Peter Thiel, fundador do Paypal, foi pequeno em comparação com o que empreendedores precisaram na época do vapor ou das ferrovias.

Propriedade intelectual?

Talvez a propriedade intelectual seja a resposta. Os inventores não inventarão a menos que possam reter para si mesmos no mínimo alguns dos processos de suas invenções. Afinal, uma pessoa não investirá tempo e esforço para cultivar uma safra em seu campo se não esperar colhê-la e manter o lucro para si mesma — fato que Stalin, Mao e Robert Mugabe aprenderam do jeito difícil — tão certamente quanto ninguém investirá tempo e esforço em desenvolver uma nova ferramenta ou construir um novo tipo de organização se não puder conservar ao menos alguma das recompensas.

Mas a propriedade intelectual é muito diferente da propriedade real, porque é inútil a menos que você possa guardá-la para si mesmo. O conceito abstrato pode ser infinitamente compartilhado. Isso cria um dilema aparente para aqueles que estimulariam inventores. As pessoas ficam ricas vendendo coisas umas para as outras (e serviços), não ideias. Fabrique as melhores bicicletas e você irá faturar muito bem; apareça com a ideia da bicicleta e você não ganhará nada, porque ela logo será copiada. Se inovadores são gente que produz ideias, em lugar de coisas, como podem lucrar com elas? A sociedade precisaria inventar um mecanismo especial para rodear ideias novas com cercas, fazê-las mais como casas e campos? Se for assim, como irão se espalhar?

Existem vários modos de transformar ideias em propriedade. Você pode manter a receita em segredo, como John Pemberton fez com a Coca-Cola em 1886. Isso funciona bem onde é difícil para os rivais fazerem a "engenharia reversa" dos seus segredos, desmantelando os produtos. A maquinaria, em contraste, trai seus segredos com demasiada facilidade. Os pioneiros britânicos da manufatura têxtil fracassaram, em grande parte, em suas tentativas de usar leis de segredo industrial para se proteger. Mesmo que funcionários da alfândega revistassem os pertences de estrangeiros à procura de projetos de máquinas, *new englanders** como Francis Cabot Lowell saracoteavam inocentes pelos moinhos de Lancashire e da Escócia, alegadamente para tratar problemas de saúde, enquanto memorizavam detalhes dos teares automáticos de Cartwright, copiados prontamente quando Lowell voltou para Massachusetts. A indústria do corante se baseou principalmente no segredo até os anos 1860, quando a química analítica chegou ao ponto em que os rivais podiam descobrir como os corantes eram feitos; então, ela se voltou para as patentes.[30]

---

*"Novos ingleses", nativos de New England, costa oeste dos EUA. Lowell era de Massachusetts (Nova Inglaterra). [*N. da T.*]

Ou, segundo, você pode captar a vantagem de quem faz o primeiro movimento, como Sam Walton, fundador do Walmart, fez ao longo de sua carreira. Mesmo quando seus rivais no varejo estavam se equiparando a ele, ele tomava a dianteira, com novas táticas de cortar custos. O domínio da Intel na indústria de *microchip* e o da 3M na indústria tecnológica diversificada se baseava não tanto em proteger as invenções quanto em melhorá-las mais rápido do que qualquer outro. A "divisão/distribuição de pacotes" ou "comutação de pacotes" foi o que tornou a internet possível, mas ninguém ganhou *royalties* com ela. A maneira de manter seus clientes, se você é Michael Dell, Steve Jobs ou Bill Gates, é continuar a tornar obsoletos seus próprios produtos.

O terceiro caminho para lucrar com uma invenção é a patente, o *copyright* ou a marca registrada. Os vários mecanismos de propriedade intelectual estão misteriosamente refletidos no mundo aparentemente sem lei e altamente competitivo de receitas verdadeiras, receitas criadas por *chefs* franceses para seus restaurantes. Não existe proteção legal para essas receitas: elas não podem ser patenteadas, ter *copyright* ou marca registrada. No entanto, tente montar um novo restaurante em Paris e pegar as melhores receitas dos seus rivais e você descobrirá rapidamente que não está em terreno comunal. Como Emanuelle Fauchart descobriu ao entrevistar dez *chefs* que tinham restaurantes perto de Paris, sete com estrelas do Michelin, o mundo da alta cozinha funciona segundo três regras não escritas e não protegidas por lei, mas não menos reais por isso.[31] Primeiro, nenhum *chef* pode copiar exatamente a receita de outro *chef*; segundo, se um *chef* contar a receita para um segundo *chef*, este não pode passá-la adiante sem permissão; terceiro, os *chefs* devem dar crédito ao inventor original de uma técnica ou ideia. Na verdade, essas regras correspondem a patentes, contratos comerciais secretos e *copyright*.

Mas há pouca prova de que as patentes são realmente o que impele os inventores a inventar.[32] A maioria das invenções nunca é patenteada. Na segunda metade do século XIX, nem Holanda nem Suíça tinham um sistema de patentes, embora ambos os países progredissem e atraíssem inventores. E a lista de invenções importantes do século XX que nunca foram patenteadas é grande.[33] Inclui transmissão automática, baquelita, canetas esferográficas, celofane, cíclotrons, bússola giratória, aviões a jato, gravação em fita magnética, direção hidráulica, aparelho de barbear e zíper. Em contraste, os irmãos Wright efetivamente deram base à nascente indústria aérea nos Estados Unidos ao defender entusiasticamente sua patente de 1906 de máquinas voadoras dirigíveis.[34] Em 1920, houve um bloqueio na manufatura de rádios causado por patentes retidas por quatro firmas (RCA, GE, AT&T e Westinghouse) que impedia cada uma delas de fazer os melhores rádios possíveis.[35]

Nos anos 1990, o Escritório de Patentes dos EUA flertou com a ideia de permitir o patenteamento de fragmentos de genes, segmentos de genes sequenciados que poderiam ser usados para descobrir genes defeituosos ou normais. Se isso tivesse acontecido, a sequência do genoma humano teria se tornado uma paisagem na qual a inovação seria impossível. Mesmo assim, as firmas modernas de biotecnologia frequentemente encontram o que Carl Shapiro chamou de "mato trançado de patentes" quando tentam desenvolver um tratamento para uma doença nova. Se cada passo num caminho metabólico estiver sujeito a uma patente, um médico inventor poderá ter de negociar todas as suas recompensas sem sequer testar sua ideia. E o último detentor de patente a conceder autorização controla o maior potencial de remuneração.

Algo semelhante acontece com os celulares, com as grandes firmas de celulares tendo de lutar para abrir caminho através de bosques cerrados de patentes para trazer qualquer inovação ao mercado. A todo momento essas firmas estão envolvidas em grande número de processos, tanto como reclamantes quanto como acusadas, ou como terceiras partes interessadas. O resultado, diz um observador, é que "fazer *lobby* ou entrar com processo na justiça pode ser um modo mais lucrativo de ganhar uma fatia de mercado do que inovar ou investir". Hoje, as maiores geradoras de novas patentes no sistema norte-americano são "*trolls* de patentes" — firmas que compram aplicações fracas de patentes sem nenhuma intenção de fazer os produtos em questão, mas com toda a intenção de ganhar dinheiro processando aqueles que as infringem.[36] Uma pesquisa na Motion, a companhia canadense que faz os BlackBerries, resultou no pagamento de US$ 600 milhões a uma pequena anã de patentes chamada NTP que não fabricava nada, mas havia adquirido patentes contestadas com o objetivo de lucrar com sua defesa.[37]

A analogia de Michael Heller para as anãs de patentes é o estado do rio Reno entre o decadente poder imperial do Sacro Império Romano e a emergência de Estados modernos.[38] Centenas de castelos apareceram ao longo do Reno, um a cada poucos quilômetros, cada um ocupado por um pequeno barão ladrão que vivia principescamente de pedágios extraídos dos barcos que viajavam pelo rio. O efeito coletivo foi paralisar o comércio no Reno, e davam em nada as repetidas tentativas de formar uma liga para livrar o comércio do fardo em benefício de todos. No século XX houve uma possibilidade, nos primeiros dias da aviação, de que todos os proprietários de terras pudessem extrair um pedágio de toda aeronave que cruzasse sua "faixa de luz" de propriedade vertical do ar, exatamente como os barões ladrões do Reno. Nesse caso, o bom senso prevaleceu e os tribunais rapidamente extinguiram tais direitos de propriedade nos céus.

Os modernos sistemas de patentes, apesar das tentativas de reforma, são todos, com frequência, um corredor polonês de pedágios fantasmas, impondo emolumentos aos inventores passantes e, assim, prejudicando empreendimentos tão certeiramente quanto as cabines de pedágio prejudicam o comércio. Mas, claro, alguma propriedade intelectual, de fato, ajuda. Uma patente pode ser uma dádiva dos céus para uma firma pequena que tenta entrar no mercado de um gigante estabelecido. Na indústria farmacêutica, onde o governo insiste num regime maciçamente dispendioso de testar segurança e eficácia antes de um produto ser lançado, a inovação sem alguma forma de patente seria impossível. Numa pesquisa entre 650 executivos de Pesquisa&Desenvolvimento de 130 indústrias diferentes, apenas os das indústrias química e farmacêutica acharam as patentes eficazes para estimular a inovação.[39] Mas ainda aqui há questões a serem levantadas. Mesmo quando tais firmas gastam seus lucros sobre a patente em pesquisa mais do que em *marketing* para explorar o monopólio temporário, a maior parte do dinheiro flui na direção de drogas para doenças possíveis entre os ocidentais.[40]

A lei do *copyright* também está se transformando num bosque cerrado. Zelosamente defendida, especialmente na indústria do livro e do filme, tornou cada vez mais difícil para as pessoas compartilharem, tomarem emprestado e construírem até sobre frações de arte inventada. Fragmentos cada vez menores de músicas têm *copyright*, e os tribunais dos Estados Unidos fizeram uma tentativa de aumentar o tempo de vida dos *copyrights* para mais 70 anos após a morte do autor (50 anos hoje). Apesar de no século XVIII os compositores não terem *copyright* sobre suas músicas, Mozart não se sentiu desestimulado: apenas um país permitiu o *copyright* da música — Grã-Bretanha —, e o resultado foi um declínio da capacidade já pequena da Grã-Bretanha de produzir compositores.[41] Exatamente como os jornais obtiveram um pouco de sua renda com o licenciamento de *copyright*, da mesma forma haverá modos de cobrar pessoas por música e filme no mundo digital.[42]

A propriedade intelectual é ingrediente importante da inovação quando a inovação está acontecendo, mas faz muito pouco para explicar por que algumas épocas e lugares são mais inovadores que outros.

Governo?

O governo pode receber o crédito por uma lista de grandes invenções, de armas nucleares a internet, do radar ao satélite de navegação. Ainda assim, o governo também é notório por sua habilidade em interpretar mal a mudança tecnológica. Quando eu era jornalista nos anos 1980, setores de governos europeus me bombardeavam com orgulhosas alegações de suas últimas iniciativas em apoiar vários setores da indústria de computadores. Os programas tinham nomes atraentes, como Alvey, ou Esprit, ou computação de "quinta geração", e ajudariam a levar a indústria europeia para a liderança. Quase sempre modelados segundo alguma ideia igualmente abortiva do Ministério do Comércio Internacional — MITI, na sigla em inglês, o despreparado ministério japonês então na moda —, eles invariavelmente escolhiam perdedores e estimulavam as companhias a entrar em becos sem saída. A telefonia móvel e os programas de busca não estavam entre seus possíveis futuros.

Ao mesmo tempo, nos Estados Unidos, o governo comandava uma explosão de estupidez realmente de tirar o fôlego, que saiu sob o nome de Sematech. Baseado na premissa de que o futuro estava em grandes companhias de *chips* de memória (que eram cada vez mais feitos na Ásia), ele injetou US$ 100 milhões em fabricantes de *chips* com a condição de que parassem de competir uns com os outros e reunissem esforços para ficar naquilo que estava se tornando muito rapidamente um negócio de *commodity*. Uma lei antitruste de 1890 teria de ser revisada para permitir isso. Até mesmo em 1998 dirigistas criticavam as companhias fragmentadas do Vale do Silício como "cronicamente empreendedoras" e incapazes de investimento de longo prazo.[43] Nessa época, Microsoft, Apple, Intel e (mais tarde) Dell, Cisco, Yahoo, Google e Facebook — todas elas cronicamente empreendedoras em seus primórdios nos dormitórios ou garagens — estavam estabelecendo as bases de sua dominação global a expensas precisamente das grandes companhias que os dirigistas admiravam.[44]

Não que alguma lição tenha sido aprendida. Nos anos 1990, governos injetaram recursos em becos sem saída, como padrões de televisão de alta definição, televisão interativa, cidades pequenas conectadas a distância com escritórios de trabalho e realidade virtual, enquanto, em vez disso, a tecnologia silenciosamente caminhou para explorar as possibilidades do wi-fi, da banda larga e do celular. A inovação não é um negócio previsível e responde mal ao dirigismo de funcionários públicos.

Então, embora o governo possa pagar pessoas para inventar por acaso novas tecnologias — navegação por satélite e internet foram subprodutos de outros projetos —, dificilmente ele é a fonte da maioria das inovações. No final do século XX, enquanto companhias semeavam inovação em sua cultura e, como mastodontes industriais, repetidamente eram apresadas por iniciantes, a maioria das agências do setor público continuava a andar sem pressa, sem sequer tentar tornar-se especialmente inovadora, ou morria para abrir caminho para novas versões de si mesmas. A ideia de uma agência do governo que teme ter sua missão esvaziada por outra agência do governo é tão estranha que parece inimaginável. Se o varejo de comida na Grã-Bretanha tivesse sido deixado para um Serviço Nacional de Alimentação depois da Segunda Guerra Mundial, suspeita-se de que os supermercados agora estariam vendendo latas de conserva de carne ligeiramente melhores a preços ligeiramente mais altos por trás de balcões de fórmica.

Naturalmente, existem outras coisas, como grandes aceleradores de hádrons e missões à Lua, que nenhuma companhia teria a permissão dos acionistas para fazer, mas como estaremos tão certos de que até mesmo itens como esses não empolgariam a imaginação de um Buffett, um Gates ou Mittal, se já não estivessem sendo pagos por contribuintes? Você duvida de que, se a Nasa não existisse, algum homem rico não teria a essa altura gastado sua fortuna no desenvolvimento de um programa para levar o homem à Lua apenas pelo prestígio? Recursos públicos impedem a possibilidade de saber a resposta a essa pergunta. Um grande estudo feito pela Organização para a Cooperação Econômica e o Desenvolvimento (OCDE) concluiu que os gastos governamentais em Pesquisa&Desenvolvimento não têm efeito observável no crescimento econômico, a despeito do que os governantes gostam de acreditar.[45] De fato, isso "impede que recursos possam ser alternativamente usados pelo setor privado, incluindo a Pesquisa&Desenvolvimento privada". Essa surpreendente conclusão tem sido quase completamente ignorada pelos governos.

Troca!

A perpétua máquina de inovação que impulsiona a moderna economia não deve a existência principalmente à ciência (que é sua beneficiária mais que benfeitora); nem ao dinheiro (que não é sempre um fator limitante); nem às patentes (que frequentemente se metem no caminho); nem ao governo (que é ruim em inovar). Não é de forma alguma um processo de cima para baixo. Em vez disso, vou tentar persuadir você de que uma única palavra será suficiente para explicar esse enigma: troca. É a troca sempre crescente de ideias que causa a sempre crescente taxa de inovação no mundo moderno.

Volte para a palavra "transbordamento". O traço característico de um fragmento de conhecimento novo, se prático ou esotérico, se técnico ou social, é que você pode dá-lo e ainda conservá-lo. Você pode acender sua vela na vela de Jefferson sem deixá-lo no escuro. Você não pode dar sua bicicleta e ainda andar nela. Mas você pode dar a ideia da bicicleta e ainda retê-la. Como argumentou o economista Paul Romer, o progresso humano consiste em acumular receitas para reorganizar átomos de forma a elevar os padrões de vida. A receita para uma bicicleta, grandemente abreviada, pode ser lida assim: pegue da terra algum minério de ferro, cromo e alumínio, alguma seiva de uma árvore tropical, algum petróleo de debaixo da terra, algum couro de uma vaca. Funda os minérios em metais e modele-os em várias formas. Vulcanize a seiva em borracha e modele-a em anéis circulares ocos. Fracione o petróleo para fazer plástico e modele. Ponha de lado para esfriar. Modele o couro na forma de um assento. Combine os ingredientes na forma de uma bicicleta, acrescente a surpreendente descoberta, contrária à intuição, de que as coisas não caem com tanta facilidade quando estão se movimentando para a frente, e pedale.

Inovadores estão, portanto, no negócio de compartilhar. É a coisa mais importante que fazem, porque, a menos que compartilhem sua inovação, ela não pode trazer benefício para eles nem para ninguém mais. Compartilhar é a única atividade que se tornou muito mais fácil depois de mais ou menos 1800, e muitíssimo mais fácil recentemente. Viagem e comunicação disseminaram informação com muito mais rapidez e para muito mais longe. Jornais, revistas técnicas e telégrafos espalharam ideias tão rápido quanto espalham fofoca. Numa recente pesquisa de 46 grandes invenções, o tempo que levou para o primeiro exemplar competitivo aparecer caiu constantemente de 33 anos em 1895 para três anos em 1975.[46]

Quando Hero de Alexandria inventou um "aeolípilo", ou máquina a vapor, no primeiro século d.C., e o empregou para abrir portas de templos, provavelmente as notícias de sua invenção se espalharam tão devagar e para tão poucas pessoas que podem nunca ter chegado aos ouvidos dos projetistas de carroças. A astronomia de Ptolomeu era engenhosa e precisa, se não bastante acurada, mas nunca foi usada para navegação, porque astrônomos e marinheiros não se conheciam. O segredo do mundo moderno é sua gigantesca interconexão. Ideias estão fazendo sexo com outras ideias de todo o planeta, em promiscuidade sempre crescente. O telefone fez sexo com o computador e gerou a internet. Os primeiros carros a motor tinham a aparência de serem "procriados pela bicicleta fora da carruagem a cavalo".[47] A ideia para os plásticos veio da química fotográfica. A câmera miniaturizada é uma ideia que veio de uma conversação entre um gastroenterologista e um desenhista de mísseis teleguiados. Quase toda tecnologia é híbrida.

Essa é uma área em que a evolução cultural tem uma vantagem injusta sobre a evolução genética. Por insuperáveis razões práticas ligadas à formação de pares de cromossomos durante a meiose, a fertilização cruzada não pode acontecer entre duas espécies diferentes de animais.[48] (Pode, e de fato acontece, entre espécies diferentes de bactérias, 80% de cujos genes, em média, foram tomados emprestados de outras espécies — uma razão pela qual as bactérias são terrivelmente boas em resistir a antibióticos, por exemplo.) Assim que duas espécies de animais divergem substancialmente, elas são capazes de produzir apenas prole estéril — como mulas — ou absolutamente nenhuma.[49] Essa é a própria definição de espécie.

Tecnologias emergem da junção de tecnologias existentes em conjuntos que são maiores do que a soma de suas partes.[50] Uma vez, Henry Ford admitiu francamente que não inventara nada novo.[51] Ele havia "simplesmente juntado num carro as descobertas de outros homens por trás dos quais havia séculos de trabalho". Então, os objetos traem em seu desenho sua descendência de outros objetos: ideias que dão nascimento a outras ideias. Os primeiros machados de pedra de 5 mil anos atrás seguiam a mesma forma que as ferramentas de pedra polida então de uso comum. Apenas mais tarde se tornaram mais delgados, à medida que as propriedades dos metais foram sendo compreendidas melhor. O primeiro motor elétrico de Joseph Henry trazia uma misteriosa semelhança com a haste rotativa da máquina a vapor de Watt. Até o primeiro transistor dos anos 1940 foi um descendente direto dos retificadores de cristal inventados por Ferdinand Braun nos anos 1870 e usados para fazer receptores de rádio finamente ajustados no início do século XX. Isso não é sempre óbvio na história da tecnologia porque inventores gostam de negar seus ancestrais, exagerando a natureza revolucionária e original de suas descobertas, o melhor para reclamar toda a glória (e algumas vezes as patentes) para si próprios. Assim, os britânicos com toda justiça celebram o gênio de Michael Faraday em inventar um motor elétrico e um dínamo — ele até esteve recentemente numa cédula de dinheiro por um tempo —, mas se esquecem de que ele obteve pelo menos a metade do conceito do dinamarquês Hans Christian Oersted. Os norte-americanos aprendem que Edison inventou a lâmpada elétrica do ar, quando seus menos comercialmente espertos antecessores Joseph Swan, na Grã-Bretanha, e Alexander Lodygin, na Rússia, merecem, pelo menos, dividir o crédito, se não mais que isso. Samuel Morse, quando requereu sua patente para o telégrafo, nas palavras do historiador George Basalla, "negou resoluta e falsamente" que aprendera algo de Joseph Henry.[52] As tecnologias se reproduzem e fazem isso sexualmente.

Segue-se que o transbordamento — o fato de outros roubarem suas ideias — não é um obstáculo acidental e cansativo para o inventor. É todo o motivo do exercício. Ao transbordar, uma inovação conhece outras inovações e se acasala com elas. A história do mundo moderno é uma história de ideias encontrando-se, misturando-se, acasalando-se e sofrendo mutações. E a razão pela qual o crescimento econômico se acelerou tanto nos dois últimos séculos se deve ao fato de as ideias se misturarem mais do que nunca. O resultado é gloriosamente imprevisível. Quando Charles Townes inventou o *laser* nos anos 1950, este foi descartado como "uma invenção à procura de um emprego".[53] Bem, agora ele encontrou uma espantosa variedade de empregos que ninguém poderia ter imaginado, desde mandar mensagens telefônicas para fios de fibra de vidro, a ler música de discos, imprimir documentos, corrigir miopia.

Usuários finais também se meteram nesse frenesi de acasalamento. Adam Smith narrou a história de um menino cujo trabalho era abrir e fechar a válvula de uma máquina a vapor e que, para poupar tempo, montou um dispositivo que fazia isso por ele. Sem dúvida, o menino foi para o túmulo sem dividir sua ideia com outros, ou teria feito isso e seria imortalizado por sua sabedoria escocesa. Hoje, teria compartilhado seu "remendo" com outros com as mesmas ideias num *chat*. Hoje, a indústria de software *open-source* (software cujo código original de fonte é gratuito), com produtos como Linux e Apache, está explodindo com base numa onda maciça de abnegação — programadores que compartilham suas melhorias com outros gratuitamente. Até a Microsoft está sendo forçada a acolher o sistema *open-source* e de computação em nuvem — que permite armazenar e acessar dados via internet —, apagando a linha entre computação gratuita e paga. Afinal, é improvável que o mais inteligente programador "da casa" seja tão esperto quanto os esforços coletivos de 10 mil usuários na vanguarda da linha de frente de uma nova ideia. A Wikipédia é escrita por pessoas que jamais pensaram em lucrar com o que fazem. A indústria de jogos para computadores é crescentemente tomada por seus jogadores. Em produto após produto na internet, a inovação é impulsionada pelo que Eric von Hippel chama de "usuários que dão a pista de graça": usuários que ficam felizes em fazer aos fabricantes sugestões sobre melhorias para desenvolver os produtos e sobre coisas inesperadas que descobriram que podem fazer com os novos produtos. Usuários-líderes com frequência ficam felizes por dar ideias de graça porque gostam de desfrutar a reputação que têm com seus iguais. (Eric von Hippel pratica o que prega: você pode ler seus livros em seus websites de graça.)[54]

Isso não está confinado ao software. Quando um surfista chamado Larry Stanley modificou pela primeira vez sua prancha de surfe para tornar possível pular da prancha sem se separar dela, ele nunca sonhou em vender a ideia, mas contou-a a todos, inclusive aos fabricantes de pranchas, e agora suas inovações podem ser compradas na forma de novas pranchas de surfe. A maior inovação de usuário-líder de todas provavelmente foi a World Wide Web, concebida por *sir* Tim Berners-Lee em 1991 para resolver o problema de compartilhamento de dados sobre partículas físicas entre computadores. Incidentalmente, ninguém sugeriu ainda que a pesquisa em software e pranchas de surfe deva receber recursos públicos porque a inovação nelas não aconteceria sem subsídio.

Em outras palavras, logo poderemos estar vivendo num mundo pós-capitalista, pós-corporativo, em que os indivíduos são livres para se unir em grupos temporários para compartilhar, colaborar e inovar, em que websites capacitam as pessoas a encontrar empregadores, empregados, fregueses e clientes em qualquer parte do mundo. Isso é também, como Geoffrey Miller nos lembra, um mundo que colocará "infinita habilidade de produção a serviço de luxúria, gula, preguiça, ira, cobiça, inveja e orgulho".[55] Mas isso é mais ou menos o que a elite também dizia sobre carros, fábricas de algodão e — estou imaginando agora — trigo e machados de mão. O mundo está virando de cabeça para baixo outra vez; os anos de cima para baixo estão chegando ao fim.

Possibilidade infinita

Se não fosse esse inesgotável rio de invenção e descoberta irrigar a frágil safra do bem-estar humano, os padrões de vida, sem dúvida, estagnariam. Mesmo com a população controlada, a energia fóssil estocada e o comércio livre, a raça humana rapidamente descobriria os limites do crescimento se o conhecimento parasse de crescer. O comércio escolheria quem era melhor em fazer o quê; a troca poderia espalhar a divisão do trabalho da melhor maneira possível, e o combustível poderia amplificar os esforços de cada mão numa fábrica, mas finalmente haveria uma diminuição do crescimento. Um equilíbrio ameaçador apareceria. Nesse sentido, Ricardo e Mill estavam certos. Mas, embora possa saltar de país para país e de indústria para indústria, a descoberta é uma reação em cadeia de geração rápida; a inovação é um circuito que se alimenta de respostas; invenção é uma profecia que se autorrealiza. Então, equilíbrio e estagnação não são apenas evitáveis num mundo de livre troca; são impossíveis.

Ao longo da história, embora os padrões de vida pudessem subir e cair, embora a população pudesse explodir e declinar, o conhecimento foi a única coisa que mostrou um progresso inexorável. O fogo, uma vez inventado, nunca foi esquecido. A roda veio e nunca se foi. O arco e flecha não foram desinventados, mesmo que se tenham tornado obsoletos, exceto nos esportes — estão melhores do que nunca. Como fazer uma xícara de café, por que insulina cura diabetes e se o movimento de continentes acontece — pode apostar que alguém saberá essas coisas e será capaz de melhorá-las enquanto houver gente no planeta. Podemos nos esquecer de algumas coisas durante o caminho; ninguém sabe realmente como usar um machado de mão acheleuano, e até recentemente ninguém sabia como construir uma catapulta medieval de cerco conhecida como *trebuchet*. (Erro e acerto por um nobre rural de Shopshire nos anos 1980 finalmente produziu catapultas de tamanho natural capazes de atirar pianos a mais de 137 metros; apenas as bandas de rock acharam desde então uma aplicação lucrativa.)[56] Mas esses esquecimentos são acanhados comparados aos acréscimos ao conhecimento. Acumulamos muito mais conhecimento do que perdemos. Nem mesmo o mais determinado pessimista teria coragem de negar que sua espécie adiciona coletivamente cada vez mais ao estoque agregado de conhecimento humano a cada ano que passa.

Conhecimento não é a mesma coisa que riqueza material. É possível cunhar conhecimento novo e, ainda assim, não fazer nada para a prosperidade. O conhecimento de como levar um homem à Lua, agora com duas gerações de idade, ainda tem muito que enriquecer a espécie humana, não obstante os mitos urbanos sobre frigideiras que não grudam. O conhecimento de que o Último Teorema de Fermat é verdadeiro, de que quasares são galáxias distantes pode nunca aumentar o PIB, embora contemplá-los possa aumentar a qualidade de vida de alguém. Também é possível ficar rico sem acrescentar nada ao estoque do conhecimento humano, como muitos ditadores africanos, funcionários públicos russos ou fraudadores financeiros lhe contarão.

Por outro lado, um pouco de conhecimento novo se encontra por trás de cada avanço líquido no bem-estar econômico humano: o conhecimento de que os elétrons podiam transportar tanto energia quanto informação tornou possível quase tudo que faço, desde pôr uma chaleira de água para ferver até enviar uma mensagem de texto: o conhecimento de como empacotar salada pré-lavada e poupar tempo de todos; o conhecimento de como vacinar crianças contra a pólio; o conhecimento de que mosquiteiros impregnados de inseticidas podem prevenir a malária; o conhecimento de que copos de papel de tamanhos diferentes podem ter tampas do mesmo tamanho, poupando custo de fabricação e confusão na loja — um bilhão de tais páginas de conhecimento fazem o livro da prosperidade humana.

A grande façanha de Paul Romer nos anos 1990 foi resgatar a disciplina da economia do beco sem saída de um século de duração, ao qual foi conduzida por fracassar em incorporar a inovação.[57] De tempos em tempos, seus praticantes têm tentado escapar para teoremas de rendimentos crescentes — Mill, nos anos 1840; Allyn Young, nos anos 1920; Joseph Schumpeter, nos anos 1940; Robert Solow, nos anos 1950 — mas não até que a "teoria do novo crescimento", de Romer, nos anos 1990, estivesse economicamente de volta ao mundo real: um mundo em que a inovação perpétua traz breves erupções de lucro através do monopólio temporário para quem quer que possa comandar a demanda por novos produtos ou serviços, e longas explosões de crescimento para todos os demais que finalmente conseguem compartilhar a ideia que transbordou. Robert Solow concluiu que a inovação respondia pelo crescimento que não podia ser explicado por um aumento do trabalho, da terra ou do capital, mas via a inovação como uma força externa, um quinhão de sorte que algumas economias tinham mais do que outras — a dele era a teoria de Mill com cálculo. Coisas como clima, geografia e instituições políticas determinaram a taxa de inovação — que é má sorte para ditadores tropicais cercados de terra, sem saída para o mar —, e muito não se poderia fazer por eles. Romer via que a própria inovação era um item de investimento; que conhecimento novo aplicado era em si mesmo um produto. Enquanto as pessoas que gastam dinheiro tentando encontrar ideias novas puderem lucrar com elas antes de morrer, os rendimentos crescentes serão possíveis.

A coisa maravilhosa sobre o conhecimento é que ele é genuinamente ilimitado. Não existe sequer a possibilidade teórica de exaustão do suprimento de ideias, descobertas e invenções. Essa é a maior causa do meu otimismo. É uma característica bonita dos sistemas de informação o fato de eles serem muito mais vastos do que os sistemas físicos: a vastidão combinatória do universo de ideias possíveis torna acanhado o insignificante universo das coisas físicas. Como diz Paul Romer, o número de programas de software diferentes que pode ser colocado em discos rígidos de um gigabite é 27 milhões de vezes maior do que o número de átomos do universo.[58] Ou, se quisesse combinar quaisquer quatro dos 100 elementos químicos em diferentes ligas e compostos em diferentes proporções, variando de um a dez, você teria 330 bilhões de possíveis compostos químicos e ligas para testar, ou o bastante para manter uma equipe de pesquisadores testando mil por dia durante um milhão de anos.

Mas se a inovação é ilimitada, por que todos são tão pessimistas em relação ao futuro?

9

Momentos de mudança: o pessimismo depois de 1900

Tenho notado que não é o homem que mantém a esperança quando os outros se desesperam mas sim o homem que se desespera quando os outros têm esperança que é admirado como sábio por um grande número de pessoas.

John Stuart Mill
Speech on "perfectibility"[1]

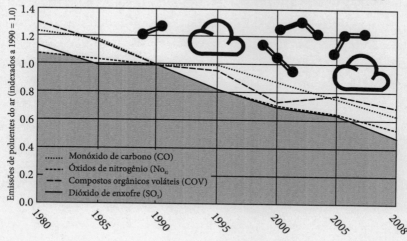

EMISSÕES DE POLUENTES DO AR PELOS ESTADOS UNIDOS[2]

Em geral, um constante rufar de tambores pessimista abafa qualquer canção triunfalista do tipo que ventilei neste livro até agora. Se você diz que o mundo tem melhorado, pode até escapar de ser chamado de ingênuo e insensível. Contudo, se disser que o mundo vai continuar a melhorar, será considerado louco. Quando o economista Julian Simon tentou isso nos anos 1990, foi chamado de tudo, de imbecil a marxista, de simplório a criminoso.[3] Mas nenhum erro significativo veio à luz no livro de Simon. Quando Bjørn Lomborg tentou isso nos anos 2000, foi temporariamente "condenado" por desonestidade científica pela Academia Nacional de Ciências da Dinamarca, sem exemplos substantivos apresentados, nem oportunidade para que ele se defendesse, com base numa resenha de identificação de erros difundidos na *Scientific American*.[4] Mas nenhum erro significativo veio à luz no livro de Lomborg. "Confiança implícita nos benefícios do progresso", disse Hayek, "passou a ser vista como sinal de mente superficial."[5]

Se, por outro lado, você diz que a catástrofe é iminente, pode esperar um Prêmio MacArthur de genialidade ou até um Prêmio Nobel da Paz. As livrarias gemem sob monumentos de pessimismo. As ondas do ar estão abarrotadas de condenações. Em minha própria vida adulta tenho ouvido implacáveis predições de miséria crescente, fomes vindouras, desertos em expansão, pragas iminentes, guerras aquáticas pendentes, esgotamento inevitável do petróleo, escassez de minerais, contagens decrescentes de esperma, estreitamento da camada de ozônio, chuva ácida, invernos nucleares, epidemia da vaca louca, vírus de computador Y2K, abelhas assassinas, peixe que muda de sexo, aquecimento global, acidificação do oceano e até impactos de asteroides que, em breve, levariam este feliz interlúdio a um fim horrível. Não consigo lembrar um tempo em que um ou outro desses medos não fossem solenemente assumidos por elites sóbrias, distintas e sérias, e histericamente repetidos pela mídia. Não consigo recordar um tempo em que alguém não insistiu comigo em que o mundo só poderia sobreviver se abandonasse o tolo objetivo do crescimento econômico.

As justificativas para o pessimismo mudaram de acordo com a moda, mas o pessimismo se manteve constante. Nos anos 1960, a explosão populacional e a fome global estavam no topo da lista; nos anos 1970, a exaustão de recursos; nos anos 1980, a chuva ácida; nos anos 1990, pandemias; nos anos 2000, aquecimento global. Um por um desses medos vieram e (todos, menos o último) se foram. Fomos apenas sortudos? Somos, na memorável imagem da velha piada, como o homem que cai e passa do primeiro andar de um arranha-céu e pensa "até aqui tudo bem"? Ou o pessimista é que era irrealista?

Deixe-me admitir honestamente de início: os pessimistas estão certos quando dizem que, se o mundo continuar como está, terminará em desastre para toda a humanidade. Se todo o transporte depende de petróleo, e o petróleo acaba, então o transporte terminará. Se a agricultura continuar a depender da irrigação, e os aquíferos se exaurirem, então a morte pela fome se seguirá. Mas observe o condicional: se. O mundo não continuará como é. Esta é a questão essencial do progresso humano, toda a mensagem da evolução cultural, toda a importância da mudança dinâmica — todo o ímpeto deste livro. O perigo real vem de diminuir a velocidade da mudança. É minha proposição que a raça humana se tornou uma máquina coletiva de resolver problemas mediante a mudança de métodos. Faz isso impulsionada pela invenção, seguidamente impulsionada pelo mercado: a escassez faz os preços subirem; isso estimula o desenvolvimento de alternativas e eficiências. Isso aconteceu com frequência na história. Quando as baleias escassearam, o petróleo passou a ser usado como fonte de combustível. (Como diz Warren Meyer, um pôster de John D. Rockefeller devia estar na parede de todos os escritórios do Greenpeace.)[6] O erro dos pessimistas é a extrapolação: assumem que o futuro é apenas uma versão maior do passado. Como Herb Stein disse uma vez, "se alguma coisa não pode continuar para sempre, então não continuará".

Assim, o ambientalista Lester Brown, escrevendo em 2008, foi pessimista sobre o que acontecerá se os chineses em 2030 forem tão ricos quanto os americanos são agora:

Se, por exemplo, cada pessoa na China consumir papel à taxa americana atual, então, os 1.460 bilhão de pessoas da China vão necessitar de duas vezes mais papel do que a produção mundial hoje. Lá se vão as florestas do mundo. Se admitirmos que, em 2030, haverá três carros para cada quatro pessoas na China, como há agora nos Estados Unidos, então a China terá 1.100 bilhão de carros. O mundo atualmente tem 860 milhões de carros. Para prover as necessárias estradas, rodovias e locais de estacionamento, a China teria de pavimentar uma área comparável àquela em que agora planta arroz. Em 2030, a China precisaria de 98 milhões de barris de petróleo por dia. O mundo atualmente produz 85 milhões de barris por dia e poderá não produzir nunca muito mais do que isso. Lá se vão as reservas mundiais de petróleo.[7]

Brown está absolutamente certo em suas extrapolações, mas também estava certo o homem que previu (provavelmente de forma apócrifa) 3 metros de esterco de cavalo nas ruas de Londres por volta de 1950. Também estava certo o fundador da IBM Thomas Watson quando disse, em 1943, que havia um mercado mundial para cinco marcas de computadores, e Ken Olsen, o fundador da Digital Equipment Corporation, quando disse, em 1977: "Não há razão para alguém querer um computador em casa." Ambos os comentários eram verdade quando os computadores pesavam uma tonelada e custavam fortunas. Até quando disseram, respectivamente, que a viagem espacial era "bobagem" e "profunda besteira" — pouco antes de o Sputnik voar —, o astrônomo real britânico e o conselheiro espacial do governo britânico não estavam errados; o mundo apenas mudou muito rápido depois que disseram isso. Acontece o mesmo com as predições modernas de impossibilidade, como a de Lester Brown. Papel e petróleo terão de ser usados mais frugalmente, ou substituídos por alguma outra coisa em 2030, e a terra terá de ser usada mais produtivamente. Qual é a alternativa? Proibir a prosperidade chinesa? A questão não é "podemos continuar como estamos?", porque, naturalmente, a resposta é "não", mas como podemos estimular ao máximo a necessária torrente de mudança que permitirá aos chineses e aos indianos e até aos africanos viver com tanta prosperidade quanto os americanos hoje.

Breve história das más notícias

Existe uma tendência a acreditar que o pessimismo é novo, que nossa atual visão melancólica da tecnologia e do progresso emergiu a partir de Hiroshima e piorou desde Chernobyl. A história contradiz isso. Os pessimistas têm sido sempre onipresentes e sempre festejados.[8] "Não se passaram cinco anos sem que algum livro ou panfleto fosse publicado", escreveu Adam Smith no início da Revolução Industrial, "pretendendo demonstrar que a riqueza da nação declinava rapidamente, o país se despovoava, a agricultura era negligenciada, as manufaturas decaíam, o comércio estava acabado."[9]

Tome o ano de 1830. O norte da Europa e a América do Norte estavam muito mais ricos do que jamais tinham sido. Haviam desfrutado de mais de uma década de paz pela primeira vez em mais de uma geração e estavam transbordando de novas invenções, descobertas e tecnologias (uma palavra cunhada naquele ano); barcos a vapor, teares de algodão, pontes suspensas, o canal Erie, cimento Portland, o motor elétrico, a primeira fotografia, análise de Fourier. Em retrospecto, era um mundo rico em possibilidades, pronto para explodir na modernidade. Se nascesse então, você veria uma vida de riqueza, saúde, sabedoria e segurança cada vez maiores.

Mas o clima de 1830 era de otimismo? Não, era exatamente como hoje: a moda da melancolia estava em toda parte. Ativistas que tinham o pseudônimo de "Capitão Swing" adotaram precisamente a mesma abordagem em relação a máquinas debulhadoras em 1830 que seus equivalentes nos anos 1990 teriam em relação a safras geneticamente modificadas: eles as vandalizaram. Alguns dos numerosos e vociferantes opositores da Ferrovia Liverpool-Manchester, inaugurada naquele ano, previram que os trens que passavam iriam provocar aborto nas éguas prenhes. Outros zombavam das pretensões de velocidade: "O que pode ser mais concretamente absurdo e ridículo do que a esperança de locomotivas viajarem duas vezes mais rápido do que carruagens!", bradou o *Quarterly Review*.[10] "Confiamos em que o Parlamento irá, em todas as ferrovias que possa sancionar, limitar a velocidade a 12 ou 14 km por hora." (O dr. Arnold foi mais esclarecido sobre o primeiro trem a vapor: "Regozijo-me em saber que o feudalismo se foi para sempre.")[11]

Naquele ano, 1830, o poeta laureado britânico Robert Southey acabara de publicar um livro (*Thomas More; Or, Colloquies on the Progress and Prospects of Society*), no qual imaginou seu *alter ego* acompanhando o fantasma de Thomas Morus, autor de *Utopia*, da época dos Tudor, numa ronda pelo distrito de English Lake.[12] Por meio do fantasma de Morus, Southey desanca as condições de vida do povo inglês e especialmente daqueles que deixaram seus chalés campestres margeados de rosas pelos desalmados cortiços e fábricas das cidades industriais. Ele se queixa de que as condições deles são piores do que nos dias de Henrique VIII ou até de César e dos druidas:

> Olhe, por exemplo, a grande massa de sua populaça na cidade e no campo — uma tremenda proporção de toda a comunidade! As necessidades de seus corpos estão sendo atendidas melhor, ou com mais facilidade? Estão sujeitos a menos calamidades? São mais felizes na infância, juventude e maturidade, ou providos de cuidado e conforto na velhice do que quando a terra não era cercada e metade coberta de florestas? [...] Suas condições pioraram grandemente [...] [Eles] perderam mais do que ganharam com as alterações que tiveram lugar nos últimos 1.000 anos.

Não satisfeito em denegrir o presente, Southey castiga o futuro. Ele — na forma do fantasma fictício de Morus — prevê miséria, fome e praga iminentes e um declínio da religião. A escolha da época para essa lamúria foi, em retrospecto, hilariante. Não apenas a tecnologia, mas os próprios padrões de vida haviam iniciado sua extraordinária expansão, seus dois séculos de explosão sem precedentes. Pela primeira vez, a expectativa de vida das pessoas subia velozmente, a mortalidade infantil caía rapidamente, o poder de compra florescia e as opções se ampliavam. A ascensão dos padrões de vida nas décadas seguintes seria especialmente marcante entre os trabalhadores pobres sem qualificação. Os ganhos reais da classe trabalhadora britânica estavam a ponto de duplicar em 30 anos, uma ocorrência sem precedentes. Em todo o mundo, os países olhavam invejosamente para a Grã-Bretanha e diziam: "Quero um pouco daquilo." Mas para o reacionário, tóri, nostálgico Robert Southey, o futuro só poderia ficar pior. Ele estaria à vontade no movimento ambientalista moderno, lamentando o comércio mundial, desaprovando o consumismo, perdendo a esperança na tecnologia, ansiando voltar para a idade dourada da Inglaterra Alegre, quando as pessoas comiam vegetais orgânicos que elas próprias cultivavam, dançavam em volta de mastros enfeitados de flores e fitas, tosavam seus próprios carneiros e não se apinhavam nos aeroportos a caminho de seus medonhos pacotes de férias. Como diz o filósofo moderno John Gray, ecoando Southey, crescimento econômico ilimitado é "o ideal mais vulgar já colocado ante a humanidade sofredora".[13]

Thomas Babington Macaulay era um poeta também, o autor de *Horatius* e de outros tão bem lembrados poemas.[14] Na *Edinburgh Review* de janeiro de 1830, ele fez a resenha dos *Colloquies* de Southey e não conteve os punhos: longe de idílica, a vida do camponês era de pobreza infernal, disse; as cidades fabris estavam em situação melhor, motivo pelo qual as pessoas acorriam a elas. A taxa de auxílio aos pobres era de 20 xelins por cabeça na Sussex rural e de apenas cinco xelins na West Riding industrial de Yorkshire.

> Quanto ao resultado do sistema de manufatura sobre a saúde do corpo, devemos pedir permissão para estimá-lo por um padrão demasiado baixo e vulgar para uma mente tão imaginativa quanto a do Sr. Southey, a proporção de nascimentos e mortes. Sabemos que, durante o crescimento desse sistema atroz, dessa nova miséria, para usar as frases do Sr. Southey, dessa nova monstruosidade, desse nascimento de uma idade agourenta, dessa peste que nenhum homem cujo coração não se tornou insensível ou cujo entendimento não se obscureceu pode aprovar, tem havido uma grande diminuição da mortalidade, e essa diminuição tem sido maior nas cidades fabris do que em qualquer outro lugar.

Quanto à noção de que a vida era melhor no passado, Macaulay se entusiasmou com o tema:

Se alguma pessoa tivesse dito ao Parlamento, que se reunia em perplexidade e terror após a crise de 1720, que, em 1830, a riqueza da Inglaterra ultrapassaria todos os seus sonhos mais loucos [...], que a taxa de mortalidade cairia à metade do que era então [...]; que as diligências iriam de Londres a York em 24 horas, que os homens teriam o hábito de navegar sem vento e estariam começando a cavalgar sem cavalos, nossos ancestrais teriam dado tanto crédito a essa predição quanto deram às *As viagens de Gulliver*. Mas a predição teria sido verdadeira.

Ele continuou (25 anos depois, em sua *History of England*):

Nós também, por nossa vez, seremos ultrapassados, e, na nossa vez, invejados. Pode muito bem ser, no século XX, que o camponês de Dorsetshire se ache miseravelmente pago com 20 xelins por semana; que o carpinteiro em Greenwich possa receber 10 xelins por dia; que os trabalhadores possam estar tão pouco acostumados a jantar sem carne quanto estão acostumados agora a comer pão de centeio; que a vigilância sanitária e as descobertas médicas possam ter acrescido vários anos ao tempo médio da vida humana; que numerosos confortos e luxos hoje desconhecidos, ou confinados a poucos, possam estar ao alcance de todo trabalhador diligente e econômico.[15]

O extraordinário nas predições de Macaulay não é que sejam excêntricas em seu otimismo, mas demasiado cautelosas. Na semana passada, tomei uma diligência (bem, um trem) de Londres a York e fiz o percurso em duas horas, não 24, e comi uma salada para viagem de manga e camarão (£3,60), que comprei na estação antes de embarcar. Na semana anterior, viajei sem vento (a 37 mil pés) de Londres a Nova York em sete horas, assistindo a Daniel Day-Lewis cobrir-se de petróleo. Hoje, rodei 16 quilômetros em 15 minutos em meu confiável Toyota sem cavalos, ouvindo Schubert. Um "camponês" em Dorsetshire de fato se acharia miserável com 20 xelins (£70 em dinheiro de hoje) por semana. Saneamento e medicina não acrescentaram alguns anos à expectativa de vida, como Macaulay estouvadamente previu, eles a dobraram. E, quanto aos confortos e luxos, até o trabalhador indolente e esbanjador tem uma televisão e um refrigerador, que dirá o diligente e econômico.

Momento de mudança

"Não podemos provar plenamente", disse Macaulay em 1830, que "os que nos dizem que a sociedade chegou a um momento de mudança estão errados, que já vimos nossos melhores dias.[16] Mas o mesmo disseram todos os que vieram antes de nós e com exatamente o mesmo aparente bom senso." O mesmo diriam também todos os que vieram depois dele. Momentos decisivos, alto de ladeiras, encruzilhadas e pontos sem retorno têm sido encontrados, ao que parece, por pessimistas de todas as gerações desde então. Uma safra nova de pessimistas brota a cada década, imperturbável em sua certeza de que se encontra no cerne da história. Ao longo de meio século, entre 1875 e 1925, enquanto os padrões de vida dos europeus subiam a níveis inimagináveis, enquanto eletricidade e carros, máquinas de escrever e cinema, universidades e sociedades abertas a novas ideias, banheiros dentro de casa e vacinas impunham sua influência melhoradora na vida de tantos, intelectuais se obcecavam com declínio, degeneração e desastre iminentes. Uma e outra vez, exatamente como Macaulay dissera, choramingavam que a sociedade chegara a um momento de mudança; tínhamos visto nossos melhores dias.

O grande best seller dos anos 1890 foi um livro chamado *Degeneration*, de German Max Nordau, que pintou o quadro de uma sociedade em colapso moral por causa do crime, da imigração e da urbanização:[17] "Estamos no meio de uma epidemia, uma espécie de peste negra de degeneração e histeria." Um dos livros mais vendidos de 1901 nos EUA foi *The Simple Life*, de Charles Wagner, dizendo que as pessoas já tinham tido bastante materialismo e estavam a ponto de migrar de volta para a fazenda. Em 1914, o livro póstumo do britânico Robert Tressell, *The Ragged Trousered Philantropists*, chamava seu país de "uma nação de ignorantes, burros, mortos de fome, degenerados de espírito abatido". O entusiasmo pela eugenia que varreu o mundo — abraçado pela esquerda e pela direita com igual fervor depois de 1900 e resultando na aprovação de leis cruéis e mesquinhas em democracias como os Estados Unidos, assim como em autocracias como a Alemanha — tinha como premissa a deterioração das linhagens de sangue causada pela reprodução excessiva dos pobres e dos menos inteligentes. Um grande consenso intelectual se concentrava na ideia de que uma catástrofe distante pode ser evitada se medidas severas forem tomadas hoje (soa familiar?). "A multiplicação dos fracos de espírito", disse Winston Churchill num memorando para o primeiro-ministro em 1910, "é um perigo terrível e genuíno para a raça."[18] Theodore Roosevelt foi mais explícito ainda: "Desejo muito que as pessoas erradas sejam inteiramente impedidas de gerar; e, quando a natureza ruim dessas pessoas fosse suficientemente óbvia, isso deveria ser feito. Os criminosos deveriam ser esterilizados, e as pessoas de espírito fraco proibidas de deixar filhos."[19] No final, os eugênicos causaram um mal muito maior aos membros da raça humana do que o mal que pretendiam combater jamais teria causado. Ou, como disse Isaiah Berlin, "o desdém pelas preferências e interesses de indivíduos vivos hoje a fim de perseguir alguma meta social distante, que os governantes afirmam ser sua obrigação promover, tem sido causa comum de miséria ao longo das épocas".[20]

Foi a coisa que os intelectuais disseram que mais precisavam — governo — que pôs fim ao dourado entardecer eduardiano ao declarar guerra por uma questão trivial. Depois disso, devido à inflação, ao desemprego, à depressão e ao fascismo, houve bastante desculpa para o pessimismo entre as duas guerras mundiais. Em 1918, em *The Education of Henry Adams*, o autor, em sua famosa comparação da energia espiritual da Virgem Maria com a energia material de um imenso dínamo visto numa exibição, predisse o "colapso definitivo, colossal, cósmico da civilização". O gemido de angústia de intelectuais pessimistas era agora um constante tema de fundo: de T.S. Eliot, James Joyce, Ezra Pound, W.B. Yeats e Aldous Huxley. A maior parte deles olhava na direção errada: para o dinheiro e a tecnologia, não para o idealismo e o nacionalismo. "Otimismo é covardia", repreendeu Oswald Spengler, em 1923, em seu popular e polêmico *A decadência do Ocidente,* dizendo a uma geração de atentos leitores de sua mítica prosa que o Ocidente, o mundo faustiano, estava a ponto de seguir Babilônia e Roma num declínio progressivo enquanto o autoritário "cesarismo" finalmente chegava ao poder, e o sangue triunfava sobre o dinheiro.[21] O cesarismo de fato nasceu das ruínas do capitalismo na Itália, Alemanha, Rússia e Espanha e prosseguiu para matar milhões. Em 1940, apenas uma dúzia de nações permanecia democrática. Mas, horrível como foi, a dupla guerra de 1914-1945 fez pouco para interromper a melhoria da expectativa de vida e da saúde daqueles que conseguiram sobreviver. Apesar das guerras, no meio século até 1950, a longevidade, riqueza e saúde dos europeus melhoraram mais rápido do que nunca.

Cada vez pior

Depois da Segunda Guerra Mundial, liderados pelos alemães ocidentais de Konrad Adenauer, os europeus seguiram entusiasticamente os Estados Unidos pelo caminho da livre empresa. Lá, depois de 1950, nasceu uma época dourada de paz (para a maioria), prosperidade (para muitos), lazer (para os jovens) e progresso (na forma de mudança tecnológica acelerada). Os pessimistas desapareceram? Todos estavam animados? Pro inferno que estavam! George Orwell deu o chute inicial em 1942 com um ensaio em que lamentava o vazio espiritual da idade da máquina e um livro em 1948 advertindo do futuro totalitário. A torrente de prognósticos sombrios que caracterizou a segunda metade do século XX foi, como tudo o mais daquele tempo, sem precedentes em sua magnitude. Ruína após ruína foram prometidas: guerra nuclear, poluição, superpopulação, fome, doença, tecnologia vingativa — culminando na erupção do caos civil que, sem dúvida, se seguiria à incapacidade dos computadores de estar à altura do ano 2000. Lembra-se disso?

Observe as palavras de abertura da Agenda 21, as 600 páginas de lamúrias assinadas pelos líderes do mundo, numa conferência das Nações Unidas no Rio de Janeiro, em 1992: "A humanidade encontra-se em um momento de definição na história. Somos confrontados por uma perpetuação de disparidades dentro das nações e entre as nações, a piora da pobreza, da fome, da doença e do analfabetismo e a contínua deterioração dos ecossistemas dos quais depende o nosso bem-estar."[22] A década seguinte viu a maior redução da pobreza, da fome, da doença e do analfabetismo na história humana. Nos anos 1990, os números da pobreza caíram em termos tanto reais quanto relativos. Mas até os anos 1990 estavam marcados por (nas palavras de Charles Leadbeater) "uma expansão da autoinsegurança e até do ódio a si mesmo por parte da *intelligentsia* das sociedades liberais desenvolvidas".[23] Uma aliança implícita, argumentava Leadbeater, desenvolveu-se entre reacionários e radicais, entre aristocratas nostálgicos, conservadores religiosos, ecólogos fundamentalistas e anarquistas irados, para persuadir as pessoas de que elas deveriam estar ansiosas e alarmadas. O tema comum deles era que o individualismo, a tecnologia e a globalização estavam nos levando num mergulho sem escalas para o inferno. Horrorizados com o ritmo da mudança e o solapamento do status de nobres intelectuais em relação a comerciantes ousados, "os críticos sociais amantes da estase que modelaram durante décadas o *Zeitgeist* ocidental" (nas palavras de Virginia Postrel) escoicearam o novo e sentiram saudades da estabilidade. "É o fracasso do homem moderno em cumprir as restrições necessárias à manutenção da integridade e estabilidade do vário social e dos sistemas ecológicos do qual ele é uma parte que está ocasionando sua desintegração e desestabilização", gemeu o rico ambientalista Edward Goldsmith.[24] O preço da prosperidade, nas palavras do príncipe de Gales, tem sido "uma progressiva perda de harmonia com o fluxo e o ritmo do mundo natural".[25]

Hoje, o rufar de tambor se tornou uma cacofonia. A geração que experimentou mais paz, liberdade, tempo de lazer, educação, medicina, viagem, cinema, telefones celulares e massagens do que qualquer geração na história está aceitando a tristeza sem pensar. Parei recentemente na seção de atualidades da livraria de um aeroporto e olhei as prateleiras. Havia livros de Noam Chomsky, Barbara Ehrenreich, Al Franken, Al Gore, John Gray, Naomi Klein, George Monbiot e Michael Moore, e todos argumentavam em maior ou menor grau que (a) o mundo é um lugar terrível; (b) está ficando pior; (c) a culpa maior é do comércio; e (d) chegamos a um ponto crucial. Não vejo sequer um único livro otimista.

Até as boas notícias são apresentadas como más notícias. Reacionários e radicais concordam em que "escolha excessiva" é um perigo presente e agudo — que corrompe, corrói e confunde, ao se encontrar 10 mil produtos no supermercado, cada um deles lembrando a você seu orçamento limitado e a impossibilidade de satisfazer suas exigências. Os consumidores são "esmagados por escolhas relativamente triviais", diz um professor de psicologia.²⁶ Essa ideia data de Herbert Marcuse, que virou ao contrário a ideia de Marx de "empobrecimento do proletariado" mediante o declínio contínuo dos padrões de vida de sua vanguarda e argumentou, em lugar disso, que o capitalismo forçava o consumo excessivo da classe trabalhadora.²⁷ Isso ressoou bem no seminário acadêmico, levando cabeças a balançar em concordância, mas é puro lixo no mundo real. Quando vou ao supermercado local, nunca vejo pessoas levadas ao desespero pela impossibilidade de escolher. Vejo pessoas escolhendo.

O problema em parte é nostalgia. Até mesmo em plena idade dourada, no século VIII a.C., o poeta Hesíodo sentia nostalgia de uma época perdida, quando as pessoas "viviam à vontade e em paz em suas terras, com muitas coisas boas".²⁸ Provavelmente nunca houve uma só geração desde o Paleolítico que não deplorasse a futilidade da seguinte e não venerasse uma memória dourada do passado. As infindáveis lamentações modernas sobre como os textos e os e-mails estão reduzindo o tempo de atenção voltam a Platão, que deplorava a escrita como destruidora da memorização.²⁹ Os jovens de hoje são superficiais, egoístas, mimados, selvagens inúteis cheios de desmedido narcisismo e treinados para ter períodos curtos de atenção, diz um analista. Gastam muito tempo no ciberespaço, diz outro, onde sua massa cinzenta está sendo "escaldada e desfolhada por uma espécie de Agente Laranja cognitivo, que os está privando de função moral, imaginação e consciência das consequências".³⁰ Lenga-lenga. Naturalmente, há idiotas e estrambóticos em toda geração, mas os jovens de hoje são voluntários em obras de caridade, fundam companhias, cuidam dos pais, vão trabalhar — exatamente como qualquer outra geração, talvez um pouco mais. Na maior parte das vezes, quando ficam olhando fixamente para telas (de computador), é para afundar num desmedido relacionamento social. O jogo *Sims 2*, que vendeu mais de um milhão de cópias em dez dias quando foi lançado em 2004, é um jogo em que os jogadores — frequentemente garotas — levam pessoas virtuais a viver vidas complexas, realistas e altamente sociáveis e depois conversam sobre isso com os amigos. Nada muito escaldante, nem desfolhante ali. O psicanalista Adam Phillips acredita que, "para um número crescente de britânicos e norte-americanos, a 'cultura da empresa' significa uma vida de trabalho extenuante, ansiedade e isolamento.[31] A competição reina suprema, até crianças pequenas são obrigadas a competir umas contra as outras e caem doentes em resultado". Tenho novidades para ele: crianças pequenas eram mais exploradas e caíam muito mais doentes no passado industrial, feudal, agrário, neolítico ou caçador-coletor que no presente, do livre mercado.

Ou que tal o "fim da natureza"? O hino fúnebre de 1989, best seller de Bill McKibben, insistiu que um divisor de águas estava próximo: "Acredito que, sem admitir isso, já pisamos na encruzilhada de tal mudança; que estamos no fim da natureza."[32]

Ou o "advento da anarquia"? Robert Kaplan disse ao mundo em 1994, num artigo muito discutido na *Atlantic Monthly*, que se transformou num livro best seller, que um ponto crítico tinha sido alcançado e "escassez, crime, superpopulação, tribalismo e doença estão rapidamente destruindo o tecido social de nosso planeta".[33] A prova que apresentava dessa tese, em essência, era que ele descobrira que a África urbana ocidental era um lugar sem lei, empobrecido, insalubre e bastante perigoso.

Ou "nosso futuro roubado"?[34] Em 1996, um livro com esse título alegava que as contagens de esperma caíam, o câncer de mama aumentava, cérebros se deformavam e peixes mudavam de sexo, tudo por causa dos químicos sintéticos que agem como "interruptores endócrinos", alterando o equilíbrio hormonal do corpo. Como de praxe, o medo comprovou ser grandemente exagerado: as contagens de esperma não estão caindo, e nenhum efeito significativo para a saúde humana proveniente de ruptura endócrina foi detectado.

Em 1995, o (fora isso) excelente cientista e escritor Jared Diamond caiu sob o feitiço do pessimismo da moda quando prometeu: "Até a época em que meus filhos jovens se aposentarem, metade das espécies do mundo estará extinta, a atmosfera estará radioativa, e os mares poluídos por petróleo."[35] Deixe-me tranquilizar os filhos dele de que a extinção das espécies, embora terrível, se encontra, até agora, afastada dessa estimativa e por ampla margem. Mesmo que se aceite a conjetura tremendamente pessimista de E.O. Wilson, de que 27 mil espécies desaparecem todo ano, isso representa apenas 2,7% em um século (há um pensamento de que existem, no mínimo, 10 milhões de espécies), uma distância muito grande de 50% em 60 anos. Quanto às outras preocupações de Diamond, as tendências estão melhores, não piores: a dose de radioatividade que os filhos dele recebem hoje de testes de armas e acidentes nucleares é 90% menor do que a que o pai deles recebia no início dos anos 1960, e, de qualquer maneira, é menos de 1% da radiação natural do meio ambiente. A quantidade de petróleo derramada no mar vem caindo continuamente desde antes de os jovens Diamond nascerem: hoje é 90% menor do que em 1980.

Um argumento engenhoso para o apocalipse se baseia nas estatísticas. Como relata Martin Rees em seu livro *Hora final*, o argumento de Richard Gott é assim: uma vez que sou a sexagésima bilionésima pessoa a viver neste planeta, é plausível acreditar que vim mais ou menos na metade do caminho da volta de minha espécie pela Broadway, em vez de perto do início de uma volta de um milhão de anos. Se você tirar um número de uma urna, e ele for 60, você concluiria que é mais provável que existam 100 números dentro da urna do que mil. Portanto, estamos condenados. No entanto, não tenho a intenção de me tornar pessimista em vista de uma analogia matemática. Afinal, a sexta bilionésima pessoa e a sexta milionésima pessoa no planeta usariam exatamente o mesmo argumento.

Pessimismo sempre deu boa bilheteria. Ele joga com o que Greg Easterbrook chama de "a recusa coletiva em acreditar que a vida está melhorando".[36] O interessante é que as pessoas não aplicam isso às próprias vidas: tendem a achar que vão viver mais, ficar casadas por mais tempo e viajar mais do que costumam.[37] Dezenove por cento dos americanos acreditam estar incluídos no 1% da população que tem renda mais alta. Ainda assim as pesquisas revelam consistentemente que indivíduos pessoalmente otimistas são socialmente pessimistas. Dane Stangler chama isso de "uma forma de dissonância cognitiva que não é difícil de carregar e com a qual andamos todos por aí".[38] Sobre o futuro da humanidade e da raça humana, as pessoas são naturalmente pessimistas. Isso combina com o fato de elas serem avessas ao risco: uma ampla literatura confirma que as pessoas sentem um desgosto visceral muito mais forte ao perder uma soma de dinheiro do que alegria ao ganhar a mesma soma.[39] E parece que os genes pessimistas poderiam, muito literalmente, ser mais comuns que os genes otimistas: apenas 20% das pessoas são homozigóticas para a versão longa do gene transportador de serotonina, que possivelmente os dota de uma tendência genética a olhar para o lado positivo das coisas.[40] (Vontade de assumir riscos, possível correlato do otimismo, é também parcialmente herdada: a versão 7-repetido do gene DRD4 responde por 20% da aceitação de risco financeiro nos homens — e é mais comum em países onde as pessoas descendem de imigrantes.)[41]

À medida que a idade média da população de um país aumenta, as pessoas ficam cada vez mais neofóbicas e melancólicas. Também existe um imenso interesse investido no pessimismo. Nenhuma obra de caridade jamais levantou dinheiro para sua causa dizendo que as coisas estão melhorando. Nenhum jornalista jamais conseguiu a primeira página do jornal dizendo ao editor que queria escrever uma reportagem sobre como as catástrofes são menos prováveis agora. Notícia boa não é notícia, então o megafone da mídia está à disposição de qualquer político, jornalista ou ativista que possa advertir plausivelmente sobre um desastre vindouro. Em consequência, grupos de pressão e seus clientes na mídia não medem esforços para buscar sinais de desastre até nas estatísticas mais animadoras. No dia em que eu escrevia um primeiro rascunho deste parágrafo, a BBC anunciou em suas manchetes do noticiário da manhã um estudo que descobriu que a incidência de doenças do coração em mulheres britânicas jovens e de meia-idade havia "parado de cair".[42] Observe o que não era notícia: a incidência de doenças do coração vinha caindo acentuadamente até pouco tempo entre todas as mulheres, ainda caía entre os homens e não estava subindo nem no grupo de mulheres jovens onde havia acabado de "parar de cair". Mas toda a discussão era sobre essa "má" notícia. Ou veja como o *New York Times* deu em 2009 a notícia tranquilizadora de que a temperatura mundial não havia subido durante uma década: "Estabilização da temperatura acrescenta dificuldade à tarefa de encontrar uma solução."[43]

Os *apocaholics*, os viciados em apocalipse (a palavra é de Gary Alexander — ele chama a si mesmo de *apocaholic* convalescente), exploram e lucram com o pessimismo natural humano, o reacionário inato em toda pessoa. Durante 200 anos os pessimistas tiveram todas as manchetes, muito embora os otimistas estivessem certos com muito mais frequência. Os arquipessimistas são celebrados, cobertos de honras e raramente desafiados, que dirá confrontados com os próprios erros passados.

Devem-se ouvir os pessimistas? Certamente. No caso da camada de ozônio, um medo que teve seu momento no início dos anos 1990, a raça humana provavelmente fez um favor a si mesma e ao meio ambiente ao proibir os clorofluorocarbonetos, muito embora o excesso de luz ultravioleta que passava pela camada de ozônio nas regiões polares nunca se tenha aproximado sequer de um quinquecentésimo do que é normalmente experimentado por alguém que vive nos trópicos — e muito embora uma nova teoria sugira que os raios cósmicos são causa maior do buraco no ozônio antártico do que o cloro.[44] Mesmo assim, eu deveria parar de me queixar: nesse caso, tirar o cloro da atmosfera foi, em resumo, o curso de ação inteligente, e o custo para o bem-estar humano, pequeno, embora não desprezível.

E existem coisas que, sem dúvida, estão ficando piores. O congestionamento de tráfego e a obesidade seriam as duas maiores, embora ambas sejam produtos da abundância, e os seus ancestrais teriam rido à ideia de que a fartura de alimento e transporte seja uma coisa ruim. Também há muitas ocasiões em que os pessimistas têm sido ignorados demais. Foi demasiado pequeno o número de pessoas que deram ouvidos às ansiedades expressadas sobre Hitler, Mao, al-Qaeda e hipotecas de alto risco que viraram pó — para relacionar um punhado de questões ao acaso. Mas o pessimismo não deixa de ter seu custo. Se você ensina às crianças que as coisas só podem piorar, elas farão menos para que isso não seja verdade. Eu era um adolescente na Grã-Bretanha nos anos 1970 quando todo jornal que eu lia me dizia não apenas que o petróleo estava acabando, que uma epidemia de câncer químico estava a caminho, que a comida se tornava escassa e que um período glacial se aproximava, como também que o declínio econômico relativo de meu próprio país era inevitável, e seu absoluto declínio, provável. A súbita explosão de prosperidade e crescimento acelerado que a Grã-Bretanha experimentou nos anos 1980 e 1990, sem mencionar a melhoria na saúde, expectativa de vida e meio ambiente, foi um choque completo para mim. Percebi por volta dos 21 anos que ninguém jamais me dissera algo otimista acerca do futuro da raça humana — nem em livro, nem em filme, ou sequer num bar. Mas, na década seguinte, o emprego aumentou, especialmente para as mulheres, a saúde melhorou, e lontras e salmões voltaram ao rio local. Além disso, a qualidade do ar melhorou, havia voos baratos para a Itália do aeroporto local, os telefones se tornaram portáteis, os supermercados ofereciam cada vez mais tipos de alimentos baratos e melhores. Fiquei furioso por não me terem ensinado e dito que o mundo poderia melhorar muito; de certa forma, recebi um aconselhamento de desesperança. Como os meus filhos hoje.

Câncer

A essa altura, os seres humanos desta geração deviam estar morrendo como moscas de câncer causado por produtos químicos. A começar no fim dos anos 1950, a posteridade foi avisada de que os produtos químicos sintéticos estavam à beira de causar uma epidemia de câncer. Wilhelm Hueper, chefe da pesquisa de câncer ambiental do Instituto Nacional de Câncer dos Estados Unidos, estava tão convencido de que a exposição a quantidades pequenas de produtos químicos sintéticos era uma grande causa de câncer que até se recusava a acreditar que o fumo causasse câncer — o câncer de pulmão vinha da poluição, acreditava ele. Rachel Carson, influenciada por Hueper, partiu em seu livro *Primavera silenciosa* (1962) para aterrorizar seus leitores da mesma forma que se autoaterrorizava a respeito da ameaça à saúde humana representada pelos produtos químicos sintéticos e, especialmente, pelo pesticida DDT.[45] Considerando que o câncer infantil era antes raridade médica, escreveu: "Hoje, mais crianças americanas em idade escolar morrem de câncer do que de qualquer outra doença." Isso foi, na verdade, uma prestidigitação estatística; a declaração era verdadeira não porque o câncer infantil estivesse aumentando (não estava), mas porque as outras causas de morte infantil estavam diminuindo mais rapidamente.[46] Ela previu que o DDT levaria "praticamente 100% da população humana a ser varrida em uma geração por uma epidemia de câncer".

Não exagero demais ao dizer que uma geração inteira de ocidentais cresceu esperando que a epidemia de câncer de Carson os derrubasse. Fui um deles: fiquei genuinamente amedrontado na escola ao saber que minha vida seria curta e mórbida. Influenciado por Carson e seus apóstolos, iniciei um projeto biológico. Andaria pela zona rural do país e recolheria os passarinhos mortos que encontrasse, o câncer seria diagnosticado, e eu publicaria o projeto. Não foi um grande sucesso: encontrei um cadáver, de um cisne que esbarrara num cabo de transmissão de energia. "Os indivíduos nascidos desde 1945", escreveu o ambientalista Paul Ehrlich em 1971, "e, dessa forma, expostos ao DDT desde antes de seu nascimento, podem ter expectativas de vida menores do que se o DDT nunca tivesse existido. Não saberemos até que os primeiros destes cheguem aos 40 e 50 anos."[47] Mais tarde, foi mais específico: "A expectativa de vida dos Estados Unidos vai cair para 42 anos em 1980 devido à epidemia de câncer."

O que na verdade aconteceu foi que — excetuando-se o câncer de pulmão — tanto a incidência de câncer quanto a taxa de mortalidade causada pelo câncer caíram consistentemente, diminuindo 16% entre 1950 e 1997, e o ritmo da queda acelerou-se depois; até o câncer de pulmão juntou-se à festa em decorrência da redução do consumo de cigarros.[48] A expectativa de vida dos que nasceram depois de 1945 bateu novos recordes. Uma grande epidemia de câncer causada por produtos químicos sintéticos foi entusiástica e incansavelmente procurada por muitos cientistas desde os anos 1960 — inteiramente em vão. Nos anos 1980, um estudo dos epidemiologistas Richard Doll e Richard Peto concluiu que as taxas de câncer associado à idade estavam caindo, que as causas do câncer são, principalmente, o tabagismo, infecção, desequilíbrio hormonal e alimentar — e que a poluição química causa menos de 2% de todos os casos de câncer.[49] A premissa com a qual grande parte do movimento ambientalista cresceu — de que a queda da poluição preveniria o câncer — mostrou-se falsa. Como Bruce Ames sabidamente demonstrou no fim dos anos 1990, o repolho contém 49 pesticidas naturais, mais da metade dos quais é carcinogênica.[50] Ao beber uma simples xícara de café encontram-se muito mais químicos carcinogênicos do que num ano de exposição aos resíduos de pesticidas nos alimentos. Isso não significa que o café seja perigoso, ou contaminado: os carcinogênicos são quase todos produtos químicos naturais encontrados no pé de café, e a dosagem é muito baixa para causar doença, da mesma forma que no resíduo de pesticida. Ames diz: "Pusemos 100 pregos no caixão da história do câncer e ela continua a sair e voltar."[51]

A miraculosa habilidade do DDT para deter epidemias de malária e tifo, salvando talvez 500 milhões de vidas nos anos 1950 e 1960 (de acordo com a Academia Nacional de Ciências dos Estados Unidos), sobrepujou de longe qualquer efeito negativo que teve sobre a saúde humana. A interrupção do uso do DDT provocou o ressurgimento da malária no Sri Lanka, em Madagascar e muitos outros países. Naturalmente, o DDT deveria ter sido usado com muito mais cuidado do que foi, porque, embora fosse muito menos tóxico para os pássaros do que os pesticidas anteriores, muitos dos quais se baseavam em arsênico, ele, de fato, tinha a habilidade subversiva de acumular-se no fígado dos animais e exterminou populações de predadores no topo de longas cadeias alimentares, como águias, falcões e lontras. Substituí-lo por produtos químicos menos persistentes trouxe de volta lontras, águias-calvas e falcões peregrinos para uma relativa abundância após uma ausência de várias décadas. Felizmente, os modernos compostos de piretrina não persistem, nem se acumulam. Além disso, o uso esparso, direcionado, do DDT contra mosquitos da malária, borrifando-se as paredes internas das casas, por exemplo, pode ser feito sem nenhuma ameaça desse tipo à vida selvagem.[52]

Armagedom nuclear

Havia muito boas razões para ser um pessimista nuclear na Guerra Fria: o aumento das armas, a confrontação em torno de Berlim e Cuba, a retórica entusiasmada de alguns comandantes militares. Dada a maneira como muitas corridas armamentistas terminam, parecia apenas uma questão de tempo até que a Guerra Fria ficasse quente, muito quente. Se você tivesse dito naquela época que acreditava que a destruição mutuamente assegurada impediria guerras diretas entre os superpoderes, que a Guerra Fria terminaria, que o império soviético se desintegraria, que o gasto global com armas cairia 30% e que ¾ de todos os mísseis nucleares seriam desmontados, seria considerado um tolo. "Os historiadores verão a redução de armas nucleares como uma conquista tão inacreditável", diz Greg Easterbrook, "que retrospectivamente parecerá bizarro que tão pouca atenção tenha sido dada enquanto isso sucedia."[53] Talvez tenha sido apenas um golpe de sorte, e, reconhecidamente, o perigo esteja longe de acabar (especialmente para coreanos e paquistaneses), mas, apesar de tudo, observe que as coisas melhoraram, não pioraram.

Fome

Uma das causas mais antigas de pessimismo sobre o futuro da humanidade é a preocupação de que a comida acabe. O proeminente ecopessimista Lester Brown predisse em 1974 que um momento de mudança tinha sido alcançado e que os agricultores não "conseguiriam atender a demanda crescente".[54] Mas atenderam. Em 1981, ele disse que a "insegurança global em relação aos alimentos está aumentando". Não estava. Em 1984, proclamou que "a estreita margem entre a produção de alimentos e o crescimento populacional continua a se estreitar". Errado novamente. Em 1989, "o crescimento populacional está superando a capacidade dos fazendeiros" de atender a demanda. Não. Em 1994, afirmou: "Raramente o mundo enfrentou a emergência que se desenrola e cujas dimensões são tão claras quanto o crescente desequilíbrio entre comida e pessoas" e, "após 40 anos de ganhos em produção recorde de alimentos, a produção *per capita* sofreu uma inesperada reversão". (Um momento de mudança tinha sido alcançado.) Uma série de safras excepcionalmente grandes se seguiu, e o preço do trigo caiu a níveis recordes, onde permaneceu por uma década. Então, em 2007, o preço do trigo subitamente dobrou por causa de uma combinação de prosperidade chinesa, seca australiana, pressão dos ambientalistas para estimular o cultivo de biocombustíveis e a vontade de políticos que usam verbas governamentais com fins eleitoreiros de agradar aos ambientalistas abrindo as comportas dos subsídios para os produtores de etanol. Certamente, Lester Brown tornou-se novamente o queridinho da mídia, seu pessimismo tão inexpugnável como 33 anos antes: "Alimentos baratos podem virar coisa do passado agora", disse. Um momento de mudança tinha sido alcançado. Novamente, uma safra recorde se seguiu, e o preço do trigo baixou à metade.

A predição da fome global tem uma longa história, mas ela, provavelmente, emitiu seu maior guincho *apocaholic* em 1967 e 1968 com dois livros muito populares. Os autores do primeiro foram William e Paul Paddock (*Famine, 1975!*).[55] "A colisão população-comida é inevitável; está predestinada" era o título do primeiro capítulo. Os irmãos Paddock chegaram a argumentar que países como Haiti, Egito e Índia já estavam perdidos e deviam ser abandonados à fome; os esforços mundiais deveriam, segundo o princípio de triagem de Verdun, focalizar-se nos casos menos desesperados. Em 1975, o mundo ainda não morria de fome, e William Paddock pedia uma moratória nos programas de pesquisa destinados a aumentar a produção de alimentos em países com altas taxas de crescimento populacional — quase como se quisesse fazer cumprir a própria profecia.[56]

O ano seguinte viu a publicação de um best seller ainda maior, ainda mais misantrópico. *The Population Bomb*[57] permitiu a Paul Ehrlich, um obscuro lepidopterologista, se metamorfosear em guru do movimento ambientalista, completado com um Prêmio MacArthur de genialidade. "Nos anos 1970 e 1980", prometeu, declarando a existência de um momento de mudança, "centenas de milhões de pessoas vão morrer de fome a despeito de quaisquer programas drásticos de ajuda aplicados nelas. Em data tão tardia, nada poderá impedir o aumento substancial da taxa mundial de óbitos." Ehrlich não apenas afirmou que a mortalidade em massa era inevitável e iminente, que o número de seres humanos cairia a 2 bilhões e que os pobres ficariam ainda mais pobres; acrescentou que os que viam que o crescimento da população mundial já estava começando a diminuir eram tão tolos quanto os que saudavam um dia menos gelado de dezembro como sinal de aproximação da primavera; em edições posteriores, disse também que a Revolução Verde que então transformava a agricultura asiática iria, "na melhor das hipóteses, assegurar-nos com sacrifício apenas uma ou duas décadas mais". Quatro décadas depois, Ehrlich aprendera a lição — não fixar datas: em seu livro *O animal dominante*,[58] coescrito com a mulher e publicado em 2008, novamente anteviu um "aumento infeliz nas taxas de mortalidade", mas, dessa vez, não deu prazo de execução. Sem uma palavra sobre por que suas previsões anteriores de fome em massa e câncer em massa nunca aconteceram, permanece confiante ao proclamar o auge da bolsa de felicidade humana: "O mundo em geral parece despertar gradativamente para uma percepção", lamentou, "de que nossa longa história evolucionária está, através de nossas ações, mas não de nossas intenções, chegando a um momento de mudança."

Por razões que expliquei no capítulo 4, a fome é, em grande parte, passado. Onde ela ainda ocorre — Darfur, Zimbábue — a culpa cabe à política de governo e não à pressão populacional.

Recursos

A história do mundo está repleta de exemplos da extinção ou quase exaustão de recursos: mamutes, baleias, arenques, pombos migratórios, florestas de pinheiros-brancos, cedros libaneses, guano. Eles são todos, observe, "renováveis". Em chocante contraste, não existe um só recurso não renovável que já se tenha esgotado: nem carvão, petróleo, gás, cobre, ferro, urânio, silício ou rocha. Como se diz — as observações têm sido atribuídas a muitas pessoas —, a Idade da Pedra não chegou ao fim por falta de pedra. "É uma das previsões mais seguras", escreveu o economista Joseph Schumpeter em 1943, "que, num futuro calculável, viveremos num *embarras de richesse** tanto de gêneros alimentícios como de matérias-primas, dando tanta rédea solta à expansão da produção total que não saberemos o que fazer com ela."[59] É também uma das previsões mais seguras que as pessoas sempre irão advertir que os recursos naturais estão se esgotando.

Pense no humilhante fracasso das previsões do modelo de computador chamado World3 no início dos anos 1970. World3 tentou predizer o alcance da capacidade dos recursos do planeta e concluiu, num informe intitulado *Limits to Growth*,[60] escrito pelo pomposamente denominado "Clube de Roma", que o uso exponencial poderia exaurir os suprimentos mundiais de zinco, ouro, estanho, cobre, petróleo e gás natural perto de 1992 e causar um colapso da civilização e da população no século subse-

---

*Confusão causada pelo excesso de abundância. [*N. da T.*]

quente. *Limits to Growth* foi imensamente influente, com textos escolares logo papagueando suas predições, menos as advertências.[61] "Alguns cientistas estimam que os suprimentos mundiais conhecidos de petróleo, estanho, cobre e alumínio estarão esgotados no período de sua vida", dizia um. "Os governos precisam ajudar a poupar nosso suprimento de combustível fóssil por meio da aprovação de leis para limitar seu uso", opinava outro. Eram enganosos, principalmente porque, como Malthus, subestimavam a velocidade e a magnitude da mudança tecnológica, a geração de novas receitas para reorganizar o mundo — como seu padrinho, o engenheiro Jay Forester, reconheceu. Em 1990, o economista Julian Simon ganhou US$ 576,07 em pagamento de uma aposta com o ambientalista Paul Ehrlich.[62] Simon apostara com ele que os preços de cinco metais (escolhidos por Ehrlich) cairiam durante os anos 1980, e Ehrlich aceitara a "espantosa oferta de Simon antes que outras pessoas gananciosas se intrometessem" (embora mais tarde, enquanto chamava Simon de imbecil, afirmou que fora "incitado" a entrar na aposta).

O volume de petróleo restante, a capacidade de produzir alimentos na terra cultivável do mundo, até a capacidade regenerativa da biosfera — esses não são números fixos; são variáveis dinâmicas produzidas por uma constante negociação entre a engenhosidade humana e os limites naturais. Abraçar o dinamismo significa abrir a mente para a possibilidade de a posteridade criar um mundo melhor em vez de impedir um pior. Sabemos hoje, como não sabíamos nos anos 1960, que mais de 6 bilhões de pessoas podem viver no planeta com a melhoria da saúde, da segurança alimentar e da expectativa de vida, e que isso é compatível com ar mais limpo, aumento das florestas e algum aumento rápido de populações de elefantes. Os recursos e as tecnologias de 1960 não teriam sustentado 6 bilhões — mas as tecnologias mudaram e, portanto, os recursos também mudaram. O ponto crítico são 6 bilhões? Sete? Oito? Numa época em que fibra de vidro substitui fio de cobre, elétrons substituem papel e a maioria dos serviços envolve mais software do que hardware, apenas a mais estática das imaginações poderia pensar assim.

Ar limpo

Em 1970, a revista *Life* garantiu aos seus leitores que "cientistas tinham provas experimentais e teóricas incontestáveis" de que, "em uma década, moradores urbanos terão de usar máscaras contra gases para sobreviver à poluição atmosférica [...] perto de 1985, a poluição do ar reduzirá à metade a quantidade de luz solar que chega à Terra".[63] A poluição urbana e outras formas de poluição do ar recusaram-se a seguir o roteiro, enquanto a tecnologia e a regulação rapidamente melhoraram a qualidade do ar. Então, perto dos anos 1980, o roteiro mudou para chuva ácida. Vale a pena explorar a história desse episódio porque foi um ensaio geral com vestimenta para o aquecimento global: atmosférico, internacional e com os combustíveis fósseis como vilões. A história convencional que você lê nos livros escolares de seus filhos é a seguinte: ácido sulfúrico e ácido nítrico, formados principalmente da fumaça expelida pelas usinas que queimam carvão para gerar energia, caíram em lagos e florestas no Canadá, na Alemanha e na Suécia e os devastaram. No último minuto, aprovaram-se leis que limitaram as emissões e os ecossistemas vagarosamente se recuperaram.

Certamente, em meados dos anos 1980, uma combinação de cientistas farejando subvenções e ambientalistas farejando doações levou a algumas previsões apocalípticas. Em 1980, a revista alemã *Stern* informou que um terço das florestas alemãs já estava morto ou morrendo, que especialistas acreditavam que todas as coníferas estariam desaparecidas perto de 1990 e que o Ministério do Interior previa que todas as florestas não existiriam mais em 2002. Todas! O professor Bernd Ulrich disse que já era tarde demais para as florestas alemãs: "Elas não podem ser salvas."[64] Do outro lado do Atlântico, previsões similares de destruição eram feitas. Dizia-se que árvores estavam morrendo a uma taxa não natural em 100% das florestas da Costa Leste. "O cume das Montanhas Blue Ridge está se transformando em túmulo de árvores", disse um professor de patologia de plantas. Metade dos lagos estava ficando perigosamente acidificada. O *New York Times* anunciou "um consenso científico": era tempo de agir, não de mais pesquisas.[65]

O que realmente aconteceu? A história mostra que, na verdade, a biomassa das florestas europeias aumentou durante os anos 1980, ao longo do tempo em que, supostamente, a chuva ácida as estaria matando e antes que quaisquer leis fossem aprovadas para limitar as emissões. O crescimento das florestas prosseguiu durante os anos 1990. O governo sueco finalmente admitiu que ácido nítrico — um fertilizante — havia aumentado a taxa de crescimento em geral de suas árvores. As florestas europeias não apenas não morreram; elas vicejaram. Quanto aos Estados Unidos, o estudo de dez anos patrocinado pelo governo, ao custo de US$ 500 milhões e envolvendo 700 cientistas, fez uma enorme quantidade de pesquisas e concluiu que: "Não existe prova de um declínio geral ou incomum de florestas nos Estados Unidos ou Canadá devido à chuva ácida" e "não há caso de declínio de floresta em que a deposição de ácido nítrico seja reconhecidamente uma causa predominante". Quando perguntado se havia sido pressionado para ser otimista, um dos autores disse que o inverso era verdade: "Sim, houve pressões políticas [...]. A chuva ácida tinha que ser uma catástrofe ambiental, sem importar o que os fatos revelassem. Uma vez que não podíamos apoiar essa alegação [...] a EPA [sigla em inglês para Agência de Proteção Ambiental] trabalhou para nos impedir de apresentar ao Congresso nossas descobertas."[66] A verdade é que houve pequenas áreas de dano às florestas nos anos 1980, algumas causadas por pestes, outras por envelhecimento natural ou competição e outras por poluição local. Não houve nenhuma grande morte em massa de florestas devido à chuva ácida. Em absoluto.

Seria errado concluir que a legislação antichuva ácida não causou nenhum bem. A acidificação de lagos de montanhas por emissões de usinas de energia distantes era um fenômeno real (embora relativamente raro), e isso foi realmente anulado pela legislação. Mas até esse dano foi imensamente exagerado durante o debate: em lugar de 50% dos lagos sendo afetados, foram apenas 4%, disse o estudo oficial. Alguns desses continuam ácidos mesmo depois da limpeza, por causa da química das rochas que ficam em torno. A verdade é que, se você lê a história do episódio cuidadosamente, a chuva ácida foi um aborrecimento menor e localizado que poderia ser tratado com relativamente poucos gastos, não uma imensa ameaça a grandes áreas do planeta. Os ultrapessimistas estavam simplesmente errados.

Genes

Todo avanço na genética humana e medicina reprodutiva é saudado com predições do destino de Frankenstein. As primeiras tentativas de engenharia genética com bactérias nos anos 1970 levaram a moratória e proibições. O ativista Jeremy Rifkin disse que a biotecnologia ameaçava com "uma forma de aniquilamento que era, em cada detalhe, tão mortal quanto um holocausto nuclear".[67] Mas o resultado foram terapias que salvaram a vida de diabéticos e hemofílicos. Pouco depois, os pioneiros da fertilização *in vitro*, Robert Edwards e Patrick Steptoe, foram aviltados de todos os lados, até por colegas médicos, por suas experiências supostamente perigosas. Quando Louise Brown nasceu, em 1978, o Vaticano disse que aquele era "um evento com possíveis graves consequências para a humanidade". Ainda assim, a invenção de Edwards e Steptoe não causou abuso eugênico algum, mas muita felicidade individual para milhões de casais sem filhos.

Quando o genoma humano foi sequenciado em 2000, o pessimismo logo dominou os comentários. As pessoas vão mexer com os genes dos seus filhos, queixavam-se alguns: sim, para impedir a transmissão de terríveis doenças hereditárias, como Tay-Sachs ou Huntington. Predizer doenças tornará o seguro-saúde impossível, resmungaram outros — já que as taxas cobradas pelas seguradoras são tão altas precisamente porque não se pode predizer quem ficará doente, então predizer e prevenir poderá baixar alguns custos. O diagnóstico se adiantará demasiado à terapia, gemeram outros, então as pessoas saberão seu destino, mas não como se curar. Na prática, existem muito poucas doenças para as quais algum tipo de intervenção preventiva não possa ser tentado quando a predisposição é conhecida, e saber ainda é e sempre será voluntário. Em seguida, para coroar tudo, em poucos anos os pessimistas reclamavam de que as percepções genéticas eram demasiado lentas.

Praga

Perto do fim dos anos 1990, a causa da moda para a ruína foi o reaparecimento de doenças contagiosas. A combinação de uma doença sexualmente transmissível novinha em folha e incurável, a aids, com uma crescente resistência aos antibióticos entre bactérias hospitalares deu motivo genuíno para medo. Mas também despertou para a busca de uma praga nova e ainda mais letal. Livro após livro trombeteavam o pânico: *Zona perigosa*, *Epidemia*, *Vírus X*, *A próxima praga*. Centenas de milhões de pessoas iam morrer. As doenças infecciosas estavam de volta às preocupações humanas como parte de uma vingança do planeta pela pilhagem do meio ambiente. A raça humana devia eliminar os mais fracos. Alguns dos autores mais misantrópicos, parecendo pregadores puritanos, até expressavam algo parecido com satisfação a esse pensamento. Uma vez mais, no entanto, o leilão de previsões competitivamente pessimistas que cercavam o vírus Ebola, a febre de Lassa, o hantavírus e a SARS (Severe Acute Respiratory Syndrome — Síndrome Respiratória Aguda Grave) revelou-se ridiculamente exagerado. Os surtos de Ebola — que derramaram horrível desintegração sobre suas vítimas e eliminaram aldeias inteiras no Congo um punhado de vezes em 1990 antes de desaparecer a cada vez — mostraram-se muito localizados, facilmente controláveis e parcialmente causados pelo homem.[68] Em outras palavras, logo se revelou que o que estava transformando essa infecção ocasional causada por morcegos numa feroz epidemia local eram coisas como injeções de quinino dadas por freiras bem-intencionadas com seringas já usadas. Até a aids, terrível especialmente na África, falhou em cumprir as medonhas predições comumente feitas no fim dos anos 1980 para seus efeitos globais. O número de novos casos de HIV/aids em todo o mundo vem caindo há quase uma década, e o número de mortes devido à doença cai desde 2005. A proporção da população infectada com HIV está caindo até no sul da África.[69] A epidemia está longe do fim, e muito mais poderia ser feito, mas as notícias melhoram, não pioram.

Lembra-se da doença da vaca louca? Entre 1980 e 1996, cerca de 750 mil cabeças de gado infectadas por um agente infeccioso que destruía o cérebro chamado vCJD entrou na cadeia de alimentação humana na

Grã-Bretanha. Quando se tornou claro, em 1996, que algumas pessoas estavam morrendo por causa do mesmo agente, adquirido com a ingestão de carne contaminada, houve um, talvez compreensível, leilão de competição entre predições carregadas de ruína. O vencedor, aqueles cujos pontos de vista foram transmitidos repetidamente como resultado, foi um professor bacteriologista chamado Hugh Pennington, que disse coisas como "temos de estar preparados para talvez milhares, dezenas de milhares, centenas de milhares de casos de vCJD no futuro". Até os modelos "oficiais" advertiram que o verdadeiro número poderia ser de 136 mil vítimas. Na verdade, quando comecei a escrever isto, o número de mortes chegou a 166, dos quais apenas um em 2008 e dois em 2009. Somente quatro pessoas vivem agora com vCJD definido ou provável. Cada um é uma tragédia, mas não uma ameaça para a humanidade.

(Os números são surpreendentemente parecidos com os de Chernobyl. No mínimo 500 mil pessoas morreriam de cânceres causados pelo acidente nuclear de 1986, disseram os primeiros informes moderados, e haverá muitos nascimentos de bebês defeituosos. A última estimativa é que menos de 4 mil vão morrer de câncer de Chernobyl, em comparação com as 100 mil mortes de câncer natural entre a população exposta, e não houve absolutamente nenhum nascimento de bebê defeituoso.[70] Além disso, 56 morreram durante o próprio acidente. A evacuação da área causou um extraordinário florescimento da vida selvagem, sem nenhuma mudança genética incomum em todos os roedores estudados).[71]

A gripe de 2000 também mostrou ser um tigre de papel. Cepas do vírus H5N1 (gripe aviária) pularam nos seres humanos via patos caipiras nas fazendas chinesas, e, em 2005, as Nações Unidas previram 5 milhões a 150 milhões de mortes por gripe aviária. Mas, ao contrário do que você leu, quando de fato infectava seres humanos, o H5N1 não se mostrava nem especialmente virulento, nem especialmente contagioso. Até agora, o H5N1 matou menos de 300 pessoas em todo o mundo. Como concluiu um analista: "A histeria em torno de uma pandemia de gripe aviária foi muito boa para a mídia do filme *Chicken Little*, para autores, funcionários ambiciosos da saúde, companhias farmacêuticas... Mas até mesmo quando muitos promotores do pânico começaram a ficar na moita, os vestígios de histeria permaneceram — assim como a realocação errada de bilhões de dólares antes destinados a problemas de saúde mais sérios. É pena que ninguém jamais tenha responsabilizado os pregadores do pessimismo pelo dano que causaram."[72]

Suspeito que esses comentários sejam fortes demais e que a gripe possa crescer para uma epidemia séria de alguma forma. Mas a epidemia de gripe suína H1N1 de 2009, que começou no México, também seguiu o caminho comum de novas cepas de gripe, em direção a uma baixa virulência — cerca de uma morte para cada 1.000 a 10.000 pessoas infectadas. Isso não é surpresa. Como o biólogo evolucionário Paul Ewald demonstrou há muito, os vírus passam por seleção natural, assim como por mutações, uma vez estabelecidos numa nova espécie de hospedeiro e, casualmente, transmitiram vírus como réplica de gripe, que se reproduz com mais sucesso se provocar doença branda, de forma que o hospedeiro continue a se movimentar e a encontrar novas pessoas. Uma vítima deitada sozinha num quarto escuro não é tão útil para o vírus quanto alguém que se sinta bem o bastante e se esforce para ir trabalhar tossindo. O modo de vida moderno, com muitas viagens, mas também com espaço mais pessoal, tende a estimular vírus suaves, de contato casual, que precisam que suas vítimas estejam saudáveis o bastante para encontrar novos alvos rapidamente. Não é por acidente que as pessoas modernas sofrem de mais de 200 tipos de gripe, os supremos exploradores virais do mundo moderno.

Se assim é, então por que a gripe H1N1 matou talvez 50 milhões de pessoas em 1918? Ewald e outros acham que a explicação está nas trincheiras da Primeira Guerra Mundial. Tantos soldados feridos, em condições de tal amontoamento, forneceram um *habitat* especialmente adequado a um comportamento mais virulento do vírus: as pessoas podiam transmitir o vírus enquanto morriam. Hoje em dia é muito mais provável que se pegue a gripe de uma pessoa que se sente bem o suficiente para ir trabalhar do que de uma que está tão doente que precise ficar em casa.[73] Em contraste, não é acidental que doenças transmitidas pela água ou por insetos, tais como febre tifoide, cólera, febre amarela, tifo e malária, sejam muito mais violentas porque podem se espalhar a partir de vítimas imobilizadas. A malária se espalha com mais facilidade se as vítimas estiverem deitadas num quarto escuro — picadas por mosquitos. Mas, na maior parte do mundo moderno, as pessoas estão cada vez mais protegidas da água suja e de insetos, e, portanto, doenças letais que debilitam suas vítimas estão em retirada.

Ainda por cima, as armas no arsenal do médico só continuam a melhorar. Doenças da minha infância, como sarampo, caxumba e rubéola, hoje são prevenidas com uma simples vacina. Quando, para entender a aids, levamos mais de dez anos, levamos apenas três semanas uma década depois para sequenciar todo o genoma do vírus da SARS e começar a procurar suas vulnerabilidades. Apenas meses foram necessários em 2009 para gerar grandes doses de vacinas contra a gripe suína.

A total erradicação de muitas doenças é agora uma perspectiva realista. Embora já se tenham passado mais de 40 anos desde que a varíola foi exterminada, e as esperanças de mandar a pólio para o túmulo depois dela têm sido repetidamente riscadas, a retirada de assassinos infecciosos de muitas partes do mundo é, não obstante, pouco menos que espantosa. A pólio está confinada a algumas partes da Índia e da África ocidental, a malária se foi da Europa, dos Estados Unidos e de quase todo o Caribe, o sarampo está reduzido a uma pequena porcentagem dos números registrados poucas décadas atrás; doença do sono, filariose e cegueira do rio estão sendo continuamente eliminadas, país após país.

Nos séculos por vir, haverá certamente novas doenças humanas, mas muito poucas delas serão ao mesmo tempo letais e contagiosas. Medidas para curá-las e preveni-las virão cada vez mais rápido.

Soando a retirada

Muitos entre os ambientalistas extremistas de hoje não apenas insistem em que o mundo chegou a um "momento de mudança" — muito deles alheios ao fato de que seus predecessores fizeram a mesma afirmação por 200 anos sobre muitas questões diferentes —, mas também insistem em que a única solução sustentável é a retirada, o cessar do crescimento econômico e a entrada na progressiva recessão econômica. O que mais podem querer dizer ao pedir uma campanha para "desdesenvolver" os Estados Unidos?, nas palavras de John Holdren, consultor científico do presidente Barack Obama;[74] ou "não é a única esperança para o planeta que as civilizações industrializadas entrem em colapso? Não é nossa responsabilidade fazer com que isso aconteça?", nas palavras de Maurice Strong, primeiro diretor executivo do Programa Ambiental das Nações Unidas (Unep);[75] ou o que se precisa é de "uma redução no tamanho da economia global", nas palavras do jornalista George Monbiot?[76] Essa retirada precisa ser alcançada, diz Monbiot, por "contenção política". Isso significa que não apenas aumentar as vendas de sua companhia seria um crime, mas igualmente falhar em encolhê-las; não apenas viajar além de sua cota de milhas seria uma transgressão, mas fracassar em viajar menos milhas a cada ano; não apenas inventar um novo equipamento elétrico seria ilegal, mas fracassar em abandonar as tecnologias existentes; não apenas cultivar mais alimento por acre seria crime, mas fracassar em cultivar menos — porque essas são coisas que constituem crescimento.

Aqui está o problema: esse futuro se parece terrivelmente com o passado feudal. Os imperadores Ming e os maoistas tinham regras que impediam o crescimento dos negócios; proibiam a viagem não autorizada; puniam a inovação; limitavam o tamanho da família. Eles não dizem, mas esse é o mundo inevitável a que os pessimistas querem retornar quando falam em retirada.[77]

10

Os dois grandes pessimismos de hoje: a África e o clima após 2010

É possível acreditar que todo o passado não foi senão o começo de um começo, e que tudo que é e foi não é senão o lusco-fusco do amanhecer.

H.G. WELLS
The Discovery of the Future[1]

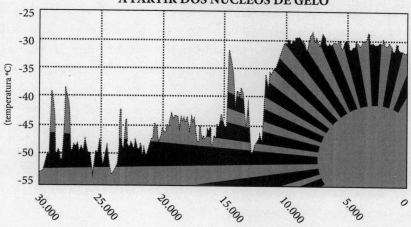

TEMPERATURA DA CAPA DE GELO DA GROENLÂNDIA
A PARTIR DOS NÚCLEOS DE GELO[2]

Mais cedo ou mais tarde, o ubíquo pessimista vai confrontar o otimista racional com seus dois trunfos: África e clima. Está muito bem que a Ásia tenha saído da pobreza e, talvez, a América Latina também, mas certamente, diz o pessimista, é difícil imaginar que a África faça o mesmo. O continente está condenado pela explosão populacional, por doenças endêmicas, pelo tribalismo, pela corrupção, a falta de infraestrutura, até — sussurram alguns, mais por tristeza do que por preconceito — por seus genes. "É de uma notável obviedade", diz o ambientalista Jonathan Porritt, "que o crescimento completamente insustentável da população na maior parte da África irá mantê-la permanentemente sem esperança, atolada na mais profunda e escura pobreza."[3]

E, de qualquer modo, continua o pessimista, a África não pode esperar um crescimento rápido porque a mudança climática vai devastar o continente durante o próximo século, antes que ela prospere. No momento em que escrevo isto, o aquecimento global é, de longe, a razão mais em moda para o pessimismo. A atmosfera terrestre esquentou, e parece que o grande experimento de 100 mil anos de progresso humano está a ponto de ser testado pela elevação dos níveis do mar, o derretimento de calotas de gelo, secas, tempestades, fomes, pandemias e inundações. A atividade humana está causando grande parte dessa mudança, especialmente pela queima de combustíveis fósseis cuja energia tem sido responsável pela elevação dos padrões de vida de muitas das mais de 7 bilhões de pessoas do mundo. Então, a humanidade enfrenta um duro dilema no século vindouro: dar prosseguimento a uma prosperidade abastecida por combustíveis fósseis até que o aquecimento global a conduza a uma calamitosa parada, ou restringir o uso do carvão e arriscar um declínio abrupto nos padrões de vida por falta de fontes de energia alternativas suficientemente baratas. As duas perspectivas poderiam ser catastróficas.

África e clima, portanto, confrontam o otimista racional com um desafio, para dizer o mínimo. Para alguém que passou 300 páginas olhando para o lado alegre da empresa humana, argumentando que a explosão populacional está se detendo, que a energia não se esgotará em breve, que a perspectiva é de declínio da poluição, da doença, da fome, da guerra e da pobreza se os seres humanos não forem impedidos de trocar bens, serviços e ideias livremente — para uma pessoa como o autor que você lê agora, a pobreza africana e o rápido aquecimento global são, de fato, desafios críticos.

Além disso, os dois fatos estão ligados, porque os modelos que predizem o rápido aquecimento global têm como suposições que o mundo prosperará poderosamente e que os países mais pobres do planeta — a maior parte dos quais é africana — estarão, por volta do fim deste século, nove vezes mais ricos que hoje. Se não estiverem, as emissões de dióxido de carbono serão insuficientes para causar um aquecimento tão rápido. E, no presente, não há meio de tornar os africanos tão ricos quanto os asiáticos exceto se queimarem mais combustível fóssil *per capita*. Então, a África enfrenta um dilema especialmente duro: ficar rica queimando mais carvão e depois sofrer as consequências climáticas, ou juntar-se ao resto do mundo contra a mudança climática e continuar a chafurdar na pobreza.

Essa é a sabedoria convencional. Acho que é um falso dilema e que uma honesta avaliação dos fatos leva à conclusão de que, de longe, o mais provável desfecho das nove próximas décadas é tanto a África ficar mais rica como nenhuma mudança climática catastrófica acontecer.

O bilhão de africanos do fundo

Naturalmente, nem toda a pobreza está na África. Estou bem ciente de que existe terrível carência em muitas outros lugares do mundo, no Haiti e Afeganistão, na Bolívia e no Camboja, em Calcutá e São Paulo, até em áreas de Glasgow e Detroit. Mas, comparando com uma geração atrás, graças principalmente ao progresso em outro lugar, a pobreza ficou concentrada naquele único continente como nunca antes. Do "bilhão do fundo", deixado para trás por recentes explosões de crescimento vigoroso — frase de Paul Collier —,[4] mais de 600 milhões são africanos. O africano médio vive com apenas um dólar por dia. Salvar a África se tornou tanto a meta de idealistas quanto o desespero de pessimistas. A África não só fracassou em unir-se ao *boom* asiático desde 1990, ela também passou grande parte desse tempo estagnada ou regredindo. Entre 1980 e 2000, o número de africanos que vivem na pobreza dobrou. Guerra no oeste do continente, genocídio no leste, aids no sul, fome no norte, ditadores no meio, crescimento populacional em todos os lugares: nenhuma área do continente escapou do horror. Sudão, Etiópia, Somália, Quênia, Uganda, Ruanda, Congo, Zimbábue, Angola, Libéria, Serra Leoa — os próprios nomes dos países se tornaram sinônimos de caos nos lábios dos leitores de notícias no Ocidente.

Além disso, embora já tenha começado, a transição demográfica ainda tem um longo caminho a percorrer antes de o crescimento populacional desacelerar. A taxa de natalidade da Nigéria pode ter caído à metade, mas ainda é duas vezes maior que a "taxa de reposição". De onde virão os acres fantasmas da África, sua válvula de emigração ou sua revolução industrial?

Existem exceções auspiciosas, como Mali, Gana, Maurício e África do Sul — países que conquistaram certo grau de liberdade, progresso econômico e paz. Em todo o continente, o crescimento econômico se acelerou em anos recentes, e no Quênia, em Uganda, na Tanzânia, no Malaui, em Zâmbia e em Botsuana até a expectativa de vida está aumentando rapidamente após cair quando a aids cobrou seu tributo (África do Sul e Moçambique ainda têm que seguir o exemplo).[5] É um falso clichê ocidental que todas as vidas africanas são gastas na fuga da pobreza, da corrupção, da violência e da doença. Mas vidas demais são gastas assim, e o contraste com grande parte da Ásia se torna mais agudo a cada ano. Enquanto a renda *per capita* não se alterou na África nos últimos 25 anos, na Ásia ela triplicou. Então, tragicamente, a prometida explosão de crescimento econômico da África nos anos 2000 foi prematuramente interrompida pela crise de crédito.

Alguns ocidentais têm sido ouvidos dizendo que não é o crescimento que importa, que a África necessita é de uma melhoria no Índice de Desenvolvimento Humano, em direção às metas de Desenvolvimento do Milênio e extinguir o sofrimento sem aumentar a renda, ou que necessita de um novo tipo de crescimento sustentável. Paul Collier e seus colegas do Banco Mundial se defrontaram com uma tempestade de protestos de organizações não governamentais quando publicaram um estudo intitulado "O crescimento é bom para os pobres".[6] Essa suspeita do crescimento é um luxo a que apenas ocidentais ricos podem se entregar. O que os africanos necessitam é de melhores padrões de vida, e estes vêm principalmente do crescimento econômico.

O teste da ajuda

Algumas das mais urgentes necessidades da África certamente podem ser satisfeitas com o aumento da ajuda do mundo rico. A ajuda pode salvar vidas, diminuir a fome, prover medicamentos melhores, um mosquiteiro, uma refeição ou uma estrada pavimentada. Mas as estatísticas, os relatos e as histórias de casos, todos demonstram que a única coisa que seguramente a ajuda não pode fazer é começar ou acelerar crescimento econômico. A ajuda à África dobrou nos anos 1980 como porcentagem do PIB; o crescimento simultaneamente caiu de 2% para zero. A ajuda que Zâmbia recebeu desde 1960, se fosse, em vez disso, investida em ativos que dessem uma razoável taxa de retorno, teria a essa altura dado aos zambianos a renda *per capita* dos portugueses — US$ 20 mil, em lugar dos US$ 500.[7] Embora no início dos anos 2000 alguns estudos tenham encontrado evidências de que, com políticas econômicas específicas, alguns tipos de ajuda às vezes dão início ao crescimento, até essas conclusões foram mais tarde refutadas por Raghuram Rajan e Arvind Subramanian, do Fundo Monetário Internacional, em 2005.[8] Eles não encontraram qualquer prova de que a ajuda resultou em crescimento econômico em país algum. Jamais.

É pior do que isso. A maior parte da ajuda é de governos para governos. Ela pode ser, portanto, uma fonte tanto de corrupção quanto de desestímulo para o espírito empreendedor. Recursos desviados acabam em contas bancárias de ditadores na Suíça; já outras ajudas são aplicadas na construção de fábricas de aço de US$1 bilhão que nunca chegam a funcionar; algumas são concedidas sob a condição de se importarem determinados bens de um país ocidental; e muitas não são avaliadas independentemente nem pela eficácia nem pelo doador nem por quem recebe. Alguns líderes africanos estão de tal forma desencantados com a ajuda ao governo que até adotaram as recomendações da economista zambiana Dambisa Moyo, que conclui, desoladamente, "ajuda não funciona, não funcionou e não funcionará [...] não é mais parte da solução, é parte do problema — na verdade, a ajuda é o problema".[9]

Além disso, muita ajuda foi concedida nos últimos anos sob a condição de uma reforma econômica que garantisse abertura dos mercados, e tais concessões, longe de impulsionar o desenvolvimento econômico, com frequência se mostram danosas para as tradições locais, solapando os próprios mecanismos que dão a partida no enriquecimento. Como diz William Easterly enquanto critica a terapia de choque que tanto dano causou ao bloco soviético e à África, "não se pode planejar um mercado".[10] A imposição de cima para baixo de um sistema de baixo para cima está condenada ao fracasso.

Easterly cita o exemplo de mosquiteiros tratados com inseticida, que são um meio barato e comprovado de prevenir a malária.[11] Um mosquiteiro desses custa mais ou menos US$ 4. Estimulados por um alvoroço publicitário no Fórum Econômico Mundial de Davos em 2005, provocado por Gordon Brown, Bono e Sharon Stone, os mosquiteiros tornaram-se um ícone da indústria da ajuda. Infelizmente, quando distribuídos gratuitamente por agências de assistência, eles, com frequência, tornam-se itens da moda e, em vez de doados, são vendidos no mercado negro para serem usados como véus de noivas ou redes de pesca. Uma ONG americana, a Population Services International, teve uma ideia diferente. Vendia as redes por 50 centavos de dólar para as mães que iam às clínicas de assistência médica pré-natal no Malaui e subsidiavam esse preço vendendo as redes por US$ 5 para os malauianos urbanos mais ricos. As mães pobres que compravam os mosquiteiros por metade de um dia de salário se asseguravam de que fossem usadas apropriadamente. Em quatro anos, a proporção de crianças abaixo de cinco anos que dormiam protegidas pelas redes passou de 8% para 55%.

Para fazer mais bem do que mal, diz Easterly, o negócio da ajuda podia ser transformado num mercado mais transparente, em que as doações competiriam para financiar projetos e projetos competiriam para atrair doações. Felizmente, a internet torna isso possível pela primeira vez. Globalgiving.com, por exemplo, permite aos projetos concorrer por doações de qualquer doador. Na semana em que eu estava escrevendo este parágrafo, os projetos que precisavam de recursos no site iam de alimentar refugiados da Etiópia a construir uma cerca em torno de um local de isolamento de um filhote de leopardo, usado para incutir em crianças pobres a noção de preservação ambiental na África do Sul.

Em fóruns como esse, a ajuda poderia ser democratizada, tirada das mãos de burocratas internacionais ineficientes e de funcionários africanos corruptos, afastadas de terapeutas de choque de mercados livres idealísticos, separada dos negócios com armas, removida dos grandes projetos industriais, distanciada dos benfeitores paternalistas e concedida de pessoa para pessoa. Um país rico poderia garantir a seus contribuintes uma redução nos impostos por doação adequada. Para aqueles que dizem que isso criaria um negócio sem coordenação e planejamento, eu respondo: exatamente. Metas grandiosas e planos centralizados têm sido historicamente tão demorados e desastrosos na ajuda quanto são na política. Ninguém planejou a Revolução Industrial, ou o crescimento econômico explosivo da China. Os planejadores têm de sair do caminho de soluções evolucionárias de baixo para cima.

Destinada ao fracasso?

Muitos economistas concordam numa lista de motivos para o fracasso da África em gerar crescimento econômico. Muitos países africanos são mais ou menos isolados do mar, o que os exclui do comércio mundial. Têm estradas ruins e deterioradas que ligam cidades distantes, taxas explosivas de natalidade. Sofrem de epidemias de malária, aids e outras doenças, como a doença do sono e a filariose. Suas instituições nunca se recobraram completamente das rupturas causadas pelo tráfico de escravos. Foram colônias antes, o que significa que foram governadas por minorias sem interesse em permitir o desenvolvimento da classe empresarial. Graças aos colonizadores imperiais, aos líderes independentistas marxistas e aos doadores de ajuda monetária, muitos países africanos perderam grande parte de suas tradições e instituições sociais informais, então os direitos de propriedade e de justiça se tornaram arbitrários e incertos. Sua indústria mais promissora — a agricultura — é, usualmente, sufocada por políticas de controle de preços e agências burocráticas de comercialização, impostas pelas elites ricas, e bloqueada por barreiras comerciais e subsídios na Europa e na América, sem mencionar a devastação causada por uma proliferação de cabras que pastam em demasia. Conflitos étnicos entre as maiores tribos, que mantêm um governo de um só partido, e seus odiados rivais normalmente envenenam a política. Paradoxalmente, os países africanos também são frequentemente amaldiçoados pela sorte repentina e inesperada de possuir jazidas de mineral valioso, como petróleo ou diamantes, que só servem para corromper políticos democráticos, fortalecer o poder de ditadores, atrapalhar os empresários, estragar os termos do comércio de exportadores e estimular empréstimos estatais imprudentes.

Tome, portanto, um desses países típicos da África. É isolado do mar, propenso a secas e tem taxa de natalidade muito alta. Seu povo está dividido em oito diferentes tribos que não falam a mesma língua. Quando se libertou do domínio colonial, em 1966, tinha 12 quilômetros de estradas pavimentadas (para uma área do tamanho do Texas), 22 universitários negros graduados e apenas 100 formados em escolas secundárias. Foi mais tarde amaldiçoado por uma enorme jazida de diamantes, viu-se aleijado pela aids, teve o gado devastado por doenças. Nesse período, o governo foi exercido por um partido com pequena oposição efetiva. Os gastos públicos permaneceram altos, assim como se manteve alta a desigualdade social. Esse país, o quarto mais pobre do mundo em 1950, foi atingido por todas as maldições africanas. Seu fracasso era inevitável e previsível.

No entanto, não fracassou. Botsuana foi bem-sucedida, não apenas moderada, como espetacularmente. Nos trinta anos após a independência, aumentou seu PIB *per capita* (quase 8%) mais do que qualquer outro país — mais do que Japão, China, Coreia do Sul e Estados Unidos durante aquele período. Multiplicou sua renda *per capita* 13 vezes, então seus cidadãos são mais ricos hoje do que tailandeses, búlgaros ou peruanos. Não tem golpes de Estado, guerras civis ou ditadores. Não experimentou hiperinflação ou crise de crédito. Não exterminou seus elefantes. É consistentemente considerada a economia mais bem-sucedida do mundo em décadas recentes.[12]

É verdade que, em comparação com outros países africanos, Botsuana tem uma população pequena e um tanto homogênea etnicamente. Mas sua maior vantagem poderia facilmente ser compartilhada pelo restante da África: boas instituições. Especificamente, Botsuana é conhecida pela garantia aos direitos de propriedade que são protegidos por lei, justa e amplamente distribuídos e muito respeitados. Quando Daron Acemoglu e seus colegas compararam direitos de propriedade com crescimento econômico em todo o mundo, descobriram que o primeiro explicava espantosos três quartos da variação do segundo e que Botsuana não era exceção: a razão pela qual o país floresceu foi porque seu povo não temia que suas propriedades fossem confiscadas por chefes ou ladrões, como era possível acontecer com frequência no resto da África. Essa é uma explicação muito parecida com a razão pela qual a Inglaterra teve um bom século XVIII, enquanto a China não.

Então, basta que os demais países africanos tenham bons direitos de propriedade para que a empresa faça a sua mágica? Se fosse tão fácil! Boas instituições em geral não podem ser impostas: dessa forma, são paradoxos. Elas têm de evoluir de baixo. E revela-se que as instituições de Botsuana têm profundas raízes evolucionárias. O povo tsuana, que conquistou as tribos khoisan nativas no século XVIII (e ainda não as trata necessariamente bem), tinha um sistema político que era notavelmente, bem... democrático. O gado tinha proprietários particulares, mas a terra era propriedade coletiva. Os chefes, que em teoria alocavam terra e direitos de pastagem, estavam sob forte obrigação de consultar uma assembleia, ou *kgotla*. Os tsuanos gostavam, inclusive, de trazer outras tribos para o seu sistema, o que os deixou em posição vantajosa quando foi preciso um exército coletivo para repelir os bôeres na batalha de Dinaware, em 1852.

Esse foi um bom começo, mas depois Botsuana teve um golpe de boa sorte em sua experiência colonial. Foi incorporada ao império britânico de modo tão indiferente e desatento que mal experimentou o domínio colonial. Os britânicos a tomaram mais para impedir que alemães ou bôeres o fizessem. "Fazer o mínimo possível do ponto de vista administrativo ou de colonização" foi explicitamente declarado como política de governo em 1885. Botsuana foi deixada em paz, experimentando quase tão pouco imperialismo europeu direto quanto aquelas histórias de sucesso posteriores na Ásia — lugares como Tailândia, Japão, Taiwan, Coreia e China. Em 1895, três chefes tsuanas foram à Grã-Bretanha e obtiveram bom resultado em seu pedido à rainha Vitória para ficar de fora das garras de Cecil Rhodes; nos anos 1930, dois chefes foram à Justiça para impedir outra tentativa de governo colonial mais intrusivo, e, embora fracassassem, a guerra manteve afastados membros de delegação dominadores. A negligência benigna continuou.

Depois da independência, o primeiro presidente de Botsuana, Seretse Khama, um dos chefes, comportou-se como a maioria dos líderes africanos ao partir para construir um Estado forte e cassar os direitos civis dos chefes, assim como vencer todas as futuras eleições (até agora tudo bem para seu partido sob dois sucessores). Isso, com a pobreza extrema do país e sua dependência de ajuda estrangeira, mercados de trabalho estrangeiros (na África do Sul) e a venda de direitos minerais para os de Beer, certamente não prognosticava nada bom. Mas Botsuana se fortaleceu aos poucos, investindo cuidadosamente a renda da exportação de gado e, depois, dos diamantes no desenvolvimento de outros setores da economia. Apenas uma devastadora epidemia de aids, que baixou muito a expectativa de vida entre 1992 e 2002, arruína a paisagem, e até isso está se retraindo agora.

O mundo é todo seu

Não é que a África precise inventar a empresa: as ruas das cidades africanas fervilham de empreendedores, adeptos de fazer negócios, mas que não podem progredir neles por causa dos bloqueios do sistema. Os cortiços de Nairóbi e Lagos são lugares terríveis, mas a principal falha é dos governos, que colocam barreiras burocráticas no caminho de empresários que tentam construir casas que as pessoas possam pagar. Incapazes de transpor o labirinto de regulações que domina o planejamento, os incorporadores deixam os pobres construírem suas próprias favelas, tijolo por tijolo, na medida em que podem e à margem da lei — e depois esperam as escavadeiras oficiais.[13] No Cairo, são necessários 77 procedimentos burocráticos, envolvendo 31 agências, e até 14 anos para adquirir e registrar a propriedade de um pedaço de terra devoluta no qual construir uma casa. Não surpreende que quase 5 milhões de egípcios tenham decidido construir assentamentos ilegais. É típico no Cairo um proprietário de casa construir três andares ilegais em cima de sua própria casa e alugá-los para parentes.[14]

Bom para ele. No entanto, empresários que fundam negócios no Ocidente normalmente os financiam com hipotecas, e não se consegue uma hipoteca num assentamento irregular. O economista peruano Hernando de Soto estima que os africanos possuam espantosos US$ 1 trilhão em "capital morto" — poupança que não pode ser usada como garantia porque está investida em propriedades com documentos irregulares. Ele traça um paralelo instrutivo com os jovens Estados Unidos no século XIX, onde a lei formal codificada enfrentava um combate em retirada contra uma confusão crescentemente caótica de direitos de propriedade de posseiros — cada vez mais estados toleravam e até legalizavam a ocupação de terra pública pela posse — propriedade obtida mediante assentamento e melhorias nela. No fim, foi a lei que teve de recuar, não os posseiros — a lei se permitiu mudar por evolução de baixo para cima, não de cima para baixo. A retirada culminou com a Lei do Domicílio e da Propriedade, o Homestead Act, de 1862, que formalizou o que vinha acontecendo por muitos anos e significou "o fim de uma luta longa, exaustiva e amarga entre a lei elitista e uma nova ordem trazida pela migração maciça e as necessidades de uma sociedade aberta e sustentável".[15] O resultado foi uma democracia da propriedade de terras em que quase todo mundo tinha capital "vivo", que podia ser usado como garantia para começar um negócio. Os *enclosures* desempenharam papel semelhante na Grã-Bretanha anteriormente, embora o resultado tenha sido muito menos equitativo, em decorrência da ausência de terras desocupadas. A Revolução finalmente conquistou direitos de propriedade também para os pobres franceses, de modo muito mais sangrento, e poderia ter feito o mesmo pelos russos, não fosse o golpe bolchevique.

A importância dos direitos de propriedade pode até ser demonstrada em laboratório. Bart Wilson e seus colegas criaram um país com três aldeias virtuais habitado por universitários não graduados reais de dois tipos — comerciantes e produtores —, fazendo e necessitando de três tipos de unidade: vermelha, azul e rosa.[16] Uma vez que nenhuma aldeia está apta a produzir simultaneamente as três unidades, os sujeitos da experiência têm que trocar entre si, e o fizeram. À diferença do experimento anterior, mais simples (ver páginas 97-98), eles evoluíram para troca impessoal, à semelhança do mercado. Porém, quando os jogadores tinham uma história de ausência de direitos de propriedade — isto é, eram capazes de roubar as provisões de unidades uns dos outros —, o comércio não floresceu, e os universitários voltavam para casa mais pobres do que aqueles com uma história de direitos de propriedade. É exatamente o que De Soto e economistas como Douglass North vêm dizendo sobre o mundo há algum tempo.

(Existe hoje comprovação irrefutável de que direitos de propriedade consistentes são também a chave da conservação da vida selvagem e da natureza.[17] A mesma lição se aplica quer se trate de peixes no litoral da Islândia,[18] antílopes na Namíbia, jaguares no México, árvores na Nigéria, abelhas na Bolívia ou água no Colorado. Dê aos locais o poder de possuir, explorar e lucrar com os recursos naturais de forma sustentável e eles, normalmente, vão preservar e valorizar esses recursos. Não lhes dê nenhum quinhão de um recurso da vida selvagem que é controlado — não somente isso, "protegido" — por um governo distante, e eles, em geral, vão negligenciá-lo, arruiná-lo e esgotá-lo. Essa é a lição real da tragédia das áreas públicas.)

Os direitos de propriedade não são uma solução milagrosa. Em alguns países sua formalização simplesmente cria uma classe de arrendatários. E a China experimentou uma explosão de empreendimentos depois de 1978, sem nunca dar ao seu povo direitos de propriedade realmente garantidos. Todavia, o governo chinês permitiu que as pessoas começassem negócios cumprindo exigências burocráticas relativamente pequenas, então outra das recomendações de De Soto é liberar as regras que governam os negócios. Enquanto só é preciso um punhado de passos para criar uma empresa nos Estados Unidos ou na Europa, os assistentes de De Soto descobriram que fazer o mesmo na Tanzânia levaria 379 dias e custaria US$ 5.506.[19] Pior, para ter uma carreira normal de negócios na Tanzânia durante 50 anos, você teria de passar mais de mil dias em repartições do governo para requerer permissões de um tipo ou de outro e teria que gastar US$ 180 mil para obtê-las.

Não espanta que inacreditáveis 98% dos negócios tanzanianos estejam fora da legalidade. Isso não significa que não tenham regras: longe disso. O estudo de De Soto descobriu milhares de exemplos de documentos sendo usados por pessoas em seu dia a dia para atestar propriedade, registrar empréstimos, incorporar contratos e apaziguar disputas. Papéis escritos a mão, às vezes assinados com impressão de polegares, estão sendo redigidos, testemunhados, carimbados, revisados, preenchidos, e funcionam como árbitros em todo o país. Exatamente como os europeus fizeram antes que a lei formal gradualmente "nacionalizasse" seus costumes nativos, os tanzanianos desenvolvem um sistema de complexidade auto-organizada que lhes permita fazer negócios com estranhos, assim como com vizinhos. Um documento de uma só página, por exemplo, escrito a mão, registra o contrato para um empréstimo de negócios entre dois indivíduos — o montante do empréstimo, a taxa de juros, o período de pagamento e a garantia (a casa do devedor) — e é assinado, testemunhado e carimbado pelo ancião local.

Mas esses costumes, essas leis do povo, são um quebra-cabeça. Eles funcionam para comerciantes isolados em comunidades pequenas, mas, por serem dependentes das pessoas locais e das regras locais, não podem ajudar os empresários ambiciosos que tentam se expandir além desse limite. O que a Tanzânia precisa, como a Europa e os Estados Unidos fizeram há centenas de anos, é fazer cumprir seu insustentável sistema legal oficial, mas, gradualmente, estimular a lei informal, de baixo para cima, para que ela se amplie e se padronize. A equipe de De Soto identificou 67 gargalos que impedem os pobres de usar o sistema legal para gerar riqueza.

É esse tipo de reforma institucional que, no fim, fará muito mais pelos padrões de vida africanos do que as represas, as fábricas, a ajuda ou o controle populacional. Nos anos 1930, Nashville, no Tennessee, foi resgatada da pobreza por seus empresários musicais, que usaram as boas leis de propriedade intelectual locais para começar a gravar música nativa, e não pelas represas gigantescas da Autoridade do Vale do Tennessee. De forma semelhante, Bamako, em Mali, poderia prosperar com base em suas fortes tradições musicais se tivesse as leis certas de propriedade intelectual e o espírito empresarial necessário.[20]

Num exemplo cristalino de mudança de baixo para cima, os pobres se acostumaram aos celulares com inesperado prazer, para surpresa de muitos que pensavam se tratar de uma tecnologia de luxo para um estágio posterior de desenvolvimento. No Quênia, perdendo a esperança nas linhas telefônicas controladas pelo Estado, ¼ da população adquiriu um telefone celular depois de 2000. Fazendeiros quenianos telefonam para se informar sobre os mercados a fim de gerenciar melhor sua produção de acordo com os preços e, por isso, são mais bem recompensados. Estudos realizados nas aldeias rurais de Botsuana descobriram que os que possuem celulares têm mais empregos não rurais do que aqueles que não têm. Telefones celulares não apenas permitem que as pessoas consigam trabalho, como também possam pagar e ser pagas por serviços — os créditos de celulares se tornaram com efeito uma espécie de banco informal e sistema de pagamentos. Em Gana, fabricantes de camisetas podem ser pagos diretamente por compradores americanos usando créditos telefônicos. Bancos de microcrédito, telefone celular e internet se fundem agora para produzir sistemas que dão a indivíduos no Ocidente a oportunidade de fazer pequenos empréstimos para empresários na África (através de sites como Kiva), que podem, então, usar seus créditos de celulares para depositar receitas e pagar contas enquanto esperam os bancos abrir sem ter em mãos dinheiro vivo vulnerável.[21] Esses desenvolvimentos oferecem aos pobres da África oportunidades que não estavam disponíveis para os pobres asiáticos uma geração atrás. Eles são uma das razões pelas quais a África viu o crescimento econômico atingir os níveis dos Tigres Asiáticos no fim dos anos 2000.

O papel dos celulares no enriquecimento dos pobres foi especialmente bem ilustrado por um estudo feito entre os pescadores de sardinha de Kerala, no sul da Índia (histórias semelhantes podem ser contadas sobre a África).[22] Como foi documentado pelo economista Robert Jensen, em 14 de janeiro de 1997, num dia típico, onze pescadores desembarcaram com boa quantidade de pescado na aldeia de Badagara apenas para descobrir que não havia compradores: o mercado local estava bem abastecido, e o preço das perecíveis sardinhas era zero. Naquela mesma manhã, a apenas uns 20 quilômetros de distância em ambas as direções ao longo da costa, em Chimbala e Quilandi, havia 27 ansiosos compradores oferecendo pagar quase 10 rupias por quilo de sardinha, pois não tinham nenhum pescado para atender à demanda do mercado. Se houvesse um sistema de comunicação e os pescadores de Badagara tivessem sabido, poderiam ter embolsado em média 3.400 rupias cada um, descontado o combustível gasto. Mais tarde naquele ano, usando os telefones da recém-instalada rede de celulares (cujos sinais podiam ser captados a mais de 20 quilômetros da costa), os pescadores de Kerala começaram a fazer exatamente isso: telefonavam antes para saber qual era o melhor lugar para desembarcar com o peixe. O resultado foi que os lucros dos pescadores aumentaram 8%, os preços da sardinha para o consumidor caíram 4%, e o desperdício de sardinha caiu de mais de 5% para praticamente zero. Todo mundo ganhou (exceto as sardinhas). Como Robert Jensen comentou: "De ponta a ponta, o setor de pesca passou de uma série de mercados de pescadores essencialmente autárquicos para um estado de quase perfeita arbitragem espacial."

Usando tais tecnologias, a África pode seguir o mesmo caminho para a prosperidade que o resto do mundo está seguindo: especializar-se e trocar. Uma vez que dois indivíduos descobrem os meios de dividir trabalho entre si, ambos ficam em melhor situação. O futuro da África está no comércio — em vender chá, café, açúcar, arroz, carne bovina, castanhas, algodão, petróleo, bauxita, cromo, ouro, diamantes, flores de corte, ervilha, mangas e mais —, mas é quase impossível para africanos pobres serem empreendedores em tal comércio internacional. Um contrato escrito a mão entre duas pessoas na Tanzânia pode ser financeiramente acessível e seguro, mas é de pouca ajuda se o devedor quer começar um negócio de exportação fornecendo flores de corte para um supermercado londrino.

Naturalmente, não será fácil, nem sem obstáculos, mas eu me recuso a ser pessimista em relação à África quando vejo que tal oportunidade está disponível com alguns movimentos de uma caneta e quando a prova da vitalidade empresarial no setor informal é tão forte. Além disso, à medida que a taxa de natalidade cai, a África está a ponto de colher um "dividendo demográfico",[23] quando sua população ativa é grande em relação aos dependentes mais velhos e aos mais jovens: tal bonança demográfica deu à Ásia talvez um terço de seu milagre de crescimento. As políticas-chave para a África são a abolição dos subsídios agrícolas da Europa e dos Estados Unidos, das cotas e tarifas de importação, a formalização e simplificação das leis que governam os negócios, o solapamento de tiranos e, acima de tudo, o estímulo ao crescimento de cidades de livre comércio. Em 1978, a China era mais ou menos tão pobre e despótica quanto a África é agora. Ela mudou porque deliberadamente permitiu que zonas de livre comércio se desenvolvessem, emulando Hong Kong. Então, diz o economista Paul Romer, por que não repetir a fórmula? Usar a ajuda ocidental para criar uma nova "cidade fretada" na África,[24] em região não habitada, livre para comerciar com o resto do mundo e permitir que atraia pessoas dos países vizinhos. Funcionou para Tiro 3 mil anos atrás; para Amsterdã, 300 anos atrás; e para Hong Kong, 30 anos atrás. Pode funcionar para a África hoje.

Isto é, se o clima não der uma guinada para o caos.

Clima

Em meados dos anos 1970 esteve brevemente na moda para jornalistas escrever reportagens assustadoras sobre o recente resfriamento do globo, apresentado como pura verdade. Agora está na moda para eles escrever histórias assustadoras sobre o recente aquecimento do globo, apresentado como pura má notícia. Aqui estão duas citações da mesma revista com três décadas de distância entre elas. Você pode dizer qual é sobre o resfriamento e qual é sobre o aquecimento?

> O clima é sempre caprichoso, mas o último ano deu novo sentido ao termo. Inundações, furacões, secas — a única praga que faltou foram rãs. O padrão de extremos se ajusta às previsões dos cientistas sobre como seria um — mundial.[25]

> Meteorologistas discordam sobre a causa e a extensão da tendência de —, assim como sobre seu impacto específico nas condições climáticas locais. Mas há uma quase unanimidade entre eles na percepção de que a tendência reduzirá a produtividade agrícola pelo resto do século. [...] Quanto mais os planejadores adiarem, mais difícil será enfrentar a mudança climática quando seus resultados se tornarem sombria realidade.[26]

O que quero provar não é que aquela previsão se mostrou errada, mas que o copo estava cheio pela metade nos dois casos. Esfriamento ou aquecimento foram ambos previstos para serem desastrosos, o que implica que apenas a temperatura existente é perfeita. Ainda assim, o clima sempre variou; é um tipo especial de narcisismo acreditar que apenas o clima recente é perfeito. (A resposta, a propósito, é que a primeira citação foi uma advertência recente sobre aquecimento; a segunda, uma advertência antiga sobre resfriamento — ambas são da *Newsweek*.)

Eu poderia mergulhar no debate científico e tentar persuadir você e a mim de que o clamor competitivo de alarme é tão exagerado quanto provou ser sobre eugenia, chuva ácida, contagem de esperma e câncer — que o aquecimento que a Terra enfrentará no próximo século será mais provavelmente suave que catastrófico; que as últimas três décadas de mudanças lentas de temperaturas médias são mais compatíveis com um modelo de aquecimento por efeito estufa de baixa sensibilidade do que com um modelo de aquecimento por efeito estufa de alta sensibilidade;[27] que as nuvens podem retardar o aquecimento tanto quanto o vapor d'água pode amplificá-lo;[28] que o aumento no metano vem desacelerando (erraticamente) há vinte anos;[29] que houve períodos mais quentes na história da Terra durante a Idade Média e há cerca de 6 mil anos, embora não tenham sido atingidos acelerações ou "pontos de pico";[30] e que a humanidade e a natureza sobreviveram a guinadas bruscas de aquecimento do clima muito mais rápidas durante as idades do gelo do que qualquer coisa prevista para este século. Existem dados científicos respeitáveis para sustentar todos esses argumentos — e, em alguns casos, respeitáveis refutações científicas a eles também. Mas este não é um livro sobre o clima; é sobre a raça humana e sua capacidade de mudança. Além disso, mesmo que o atual alarmismo se mostre, de fato, exagerado, existe hoje pouca dúvida de que o clima deste planeta esteve sujeito a oscilações bruscas no passado, e que, embora, felizmente, não tenha ocorrido nenhuma grande mudança radical por 8.200 anos, houve algumas perturbações do tipo que matam civilizações — como as ruínas de Angkor Wat e Chichen Itzá provavelmente atestam. Então, mesmo hipoteticamente, vale a pena perguntar se a civilização sobreviveria a uma mudança climática na proporção admitida pelo consenso dos cientistas que participam do Painel Intergovernamental sobre Mudança Climática (IPCC, na sigla em inglês) — ou seja, que a Terra se aquecerá durante este século em torno de 3ºC.

No entanto, esse é apenas um dado de semiamplitude. Em 2007, o IPCC usou seis "cenários de emissão", variando de emissão intensa de combustível fóssil a algo que parece mais o acompanhamento de um ótimo e sustentável fogo de lareira, para calcular o quanto a temperatura vai aumentar durante o século. Os aumentos médios de temperatura previstos para o fim deste século variam de 1,8ºC a 4ºC acima dos níveis de 1990. Inclua os 95% de intervalo de confiança e a variação é de 1–6ºC. Em algumas cidades, o aquecimento será — já foi — até de mais do que isso, graças ao efeito "ilha de calor urbano". Por outro lado, todos os especialistas concordam em que o aquecimento acontecerá desproporcionalmente à noite, no inverno e em regiões frias, então os tempos e lugares frios ficarão menos frios do que os quentes ficarão mais quentes.

Quanto ao que poderia acontecer depois de 2100, em 2006 o governo britânico indicou um funcionário civil, Nicholas Stern, para contabilizar o custo potencial de uma mudança climática extrema em futuro mais distante. Sua resposta foi que o custo era tão alto que quase qualquer preço para mitigá-lo agora valeria a pena. Mas ele só conseguiu isso fazendo primeiro uma escala seletiva das altas estimativas de dano; e, segundo, usando uma taxa de desconto incomumente baixa para medir o valor da perda futura. Onde o economista holandês Richard Tol havia estimado custos como "provável que seja substancialmente menor" do que US$ 14 por tonelada de dióxido de carbono, Stern simplesmente dobrou a cifra para US$ 29 por tonelada.[31] Tol — nenhum cético — chamou o relatório de Stern de alarmista, incompetente e absurdo. Quanto às taxas de desconto, Stern usou 2,1% para o século XXI, 1,9% para o XXII e 1,4% para os séculos subsequentes. Comparadas a uma taxa de desconto típica de cerca de 6%, isso multiplica em 100 vezes o custo aparente do dano no século XXII. Em outras palavras, ele disse que uma vida salva da inundação em 2200 deveria ter quase a mesma prioridade de gastos *agora* quanto uma vida salva da aids ou da malária hoje. Hordas de economistas, incluindo notáveis como William Nordhaus, rapidamente destacaram como isso não fazia sentido.

Isso implica que o empobrecido avô do seu tataravô, cujo padrão de vida era mais ou menos o de um moderno zambiano, deveria ter reservado a maior parte de sua renda para pagar as suas contas hoje. Com uma taxa de desconto mais alta, o argumento de Stern cai por terra porque, até no pior caso, o dano causado pela mudança climática no século XXII é muito menos custoso do que o dano causado pelas medidas de mitigação climática tomadas hoje.[32] Nigel Lawson pergunta, com bastante razão: "Qual seria o tamanho razoável ou realista do sacrifício que se pediria à geração atual para fazer, particularmente à geração atual do mundo em desenvolvimento, na esperança de evitar a perspectiva de as pessoas do próprio mundo em desenvolvimento não estarem em situação 9,5 vezes melhor do que a de hoje, mas apenas 8,5% daqui a 100 anos?"[33]

Seus netos serão ricos assim. Não aceite apenas a minha palavra sobre isso: todos os seis cenários do IPCC admitem que o mundo vai experimentar tanto crescimento econômico que as pessoas vivas em 2100 serão, em média, de quatro a 18 vezes mais ricas do que somos hoje.[34] Os cenários admitem que todo o mundo terá um padrão de vida que será um meio-termo entre o de Portugal hoje e o de Luxemburgo, e até cidadãos dos países em desenvolvimento terão uma renda que ficará entre a dos malásios e a dos noruegueses de hoje. No cenário mais quente, a renda sobe de US$ 1.000 *per capita* em países pobres hoje para mais de US$ 66 mil em 2100 (ajustados pela inflação).[35] A posteridade nesses futuros é espantosamente mais rica do que hoje, até na África — um interessante ponto de partida para uma tentativa de nos prevenir contra um futuro terrível. Observe que isso é verdade até se a própria mudança climática reduzir a riqueza nos 20% de Stern em 2100: isso significa que o mundo terá ficado "apenas" de duas a dez vezes mais rico.[36] O paradoxo completou-se quando o príncipe de Gales disse em 2009 que a humanidade "tinha 100 meses para tomar os passos necessários para evitar o colapso irremediável do clima e do ecossistema" e seguiu adiante para dizer, no mesmo discurso, que, por volta de 2050, haverá 9 bilhões de pessoas no planeta, a maioria consumindo em níveis ocidentais.[37]

A razão para essas suposições róseas sobre a riqueza é que o único caminho para o mundo se tornar tão quente é ficando muito rico com a emissão de grandes quantidades de dióxido de carbono. Muitos economistas acham que esses futuros, por maravilhosos que soem, são irrealistas. Num dos futuros IPCC, a população mundial chega a 15 bilhões em 2100, quase o dobro do que os demógrafos esperam. Em outro, os países mais pobres aumentam sua renda *per capita* quatro vezes mais rápido do que o Japão no século XX.[38] Todos esses futuros usam taxas de câmbio de mercado em vez de paridades do poder de compra para o PIB, exagerando ainda mais o aquecimento. Em outras palavras, as projeções de topo de linha têm hipóteses muito extravagantes, de forma que o aquecimento de 4ºC, sem falar nos improváveis 6ºC, só acontecerá se também for acompanhado de aumentos verdadeiramente espantosos da prosperidade humana. E se for possível ficar tão próspero, então o aquecimento não poderá estar causando tanto dano econômico ao longo do caminho.

A isso alguns economistas, como Martin Weitzman, replicam que, mesmo que o risco de catástrofe seja quase inexistente, o custo seria tão grande que as regras normais da economia não se aplicam: enquanto existir alguma possibilidade de um imenso desastre, o mundo deveria tomar todas as medidas para evitá-lo. O problema com esse raciocínio é que ele se aplica a todos os riscos, não apenas à mudança climática.[39] O risco anual de colidir com um asteroide muito grande, como aquele que exterminou os dinossauros, é colocado em cerca de um em 100 bilhões. Dado que um evento como esse reduziria em muito a prosperidade humana, parece bastante mesquinho por parte da humanidade gastar apenas 4 milhões por ano rastreando esses asteroides. Por que não estamos gastando grandes somas na estocagem de comida em esconderijos nas cidades para que as pessoas possam sobreviver aos riscos de mísseis norte-coreanos, robôs maldosos, invasores alienígenas, guerra nuclear, pandemias, supervulcões? Cada risco pode ser muito improvável, mas, com potencial de dano tão grande, recursos quase infinitos merecem ser gastos neles e quase nada nas causas atuais de aflição, sob o argumento de Weitzman.

Em resumo, os efeitos extremos do clima são tão improváveis e dependem de suposições tão extravagantes que não reduzem sequer uma partícula do meu otimismo. Se existe 99% de chance de que o mundo pobre possa se tornar muito mais rico durante um século enquanto ainda emitir dióxido de carbono, então quem sou eu para lhe negar a chance? Afinal, quanto mais ricos ficarem, menos dependentes serão suas economias e mais sustentável vão achar a adaptação à mudança climática.

Mais quentes e mais ricos ou mais frios e mais pobres?

Chega de riscos remotos. Considere agora o caso central do IPCC, muito mais provável: um aumento de 3ºC em 2100. (Eu digo mais provável, mas note que a taxa de aumento da temperatura terá de dobrar a experimentada nos anos 1980 para chegar a esse nível — e a taxa está desacelerando, não acelerando.) Calcule o custo — e o benefício — do calor extra em termos de nível do mar, água, tempestades, saúde, alimentos, espécies e ecossistemas.

O nível do mar é de longe a questão mais preocupante, porque o atual nível do mar é realmente o melhor de todos os níveis do mar possíveis: qualquer mudança — para cima ou para baixo — inutilizará os portos. As previsões do IPCC são de que o aumento médio do nível do mar será de 2–6 milímetros por ano, comparado a um índice recente de 3,2 milímetros por ano (ou cerca de 30 centímetros por século). A essas taxas, embora a inundação costeira vá aumentar levemente em alguns lugares (a elevação local da terra causa a queda do nível do mar em muitas áreas), alguns países vão continuar a ganhar mais terra em consequência de assoreamento do que perdem para a erosão.[40] A calota de gelo com base em terra da Groenlândia derreterá um pouco nas bordas — muitos glaciares da Groenlândia recuaram nas últimas décadas do século XX —, mas até as estimativas mais pessimistas do derretimento da Groenlândia indicam que, atualmente, ela perde massa à razão de menos de 1% *por século*: terá derretido completamente por volta do ano 12000 d.C.[41] Naturalmente, existe uma temperatura na qual as calotas de gelo da Groenlândia e da Antártida ocidental se desintegrariam, mas, de acordo com os cenários do IPCC, se essa temperatura chegar a ser atingida, isso certamente não acontecerá no século XXI.

Quanto à água potável, as provas sugerem notavelmente que, permanecendo as outras coisas iguais, o próprio aquecimento reduzirá o total da população sob risco de escassez de água.[42] Como é? Sim, reduzirá. Em média, as chuvas vão aumentar num mundo mais quente por causa da maior evaporação dos oceanos, como aconteceu em episódios prévios de aquecimento nos períodos quentes egípcio, romano, medievais e do Holoceno (quando o oceano Ártico pode ter ficado quase livre de gelo durante o verão).[43] As grandes secas que mudaram a história na Ásia ocidental aconteceram, como a teoria prevê, em tempos de resfriamento: 8.200 anos atrás e 4.200 anos atrás, especialmente. Se você tomar as hipóteses do IPCC e contar as pessoas que vivem nas zonas que terão mais água em comparação com as zonas que terão menos água, é claro que a população final em risco de escassez de água em 2010 cai em todos aqueles cenários.[44] Embora a água continue a ser disputada, poluída e exaurida, enquanto rios e poços puderem secar por uso excessivo, isso acontecerá num mundo mais frio também. Quando as zonas climáticas mudarem, o sul da Austrália e o norte da Espanha podem ficar mais secos, mas o Sahel e o norte da Austrália provavelmente continuarão em sua recente tendência climática. Também não existe nenhuma prova para a afirmação de que o clima ficará mais volátil quando mais úmido. Os núcleos de gelo confirmam que a volatilidade do clima de um ano para o outro diminui acentuadamente quando a Terra esquenta depois de uma idade do gelo. Haverá, provavelmente, algum aumento na quantidade de chuva que cai nos maiores aguaceiros e, talvez, mais inundações em consequência, mas é uma triste verdade que, assim como quanto mais ricas são as pessoas, menos provável é que morram afogadas, assim, quanto mais quente e rico for o mundo, melhor o resultado.

O mesmo é verdade para as tempestades. Durante o aquecimento do século XX não houve aumento no número ou na velocidade máxima dos ventos de furacões do Atlântico que chegam à terra.[45] Globalmente, a intensidade do ciclone tropical atingiu uma baixa de 30 anos em 2008. O custo do dano causado por furacões aumentou grandemente, mas isso se deve à construção e ao seguro das dispendiosas residências do litoral, e não à intensidade ou frequência da tempestade. A taxa de mortalidade global anual relacionada aos desastres naturais declinou notáveis 99% desde os anos 1920 — de 242 por milhão nos anos 1920 para três por milhão nos anos 2000.[46] O poder de causar mortes dos furacões depende muito mais da riqueza e das previsões do tempo do que da velocidade do vento. O furacão Dean, de categoria 5, atingiu a bem-preparada Yucatán em 2007 e não matou ninguém. Furacão semelhante atingiu o empobrecido e malpreparado Mianmar no ano seguinte e matou 200 mil. Se tiverem liberdade para prosperar, os futuros cidadãos da antiga Birmânia (atual Mianmar) terão condições de pagar por proteção, resgate e seguro em 2100.

Ao mensurar saúde, observe que, globalmente, o número de mortes em excesso durante o tempo frio continua a superar por ampla margem o número de mortes em excesso durante as ondas de calor — cerca de cinco para um na maior parte da Europa.[47] Até mesmo a notória e exclusiva taxa de mortalidade do verão europeu durante a onda de calor de 2003 falhou em se equiparar ao número de mortes causadas por frio excessivo na Europa durante a maior parte dos invernos. Além disso, uma vez mais, as pessoas vão se adaptar, como fazem hoje. As pessoas se mudam alegremente de Londres para Hong Kong, ou Boston, ou Miami, e não morrem devido ao calor, então por que deveriam morrer se sua cidade se aquece gradativamente alguns graus? (Esse aquecimento de fato já aconteceu por causa do efeito ilha de calor urbano.)

E a malária? Até cientistas de renome têm sido ouvidos afirmando que a malária vai se espalhar para o Norte e para as montanhas num mundo aquecido. Mas a malária era exuberante na Europa, América do Norte e até na Rússia ártica no século XIX e início do século XX, quando o mundo estava quase um grau mais frio que hoje. Ela desapareceu enquanto o mundo se aquecia porque as pessoas mantinham o gado nos estábulos (dando aos mosquitos uma opção alternativa de alimento), ficavam abrigadas em casa à noite, atrás de janelas fechadas, e, em menor extensão, porque os pântanos foram drenados, e pesticidas, usados. Hoje, a malária não é limitada pelo clima: há muitas áreas em que poderia causar rebuliço, mas isso não acontece.[48] O mesmo é verdade para as limitações da malária nas montanhas. Agora, apenas 2% da África é alta demais para os mosquitos da malária, e, onde as áreas altas se tornaram maláricas no passado, como no Quênia e na Nova Guiné, a causa foi a migração humana e a mudança de *habitat* e não a mudança climática. "Não existe nenhuma prova de que o clima desempenhou um papel na tragédia do florescimento dessa doença em qualquer altitude", diz Paul Reiter, especialista em malária.[49] Não deveríamos estar preocupados agora em fazer algo para impedir que morra por ano um milhão de pessoas, antes de nos preocuparmos com a possibilidade de o aquecimento global poder aumentar esse número em 30 mil — no máximo?[50] Da mesma forma, descobriu-se depois que, um avanço na doença transmitida pelo carrapato no leste da Europa em torno de 1990, pelo qual a mudança climática foi inicialmente responsabilizada, foi causado pelo fato de as pessoas que haviam perdido seus empregos depois do colapso do comunismo passarem mais tempo nas florestas catando cogumelos.[51]

Muitos analistas adotaram a estimativa de 2002 da Organização Mundial da Saúde de que 150 mil estavam morrendo todos os anos em consequência da mudança climática. Esse cálculo supôs que arbitrários 2,4% de mortes por diarreia se deviam ao calor extra gerar bactérias patogênicas extras; que uma proporção das mortes por malária era devida à chuva extra gerar mosquitos extras e assim por diante. Mas mesmo que você aceite essas conjecturas, os próprios dados da OMS mostraram que a mudança climática teve menor participação como causa de morte se comparada com as mortes causadas por deficiência de ferro, problemas associados ao colesterol, sexo sem proteção, tabagismo, acidentes de trânsito e outras coisas, sem mencionar as "comuns" diarreia e malária. Até obesidade, segundo o mesmo relatório, estava matando duas vezes mais pessoas do que a mudança climática. Também não foi feita tentativa alguma de estimar o número de vidas salvas pelas emissões de carbono — pelo fornecimento de energia elétrica para uma aldeia onde as pessoas sofrem de doenças devido à poluição do ar dentro de casa por cozinhar em fogões abertos, digamos, ou as mortes por desnutrição impedidas pela produtividade mais alta da agricultura que usa fertilizantes feitos de gás natural. Em 2009, o Fórum Humanitário Global de Kofi Annan dobrou o número de mortes associadas a causas relacionadas ao clima para 315 mil por ano,[52] mas somente por ignorar esses pontos, duplicando arbitrariamente as mortes por diarreia causadas pelo clima e adicionando suposições ridículas sobre como a mudança climática foi responsável pela "luta entre clãs na Somália", o furacão Katrina e outros desastres. Lembre-se de que a cada ano morrem de 50 a 60 milhões de pessoas: mesmo guiando-se pelas cifras do

Fórum Humanitário Global, menos de 1% delas morrem em decorrência de mudança climática.

O abastecimento global de alimentos provavelmente aumentará se a temperatura subir até 3ºC. Não só o calor vai melhorar a produtividade das terras frias, e a chuva melhorará a produtividade de algumas terras secas, como o próprio dióxido de carbono aumentará as produtividades, especialmente nas áreas secas. O trigo, por exemplo, cresce de 15% a 40% mais rápido em 600 partes por milhão (ppm) de dióxido de carbono do que em 295 ppm.[53] (Estufas para plantas usam com frequência ar enriquecido com dióxido de carbono até 1.000 ppm para intensificar as taxas de crescimento das plantas.) Esse efeito, com mais chuvas e as novas técnicas, significa que provavelmente menos *habitat* será perdido para a agricultura num mundo mais aquecido.

De fato, no cenário mais quente, muita terra poderia ser revertida às florestas, deixando apenas 5% sob o arado em 2100 em comparação com 11,6% hoje, abrindo mais espaço para a natureza selvagem.[54] A versão mais rica e mais quente do futuro terá o mínimo de fome[55] e terá arado o mínimo de terra extra para se alimentar.[56] Esses cálculos não vêm de céticos excêntricos, mas dos principais autores do IPCC. E isso sem levar em conta a capacidade das sociedades humanas de se adaptar a uma mudança climática.

Os quatro cavaleiros do apocalipse humano, que causam as mais prematuras e evitáveis mortes nos países pobres, são e serão os mesmos por muitos anos: fome, água poluída, fumaça dentro de casa e malária, que irão matar, respectivamente, cerca de sete, três, três e duas pessoas por minuto.[57] Se você quer fazer o bem para os seus colegas seres humanos, empregue seus esforços em combater esses males de forma que as pessoas possam prosperar e ficar prontas para enfrentar os desafios climáticos quando estes chegarem. Economistas estimam que um dólar gasto em mitigar a mudança climática traz 90 centavos de benefícios, comparados com US$ 20 de benefícios por dólar gasto em seguro-saúde e US$ 16 por dólar gasto em combater a fome.[58] Manter o clima nos níveis de 1900, admitindo-se que isso pudesse ser feito, deixaria mais de 90% das causas da mortalidade humana intocadas.

Salvando ecossistemas

Ah, mas isso é a raça humana. O que dizer das outras espécies? O calor vai causar uma onda de extinções? Talvez, mas não necessariamente. Até agora, apesar de duas eclosões de aquecimento no século XX, não foi demonstrado, sem ambiguidades, que uma única espécie tenha sucumbido às tendências climáticas globais. O sapo dourado da Costa Rica, às vezes citado como a primeira perda, morreu em consequência de doença causada por fungo ou porque a mata tropical coberta de nuvens secou, provavelmente pelo desflorestamento das encostas mais baixas de seu lar nas montanhas: causa local e não global. O urso-polar, que ainda se reproduz hoje (11 das 13 populações estão em crescimento ou estabilizadas),[59] mas é ameaçado pela perda do mar de gelo ártico no alto verão, pode restringir seu círculo de ação mais ao norte, mas já se adapta aos meses de verão livres de gelo da baía do Hudson, jejuando em terra até o mar esfriar novamente; e existem bons indícios no norte da Groenlândia de um breve verão quase sem gelo no mar do Ártico há quase 5.500 anos, durante um período marcadamente mais quente do que hoje. Pode-se discutir que o orangotango, devastado pela perda de floresta para as plantações de óleo de palma destinadas à produção de biocombustível em Bornéu, está em perigo maior por causa da energia renovável do que o urso-polar está pelo aquecimento global.

Não me entenda mal, não estou negando que a extinção de espécies ocorra. Acredito apaixonadamente em salvar espécies ameaçadas de extinção, e por duas vezes trabalhei em projetos que tentam resgatar espécies em perigo — o alegre faisão e a abetarda indiana. Mas as ameaças a espécies são demasiado prosaicas: perda do *habitat*, poluição, competidores invasivos e a caça, os mesmos quatro cavaleiros do apocalipse ecológico de sempre. Subitamente, muitas das grandes organizações ambientalistas perderam o interesse nessas ameaças enquanto perseguem a ilusão de estabilizar um clima que nunca foi estável no passado. É como se a recente ênfase na mudança climática tivesse sugado o oxigênio do movimento conservacionista. Os conservacionistas, que fizeram um tremendo bem no último meio século, protegendo e restaurando alguns ecossistemas selvagens e estimulando os habitantes locais a protegê-los e valorizá-los, estão arriscados a ser traídos pelos novos militantes do clima politizado, cuja paixão por energia renovável está comendo os próprios ecossistemas e afastando o financiamento de seus esforços.

Tome, por exemplo, os recifes de coral, que sofrem horrivelmente com a poluição, o limo, o escoamento de nutrientes e a pesca — especialmente a pesca de peixes herbívoros que, se não fosse isso, manteriam os recifes livres de algas. Mas os ambientalistas comumente falam como se a mudança climática fosse um perigo muito maior do que qualquer um desses e acionam as declarações apocalípticas exatamente como fizeram erradamente sobre as florestas e a chuva ácida. Charlie Veron, um biólogo marinho australiano: "Não há esperança de os recifes sobreviverem sequer até a metade do século sob alguma forma que hoje reconhecemos." Alex Rogers, da Sociedade Zoológica de Londres, empenha a palavra em "uma absoluta garantia de seu aniquilamento".[60] Não há espaço para negociação ali. É verdade que o rápido aquecimento da água em alguns poucos graus pode devastar os recifes ao "'descolorir' as algas simbióticas do coral", como aconteceu a muitos arrecifes em 1998, ano de um *El Niño* especialmente quente. Mas a descoloração depende mais da taxa de mudança do que da temperatura absoluta. Isso deve ser verdade, porque em nenhum outro lugar do planeta, nem mesmo no Golfo Pérsico, onde a temperatura das águas alcança 35°C, o mar é quente demais para os recifes de coral.[61] Muitos lugares são frios demais — Galápagos, por exemplo. Está claro agora que os corais se recuperam rápido de episódios de descoloração, repovoando recifes mortos em apenas alguns anos, e foi assim, presumivelmente, que sobreviveram às variações bruscas de aquecimento no fim da última Idade do Gelo. Aparentemente, segundo pesquisa recente, os corais se tornam mais resilientes quanto mais experimentam aquecimentos súbitos.[62] Alguns recifes ainda podem morrer se o mundo se aquecer rapidamente no século XXI, mas outros em regiões mais frias podem expandir-se.[63] Ameaças locais são muito mais imediatas do que a mudança climática.

A acidificação dos oceanos se parece suspeitamente com um plano auxiliar dos grupos ambientalistas de pressão para o caso de o clima não esquentar: outra tentativa de condenar os combustíveis fósseis. Os oceanos são alcalinos, com um pH médio de 8,1%, bem acima de neutro (7). Eles são também extremamente bem protegidos de mudanças na acidez ou na alcalinidade. Níveis muito altos de dióxido de carbono poderiam pressionar esse número para baixo, talvez para 7,95 por volta de 2050 — ainda altamente alcalino e ainda muito mais alto do que foi na maioria dos últimos 100 milhões de anos. Alguns argumentam que essa sutil mudança para baixo na alcalinidade poderia tornar mais difícil para os animais e as plantas que fazem isso depositar carbonato de cálcio em seus esqueletos. Mas isso contraria frontalmente a química: a razão pela qual a acidez está aumentando é que o bicarbonato dissolvido está aumentando também — e o aumento da concentração de bicarbonato aumenta a facilidade com que o carbonato pode ser precipitado com cálcio por criaturas que buscam fazer isso. Mesmo com concentrações triplas de bicarbonato, os corais mostram um aumento contínuo tanto de fotossíntese quanto de calcificação. Isso se confirma por uma quantidade grande de estudos empíricos que mostram que o ácido carbônico aumentado ou não tem efeito algum ou, na verdade, estimula o crescimento do plâncton calcário, da larva da sépia e dos cocolitóforos.[64]

Meu otimismo geral não é, portanto, atingido pelo indubitável desafio do aquecimento global pelo dióxido de carbono. Mesmo que o mundo se aqueça tanto quanto o consenso aguarda, o dano final ainda parece pequeno ao lado dos danos reais infligidos agora e que poderiam ser evitados; e se, de fato, esquentar tanto, será porque mais pessoas serão ricas o bastante para pagar para que alguma coisa seja feita. Como sempre, o otimismo ganha notícias ruins nesse debate. Os otimistas são considerados tolos, os pessimistas, sábios, por uma mídia que gosta de ser mimada com *releases* aterrorizantes. Isso não faz com que os otimistas estejam certos, mas o histórico pobre dos pessimistas deveria ao menos dar uma pausa. Afinal de contas, estivemos aqui antes. "Quero reafirmar a urgência desse desafio", disse Bill Clinton uma vez.[65] "Este não é o filme que você assiste no verão, em que pode fechar os olhos durante as partes que metem medo." Ele não estava falando sobre mudança climática, mas sobre o Y2K: a possibilidade de todos os computadores pararem de funcionar à meia-noite de 31 de dezembro de 1999.

Descarbonizando a economia

Em resumo, seria mais provável que um mundo mais quente e mais rico melhorasse o bem-estar dos seres humanos e dos ecossistemas do que um mundo mais frio e mais pobre. Como diz Indur Goklany: "Nem por razões de saúde pública, nem por fatores ecológicos, é provável que a mudança climática seja o problema mais importante a defrontar o mundo neste século."[66] As conclusões de 13 análises econômicas de mudança climática admitindo consenso no grau de aquecimento são de que ele adicionará ou subtrairá mais ou menos um ano do crescimento econômico global na segunda metade do século XXI.[67] Críticos dessa visão argumentam frequentemente que desenvolvimento e redução de carbono não precisam ser alternativos e que serão os pobres os mais atingidos pela mudança climática. É verdade, mas esse é um argumento que produz efeitos opostos — serão os pobres também os mais atingidos pelos altos custos da energia. Mal administrada, a mitigação climática poderá mostrar-se tão danosa ao bem-estar humano quanto a mudança climática. Uma criança que morre pela inalação de fumaça dentro de casa, numa aldeia a que é negada a eletricidade produzida por combustível fóssil, é uma tragédia tão grande quanto uma criança que morre numa inundação causada por mudança climática. Uma floresta cortada por pessoas privadas de combustível fóssil é exatamente o mesmo que uma floresta perdida para a mudança climática. Se a mudança climática for suave, mas a redução do uso de carvão causar dor real, poderemos descobrir que contivemos um sangramento de nariz pondo um torniquete em volta do pescoço.

E cortar o carbono significará energia dispendiosa, assim diz o IPCC. Se estou aceitando a estimativa do IPCC de elevação de temperatura em benefício desse argumento, então deveria aceitar também sua estimativa de custo do racionamento de carbono — que o IPCC coloca em 5,5% do PIB depois de mais ou menos 2050, e isso após fazer suposições altamente improváveis (reproduzidas do relatório de 2007 do IPCC)[68] de "mercados transparentes, sem custos de transação, e, assim, perfeita implementação de medidas políticas ao longo do século XXI, levando à adoção universal do custo-benefício das medidas de mitigação, como o imposto sobre o carbono ou os programas universais de limitar e trocar".

A economia mundial precisará de muitos joules de energia se não for operada por escravos, e, no momento, de longe a fonte mais barata desses joules é a queima de hidrocarbonetos. Cerca de 600 quilogramas de dióxido de carbono são emitidos a cada US$ 1.000 de atividade econômica. Nenhum país "está remotamente no caminho" de cortar esse número substancialmente, diz o físico David MacKay.[69] Isso poderia ser feito, mas apenas a um enorme custo. O custo seria tanto ambiental quanto financeiro. Veja a Grã-Bretanha, um país "medianamente rico". A queima de hidrocarbonetos ainda provê 106 dos 125 kW/h por pessoa por dia de trabalho que dão aos bretões seu padrão de vida.[70] Como poderia a Grã-Bretanha abastecer-se de energia sem combustíveis fósseis? Suponha que um plano agressivo e dispendioso de transportar calor, incinerar lixo e aplicar isolante à moradia para evitar fuga de calor corte 25% dessa demanda, deixando 100 kW/h por dia para serem atendidos. Divida esses 100 por quatro e peça 25 da energia eólica, 25 da energia solar e cinco de cada um destes biocombustíveis — madeira, ondas, maré e hidro. Como o país ficaria?

Haveria 60 usinas de energia nuclear espalhadas pelo litoral, fazendas de vento cobririam 10% de toda a terra (ou uma grande parte do mar), haveria painéis solares cobrindo uma área do tamanho de Lincolnshire, 18 Grandes Londres cultivando biocombustíveis, 47 New Forests* cultivando madeira de rotação rápida, centenas de quilômetros de máquinas de ondas próximas da costa, grandes barragens de marés no estuário do Severn e Strangford Lough, 25 vezes mais hidrelétricas nos rios do que as existentes hoje. A perspectiva não atrai: todo o país pareceria uma grande usina de energia, torres cruzariam as terras altas e comboios de caminhões carregariam a madeira ao longo das estradas. Os cortes de energia seriam frequentes — imagine um dia de neblina, imóvel, em janeiro, quando a maré baixa coincidir com o pico da demanda, os painéis solares inertes, e as turbinas de vento paradas. A vida selvagem sofreria com a perda de estuários, de rios que fluem livremente e de campos abertos. Dar energia ao mundo agora com tais renováveis é o modo mais seguro de destruir o meio ambiente. (Claro, a mineração de carvão e a extração de petróleo também podem agredir e de fato agridem o

---

*Área no sul da Inglaterra. [*N. da T.*]

meio ambiente, mas em comparação com a maioria das renováveis a área que afetam é surpreendentemente pequena em relação à energia que produzem.)

Além disso, simplesmente não há sinais de que a maioria das renováveis esteja barateando. O custo da energia eólica está estacionado em três vezes o custo da energia gerada pelo carvão há muitos anos. Para conseguir de algum modo uma pequena participação no mercado de energia, a energia eólica iria requerer uma transferência regressiva de pessoas comuns trabalhando para ricos proprietários de terra em busca de renda e negócios: como princípio básico, uma turbina de vento gera mais valor em subsídios do que em eletricidade. Nem mesmo na Dinamarca de 6 mil turbinas de vento foi poupada sequer uma simples emissão, porque o vento intermitente requer suporte de combustível fóssil (a energia eólica da Dinamarca é exportada para Suécia e Noruega, que podem pôr sua usinas hidrelétricas rapidamente para funcionar quando o vento dinamarquês perde força). Nesse meio-tempo, um estudo espanhol confirma que os subsídios da energia eólica eliminam postos de trabalho: para cada trabalhador que sai da geração convencional de eletricidade para a geração de eletricidade de fonte renovável, "dois empregos com salários similares devem ser retirados de outro setor da economia; de outra maneira, os recursos para pagar os custos suplementares da energia renovável não podem ser providos".[71] Embora os militantes verdes estejam habituados a argumentar que aumentar o custo da energia é uma coisa boa, isso por definição destrói empregos ao reduzir investimentos em outros setores. "A sugestão de que possamos nos elevar acima das depressões econômicas gastando prodigamente em novas fontes de energia excepcionalmente dispendiosas é absurda", diz Peter Huber.[72]

Mas isso é hoje. Amanhã é bem possível que existam fontes de energia livres de carbono que não tenham essas desvantagens. É possível, embora improvável, que incluam energia geotérmica seca e quente, ventos do litoral, ondas e maré, ou até conversão da energia térmica do oceano, usando a diferença de temperatura entre as profundezas do mar e a superfície. Elas poderão incluir melhores biocombustíveis de lagoas de algas, embora, pessoalmente, eu prefira muito mais ver uma usina de energia nuclear, para que as lagoas possam ser usadas como fazendas de criação de peixe ou reservas naturais. Também é possível que, muito em breve, engenheiros sejam capazes de usar a luz do sol para fazer hidrogênio diretamente da água, usando tintura de rutênio como catalisador — de fato, replicando a fotossíntese.[73] Carvão limpo, com seu dióxido de carbono injetado novamente nas rochas, pode ser parte disso, se os custos puderem ser diminuídos (um imenso "se").

Uma grande contribuição certamente virá da energia solar, a menos faminta por terra entre as renováveis. Quando puderem ser produzidos em massa por US$ 200 o metro quadrado e com eficiência de 12%, os painéis solares poderão gerar o equivalente a um barril de petróleo de mais ou menos US$ 30.[74] Então, em vez de extrair petróleo a US$ 40 o barril, todos vão correr para cobrir os telhados, e grande parte da Argélia e do Arizona terá painéis solares baratos. A maior parte do Arizona recebe 6 kW/h de luz solar por metro quadrado por dia. Então, admitindo-se 12% de eficiência, seria necessário um terço do Arizona para suprir os norte-americanos de toda a energia de que precisam: um bocado de terra, mas nada inimaginável. À parte o custo, o grande problema da luz solar, como do vento, é sua natureza intermitente: não funciona à noite, por exemplo.

Mas o caminho óbvio para o baixo índice de carbono é nuclear. Usinas de energia nuclear já produzem mais energia de uma pequena área ocupada, com menos acidentes fatais e menos poluição do que qualquer outra tecnologia de geração de energia. O lixo que produzem não é questão insolúvel. É pequeno em volume (uma lata de Coca-Cola por pessoa durante toda a vida), facilmente estocável e, à diferença de todas as outras toxinas, mais segura com o tempo — sua radioatividade cai para 1/bilionésimo do nível inicial em dois séculos. Essas vantagens estão crescendo o tempo todo. Tipos melhores de energia nuclear vão incluir baterias nucleares pequenas, descartáveis, de vida limitada, para fornecer energia a cidades isoladamente e por períodos limitados, e *fast-breeders* (reatores regeneradores), com elementos combustíveis de grafite pirolítico, reatores atômicos de segurança inerente,* capazes de extrair 99% da energia do urânio, em vez de 1%, como atualmente, e até gerar quantidades menores de lixo de vida curta enquanto produzem energia. Os reatores nucleares modernos já diferem tanto dos inerentemente instáveis, descontrolados, como o de Chernobyl, quanto um avião comercial de um biplano. Talvez um dia a fusão contribua também, mas não prenda a respiração por isso.

---

*Em que o projeto evita os riscos, em lugar de controlá-los depois que se tornam perigos reais. [N. da T.]

O engenheiro italiano Cesare Marchetti desenhou um gráfico do uso humano da energia nos últimos 150 anos, quando migrou da madeira para o carvão, para o petróleo e para o gás.[75] Em cada caso, a proporção de átomos de carbono em relação aos átomos de hidrogênio caiu de dez na madeira para um no carvão, para meio no petróleo, para ¼ no metano. Em 1800, os átomos de carbono faziam 90% da combustão; em 1935, era 50/50 carbono e hidrogênio, e em 2100, 90% da combustão poderá vir do hidrogênio — feito com eletricidade nuclear, muito provavelmente. Jesse Ausubel prediz que, "se o sistema de energia for deixado por sua própria conta, a maior parte do carbono estará fora dele em 2060 ou 2070".[76]

O futuro vai delinear ideias que, neste momento, mal são cintilações rápidas nos olhos dos engenheiros — equipamentos no espaço para aproveitar o vento solar, digamos, ou a energia rotacional da Terra; ou dispositivos para sombrear o planeta com espelhos colocados no Ponto Lagrange, entre o Sol e a Terra. Como posso saber disso? Porque a engenhosidade está mais desenfreada do que nunca neste mundo maciçamente conectado às redes de comunicação, e o índice de inovação se acelera mediante descoberta acidental, mais do que de planejamento deliberado. À pergunta, na Feira Mundial de Chicago, em 1893, de quais as invenções que teriam um grande impacto no século XX, ninguém citou o automóvel, que dirá o telefone celular. Então, hoje mais ainda, não se pode começar a imaginar as tecnologias que serão portentosas e lugares-comuns em 2100.

Elas podem nem tentar o carbono sintético e, em vez disso, buscar o ciclo natural. A cada ano, mais de 200 bilhões de toneladas de carbono são removidas da atmosfera pelo cultivo de plantas e plâncton e 200 bilhões de toneladas devolvidas pela decomposição, digestão e respiração. A atividade humana acrescenta menos de 10 bilhões de toneladas a esse ciclo, ou 5%. Pode não estar além da capacidade mental da espécie humana no século XXI cutucar o ciclo natural do carbono para que ele tome mais 5% do que libera mediante a fertilização de trechos desertos do oceano com ferro ou fósforo; estimular o crescimento de organismos oceânicos ricos em carbono, chamados urocordados, que vão para o fundo das águas; ou enterrar "*biochar*" — carvão em pó feito da cultura agrícola.[77]

O meio de escolher uma dessas tecnologias para adotar é provavelmente criar uma lei com um pesado imposto ao carbono e cortar os impostos nas folhas de pagamento (Previdência Social na Grã-Bretanha) na mesma medida. Isso estimularia o emprego e desestimularia as emissões de carbono. O modo de chegar lá não é escolher perdedores, como vento e biocombustível para recompensar especuladores em créditos de carbono e sobrecarregar a economia com regras, restrições, subsídios, distorções e corrupção. Quando olho para as políticas de redução de emissões, meu otimismo cambaleia. A Conferência de Copenhague de dezembro de 2009 chegou inquietantemente perto de impor um corruptível e fútil sistema de racionamento de carbono, que teria prejudicado os pobres, danificado os ecossistemas e recompensado contrabandistas e ditadores.

Lembre-se de que não estou tentando resolver o debate sobre o clima, nem dizendo que a catástrofe é impossível. Estou testando meu otimismo contra os fatos, e acho que é pequena a probabilidade de uma mudança climática rápida e severa; é pequena a probabilidade de dano final da mudança climática mais provável; é pequena a probabilidade de não ocorrer adaptação à mudança climática; e é pequena a probabilidade de que não surjam novas tecnologias de baixa emissão de carbono no longo prazo. Multiplique essas pequenas probabilidades, e a probabilidade de um século XXI próspero será, portanto e por definição, grande. Você pode argumentar em torno de quão grande é essa probabilidade e, portanto, sobre o quanto se precisa gastar com precaução; mas você não pode, com os números do IPCC, chegar a qualquer outra conclusão, exceto que é muito provável que o mundo seja um lugar melhor em 2100 do que é hoje.

E tudo leva a crer que a África pode compartilhar essa prosperidade. A despeito dos contínuos conflitos, doenças e ditadores, palmo por palmo a população se estabilizará; as cidades florescerão; as exportações vão aumentar; as fazendas, prosperar; as florestas vão sobreviver, e seu povo experimentará a paz. Nas megassecas e nas idades do gelo, a África sustentou muito poucos caçadores-coletores iniciais; numa idade interglacial quente e úmida, poderá sustentar um bilhão de pessoas, população urbana de especialistas profissionais em sua maior parte.

11

A cataláxia: otimismo racional sobre 2100

Ouço bebês chorando, vejo-os crescer,
Eles aprenderão muito mais do que eu jamais saberei,
E penso comigo mesmo, que mundo maravilhoso.

Bob Thiele e George David Weiss
"What a Wonderful World"[1]

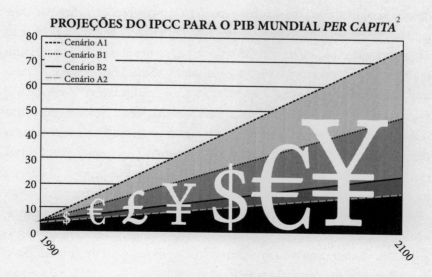

Baseando-me em Adam Smith e Charles Darwin, tentei ir além e interpretar a sociedade humana como produto de uma longa história do que o filósofo Dan Dennett chama de evolução que "aumenta de intensidade" por meio da seleção natural entre culturas mais do que entre variações genéticas e como ordem emergente gerada pela mão invisível de transações individuais e não como produto do determinismo de cima para baixo. Tentei mostrar que, assim como o sexo tornou a evolução biológica cumulativa, da mesma forma a troca tornou a evolução cultural cumulativa e a inteligência coletiva, e que existe, por conseguinte, uma maré inexorável nos assuntos dos homens e das mulheres que é discernível abaixo do caos de suas ações. Preamar, não maré vazante.

Em algum lugar da África, mais de 100 mil anos atrás, nascia um fenômeno novo para o planeta. Uma espécie começou a aumentar o número de seus próprios hábitos, geração após geração, sem mudar (muito) seus genes. O que tornou isso possível foi a troca, o intercâmbio de coisas e serviços entre indivíduos. Isso deu à espécie uma inteligência externa, coletiva, muito maior do que qualquer coisa que pudesse reter em seu cérebro reconhecidamente capaz. Dois indivíduos podiam dispor, cada um, de duas ferramentas ou duas ideias, enquanto cada um deles sabia fazer apenas uma coisa. Dez indivíduos podiam saber dez coisas, enquanto cada um entendia de apenas uma. Dessa maneira, a troca estimulou a especialização, que aumentou ainda mais o número de hábitos diferentes que a espécie podia ter, enquanto encolhia o número de coisas que cada indivíduo sabia como fazer. O consumo podia diversificar-se mais, enquanto a produção se tornava mais especializada. Inicialmente, a expansão progressiva da espécie foi lenta, porque estava limitada pelo tamanho de cada população interligada. O isolamento numa ilha ou a devastação por escassez absoluta de víveres podiam reduzir a população e, assim, reduzir sua inteligência coletiva. Pouco a pouco, no entanto, a espécie expandiu-se em número e em prosperidade. Quanto mais hábitos adquiria, mais nichos podia ocupar e mais indivíduos podia sustentar. Quanto mais indivíduos podia sustentar, mais hábitos podia adquirir. Quanto mais hábitos adquiria, mais nichos podia criar.

O progresso cultural da espécie encontrou impedimentos ao longo do caminho. Superpopulação era um problema constante: tão logo a capacidade do meio ambiente para sustentar a população começava a sofrer, os indivíduos começavam a se retrair da especialização e da troca para a autossuficiência defensiva, ampliando a produção e estreitando o consumo. Isso reduzia a inteligência coletiva da qual podiam sacar ideias, o que reduzia o nicho que ocupavam, pressionando mais a população. Então, havia desastres, até extinções localizadas. Ou a espécie se via expandir em número, mas isso não era acompanhado pela melhoria de seu padrão de vida. Mas, muitas vezes, a espécie encontrou modos de se recobrar mediante novos tipos de troca e especialização. O crescimento recomeçava.

Outros impedimentos foram criados pela própria espécie. Equipados por sua ancestralidade animal com uma natureza ambiciosa e ciumenta, os indivíduos eram frequentemente tentados a se apossar e parasitar a produtividade de seus colegas — tomar e não dar. Matavam, escravizavam, extorquiam. Milênio após milênio esse problema permaneceu insolúvel, e a expansão da espécie, tanto de seus padrões de vida quanto de sua população, tornou-se esporadicamente vagarosa, sofreu retrocesso e foi anulada pela enervante cobiça dos parasitas. Nem todos os aproveitadores eram maus: houve governantes e funcionários públicos que viviam à custa dos comerciantes e produtores, mas ministravam justiça ou defesa ou construíam estradas e canais, escolas e hospitais, tornando a vida do povo da especialização e troca mais fácil e não mais difícil. Estes se comportavam mais como simbióticos do que como parasitas (o governo pode fazer o bem, apesar de tudo). Mas a espécie ainda podia crescer, tanto em número quanto em hábitos, porque os parasitas nunca matavam completamente o sistema do qual se alimentavam.

Por volta de 10 mil anos atrás, o ritmo do progresso da espécie deu subitamente um salto à frente graças a uma estabilidade climática repentina e maior, o que permitiu que a espécie cooptasse outras espécies e as capacitasse a evoluir como parceiros de troca e especialização, gerando serviços para a espécie em troca da satisfação de suas necessidades. Agora, graças à agricultura, cada indivíduo tinha não apenas outros membros da espécie trabalhando para ele (e vice-versa), mas membros de outras espécies também, como vacas e milho. Por volta de 200 anos atrás, o ritmo da mudança se acelerou novamente, graças à nova habilidade da espécie de recrutar espécies extintas para seu serviço também, por meio da mineração de fósseis e a liberação de sua energia mediante modos que geravam ainda mais serviços. A essa altura, a espécie já era o grande animal dominante em seu planeta e estava repentinamente experimentando um crescimento rápido dos padrões de vida por causa das declinantes taxas de natalidade. Parasitas ainda a infestavam — iniciando guerras, exigindo obediência, construindo burocracias, cometendo fraudes, pregando ismos —, mas a troca e a especialização continuaram, e a inteligência coletiva da espécie chegou a níveis sem precedentes. Agora, quase todo o mundo estava conectado por uma rede, de modo que as ideias de todos os lugares podiam encontrar-se e acasalar. O passo do progresso se acelerou mais uma vez. O futuro da espécie era brilhante, embora ela não soubesse disso.

Para a frente e para o alto

Apresentei o caso para um otimismo ensolarado. Argumentei que, agora que o mundo está interconectado e as ideias estão fazendo sexo com outras ideias mais promiscuamente do que nunca, o ritmo da inovação irá redobrar e a evolução econômica elevará os padrões de vida do século XXI a alturas inimagináveis, ajudando até os povos mais pobres do mundo a ter meios de satisfazer seus desejos, assim como suas necessidades. Argumentei que, embora esse otimismo não esteja na moda, a história sugere que ele é de fato uma atitude mais realista do que o pessimismo apocalíptico. "É a longa ascensão do passado que desmente o nosso desespero", disse H.G. Wells.[3]

Esses são grandes pecados contra a sabedoria convencional. Pior, eles podem até deixar a impressão de uma empedernida indiferença ao fato de um bilhão de pessoas não terem o que comer, um bilhão de pessoas não terem acesso a água limpa, um bilhão de pessoas serem analfabetas. O contrário é a verdade. É precisamente porque ainda existem sofrimento e escassez demais no mundo que eu ou qualquer outra pessoa compassiva desejamos que esse ambicioso otimismo seja moralmente obrigatório. Mesmo após a melhor metade de século para a redução da pobreza, ainda existem centenas de milhões ficando cegos por falta de vitamina A em sua monótona dieta, ou vendo os ventres dos filhos incharem por deficiência de proteína, ou inundados por disenteria evitável causada por água contaminada, ou tossindo com pneumonia que poderia ser evitada, causada pela fumaça e fogo dentro de casa, ou devastados por aids tratável, ou tremendo por inútil malária. Existem pessoas vivendo em choupanas feitas de barro seco, cortiços de ferro corrugado ou torres de concreto desumanas (incluindo "as Áfricas" dentro do Ocidente), pessoas que nunca terão a chance de ler um livro ou ir a um médico. Há meninos que carregam metralhadoras e meninas que vendem seus corpos. Se minha bisneta ler este livro em 2100, quero que ela saiba que estou intensamente consciente da desigualdade do mundo que habito, um mundo onde posso me preocupar com meu peso, e o dono de um restaurante pode resmungar sobre a iniquidade de importar ervilhas de avião do Quênia no inverno, enquanto em Darfur a face enrugada de uma criança está coberta de moscas, na Somália uma mulher é apedrejada até a morte e no Afeganistão um solitário empreendedor americano constrói escolas enquanto seu governo despeja bombas.

É precisamente essa miséria "evitável" a razão para pressionar urgentemente por progresso econômico, inovação e mudança, os únicos meios conhecidos de levar os benefícios de um padrão de vida em ascensão a muito mais pessoas. É precisamente porque existe tanta pobreza, fome e doença que o mundo precisa ser muito cuidadoso para não atrapalhar coisas que já melhoraram tantas vidas — as ferramentas do comércio, da tecnologia e da confiança, da especialização e da troca. É precisamente porque ainda existe muito mais adiante que aqueles que oferecem conselhos de desespero ou advertências para diminuir a velocidade em face do aparecimento gradual de desastre ambiental podem estar errados não apenas factualmente, como moralmente.

É artifício comum prever o futuro na suposição de que não haverá mudança tecnológica alguma e achá-lo medonho. O mundo futuro seria medonho se a invenção e a descoberta cessassem. Como diz Paul Romer: "Cada geração percebeu os limites para o crescimento que recursos finitos e indesejáveis efeitos colaterais colocariam se novas receitas ou ideias não fossem descobertas. E cada geração subestimou o potencial para descobrir novas receitas e ideias. Nós falhamos continuamente em compreender quantas ideias permanecem para ser descobertas."[4] De longe, a coisa mais perigosa e realmente insustentável que a raça humana poderia fazer seria fechar a torneira da inovação. Não inventar e não adotar novas ideias pode ser em si mesmo tanto perigoso quanto imoral.

O quanto poderia ser bom?

A futurologia sempre termina dizendo a você mais sobre o seu tempo do que sobre o futuro. H.G. Wells fez o futuro se parecer à Inglaterra eduardiana com máquinas; Aldous Huxley fez com que se parecesse ao Novo México dos anos 1920 usando drogas; George Orwell fez com que se parecesse à Rússia dos anos 1940 com televisão. Até Arthur C. Clarke e Isaac Asimov, mais visionários do que a maioria, foram impregnados pela obsessão pelos transportes dos anos 1950, mais do que pela obsessão pelas comunicações dos anos 2000. Então, ao descrever o ano de 2100, eu, com certeza, vou parecer alguém empacado no mundo do início do século XXI e cometer erros risíveis de extrapolação. "É difícil fazer predições", brincou alguém, talvez Yogi Berra: "Especialmente sobre o futuro." Tecnologias que não posso nem conceber serão lugares-comuns, e hábitos dos quais eu nunca soube que os seres humanos precisavam serão rotina. As máquinas poderão ter ficado inteligentes o bastante para desenhar a si mesmas, em cujo caso a taxa de desenvolvimento econômico poderá, àquela altura, ter mudado tanto quanto mudou no início da Revolução Industrial — de tal forma que a economia mundial estará se duplicando em meses, ou até semanas,[5] e acelerando em direção a uma "singularidade" tecnológica[6] em que a taxa de mudança é quase infinita.

Ainda assim, aqui vai. Estou prevendo que o século XXI mostrará uma contínua expansão da cataláxia — a palavra de Hayek para a ordem espontânea criada pela troca e a especialização. A inteligência será cada vez mais coletiva; inovação e ordem virão cada vez mais de baixo para cima; o trabalho se tornará cada vez mais especializado, o lazer cada vez mais diversificado. Grandes corporações, partidos políticos e burocracias governamentais vão desintegrar-se e se fragmentar, assim como as agências centrais de planejamento antes deles. O *Bankerdämmerung* de 2008 varreu alguns poucos leviatãs, mas fundos de investimentos fragmentados e de vida curta e butiques vão brotar em seu lugar. O colapso dos grandes fabricantes de automóveis de Detroit em 2009 deixa um rebanho de empreendedores capazes de desenvolver produtos a partir de uma ideia e fundar companhias que estarão a cargo da próxima geração de automóveis e máquinas. Hipopótamos monolíticos, sejam privados ou estatizados, serão mais vulneráveis do que nunca ante esse assalto liliputiano. Eles estão sendo firmemente conduzidos à extinção não apenas pelas firmas pequenas, como também por agregados pequenos de pessoas que se fazem e desfazem continuamente. As grandes firmas que sobreviverão vão fazer isso tornando-se elas próprias, evoluindo de baixo para cima. O Google, que depende de milhões de leilões instantâneos para levantar renda de seus *Adwords*, é "uma economia para si mesma, um laboratório efervescente", diz Stephen Levy.[7] Mas o Google parecerá monolítico em comparação com o que vem depois.

O mundo de baixo para cima será o grande tema desse século. Os médicos estão tendo de se acostumar a pacientes bem-informados que pesquisaram suas próprias doenças. Jornalistas se ajustam aos leitores e espectadores que selecionam e editam as notícias conforme sua vontade. Locutores de rádio ou TV aprendem a deixar as audiências escolherem o talento que irá entretê-los. Engenheiros compartilham problemas para encontrar soluções. Fabricantes respondem a consumidores que pedem seus produtos *à la carte*. A engenharia genética terá código aberto, e pessoas, não corporações, vão decidir quais as combinações de genes que querem. Os políticos são cada vez mais controlados pela opinião pública. Ditadores aprendem que seus cidadãos podem organizar motins por mensagem de texto. "Aí vem todo mundo", diz o autor Clay Shirky.[8]

As pessoas, cada vez mais livremente, vão encontrar caminhos para trocar sua produção especializada por consumo diversificado. Esse mundo já pode ser vislumbrado na *web*, no que John Barlow chama de "ponto. comunismo": uma força de trabalho de agentes livres trocando ideias e esforços e escassamente interessados em se o intercâmbio garante dinheiro "real". A explosão de interesse no compartilhamento gratuito de ideias que a internet gerou pegou todo mundo de surpresa. "As massas on-line têm uma vontade incrível de compartilhar", diz Kevin Kelly.[9] Em lugar de dinheiro, "os observadores que criam coisas ganham crédito, status, reputação, diversão, satisfação e experiência". As pessoas estão desejosas de compartilhar suas fotos no Flickr, seus pensamentos no Twitter, seus amigos no Facebook, seu conhecimento na Wikipédia, seus fragmentos de software no Linux, suas doações no GlobalGiving, as notícias de sua comunidade no Cragslist, suas árvores genealógicas no Ancestry.com, seus genomas no 23andMe, até suas fichas médicas no PatientsLikeMe. Graças à internet, cada um está compartilhando, de acordo com suas habilidades, para cada um, de acordo com suas necessidades, em um grau que nunca aconteceu no marxismo.

A cataláxia não se desenvolverá tranquilamente, ou sem resistência. Desastres naturais e não naturais ainda vão ocorrer. Governos irão afiançar grandes corporações e grandes burocracias, conceder-lhes favores especiais, como subsídios ou rações de carbono, e regulá-las de forma a que criem barreiras à importação, diminuindo a velocidade da destruição criativa. Chefes, padres, ladrões, financistas, consultores e outros vão aparecer de todos os lados, alimentando-se do superávit gerado pela troca e a especialização, desviando o sangue vital da cataláxia para suas próprias vidas reacionárias. Aconteceu no passado. Impérios compraram estabilidade ao preço de criar uma corte parasitária; religiões monoteístas compraram coesão social ao preço de uma classe clerical parasita; o nacionalismo comprou poder à custa do militarismo parasitário; o socialismo comprou igualdade ao preço de uma burocracia parasita; o capitalismo comprou eficiência ao preço de financistas parasitas. O mundo on-line atrairá parasitas também: de reguladores a ciberparasitas, a *hackers*, a plagiadores. Alguns deles poderão temporariamente sufocar suas generosas hostes.

É possível, simplesmente, que predadores e parasitas vençam, de fato, completamente, ou melhor, que aqueles ambiciosos intrometidos ideológicos sejam bem-sucedidos em paralisar a cataláxia e jogar o mundo de volta para a pobreza pré-industrial durante algum tempo no século que vem. Existe até uma nova razão para tal pessimismo: a natureza integrada do mundo significa que logo poderá ser possível capturar o mundo inteiro no interesse de uma ideia tola, onde antes só se conseguia capturar um país, ou talvez, se a sorte ajudasse, um império. (Todas as grandes religiões precisaram de impérios dentro dos quais floresceram e se tornaram poderosas: o budismo dentro do mauriano e do chinês, o cristianismo dentro do romano, o islamismo dentro do árabe.)

Tome o século XII como um exemplo de quão perto o mundo esteve uma vez de virar as costas para a cataláxia. Num período de cinquenta anos, entre 1100 e 1150, três grandes nações paralisaram a inovação, o empreendimento e a liberdade, todas de uma só vez. Em Bagdá, o professor religioso Al-Ghazali quase sozinho destruiu a tradição de investigação racional do mundo árabe e liderou uma volta ao misticismo intolerante do novo pensamento. Em Pequim, o relógio astronômico de Su-Sung, o "engenho cósmico", provavelmente o mais sofisticado dispositivo mecânico jamais construído até aquela data, foi destruído por um político desconfiado de novidade e traição, determinando o tom para o recuo para a autarquia e a tradição que seriam o destino malfadado da China nos séculos seguintes. Em Paris, São Bernard de Clairvaux perseguiu o estudioso Pedro Abelardo, criticou a renascença racional centrada na Universidade de Paris e ajudou o fanatismo desastroso da segunda Cruzada. Felizmente, as chamas do pensamento, da racionalidade e da cataláxia foram mantidas acesas — na Itália e no norte da África, especialmente. Mas imagine se isso não tivesse acontecido. Imagine se o mundo inteiro tivesse virado as costas para a cataláxia na época. Imagine se o mundo globalizado do século XXI permitisse um afastamento globalizado da razão. É um pensamento preocupante. O tipo errado de chefes, padres e ladrões ainda poderia matar a prosperidade futura na Terra.[10] Já existem senhores presumidos em macacões que querem destruir safras geneticamente modificadas, presidentes tramam impedir a pesquisa de células-tronco, primeiros-ministros atropelam o *habeas corpus* usando a desculpa do terrorismo, burocratas metastáticos interferem com a inovação em nome de grupos de pressão reacionários, criacionistas supersticiosos param o ensino da boa ciência, celebridades idiotas investem contra o livre comércio, mulás atacam os direitos das mulheres, príncipes sinceros lamentam a perda dos velhos hábitos e bispos pios lamentam os efeitos de embrutecimento do comércio. Até agora, eles estão todos suficientemente localizados em seus efeitos para obter não mais que pausas limitadas no progresso feliz da espécie, mas um deles poderia tornar-se global?

Duvido. Será muito difícil abafar a chama da inovação, por ser ela tão evolucionária, um fenômeno que está na base social, num mundo tão entrelaçado. Por mais reacionários e cautelosos que a Europa, o mundo islâmico e até os Estados Unidos se tornem, a China certamente saberá como manter a tocha da cataláxia acesa, e a Índia, e talvez o Brasil, sem mencionar uma quantidade de cidades e países menores. Por volta de 2050, a economia da China bem poderá ter o dobro do tamanho da economia americana. O experimento continuará. Enquanto a troca e a especialização humana puderem vicejar em algum lugar, então a cultura evoluirá, quer os líderes ajudem, quer tentem detê-la, e o resultado é que a prosperidade se espalha, a tecnologia progride, a pobreza declina, a doença se retrai, a fecundidade cai, a felicidade aumenta, a violência se atrofia, a liberdade cresce, o conhecimento floresce, o meio ambiente melhora e a natureza se expande. Lorde Macaulay disse: "Vemos em quase toda parte dos anais da humanidade como a diligência de indivíduos — lutando contra guerras, impostos, fomes, conflagrações, proibições prejudiciais e proteções ainda mais danosas — cria mais rápido do que os governos podem desperdiçar e conserta o que quer que invasores possam destruir."[11]

A natureza humana não vai mudar. Os mesmos velhos dramas de agressão e vício, de enfatuamento e doutrinação, de fetiche e dano serão usados, mas num mundo sempre mais próspero. Na peça de Thornton Wilder, *A pele de nossos dentes*, a família Antrobus (representando a humanidade) mal consegue sobreviver à Idade do Gelo, à inundação e à guerra mundial, mas suas naturezas não mudam.[12] A história se repete como espiral, não como círculo, sugeriu Wilder, com uma capacidade sempre maior para o bom e o mau, exauridos até o fim pelo caráter individual imutável. Então, a raça humana continuará a se expandir e a enriquecer sua cultura, apesar dos empecilhos e a despeito de as pessoas individualmente terem a mesma evoluída e imutável natureza. O século XXI será um tempo magnífico para se estar vivo.

Ou se ser um otimista.

AGRADECIMENTOS

É um dos argumentos centrais deste livro que a característica especial da inteligência humana é que ela é coletiva — não individual —, graças à invenção da troca e da especialização. O mesmo é verdade para as ideias neste livro. Não fiz mais do que escrevê-lo, do que tentar abrir minha mente para o livre fluxo e troca de ideias e esperar que essas ideias se acasalassem furiosamente em meu próprio córtex. Escrever este livro foi uma espécie de conversação contínua, portanto, com amigos, especialistas, mentores e estranhos, levada a efeito pessoalmente, por e-mail, por troca de papéis e referências, em pessoa e por telefone. A internet é verdadeiramente um grande presente para autores, dando-lhes acesso de ilimitado e velocidade (e, naturalmente, qualidade variável).

Sou imensamente grato a todos que me permitiram conversar com eles dessa forma e não encontrei nada a não ser ajuda dada gratuitamente e opiniões de todos. Sou especialmente grato a Jan Witkowsky, Gerry Ohrstrom e Julian Morris, que me ajudaram a organizar um encontro sobre "O afastamento da razão" em Cold Spring Harbor para começar a explorar minhas ideias; e depois a Terry Anderson e Monika Cheney, que dois anos mais tarde organizaram um seminário em Napa, Califórnia, para que eu lançasse um primeiro esboço de meu livro para algumas pessoas notáveis durante dois dias.

Aqui estão alguns cujas ideias e pensamentos reuni da maneira mais frutífera. Sua generosidade e perspicácia coletiva foram espantosas. Os erros, naturalmente, são meus. Entre essas pessoas: Bruce Ames, Terry Anderson, June Arunga, Ron Bailey, Nick Barton, Roger Bate, Eric Beinhocker, Alex Bentley, Carl Bergstrom, Roger Bingham, Doug Bird, Rebecca Bliege Bird, o falecido Norman Borlaug, Rob Boyd, Kent Bradford, Stewart Brand, Saran Brosnan, John Browning, Erwin Bulte, Bruce Charlton, Monika Cheney, Patricia Churchland, Greg Clark, John Clippinger, Daniel Cole, Greg Conko, Jack Crawford, o falecido Michael Crichton, Helena Cronin, Clive Crook, Tony Curzon Price, Richard Dawkins, Tracey Day, Dan Dennett, Hernando de Soto, Franz de Waal, John Dickhaut, Anna Dreber,

Susan Dudley, Emma Duncan, Martin Durkin, David Eagleman, Niall Ferguson, Alvaro Fischer, Tim Fitzgerald, David Fletcher, Rob Foley, Richard Gardner, Katya Georgieva, Gordon Getty, Jeanne Giaccia, Urs Glasser, Indur Goklany, Allen Good, Oliver Goodenough, Johnny Grimond, Monica Guenther, Ribon Hanson, Joe Henrich, Dominic Hobson, Jack Horner, Sarah Hrdy, Nick Humphrey, Anya Hurlbert, Anula Jayasuriya, Elliot Justin, Anne Kandler, Ximena Katz, Terence Kealey, Eric Kimbrough, Kari Kohn, Meir Kohn, Steve Kuhn, Marta Lahr, Nigel Lawson, Don Leal, Gary Libecap, Brink Lindsey, Robert Litan, Bjorn Lomborg, Marcus Lovell-Smith, Qing Lu, Barnaby Marsh, Richard Maudslay, Sally McBrearty, Kevin McCabe, Bobby McCormick, Ian McEwan, Al McHughen, Warren Meyer, Henry Miller, Alberto Mingardi, Graeme Mitchison, Julian Morris, Oliver Morton, Richard Moxon, Daniel Nettle, Johann Norberg, Jesse Norman, Haim Ofek, Gerry Ohrstrom, Kendra Okonski, Svante Paabo, Mark Pagel, Richard Peto, Ryan Phelan, Steven Pinker, Kenneth Pomeranz, David Porter, Virginia Postrel, C.S. Prakash, Chris Pywell, Sarah Randolph, Trey Ratcliff, Paul Reiter, Eric Rey, Pete Richerson, Luke Ridley, Russell Roberts, Paul Romer, David Sands, Rashid Shaikh, Stephen Shennan, Michael Shermer, Lee Silver, Dane Stangler, James Steele, Chris Stringer, Ashley Summerfield, Ray Tallis, Dick Taverne, Janice Taverne, John Tooby, Nigel Vinson, Nicholas Wade, Ian Wallace, Jim Watson, Troy Wear, Franz Weissing, David Wengrow, Tim White, David Willetts, Bart Wilson, Jan Witkowsky, Richard Wrangham, Bob Wright e por último, mas não menos importante, Paul Zak, que me empregou como assistente de laboratório de avental branco por um dia.

Minha agente, Felicity Bryan, como sempre, uma madrinha deste livro — estimulando e tranquilizando em todos os momentos certos. Ela e Peter Ginsberg foram campeões deste projeto do começo ao fim, assim como meus editores Terry Karten, Mitzi Angel e Louise Haines e outros amigos que me incentivaram na Fourth Estate e HarperCollins, especialmente Elizabeth Woabank. Imensos agradecimentos também a Kendra Okonski pela ajuda inestimável ao tornar rationaloptimmist.com uma realidade, e a Luke Ridley por ajudar na investigação. Meus agradecimentos também a Roger Harmar, Sarah Hyndman e MacGuru Ltd pelos gráficos no início de cada capítulo.

Minha maior dúvida é com minha família, particularmente por me ajudar a encontrar o espaço e o tempo para escrever. A inspiração, a percepção e o apoio de Anya são incomensuravelmente valiosos. Foi uma grande alegria para mim contar, pela primeira vez, com a inabalável argúcia da mente do meu filho para discutir ideias e checar fatos enquanto escrevo. Ele ajudou a preparar a maior parte dos gráficos. E minha filha me levou a uma ponte em Paris uma noite para ouvir Dick Miller e seu grupo cantando "What a Wonderful World".

NOTAS E REFERÊNCIAS

Estas notas serão continuamente corrigidas e ampliadas no website www.rationaloptimist.com.

Prólogo: Quando as ideias fazem sexo
1. Ferguson, A. 1767. *An Essay on the History of Civil Society*.
2. Fotografias do machado de mão e do *mouse* com a permissão de John Watson.
3. Kremer. M. 1993. Population Growth and Technical Change, one million B.C. to 1990. *Quarterly Journal of Economics* 108: 681-716.
4. Gilbert, D. 2007. *Stumbling on Happiness*. Harper Press.
5. Pagel, M. 2008. Rise of the digital machine. *Nature* 452:699.
6. Horner, V. e Whiten, A. 2005. Causal knowledge and imitation/emulation switching in chimpanzees (*Pan troglodytes*) and children (*Homo sapiens*). *Animal Cognition* 8: 164-81.
7. Tarde, G. 1969/1988. *On Communication and Social Influence*. Chicago University Press.
8. Hayek, F.A. 1960. *The Constitution of Liberty*. Chicago University Press.
9. Dawkins, R. 1976. *The Selfish Gene*. Oxford University Press.
10. Nelson, R.R. e Winter, S.G. 1982. *An Evolutionary Theory of Economic Change*. Harvard University Press.
11. Richerson P. e Boyd, R. 2005. *Not by Genes Alone*. Chicago University Press: "acrescentando uma inovação após outra à tradição até que os resultados pareçam órgãos de extrema perfeição".
12. Jacob, F. 1977. Evolution and tinkering. *Science* 196:1163.
13. Smith, A. 1776. *The Wealth of Nations*.
14. Para um bom relato disso, ver Norberg, J. 2009. *Financial Fiasco*. Cato Institute.
15. Friedman, J. 2009. A crisis of politics, not economics: complexity, ignorance and policy failure. *Critical Review 23* (introdução à edição especial).

1. Um hoje melhor: o presente inédito

1. Macaulay, T.B. 1830. Review of Southey's Coloquies on Society. *Edinburgh Review*, jan. 1830.
2. Maddison, A. 2006. *The World Economy*. OCDE Publishing.
3. Kremer, M. 1993. Population growth and technical change, one million BC to 1990. *Quarterly Journal of Economics* 108:681-716. Ver as estimativas de Brad De Long em http://econ161.berkeley.edu/TCEH/1998_Draft/World_GDP.html.
4. Beinhocker, E. 2006. *The Origin of Wealth*. Harvard Business School Press.
5. Ver McCloskey, D. 2006. *The Bourgeois Virtues*. Chicago Press University: "Vamos ser ricos, então. Lembre-se das choupanas enfumaçadas dos pequenos proprietários de terra. Lembre-se de ser tolhido no Japão pela lei e pelo custo para uma localidade. Lembre-se das privadas externas americanas e dos barris de água da chuva cobertos de gelo e do frio e da umidade e da sujeira. Lembre-se de dez pessoas vivendo num quarto na Dinamarca, das vacas e das galinhas no outro quarto. Lembre-se em Nebraska das casas cobertas de terra e grama e do isolamento."
6. Maddison, A. 2006. *The World Economy*. OCDE Publishing.
7. Norberg, J. 2006. *When Man Created the World*. Publicado em sueco como *När människan skapade världen*. Timbro.
8. Lal, D. 2006. *Reviving the Invisible Hand*. Princeton University Press. Ver também Bhalla, S. 2002. *Imagine There's No Country*. Institute of International Economics.
9. Chen, S. e Ravaillon, M. 2007. Absolute poverty measures for the developing world, 1981-2004. *Proceedings of the National Academy of Sciences* USA *(PNAS)*. 104:16757-62.
10. Lomborg, B. 2001. *The Sceptical Environmentalist*. Cambridge University Press.
11. Galbraith, J.K. 1958.*The Affluent Society*. Houghton Mifflin.
12. Estatísticas de Lindsey, B. 2007. *The Age of Abundance: How Prosperity Transformed America's Politics and Culture*. Collins.
13. Fatos da poluição por Norberg, J. 2006. *When Man Created the World*. Op. cit.
14. Oeppen, J. e Vaupel, J.W. 2002. Demography. Broken Limits to life expectancy. *Science* 296:1029-31.
15. Tallis, R. 2006. "Sense about Science", palestra anual. http://www.senseaboutscience.org.uk/pdf/Lecture2007Transcript.pdf.
16. Fogel, R. W. 2003. *Changes in the Process of Aging during the Twentieth Century. Findings and Procedures of the Early Indicators Project*. NBER Working Papers 9941, National Bureau of Economic Research.
17. Isso é especialmente claro nos gráficos animados de Hans Rosling de distribuição da renda global no www.gapminder.com. Incidentalmente, a individualização da vida que trouxe liberdade pessoal depois dos anos 1960 também trouxe menos lealdade com respeito ao grupo, um processo que certamente chegou a um ponto de crise nas

filas de bonificações de 2009: ver Lindsey, B. 2009. *Paul Krugman's Nostalgianomics: Economic Policy, Social Norms and Income Inequality*. Cato Institute.
18. Hayek, F.A. 1960. *The Constitution of Liberty*. Chicago University Press.
19. Flynn, J.R. 2007. *What Is Intelligence? Beyond the Flynn Effect*. Cambridge University Press.
20. http://www.innocenceproject.org/know.
21. Comparar preços de casas em períodos longos de tempo é tarefa repleta de dificuldades, porque as casas variam muito, mas Piet Eichholtz tentou indexar preços de casas comparando a mesma área de Amsterdã, a Herengracht, por quase 400 anos: Eichholtz, P.M.A. 2003. 1973. A long run house price index: The Herengracht Index, 1628-1973. *Real States Economics* 25:175-92.
22. Pearson, P.J.G. 2003. *Energy History, Energy Services, Innovation and Sustainability*. Report and Proceedings of the International Conference on Science and Techonology for Sustainability 2003: Energy and Sustainability Science, Science Council of Japan, Tóquio.
23. Nordhaus, W. 1997. *Do Real Output and Real Wage Measures Capture Reality? The History of Lighting Suggests Not*. Cowles Foundation Paper nº 957, Yale. Uma checagem moderna, utilizando cifras de £479 para o salário médio semanal e um custo da eletricidade de £0,09 por quilowatt/hora de custo, produz um resultado similar: ¼ de segundo de trabalho por 18 horas/watt, mais um pouco pelo custo da lâmpada.
24. Nordhaus, W. 1997. *Do Real-Output and Real Wage Measures Capture Reality? The History of Lighting Suggests Not*. Op. cit.
25. http://cafehayek.typepad.com/hayek/2006/08/were_much_wealt.html.
26. Fouquet, R. Pearson, P.J.G., Long Run Trends in Energy Services 1300-2000. Environmental and Resource Economists 3rd World Congress, via web, Kyoto.
27. Cox, W.M. de Alm, R. 1999. *Myths of Rich and Poor — Why We Are Better Off Than We Think*. Basic Books. Ver também Easterbrook, G. 2003. *The Progress Paradox*. Ramdom House.
28. Gordon, J.S. 2004. *An Empire of Wealth: the Epic History of American Power*. Harper Collins.
29. McCloskey, D. 2006. *The Bourgeois Virtues*. Chicago University Press.
30. Moore, S. e Simon, J. 2000. *It's Getting Better All the Time*. Cato Institute.
31. Shermer, M. 2007. *The Mind of the Market*. Times Books.
32. Norberg, J. 2006. *When Man Created the World*. Op. cit.
33. Cox, W.M. de Alm, R. 1999. *Myths of Rich and Poor*. Op. cit.
34. Woods, T.E. 2009. *Meltdown*. Regnery Press.
35. Layard, R. 2005. *Happiness: Lessons from a New Science*. Penguin.
36. Oswald, Andrew, 2006. The hippies were right all along about happiness. *Financial Times*, 19/jan./2006.

37. Easterlin, R.A. 1974. Does economic growth improve the human lot? In Paul A. David e Melvin W. Reder (orgs.) *Nations and Households in Economic Growth: Essays in Honor of Moses Abramovitz.* Academic Press.
38. Stevenson, B. e Wolfers, J. 2008. *Economic Growth and Subjective Well-Being: Reassessing the Easterlin Paradox.* NBER Working Papers 14282, National Bureau of Economic Research; Ingleheart, R., Foa, R., Peterson, VC., e Welzel, C. 2008. Development, freedom and rising happiness: a global perspective, 1981-2007. *Perspectives on Psychological Science* 3:264-86.
39. Stevenson, B. e Justin Wolfers, J. 2008 *Economic Growth and Subjective Well-Being: Reassessing the Easterlin Paradox.* NBER Working Papers 14282, National Bureau of Economic Research. Development, freedom and rising happiness: a global perspective, 1981-2007. *Perspectives on Psychological Science* 3:264-86.
40. Frank, R.H. 1999. *Luxury Fever: Why Money Fails to Satisfy in an Era of Excess.* The Free Press.
41. A oração do jornalista Greg Easterbrook continua: "obrigado por eu e 500 milhões de outros morarmos bem, estarmos bem providos, superalimentados, livres e infelizes; porque poderíamos estar morrendo de fome, desgraçados, prisioneiros da tirania e ainda infelizes". Easterbrook, G. 2003. *The Progress Paradox.* Basic Books.
42. Gilbert, D. 2007. *Stumbling on Happiness.* Harper Press.
43. Ingleheart, R., Foa, R., Peterson, C. e Welzel, C. 2008. Development, freedom and rising happiness: a global perspective, 1981-2007. *Perspectives on Psychological Science* 3:264-86.
44. Veenhoven, R. 1999. Quality-of-life in individualistic society: A comparison of 43 nations in the early 1990's. *Social Indicators Research* 48:157-86.
45. Paarlberg, R. 2008. *Starved for Science.* Harvard University Press.
46. Ron Bailey destaca que a maioria das interpretações do princípio preventivo se resume à injunção: "nunca faça nada pela primeira vez". http://reason.com/archives/2003/07/02/making-the-future-safe.
47. Kaplan, H.E. e Robson, A.J. 2002. The emergence of humans: the co-evolution of intelligence and longevity with intergenerational transfers. *PNAS* 99:10221-6; ver também Kaplan, H. e Gurven, M. 2005. The natural history of human food sharing and cooperation: a review and a new multi-individual approach to the negociation of norms. In *Moral Sentiments and Material Interests* (eds. H. Gintis, S. Bowles, R. Boyd e E. Fehr). MIT Press.
48. Ferguson, N. 2008. *The Ascent of Money.* Allen Lane.
49. Findlay, R. e O'Rourke, K.H. 2007. *Power and Plenty: Trade, War and the World Economy.* Princeton University Press.
50. Nicholas, T. 2008. Innovation Lessons from the 1930's. *McKinsey Quarterly*, dez. 2008.

51. http://www.arcadiabio.com/pr_0032.php
52. Thoreau, H.D. 1854. *Walden: Or Life in the Woods*. Ticknor and Fields.
53. Cox, W.M. e Alm, R. 1999. *Myths of Rich and Poor — Why We Are Better off than we think*. Basic Books.
54. Mill, J.S. 1848. *Principles of Political Economy*.
55. http://www.thetoasterproject.org.
56. http://www.wired.com/print/culture/design/news/2007/03/100milessuit0330. Ver também http://www.thebigquestions.com/2009/10/30/the-10000-suit.
57. A. Smith, A. 1776. *The Wealth of Nations*.
58. Read, L.E. 1958. I, Pencil. *The Freeman*, dezembro de 1958. Para uma reapresentação moderna, de excelente qualidade, do mesmo assunto, ver o romance de Roberts, R. 2008. *The Price of Everything*. Princeton University Press.
59. Hayek, F.A. 1945. The use of knowledge in society. *American Economic Review* 35:519-30.
60. Smith, A. 1776. *The Wealth of Nations*.
61. Dados do Bureau of Labour Statistics: www.bls.org.
62. Clark, G. 2007. *A Farewell to Alms*. Princeton University Press.
63. Blackden, C.M. e Wodon, Q. 2006. *Gender, Time Use and Poverty Poverty in SubSaharan Africa*. Banco Mundial.
64. http://allafrica.com/stories/200712260420.html.
65. A distinção entre necessidades e desejos, como expressada na hierarquia de necessidades de Abraham Maslow, é maliciosa: as pessoas evoluíram para ser ambiciosas, para começar a exagerar seu status social ou mérito sexual muito antes de satisfazer suas necessidades básicas. Ver Miller, G. 2009. *Spent*. Heinemann
66. Bailey, R. 2008. The food miles mistake. *Reason*, 4/nov./2008. http://www.reason.com/news/show/129855.html
67. Ver https://statistics.defra.gov.uk/esg/reports/foodmiles/final.pdf
68. Specter, M. 2008. Big Foot. *The New Yorker*, 25/fev./2008. http://www.newyorker.com/reporting/2008/02/05/080225fa_fact_specter. Ver também http://grownunderthesun.com
69. Jordan, W.C. 1996. *The Great Famine: Northern Europe in the Early Fourteenth Century*. Princeton University Press.
70. Estatísticas neste parágrafo de Angus Maddison (*Phases of Capitalist Development*), citadas em Kealey, T. 2008. *Sex, Science and Profits*. William Heinemann.
71. Sahlins, M. 1968. Notas sobre a sociedade abundante original. In *Man The Hunter* (orgs. R.B. Lee e I. DeVore). Aldine. Páginas 85-9.
72. Caspari, R. e Lee, S.-H. 2006. Is Luman longevity a consequence of cultural change or modern biology? *American Journal of Physical Anthropology* 129:512-17.
73. Ofek, H. 2001. *Second Nature: Economic Origins of Human Evolution*. Cambridge University Press.

74. Miller, G. 2009. *Spent*. Heinemann.
75. Keeley, L. 1996. *War Before Civilization*. Oxford University Press.
76. Otterbein, K.F. 2004. *How War Began*. Texas A & M Press.
77. Miller, G. 2009. *Spent*. Heinemann.

2. O cérebro coletivo: troca e especialização após 200 mil anos

1. McEwan, I. 2005. *Saturday*. Jonathan Cape. A pessoa que toma banho é Perowne, o cirurgião que está no centro da trama.
2. World Bank Development Indicators.
3. Potts, M. e Roberts, M. 1998. *Fairweather Eden*. Arrow Books.
4. Klein R.G. e Edgar B. 2002. *The Dawn of Human Culture*. Wiley.
5. Rightmire, G.P. 2003. Brain Size and encephalization in early to Mid-Pleistocene Homo. *American Journal of Physical Anthropology* 124:109-23.
6. Para simplificar, vou chamar todas as espécies de hominídeos que viveram entre 1,5 milhão e 300 mil anos atrás de "hominídeo ereto", em atenção ao nome mais abrangente e mais consagrado, usado para os hominídeos desse período. A tendência atual é incluir quatro espécies nesse grupo: *H. ergaster*, mais antigo, na África, *H. erectus*, um pouco depois, na Ásia, *H. heidelbergensis*, saindo mais tarde da África para a Europa, e seu descendente, *H. neanderthalensis*. Ver Foley, R.A., e Lahr, M.M. 2003. On stony ground: Lithic technology, human evolution, and the emergence of culture. *Evolutionary Anthropology* 12:109-22.
7. Ver Richerson, P. e Boyd, R. 2005. *Not by Genes Alone*. Chicago University Press: "Talvez precisemos levar em consideração a hipótese de que os bifaces tenham sido inatamente compelidos mais do que totalmente culturais e que sua estabilidade temporal se origine em algum componente de psicologia geneticamente transmitido." Wheeler, P. 1995. The expensive tissue hypothesis: the brain and the digestive system in human and primate evolution. *Current Anthropology* 36:199-221.
8. McBrearty, S. e Brooks, A. 2000.The revolution that wasn't: a new interpretation of the origin of modern human behavior. *Journal of Human Evolution* 39: 453-563. Morgan, L.E. e Renne, P.R. 2008. Diachronous dawn of Africa's Middle Stone Age: New 40Ar/39Ar ages from the Ethiopian Rift. *Geology* 36:967-70.
9. White, T.D. et al. 2003. Pleistocene *Homo sapiens* from Middle Awash, Ethiopia. *Nature* 423:742-7; Willoughby, P.R. 2007. *The Evolution of Modern Humans in Africa: a Comprehensive Guide*. Rowman AltaMira.
10. Marean, C.W. et al. 2007. Early human use of marine resources and pigment in South Africa during the Middle Pleistocene. *Nature* 449:905-8.
11. Stringer, C. e McKie, R. 1996. *African Exodus*, Jonathan Cape.
12. Bouzouggar, A. et al. 2007. 82,000-year-old shell beads from North Africa and implications for the origins of modern human behaviour. PNAS 2007

104:9964-9; Barton R.N.E., et al. 2009. OSL dating of the Aterian levels at Dar es-Soltan I (Rabat, Marrocos) and implications for the dispersal of modern *Homo sapiens*. *Quaternary Science Reviews*. doi (digital object identifier):10.1016/j.quascirev.2009.03.010.
13. Negash, A. e Shackley, M.S. e Alene, M. 2006. Source provenance of obsidian artefacts from the Early Stone Age (ESA) site of Melka Konture, Ethiopia. *Journal of Archeological Science* 33:1647-50; e Negash, A. e Shackley, M.S. 2006. Geochemical provenance of obsidian artefacts from the MSA site of Porc Epic, Ethiopia. *Archaeometry* 48:1-12.
14. Cohen, A.S. et al. 2007. Ecological consequences of early Late Pleistocene megadroughts in tropical Africa. *PNAS* 104:16422-7.
15. Atkinson, Q. D., Gray, R.D. e Drummond, A.J. 2009. Bayesian coalescent inference of major human mitochondrial DNA haplogroup expansions in Africa. *Proceedings of the Royal Society B* 276:367-73.
16. Dunbar, R. 2004. *The Human Story*. Faber and Faber.
17. Klein, R.G. e Edgar, B. 2002. *The Dawn of Human Culture*. John Wiley.
18. Fisher, S.E. e Scharff, C. 2009. FOXP2 as a molecular window into speech and language. *Trends in Genetics* 25:166-77. doi: 10.1016/j.tig.2009.03.002 A.
19. Enard, W. et al. 2009. A humanized version of FOXP2 affects cortico-basal ganglia circuits in mice. *Cell* 137:961-71.
20. Krause, J. et al. 2007. The derived FOXP2 variant of modern humans was shared with Neandertals. *Current Biology* 17:1908-12.
21. Cosmides, L. e Tooby, J. 1992. Cognitive adaptations for social exchange. In *Adapted Mind* (orgs.) J.H. Barkow, L. Cosmides e J. Tooby. Oxford University Press.
22. Ambas as citações de Adam Smith são do livro 1, parte 2, de *A riqueza das nações* (1776).
23. Rowland e Warnier, citados em Shennan, S. 2002. *Genes, Memes and Human History*. Thames & Hudson.
24. Brosnan, S.F. et al. 2008. Chimpanzee autarky. PLOS ONE3(1): e1518. doi:10.1371/journal.pone.0001518
25. Chen, M.K. e Hauser, M. 2006. How basic are behavioral biases? Evidence from capuchin monkey trading behavior. *Journal of Political Economy* 114:517-37
26. Wrangham, R. 2009. *Catching Fire. How Cooking Made Us Human*. Perseus Books.
27. Galdikas, B. 1995. *Reflections of Eden*. Little, Brown.
28. Ofek, H. 2001. *Second Nature: Economic Origins of Human Evolution*. Cambridge University Press.
29. Low, B. 2000. *Why Sex Matters: a Darwinian Look at Human Behaviour*. Princeton University Press.
30. Kuhn, S.L. e Stiner, M.C. 2006. What's a mother to do? A hypothesis about the division of labour and modern human origins. *Current Anthropology* 47:953-80.

31. Kaplan, H. e Gurven, M. 2005. A história natural do compartilhamento humano da comida e da cooperação: uma revisão e uma nova abordagem multi-individual da negociação de normas. In *Moral Sentiments and Material Interests* (orgs. H. Gintis, S. Bowles, R. Boyd e E. Fehr). MIT Press.
32. Bliege Bird, R. 1999. Cooperation and conflict: the behavioural ecology of the sexual division of labour. *Evolutionary Anthropology* 8:65-75.
33. Biesele, M. 1993. *Women Like Meat*. Indiana University Press.
34. Stringer, C. 2006. *Homo Britannicus*. Penguin.
35. Bliege Bird, R. e Bird, D. 2008. Why women hunt: risk and contemporary foraging in a Western Aboriginal Community. *Current Anthropology* 49:655-93.
36. É razoável perguntar se o fato de fazer a mesma coisa durante 100 mil anos não deixou sua marca em pelo menos algumas das buscas modernas dos dois sexos. Comprar sapatos é um pouco como coletar — escolher o item perfeito numa imensidão de possibilidades. Jogar golfe é um pouco como caçar — mirar um projétil balístico num alvo nos grandes espaços externos. Também é notável o quanto a maioria dos homens é mais carnívora do que a maioria das mulheres. No Ocidente, mulheres vegetarianas superam os homens por mais de dois para um, mas até mesmo entre não vegetarianos é comum encontrar homens que apenas mordiscam as verduras em seus pratos, e as mulheres fazem o mesmo com a carne. Naturalmente, isso é parte da minha argumentação de que, na Idade da Pedra, os homens supriam de carne as mulheres que juntavam alimentos, e as mulheres supriam de vegetais os homens caçadores, então ambos os sexos eram onívoros. Mas, talvez, quando se tratava de "parar para almoçar", as mulheres comiam as nozes que haviam juntado, enquanto, em outro lugar, os homens se reuniam para cozinhar uma tartaruga ou cortar um filé de sua primeira peça de caça. Tais especulações não são, admito, muito científicas.
37. Joe Henrich provou pela primeira vez seu ponto de vista para mim tarde da noite, num bar em Indiana.
38. Bliege Bird, R. e Bird, D. 2008. Why women hunt: risk and contemporary foraging in a Western Aboriginal Community. *Current Anthropology* 49:655-93.
39. Hawkes, K. 1996. Foraging diferences between men and women. In *The Archaeology of Human Ancestry* (eds. James Steele e Stephen Shennan). Routledge. 8:65-75.
40. Kuhn, S.L. e Stiner, M.C. 2006. What's a mother to do? A hypothesis about the division of labour and modern human origins. *Current Anthropology* 47:953-80.
41. Isaac, G.L. e Isaac, B. 1989. *The Archaelogy of Human Origins: Papers by Isaac Glyn*. Cambridge University Press.
42. Wells, H.G. 1902. "*The Discovery of the Future*". Palestra na Royal Institution, 24 Jan. 1902, publicada em *Nature* 65:326-31. Reproduzida com a permissão de AP Watt Ltd em nome dos Executores Literários do Espólio de H.G. Wells.

43. O'Connell, J.F. e Allen, J. 2007. Pre-LGM Sahul (Pleistocene Australia-New Guinea) and the archaeology of the Early Modern Humans. In Mellars, P., Boyle, K., Bar-Yosef, O. et al., *Rethinking the Human Revolution*, Cambridge: McDonald Institute for Archaelogical Research, p. 395-410.
44. Thangaraj, K. et al. 2005. Reconstructing the origin of Andaman Islanders, *Science* 308: 996; Macaulay, V. et al. 2005. Single, rapid coastal settlement of Asia revealed by analysis of complete mitochondrial genomes, *Science* 308:1034-6; Hudjashov et al. 2007. Revealing the prehistoric settlement of Australia by Y chromosone and mtDNA analysis. *PNAS*. 104:8726-30.
45. Kingdon, J. 1996. *Self-Made Man: Human Evolution from Eden to Extinction*. John Wiley.
46. Faure, H., Walter, R.C. e Grant, D.E. 2002. The coastal oasis: Ice Age springs on emerged continental shelves. *Global and Planetary Change* 33:47-56.
47. Pennisi, E. 2004. Louse DNA suggests close contact between Early Humans. *Science* 306:210.
48. Svante Paabo, papéis pessoais. Ver também Evans, P.D. et al. 2006. Evidence that the adaptive allelo of the brain size gene microcephalin introgressed into *Homo sapiens* from an arcaic *Homo* lineage. *PNAS* 103:18178-83.
49. Stiner. M.C. e Kuhn, S.L. 2006. Changes in the "connectedness" and resilience of paleolithic societies in Mediterranean ecosystems. *Human Ecology* 34:693-712.
50. http://www.scienceblog.com/community/older/archives/E/usgs398.html
51. Stringer, C. e McKie, R. 1996. *African Exodus*. Jonathan Cape.
52. Conard, N.J., Maline, M. e Munzel, S.C. 2009. New flutes document the earliest musical tradition in southwestern Germany. *Nature* 46:737-740.
53. Ofek, H. 2001. *Second Nature: Economic Origins of Human Evolution*. Cambridge University Press.
54. Stringer, C. 2006. *Homo Britannicus*. Penguin: "Whereas virtually all the stone tools were made from raw materials sourced within an hour's walk from their sites, Cro-Magnon were either much more mobile or had exchange networks for their resources covering hundreds of miles."
55. Pagel, M. e Mace, R. 2004. The cultural wealth of nations. *Nature* 428:275-8.
56. Tattersall, I. 1997. *Becoming Human*. Harcourt.
57. Ver, por exemplo, Horan, R.D., Bulte, E.H. e Shogren, J.F. 2005. How trade saved humanity from biological exclusion: the Neandertal enigma revisited and revised. *Journal of Economic Behavior and Organization* 58:1-29.
58. É surpreendente também como é difícil para muitos intelectuais captar seus pontos principais. Para um catálogo de interpretações erradas, ver o ensaio de Paul Krugman: "Ricardo's Difficult Idea": http://web.mit.edu/krugman/www/ricardo.htm
59. Holldobbler, B. e Wilson, E.O. 2008. *The Superorganism*. Norton.

60. Darwin, C.R. 1871. *The Descent of Man*. Citado em Ofek, H. 2001. *Second Nature: Economic Origins of Human Evolution*. Cambridge University Press.
61. Henrich, J. 2004. Demography and cultural evolution: how adaptive cultural processes can produce maladaptive losses — the Tasmanian case. *American Antiquity* 69:197-214.
62. Henrich, J. 2004. Demography and cultural evolution: how adaptive cultural processes can produce maladaptive losses — the Tasmanian case. *American Antiquity* 69:197-214.
63. Diamond, J. 1993. Ten thousand years of solitude. *Discover*, mar./1993.
64. Henrich, J. 2004. Demography and cultural evolution: how adaptive cultural processes can produce maladaptive losses — the Tasmanian case. *American Antiquity* 69:197-214.
65. Bowdler, S. 1995. Offshore island and maritime explorations in Australian prehistory. *Antiquity* 69:945-58.
66. Shennan, S. 2002. *Genes, Memes and Human History*. Thames & Hudson
67. Balme, J. e Morse, K. 2006. Shell beads and social behaviour in Pleistocene Australia. *Antiquity* 80:799-811.
68. Flood, J. 2006. *The Original Australians: The Story of the Aboriginal People*. Allen & Unwin.
69. Henrich, J. 2004. Demography and cultural evolution: how adaptive cultural processes can produce maladaptive losses — the Tasmanian case. *American Antiquity* 69:197-214.
70. O'Connell, J.F. e Allen, J. 2007. Pre-LGM Sahul (Pleistocene Australia-New Guinea) and the archaeology of the Early Modern Humans. In Mellars, P., Boyle, K., Bar-Yosef, O. et al., *Rethinking the Human Revolution*, Cambridge: McDonald Institute for Archaeological Research, p. 395-410.
71. Incidentalmente, a história dos viquingues na Groenlândia, ou dos habitantes de Easter Island, contada de forma tão eloquente como contos de exaustão ecológica no livro *Colapso*, de Jared Diamond, provavelmente diz tanto sobre isolamento quanto sobre ecologia. Isolados da Escandinávia por uma combinação de peste negra e piora do clima, os viquingues da Groenlândia não puderam manter seu estilo de vida; como os tasmanianos, esqueceram como pescar. A Easter Island que Diamond interpretou mal parcialmente: alguns argumentam que sua sociedade possivelmente ainda florescia apesar da deflorestação, quando um holocausto de traficantes de escravos aconteceu nos anos 1860 — ver Peiser, B. 2005. From genocide to ecocide: the rape of Rapa Nui. *Energy & Environment* 16:513-39.
72. Richerson P.J., Boyd, R. e Bettinger, R.L. 2009. Cultural innovations and demographic change. *Human Biology* 81:211-35; Powell, A., Shennan, S. e Thomas, M.G. 2009. Late Pleistocene demography and the appearance of modern human behavior. *Science* 324:1298-1301.

73. Simon, J. 1996. *The Ultimate Resource 2*. Princeton University Press.
74. Flood, J. 2006. *The Original Australians: The Story of the Aboriginal People*. Allen & Unwin.

3. A manufatura da virtude: escambo, confiança e regras de 50 mil anos atrás aos dias de hoje

1. Ferguson, N. 2008. *The Ascent of Money*. Allen Lane.
2. Spierenburg, P. 2008. *A History of Murder*. Polity Press. Ver também Eisner, M. 2001. Modernization, self-control and lethal violence. The long-term dynamics of European rates in theoretical perspective. *The British Journal of Criminology* 41:618-638.
3. Siegfried, T. 2006. *A Beautiful Math: John Nash, Game Theory and the Modern Quest for a Code of Nature*. Joseph Henry Press.
4. http://www.reason.com/news/show/34772.html
5. Henrich, J. et al. 2005. "Economic man" in cross-cultural perspective. Behavioral experiments in 15 small-scale societies. *Behavioral and Brain Sciences* 28:795-815.
6. Fehr, E. e Gachter, S. 2000. Cooperation and punishment in public goods experiments. *American Economic Review*, Journal of the American Economic Association 90:980-94; Henrich, J. et al. 2006. Costly punishment across human societies, *Science* 312: 1767-70.
7. Brosnan, S. 2008. Fairness and other-regarding preferences in nonhuman primates. In Zak, P. (org.) 2008. *Moral Markets*. Princeton University Press.
8. Seabright, P. 2004. *The Company of Strangers*. Princeton University Press.
9. Hrdy, S. 2009. *Mothers and Others*. Belknap. De Waal, F. 2006. *Our Inner Ape*. Granta Books.
10. Pomeranz, K. e Topik, S. 2006. *The World that Trade Created*. M.E. Sharpe.
11. Ferguson, N. 2008. *The Ascent of Money*. Allen Lane.
12. Crockett, S., Wilson, B. e Smith, V. 2009. Exchange and specialization as a discovery process. *Economic Journal* 119:1162-88.
13. Sharp, L. 1974. Steel axes for stone age Australians. In Cohen, Y. (org.) 1974. *Man in adaptation*. Aldine de Gruyter.
14. Darwin, C.R. 1839. *The Voyage of the Beagle*. John Murray.
15. Connolly, R. e Anderson, R. 1987. *First Contact*. Viking.
16. Baugh, T.E. e Ericosn, J.E. 1994. *Prehistoric Exchange Systems in North America*. Springer.
17. Arnold, J.E. 2001. *The Origins of a Pacific Coast Chiefdom: The Chumash of the Channel Islands*. University of Utah Press.
18. Coase, R.H. 1995. Adam Smith's view of man. Em *Essays on Economics and Economists*. University of Chicago Press.
19. Smith, A. 1759. *The Theory of Moral Sentiments*.
20. Smith, A. 1776. *The Wealth of Nations*.

21. Seabright, P. 2004. *The Company of Strangers*. Princeton University Press.
22. Solomon, R.C. 2008. Free enterprise, sympathy and virtue. In Zak, P. (org.) *Moral Markets*. Princeton University Press.
23. Noriuchi, M., Kikuchi, Y e Senoo, A. 2008. The functional neuroanatomy of maternal love: mother's response to infant's attachment behaviors. *Biological Psychiatry* 63:415-23.
24. Zak, P. Values and value. In Zak, P. (org.). 2008. *Moral Markets*. Princeton University Press.
25. Kosfeld, M., Heinrichs, M., Zak, P.J., Fischbacher, U. e Fehr, E. 2005. Oxytocin increases trust in humans. *Nature* 435:673-6.
26. Rilling, J.K., et al. 2007. Neural correlates of social cooperation and non-cooperation as a function of psychopathy. *Biological Psychiatry* 61.1260-71.
27. Frank, R. 2008. The status of moral emotions in consequentialist moral reasoning. In Zak, P. (org.) 2008. *Moral Markets*. Princeton University Press.
28. Mealey, L., Daood, C. e Krage, M. 1996. Enhanced memory for faces of cheaters. *Ethology and Sociobiology* 17:119-28.
29. Brosnan, S. 2008. Fairness and other-regarding preferences in nonhuman primates. In Zak, P. (org.) 2008. *Moral Markets*. Princeton University Press.
30. Zak, P. e Knack, S. 2001. Trust and Growth. *Economic Journal* 111:295-321.
31. Clippinger, J.H. 2007. *A Crowd of One*. Public Affairs Books.
32. Wright, R. 2000. *Non Zero: The Logic of Human Destiny*. Pantheon.
33. Shermer, M. 2007. *The Mind of the Market*. Times Books.
34. Citado em O'Rourke, P.J. 2007. *On the Wealth of Nations*. Atlantic Monthly Press.
35. *Spectator*, 24/set./2008.
36. Saunders, P. 2007. Why capitalism is good for the soul. *Policy Magazine* 23:3-9.
37. Lindsey, B. 2007. *The Age of Abundance: How Prosperity Transformed America's Politics and Culture*. Collins.
38. Citado em Phillips, A. e Taylor, B. 2009. *On Kindness*. Hamish Hamilton.
39. Phillips, A. e Taylor, B. 2009. *On Kindness*. Hamish Hamilton.
40. Comunicação pessoal de Lord Taverne.
41. Descrito em Clippinger, J.H. 2007. *A Crowd of One*. Public Affairs Book.
42. Citado em Hirschman, A. 1977. *The Passions and the Interests*. Princeton University Press.
43. McFarlane, A. 2002. David Hume and the political economy of agrarian civilization. *History of European Ideas* 27:79-91.
44. Pinker, S. 2007. A history of violence. *The New Republic*, 19 de mar. de 2007.
45. Desmond, A. e Moore, J. 2009. *Darwin's Sacred Cause*. Allen Lane.
46. Butler, E. 2008. *The Best Book on the Market*. Capstone.
47. Miller, G. 2009. *Spent*. Heinemann.
48. Shermer, M. 2007. *The Mind of the Market*. Time Books.

49. Eisner, M. 2001. Modernization, self-control e lethal violence. The long-term dynamics of european rates in theoretical perspective. *The British Journal of Criminology* 41:618-638.
50. Ver também Spierenburg, P. 2009. *A History of Murder*. Polity Press.
51. Yandle, B., Bhattarai, M. e Vijayaraghavan, M. 2004. *Environmental Kuznets Curves*. PERC.
52. Glokany, I. 2008. *The Improving State of the World*. Cato Institute.
53. Moore, S. e Simon, G. 2000. *It's Getting Better All the Time*. Cato Institute.
54. Anderson, C. 2006. *The Long Tail: Why the Future of Business Is Selling Less of More*. Hyperion.
55. As citações são de um ensaio de 1842 para *The Nonconformist* e de um ensaio de 1853 para *The Westminster Review*. Ambos citados em Nisbet, R. 1980. *History of the Idea of Progress*. Basic Books.
56. Lindsey, B. 2007. *The Age of Abundance: How Prosperity Transformed America's Politics and Culture*. Collins.
57. Friedman, B. 2005. *The Moral Consequences of Economic Growth*. Knopf.
58. McCloskey, D. 2006. *The Bourgeois Virtues*. Chicago University Press.
59. Lindsey, B. 2007. *The Age of Abundance: How Prosperity Transformed America's Politics and Culture*. Collins.
60. Citado em Norberg, J. 2008. *The Klein Doctrine. Briefing* nº 102, de 14 mai. 2008, Cato Institute.
61. Klein, N. 2001. *No Logo*. Flamingo.
62. O Greenpeace afirmou que o *Brent Spar* tinha 5.500 toneladas dentro, porém mais tarde admitiu que o número real era cerca de 100 toneladas.
63. Ken Lay tinha ambições de que a Enron "se tornasse a primeira companhia mundial em energia renovável" e fazia muito *lobby* por subsídios para a energia renovável e mandados. Ver http://masterresource.org/?p=3302#more-3302.
64. Micklethwait, J. e Woolridge, A. 2003. *The Company*. Weidenfeld.
65. Beinhocker, E. 2006. *The Origin of Wealth*. Random House.
66. O desenvolvimento da conteinerização nos anos 1950 tornou a carga e descarga de navios perto de 20 vezes mais rápidas e, portanto, baixou espetacularmente o custo do comércio, ajudando a iniciar a explosão das exportações asiáticas. Hoje, apesar do advento da era da informação sem peso, a esquadra mercante do mundo — de mais de 550 milhões de toneladas brutas registradas — é duas vezes o tamanho que tinha em 1970 e 10 vezes o tamanho de 1920. Ver Edgerton, D. 2006. *The Shock of the Old: Technology and Global History since 1900*. Profile Books.
67. Fishman, C. 2006. *The Wal-Mart Effect*. Penguin.
68. A coisa notável acerca da morte das câmeras de filme é o quanto as companhias de filmes foram cegas para isso. Ainda em 2003 elas insistiam em que a digital não pegaria uma parte do mercado e que o filme resistiria.

69. Estimativas da Kaufmann Foundation: citado em pesquisa de negócios de *The Economist* nos Estados Unidos, por Robert Guest, 30/mai./2009.
70. "ebay.inc". Estudo de caso nº 9-700-007 da Harvard Business School.
71. Carden, A. e Hall, J. 2009. Why are some places rich while others are poor? The institucional necessity of Economic Freedom. (29/jul./2009). Disponível no SSRN (Social Science Research Network): http://ssrn.com/abstract=1440786.
72. Bailey, R. 2007. The secrets of intangible wealth. *Reason*, 5/out./2007. http://reason.com/news/show/122854.html.
73. Discuto isso em maiores detalhes em *The Origin of Virtue* (1996).
74. In Shermer, M. 2007. *The Mind of the Market*. Times Books.

4. Alimentação dos 9 bilhões: a agricultura nos últimos 10 mil anos

1. Swift, J. 1726. *Viagens de Gulliver*.
2. Ver Faostat: http://faostat.fao.org
3. Ver http://www.mummytombs.com/otzi/scientific.htm para fontes sobre Oetzi.
4. Comunicação pessoal de Lee Silver.
5. Smith, A. 1776. *A riqueza das nações*.
6. Piperno, D.R., Weiss, E., Holst, I. e Nadel, D. 2004. Processing of wild cereal grains in the Upper Paleolithic revealed by starch grain analysis. *Nature* 430:670-3.
7. Johnson, A.W. e Earle, T.K. 2000. *The Evolution of Human Societies: from Foraging Group to Agrarian State*. Stanford University Press.
8. Rosen, A.M. 2007. *Civilizing Climate: Social Responses to Climate Change in the Ancient Near West*. Rowan AltaMira.
9. Shennan, S. 2002. *Genes, Memes and Human History*. Thames & Hudson.
10. Dillehay, T.D. et al. 2007. Preceramic adoption of peanut, squash and cotton in northern Peru. *Science* 316:1890-3.
11. Richerson, P.J., Boyd, R. e Bettinger, R.L. 2001. Was agriculture impossible during the Pleistocene but mandatory during the Holocene? A climate change hypothesis. *American Antiquity* 66:387-411.
12. Pohl, M.E.D. et al. 2007. Microfossil evidence for pre-Colombian maize dispersals in the neotropics from San Andres, Tabasco, Mexico. *PNAS* 104: 11874-81.
13. Denham, T.P. et al. 2003. Origins of agriculture at Kuk Swamp in the Highlands of New Guinea. *Science* 301: 189-93.
14. Estudos acadêmicos recentes tornaram essa coincidência muito mais impressionante. Até recentemente, acreditava-se que a agricultura no Peru, México e na Nova Guiné tivesse começado muito mais tarde.
15. Richerson, P.J., Boyd, R. e Bettinger, R.L. 2001. Was agriculture impossible during the Pleistocene but mandatory during the Holocene? A climate change hypothesis. *American Antiquity* 66:387-411. Incidentalmente, há um paralelo fascinante entre o súbito aparecimento da agricultura no fim da última era

do gelo e o súbito aparecimento da vida multicelular depois da mãe de todas as eras do gelo, o período da Terra como uma bola de neve entre 790 e 630 milhões de anos atrás, quando, de tempos em tempos, até os trópicos ficavam embaixo de espessos lençóis de gelo. Os bolsões isolados de refugiados bacterianos trêmulos de frio sobre a bola de neve que era a Terra achavam-se em meio a uma procriação sanguínea tão intensa, diz um argumento engenhoso, que os indivíduos se uniam como um "corpo" e delegavam a procriação a células reprodutoras especializadas. Ver Boyle R.A., Lenton T.M., Williams, H.T.P. 2007. Neoproterozoic "snowball Earth" glaciations and the evolution of altruism. *Geobiology* 5:337-49.

16. Lourandos, H. 1997. Continent of Hunter-Gatherers. Cambridge University Press.
17. Sherratt, A. 2005. The Origins of farming in South-West Asia. ArchAtlas, jan. 2008, edição 3, http://www.archatlas.org/OriginsFarming/Farming.php, acessado em 30 jan. 2008.
18. Jacobs, J. 1969. *The Economy of Cities*. Random House.
19. Perles, C. 2001. *The Early Neolithic in Greece*. Cambridge University Press.
20. Cavalli-Sforza, L.L. e Cavalli-Sforza, E.C. 1995. *The Great Human Diasporas: the History of Diversity*. Addison-Wesley.
21. Fagan, B. 2004. *The Long Summer*. Granta.
22. Eiberg, H. et al. 2008. Blue eye color in humans may be caused by a perfectly associated founder mutation in a regulatory element located within the HERC2 gene inhibiting OCA2 expression. *Human Genetics* 123:177-87.
23. Ruddiman, W.F. e Ellis, E.C. 2009. Effect of per-capita land use changes on Holocene Forest clearance and CO_2 emitions. *Quaternary Science Reviews*. (doi:10.1016/j.quascirev.2009.05.022).
24. http://www.tell-halaf-projekt.de/de/tellhalaf/tellhalaf.htm.
25. Ofek, H. 2001. *Second Nature: Economic Origins of Human Evolution*. Cambridge University Press.
26. Richerson, P.J. e Boyd, R. 2007. The Evolution of Free-enterprise Values. In Zak, P. (org.) 2008. *Moral Markets*. Princeton University Press.
27. Pledger, T. 2003. A brief introduction to the Old Copper Complex of the Western Great Lakes: 4000-1000 BC. In *Proceedings of the Twenty-seventh Annual Meeting of the Forest History Association of Wisconsin, Inc.* Oconto, Wisconsin, 5/out./2002, p. 10-18. Ver também http://www.uwfox.uwc.edu/academics/depts/tpleger/oldcopper.html
28. Shennan, S.J. 1999. Cost, benefit and value in the organization of early European copper production. *Antiquity* 73:352-63.
29. Davis, J. 1992. *Exchange*. Open University Press.
30. Clark, C. 1970. *Starvation or Plenty?* Secker e Warburg.

31. Shennan, S.J. 1999. Cost, benefit and value in the organization of early European copper production. *Antiquity* 73:352-63.
32. Davis, J. 1992. *Exchange*. Open University Press.
33. Diamond, J. 1987. The worst mistake in the history of the human race? *Discover*, maio:64-6.
34. Shennan, S. 2002. *Genes, Memes and Human History*. Thames & Hudson.
35. Bridges, E.L. 1951. *The Uttermost Part of the Earth*. Houghton & Stoughton.
36. Wood, J.W. et al. 1998. A theory of preindustrial population dynamics: demography, economy and well-being in Malthusian systems. *Current Anthropology* 39:99-135.
37. LeBlanc, S.A. e Register, K. 2003. *Constant Battles: Why We Fight*. St. Martin Griffin.
38. Shennan, S. 2002. *Genes, Memes and Human History*. Thames & Hudson.
39. Bentley, R.A., Wahl, J., Price T.D. e Atkinson, T.C. 2008. Isotopic signatures and hereditary traits: snapshot of a Neolithic community in Germany. *Antiquity* 82:290.
40. Seabright, P. 2008. *Warfare and the Multiple Adoption of Agriculture after the Last Ice Age*, IDEI Working Paper nº 522, abr. de 2008.
41. Brook, T. 2008. *Vermeer's Hat*. Profile Books.
42. Sim, Robert: chamar Thomas Robert Malthus por seu primeiro nome, que ele não usava, é como chamar de John Hoover o primeiro diretor do FBI (mais conhecido como Edgar Hoover).
43. Crookes, W. 1898. *The Wheat Problem*. Reeditado por Ayers em 1976.
44. Smil, V. 2001. *Enriching the Earth*. MIT Press.
45. Clark, C. 1970. *Starvation or Plenty?* Secker e Warburg.
46. Easterbrook, G. 1997. Forgotten benefactor of humanity. *The Atlantic Monthly*.
47. Hesser, L. 2006 *The Man Who Fed the World*. Durban House. Ver Borlaug, N.E. 2000. Ending world hunger: the promise of biotechnology and the threat of antiscience zealotry. *Plant Physiology* 124:487-90. Também a entrevista do autor com N. Borlaug 2004.
48. Goklany, I. 2001. Agriculture and the environment: the pros and cons of modern farming. *PERC Reports* 19:12-14.
49. O World Wildlife Fund estima que a humanidade já usou em excesso os recursos da Terra, mas só chega a esta conclusão incluindo uma vasta extensão de novas florestas plantadas, necessárias para contrabalançar as emissões de carbono de cada pessoa.
50. Haberl, H. et al. 2007. Quantifying and mapping the human appropriation of net primary production in earth's terrestrial ecosystems. *Proceedings of the National Academy of Sciences* 104:12942-7.
51. Quantifying and mapping the human appropriation of net primary production in earth's terrestrial ecosystems. Atas da Academia Nacional de Ciências 104:12942-7.

52. Dennis Avery, do Hudson Institute, escreveu sobre isso. Ver http://www.hudson.org/index.cfm?fuseaction=publication_details&id=3988
53. Clark, C. 1963. Agricultural productivity in relation to population. In *Man and His Future*. Fundação CIBA; também Clark, C. 1970. *Starvation or Plenty?* Secker e Warburg.
54. Estatísticas da FAO: WWW.faostat.fao.org
55. Smil, V. 2001. *Enriching the Earth*. MIT Press. Ver também http://www.heartland.org/policybot/results/22792/Greenpeace_Farming_Plan_Would_Reap_Environmental_Havoc_around_the_World.html: Dennis Avery pediu a Vaclav Smil para fazer esse cálculo.
56. Brown, L. 2008. *Plan B 3.0: Mobilizing to Save Civilization*. Earth Policy Institute.
57. Morriss, A.P. 2006. Real people, real resources and real choices: the case for market valuation of water. *Texas Tech Law Review* 38.
58. O professor e o *chef* a que me refiro são Tim Lang e Gordon Ramsey. "Por que estamos comprando comida de outras pessoas que deveriam estar alimentando países em desenvolvimento?", perguntou Tim Lang, membro da Comissão de Desenvolvimento Sustentável, no programa *Today*, da BBC, de 4/mar./2008. "Não quero ver aspargos nos menus no meio de dezembro. Não quero ver morangos do Quênia no meio de março. Quero vê-los crescer aqui", disse Gordon Ramsey, em 9 de maio de 2008. (Ver "Ramsey pede apenas menus sazonais", http://news.bbc.co.uk/1/hi/uk/7390959.stm). À parte o aumento das emissões de carbono, imagine a terrível monotonia da dieta britânica sob essas propostas. Não haveria café ou chá, nem bananas, nem mangas, nem arroz, nem pó de *curry*, só haveria morangos em junho e julho e nenhuma alface no inverno. Você comeria uma quantidade horrível de batatas. Os ricos teriam suas estufas e plantariam laranjeiras nelas, ou viajariam para o exterior e contrabandeariam mamões em sua bagagem. Carne se tornaria um luxo disponível apenas para o professor e seus colegas ricos — porque produzir costeletas de carneiro iria requerer 10 vezes mais terra do que produzir um pedaço de pão com calorias equivalentes. Não existem fábricas de colheitadeiras na Grã-Bretanha, então, a menos que o professor queira hipocritamente que importemos colheitadeiras, mas não a farinha de trigo, teríamos todos que nos revezar nos campos com foices em agosto. Existem, sem dúvida, meras inconveniências que o professor acertaria com algumas leis e alguma política de alimentos. O problema real está em outra parte, convenientemente fora de vista, nos países em desenvolvimento. Todos os plantadores de café, chá, bananas, mangas, arroz e açafrão sofreriam. Eles teriam de parar de cultivar safras comerciais e começar a ser mais autossuficientes. Parece encantador, mas a autossuficiência é a própria definição de pobreza. Incapazes de vender suas safras comerciais, teriam de comer o que

cultivam. Enquanto nós, no norte, mastigaríamos nossas batatas e nosso pão, eles, nos trópicos, estariam ficando enjoados de uma dieta interminável de mangas e açafrão. A economia de mercado me permite comer mangas e a eles comer pão, graças a Deus.

59. Ou, para colocar o tema em academiquês: "A safra adicional de 4-7 Pg C/yr necessária para atingir esse nível de uso de bioenergia iria quase dobrar a atual safra de biomassa e gerar uma substancial pressão extra sobre os ecossistemas." Haberl, H. et al. 2007. Quantifying and mapping the human appropriation of net primary production in earth's terrestrial ecosystems. *Proceedings of the National Academy of Sciences* 104:12942-7.
60. Smil, V. 2000. *Feeding the World*. MIT Press.
61. Avery, A. 2006. *The Truth about Organic Foods*. Henderson Communications. Ver também Goulding, K.W.T. e Trewawas, A.J. 2009. Can organic feed the world? AgBioview Special Paper, 23/jun./2009. http://www.agbioworld.org/newsletter_wm/inbdex.php?caseid=archive&newsid=2894
62. Um estudo recente afirmava que as produtividades orgânicas podem ser mais altas do que as da agricultura convencional (http://www.ns.umich.edu/htdocs/releases/story.php?id=5936), mas apenas mediante um mau uso das estatísticas — extremamente seletivo e tendencioso (ver http://www.cgfi.org/2007/09/06/organic-abundance-report-fatally-flawed/).
63. Pollan, M. 2006 *The Omnivore's Dilemma: the Search for the Perfect Meal in a Fast Food World*. Bloomsbury.
64. Ronald, P. e Adamchak, R.W. 2008. *Tomorrow's Table: Organic Farming, Genetics and the Future of Food*. Oxford University Press.
65. ISAAA 2009 (International Service for the Acquisition of Agri-biotech Applications) *The Dawn of a New Era: Biotech Crops in India*. ISAAA Brief 39, 2009: http://www.isaaa.org/resources/publication/downloads/The-Dawn-of-a-New-Era.pdf.
66. Marvier, M., McCreedy, C., Regetz, J. e Kareiva, P. 2007. A meta-analysis of effects of Bt cotton and maize on nontarget invertebrates. *Science* 316:1475-7; também Wu, K.-M. et al. 2008. Supression of cotton bollworm in multiple crops in China in areas with Bt Toxin-containing cotton. *Science* 321:1676-8 (doi: 10.1126/science.1160550).
67. Ronald, P.C. e Adamchak, R.W. 2008. *Tomorrow's Table: Organic Farming, Genetics and the Future of Food*. Oxford University Press.
68. Miller, J.K. e Bradford, K.J. 2009. The pipeline of transgenic traits in specialty crops. Artigo não publicado, Kent Bradford.
69. Hurst, B. 2009. The omnivore's delusion: against the agri-intelectuals. *The American*, jornal do American Enterprise Institute. 30/jul./2009. http://www.american.com/archive/2009/july/the-omnivore2019s-delusion-against-the-agri-intelectuals.

70. Carson, R. 1962. *Silent Spring*. Houghton Mifflin.
71. Doebley, J. 2006. Unfallen grains: how ancient farmers turned weeds into crops. *Science* 312:1318-19.
72. Richardson, A.O. e Palmer, J.D. 2006. Horizontal gene transfer in plants. *Journal of Experimental Botany* 58:1-9.
73. Piskurek, O. e Okada, N. 2007. Poxviruses as possible vectors for horizontal transfer of retroposons from reptiles to mammals. *PNAS* 29:12046-51.
74. Brookes, G. e Barfoot, P. 2007. Global impact of GM crops: socio-economic and environmental effects in the first ten years of commercial use. *AgBioForum* 9:139-51.
75. Brand, S. 2009. *Whole Earth Discipline*. Penguin.
76. Paarlberg, R. 2008. *Starved for Science*. Harvard University Press.
77. Potrykus, I. 2006. *Economic Times of India*, 26/dez./2005. Republicado em http://www.fightingdiseases.org/main/articles.php?articles_id=568
78. Citado em Brand, S. 2009. *Whole Earth Discipline*. Penguin.
79. Collier, P. 2008. The politics of hunger: how illusion and greed fan the food crisis. *Foreign Affairs* nov./dez. 2008.
80. Muthaka, B. 2009. GM maize for local trials. *Daily Nation* (Nairóbi), 17/jun./2009.
81. Morris, C.E. e Sands, D. 2006. The breeder's dilemma: resolving the natural conflict between crop production and human nutrition. *Nature Biotechnology* 24:1078-80.
82. Citado em Avery, D.T. 2000. What do environmentalists have against golden rice? Center for Global Food Issues, http://www.cgfi.org/materials/articlesw/2000/mar_7_00.htm. Ver também www.goldenrice.org para mais da chocante história da oposição a esse projeto humanitário.

5. Triunfo das cidades: o comércio nos últimos 5 mil anos

1. O'Rourke, P.J. 2007. *On the Wealth of Nations*. Atlantic Monthly Press.
2. Goklany, I. 2009. *Electronic Journal of Sustainable Development*. www.ejsd.org
3. Metade de um quilo de farinha por pão, 3.500 por acre, 80 acres por dia = 560 mil pães por dia. Esses são números que meus colegas obtiveram em minha própria fazenda.
4. Stein, G.J. e Ozbal, R. 2006. Uma história de dois Okumenai: variação na dinâmica expansionista da Mesopotâmia ubaid e uruk. p. 356-70. In Stone, E.C. (org.). *Settlement and Society: Ecology, Urbanism, Trade and Technology in Mesopotamia and Beyond* (Robert McC. Adams Festschrift). Los Angeles, Cotsen Institute of Archaeology.
5. Basu, S., Dickaut, J.W., Hecht, G., Towry, K.L. e Waymire, G.B. 2007. Recordkeeping alters economic history by promoting reciprocity. *PNAS* 106:1009-14.

6. É estranho lembrar que minha educação foi profundamente dominada por duas histórias: a da Bíblia e a de Roma. Ambas foram exemplos desapontadores. Uma contava a história de uma tribo obscura, violenta e um tanto fanática e de um de seus cultos posteriores que ficou à toa, olhando fixamente para seu umbigo teológico por 1.000 anos, enquanto seus fascinantes vizinhos — os fenícios, filisteus, cananeus, lídios e gregos — inventavam, respectivamente, o comércio marítimo, o ferro, o alfabeto, as moedas e a geometria. A outra contava a história de um povo barbaramente violento que fundou um de seus impérios institucionalizando o saque aos vizinhos propensos ao comércio e depois prosseguiu sem inventar praticamente nada por meio milênio, conseguindo uma diminuição real do padrão de vida de seus cidadãos, quase extinguindo a alfabetização enquanto morria. Eu exagero, mas há figuras mais interessantes na história do que Jesus Cristo e Júlio César.
7. Carneiro, R.L. 1970. A theory of the origin of the state. *Science* 169:733-8.
8. Moore, K. e Lewis, D. 2000. Foundations of Corporate Empire. *Financial Times*/Prentice Hall.
9. Citado por Sally Greene em 1981, introdução à edição ilustrada de *Man Makes Himself*. Childe, V. Gordon. 1956. Pitman Publishing.
10. Ratnagar, S. 2004. *Trading Encounters: From the Euphrates to the Indus in the Bronze Age*. Oxford University Press India.
11. Possehl, G.L. 2002. *The Indus Civilization: A Contemporary Perspective*. Rowan AltaMira.
12. Haas, J. e Creamer, W. 2006. Crucible of Andean Civilization.: The Peruvian coast from 3000 to 1800 BC. *Current Anthropology* 47:745-75.
13. O caso chinês fica inexplorado aqui pela simples razão de que o momento-chave da China, a cultura Longshan, continua a ser muito pobremente conhecida, especialmente em termos de quanto comércio ocorreu.
14. Aubet. M.E. 2001. *The Phoenicians and the West*. 2. ed. Cambridge University Press.
15. Childe, V.G. 1956/1981. *Man Makes Himself*. Moonraker Press.
16. Moore, K. e Lewis, D. 2000. *Foundations of Corporate Empire*. Pearson.
17. Chanda, N. 2007. *Bound Together: How Traders, Preachers, Adventurers and Warriors Shaped Globalisation*. Yale University Press.
18. Aubet, M.E. 2001. *The Phoenicians and the West*. 2. ed. Cambridge University Press.
19. Holst, S. 2006. *Phoenicians: Lebanon's Epic Heritage*. Sierra Sunrise Publishing.
20. Aubet, M.E. 2001. *The Phoenicians and the West*. Op. cit.
21. Aubet, M.E. 2001. *The Phoenicians and the West*. Op. cit.
22. Brook, T. 2008. *Vermeer's Hat*. Profile Books.
23. Bolyanatz, A.H. 2004. *Pacific Romanticism: Tahiti and the European Imagination*. Greenwood Publishing Group.

24. Esse argumento retorna à *History of Great Britain*, de David Hume, e foi seguido recentemente por Douglass North.
25. Cunliffe, B. 2001. *The Extraordinary Voyage of Pytheas the Greek*. Penguin.
26. Kealey, T. 2008. *Sex, Science and Profits*. Random House.
27. Khanna, V.S. 2005. *The Economic History of the Corporate Form in Ancient India* (1º/nov./2005). Social Sciences Research Network.
28. Maddison, A. 2006. *The World Economy*. OECD Publishing.
29. Carney, T.F. 1975. *The Shape of the Past*. Coronado Press.
30. Moore, K. e Lewis, D. 2000. *Foundations of Corporate Empire*. Pearson.
31. Chanda, N. 2007. *Bound Together: How Traders, Preachers, Adventurers and Warriors Shaped Globalisation*. Yale University Press.
32. Kohn, M. 2008. How and why economies develop and grow: lessons from preindustrial Europe and China. Manuscrito não publicado.
33. Flecker, M. 2001. A 9th-century Arab or Indian shipwreck in Indonesian waters. *International Journal of International Archeology* 29:199-217.
34. Norberg, J. 2006. *When Man Created the World*. Publicado em sueco como *När människan skapade världen*. Timbro.
35. Greif, A. 2006. *Institutions and the Path to the Modern Economy: Lessons from Medieval Trade*. Cambridge University Press.
36. Ferguson, N. 2008. *The Ascent of Money*. Allen Lane.
37. Chanda, N. 2007. *Bound Together: How Traders, Preachers, Adventurers and Warriors Shaped Globalisation*.
38. Maddison, A. 2006. *The World Economy*. OCDE Publishing.
39. Kohn, M. 2008. How and why economies develop and grow: lessons from preindustrial Europe and China. Manuscrito não publicado.
40. Maddison, A. *The World Economy*. OCDE Publishing.
41. Fukuyama, F. 2008. *Los Angeles Times*, 29/abr./2008.
42. Baumont, W. 2002. *The Free-Market Innovation Machine*. Princeton University Press.
43. Durand, J. 1960. The population statistics of China, A.D. 2-1953. *Population Studies* 13:209-56.
44. Findlay, R. e O'Rourke, K.H. 2007. *Power and Plenty: Trade, War and the World Economy*. Princeton University Press.
45. Turchin, P. 2003. *Historical Dynamics*. Princeton University Press.
46. Observe que isso também é verdade acerca da crise de 2008: a má administração governamental da política de habitação, as taxas de juros e as taxas de câmbio têm responsabilidade tão grande nisso quanto a má administração de risco por parte das empresas. Gostaria de ter mais espaço para me estender sobre esse ponto, mas veja o que escreveram Northcote Parkinson, Mancur Olson, Gordon Tullock e Deepack Lal. Para mim é estranho que as pessoas admitam

que as companhias sejam imperfeitas (como são), mas, então, suponham que as agências do governo sejam perfeitas, o que não são.
47. Landes, D. 1998. *The Wealth and Poverty of Nations*. Little, Brown.
48. Balazs, E. citado em Landes, D. 1998. *The Wealth and Poverty of Nations*. Little, Brown.
49. Brook, T. 1998. *The Confusions of Pleasure: Commerce and Culture in Ming China*. University of California Press.
50. Brook, T. 2008. *Vermeer's Hat*. Profile Books.
51. Citado em Harper, F.A. 1955. Roots of economic understanding. *The Freeman*. vol. 5 item 11. http://www.thefreemanonlin.org/columns/roots-of-economic-understanding.
52. Gleason, J. 1998. *The Arcanum*.
53. Blanning, T. 2007. *The Pursuit of Glory*. Penguin.
54. Edgerton, D. 2006. *The Shock of the Old: Technology and Global History since 1900*. Profile Books.
55. Findlay, R. e O'Rourke, K.H. 2007. *Power and Plenty: Trade, War and the World Economy*. Princeton University Press.
56. Lal, D. 2006. *Reviving the Invisible Hand*. Princeton University Press.
57. Moyo, D. 2009. *Dead Aid*. Allen Lane.
58. Ford, F.M. 1905. *The Soul of London*. Alston Rivers.
59. Mehta, S. Dirty, crowded, rich and wonderful. *International Herald Tribune*, 16 jul. 2007. Citado em Williams, A. 2008. *The Enemies of Progress*. Societas.
60. Brand, S. 2009. *Whole Earth Discipline*. Penguin.
61. Harris, R. 2007. Let's ditch this nostalgia for mud. *Spiked*, 4/dez./2007.
62. Jacobs, J. 2000. *The Nature of Economies*. Random House.
63. Glaeser, E. 1900. Green cities, Brown suburbs. *City Journal* 19: http://www.city-journal.org/2009/191green-cities.html
64. Ehrlich, Paul. 1968. *The Population Bomb*. Ballantine Books.

6. Escapando da armadilha de Malthus: a população depois de 1200

1. Malthus, T.R. 1798. *Essay on Population*.
2. United Nations Population Division.
3. Smith, V.L. 2008. *Discovery — a Memoir*. Authorhouse.
4. Meu argumento aqui está a meio caminho entre o malthusiano desenvolvido por autores historiadores como Greg Clark e a visão de que as economias pré-industriais sempre foram capazes de maior produtividade, mas a predação e outros fatores intrínsecos impediram isso — como foi desenvolvido por George Grantham. Ver p. ex. Grantham, G. 2008. Explaining the industrial transition: a non-Malthusian perspective. *European Review of Economic History* 12: 165-73.

5. Clark, G. 2007. *A Farewell to Alms*. Princeton University Press.
6. Malthus, T.R. 1798. *Essay on Population*.
7. Ricardo, D. 1817. *The Principles of Political Economy and Taxation*. (Adam Smith, olhando China, Índia e Holanda, tinha pensado o mesmo.)
8. Langdon, J. e Masschaele, J. 2006. Commercial activity and population growth in medieval England. *Past and Present* 190:35-81.
9. Langdon, J. e Masschaele, J. 2006. Commercial activity and population growth in medieval England. *Past and Present* 190:35-81.
10. Jordan, W.C. 1996. *The Great Famine: Northern Europe in the Early Fourteenth Century*. Princeton University Press.
11. Ver o livro de Meir Kohn *How and why economies develop and grow: lessons from preindustrial Europe and China* em www.dartmouth.edu/~mkohn/Papers/lessons%201r3.pdf.
12. Langdon, J. e Masschaele, J. 2006. Commercial activity and population growth in medieval England. *Past and Present* 190:35-81.
13. Mokyr, J. 1990. *Lever of Riches*. Oxford University Press.
14. Observado em Perrin, N. 1988. *Giving up the Gun: Japan's Reversion to the Sword*. Grodine.
15. Macfarlane, A. e Harrison, S. 2000. Technological evolution and involution: a preliminary comparison of Europe and Japan. In Ziman, J. (org.) *Technological Innovation as an Evolutionary Process*. Cambridge University Press.
16. Macfarlane, A. e Harrison, S. 2000. Technological evolution and involution: a preliminary comparison of Europe and Japan. In Ziman, J. (org.) *Technological Innovation as an Evolutionary Process*. Cambridge University Press.
17. Perrin, N. 1988. *Giving up the Gun: Japan's Reversion to the Sword*. Grodine.
18. Petty, W. 1691. *Political Arithmetic*.
19. *A riqueza das nações*, citada em Blanning, T. 2007. *The Pursuit of Glory*. Penguin.
20. Pomeranz, K. 2000. *The Great Divergence*. Princeton University Press.
21. Clark, G. 2007. *A Farewell to Alms*. Princeton University Press.
22. Epstein, H. 2008. The strange history of birth control. *New York Review of Books*, 18/ago./2008.
23. Hardin, G. 1968. The tragedy of the commons. *Science* 162:1243-8.
24. Uma exceção foi Barry Commoner, que argumentou na conferência das Nações Unidas sobre população em Estocolmo em 1972 que a transição demográfica solucionaria o problema do crescimento populacional sem coerção.
25. Ehrlich, P. e Ehrlich, A. e Holdren, J.F. 1977. *Eco-Science*. W.H. Freeman.
26. Connelly, M. 2008. *Fatal Misconception: the Struggle to Control World Population*. Harvard University Press.
27. O modo padrão de medir a taxa de fertilidade é a "taxa de fertilidade total", que supõe obter a média do tamanho da família completa de cada coorte da

população. Isso é imperfeito e confunde família futura com queda no tamanho da família. Mas é o melhor modo disponível e eu o usei nesse capítulo por falta de uma medida melhor.
28. Brand, S. 2005. Environmental heresies. *Technology Review*, maio/2005.
29. Caldwell, J. 2006. *Demographic Transition Theory*. Springer.
30. O livro de Maddox foi chamado de *The Doomsday Syndrome* (1973, McGraw Hill) e a crítica de Holdren e Ehrlich é citada por John Tierney em http://tierneylab.blogs.nytimes.com/2009/04/15/the-skeptical-prophet.
31. Ou, para colocar em academiquês, "o debate continua com uma pletora de esquemas teóricos opostos, nenhum dos quais ganhou uma ampla adesão". Hirschman, citado em Bongaarts, J. e Watkins, S.C. 1996. Social interactions and contemporary fertility transitions. *Population and Development Review* 22:639-82.
32. Sachs, J. 2008. *Common Wealth: Economics for a Crowded Planet*. Allen Lane.
33. Connelly, M. 2008. *Fatal Misconception: the Struggle to Control World Population*. Harvard University Press.
34. Sachs, J. 2008. *Common Wealth: Economics for a Crowded Planet*. Allen Lane.
35. Norton, S. 2002. *Population Growth, Economic Freedom and the Rule of Law*. PERC Policy Series nº 24.
36. Richerson, P. e Boyd, R. 2005. *Not by Genes Alone*. Chicago University Press.
37. Bailey, R. 2009. The Invisible Hand of Population Control. *Reason*, 16/jun./2009. http://www.reason.com/news/show/134136.html.
38. Myrskylä, M., Kohler, H.P. e Billari, F.C. 2009. Advances in development reverse fertility declines. *Nature*, 6/ago./2009 (doi:10.1038/nature 08230).

7. Libertação dos escravos: a energia após 1700
1. Jevons, W.S. 1865. *The Coal Question: An Inquiry Concerning the Progress of the Nation, and the Probable Exhaustion of our Coal-mines*. Macmillan.
2. http://www.pittsburghlive.com/x/pittsburghtrib/opinion/columnists/boudreaux/s_304437.html.
3. Fouquet, R. e Pearson, P.J.G. 1998. A thousand years of energy use in the United Kingdom. *Energy Journal* 19:1-41.
4. Mokyr, J. 1990. *Lever of Riches*. Oxford University Press.
5. O abade de Clairvaux é citado em Gimpel, J. 1976. *The Medieval Machine*. Penguin.
6. De Zeeuw, J.W. 1978. *Peat and the Dutch golden age*. Ver http://www.peatandculture.org/documenten/Zeeuw.pdf
7. Kealey, T. 2008. *Sex, Science and Profits*. William Heinemann.
8. Clark, G. 2007. *A Farewell to Alms*. Princeton University Press.
9. Friedel, R. 2007. *A Culture of Improvement*. MIT Press

10. Essa estimativa é de Clark. Outros argumentam que, por causa do rápido declínio dos preços de bens como açúcar, o poder de compra da renda média cresceu firmemente nos anos 1700. Ver Clark, G. 2007. *A Farewell to Alms*. Princeton University Press.
11. O primeiro caso vem de uma história não publicada de uma vila de Stannington escrita por minha avó e outros nos anos 1950. Os outros dois casos foram citados em Rivoli, P. 2005. *The Travels of a T-Shirt in the Global Economy*. John Wiley.
12. A gravura foi publicada com um livro editado e publicado por William Walker, *Memoirs of the Distinguished Men of Science of Great Britain Living in the Year 1807-8*.
13. Moore fundou a Intel, Noyce, o microchip, Jobs, a Apple, Brian, o Google, Boyer, a Genentech, Hood, a Applied Biosystems.
14. Gergely Berzeviczy, citado em Blanning, T. 2007. *The Pursuit of Glory*. Penguin.
15. Landes, D.S. 2003. *The Unbound Prometheus: Technological Change and Industrial Development in Western Europe from 1750 to the Present*. 2. ed. Cambridge University Press.
16. John Lynch, citado em Blanning, T. 2007. *The Pursuit of Glory*. Penguin.
17. Jardine, L. 2008. *Going Dutch*. Harper.
18. Baumol, W. 2002. *The Free-Market Innovation Machine*. Princeton University Press.
19. Landes, D.S. 2003. *The Unbound Prometheus: Technological Change and Industrial Development in Western Europe from 1750 to the Present*. 2. ed. Cambridge University Press.
20. Friedel, R. 2007. *A Culture of Improvement*. MIT Press
21. Citado em Blanning, T. 2007. *The Pursuit of Glory*. Penguin.
22. Citado em Mokyr, J. 1990. *Lever of Riches*. Oxford University Press; Friedel, R. 2007. *A Culture of Improvement*. MIT Press.
23. Mokyr, J. 1990. *Lever of Riches*. Oxford University Press; Friedel, R. 2007. *A Culture of Improvement*. MIT Press.
24. Friedel, R. 2007. ; Friedel, R. 2007. *A Culture of Improvement*. MIT Press. Rivoli, P. 2005. *The Travels of a T-Shirt in the Global Economy*. John Wiley.
25. Eis aqui como Landes expõe isso: "Por um longo tempo, a visão mais aceita foi aquela proposta por Marx e repetida e enfeitada por gerações de historiadores socialistas e até não socialistas. Essa posição explica a realização de uma mudança social tão grande — a criação de um proletariado industrial em face de uma tenaz resistência — postulando um ato de expropriação forçosa: os terrenos cercados enraizaram o trabalhador rural e o pequeno camponês e os conduziram para as fábricas. Pesquisa empírica recente invalidou essa hipótese; os dados indicam que a revolução agrícola associada aos terrenos cercados aumentou a demanda do trabalho agrícola, e que, de fato, aquelas áreas rurais que viram

mais cercamentos de terrenos viram também o maior aumento da população residente. De 1750 a 1830 os condados agrícolas da Grã-Bretanha duplicaram o número de habitantes. Se prova objetiva desse tipo será suficiente, no entanto, para acabar com o que se tornou profissão de fé, é duvidoso". Landes, D.S. 2003. *The Unbound Prometheus: Technological Change and Industrial Development in Western Europe from 1750 to the Present.* 2. ed. Cambridge University Press, p. 114-15.
26. Baines, E. 1835. History of Cotton Manufacture in Great Britain. Citado em Rivoli, P. 2005. *The Travels of a T-Shirt in the Global Economy.* John Wiley.
27. Schumpeter, J.A. 1943. *Capitalism, socialism and democracy.* Allen & Unwin.
28. Clark, C. 1970. *Starvation or Plenty?* Secker e Warburg.
29. Landes, D.S. 2003. *The Unbound Prometheus: Technological Change and Industrial Development in Western Europe from 1750 to the Present.* 2. ed. Cambridge University Press.
30. Friedel, R. 2007. *A Culture of Improvement.* MIT Press.
31. A escravidão barateou uma quantidade crescente da produção sem a redução dos preços. A produção indiana não declinou no século XIX: ela se expandiu, mas não tão rápido quanto a americana. Fogel, R.W. e Engerman, S.L. 1995. *Time on the Cross: The Economics of American Negro Slavery.* Reedição. W.W. Norton and Company.
32. Rivoli, P. 2005. *The Travels of a T-Shirt in the Global Economy.* John Wiley.
33. Rolt, L.T. 1965. *Tools for the Job.* Batsford Press. Incidentalmente, coque de carvão era usado para fazer ferro (por Abraham Darby em Coalbrookedale em Shropshire) já em 1709, mas apenas ferro fundido de qualidade inferior.
34. Pomeranz, K. 2000. *The Great Divergence.* Princeton University Press.
35. Clark, G. e Jacks, D. 2006. *Coal and the Industrial Revolution, 1700-1869.* Working Paper #06-15, Departamento de Economia, Universidade da Califórnia, Davis.
36. Clark, G. e Jacks, D. 2006. *Coal and the Industrial Revolution, 1700-1869.* Working Paper #06-15, Departamento de Economia, Universidade da Califórnia, Davis. Como uma jovem inglesa (minha ancestral), filha de um juiz, escreveu para sua mãe depois de se mudar de Bedfordshire para Northumberland in 1841: "Quanto mais eu vejo as pessoas pobres por aqui, mais fico intrigada com a possibilidade de fazer algum bem a elas... Todas têm salários imensos e muito carvão e são bastante ricas em comparação com nossa gente de Millbrook." De Ridley, U. 1958/1990. *The Life and Letters of Cecilia Ridley 1819-1845.* Spredden Press.
37. Wrigley, E.A. 1988. Continuity, Chance and Change: the Character of the Industrial Revolution in England. Cambridge University Press.
38. Clark, G. 2007. *A Farewell to Alms.* Princeton University Press.

39. Fouquet, R. e Pearson, P.J.G. 1998. A thousand years of energy use in the United Kindom. *Energy Journal* 19:1-41.
40. *The Mechanicals*. Heinemann.
41. The dynamo and the computer: an historical perspective on the modern productivity paradox. *American Economic Review*. 80:355-61.
42. Barnes, D.F. (Org.) 2007. *The Challenge of Rural Electrification*. Resources for the Future Press.
43. Huber, P.W. e Mills, M.P. 2005. *The Bottomless Well: the Twilight of Fuel, the Virtue of Waste, and Why We Will Never Ran Out of Energy*. Basic Books.
44. *A riqueza das nações*.
45. Um watt é um joule por segundo. Uma caloria, 4.184 joules. As cifras de consumo de energia em watts *per capita* vêm da International Energy Agency. Ver http://en.wikipedia.org/wiki/Image:Energy_consumption_versus_GDP.png.
46. A propósito, o dobro dessa energia é desperdiçado tanto para transformar grão em movimento de bicicleta de carga quanto para transformar petróleo em movimento de caminhão de carga: ou 16 vezes isso se o grão entrar no ciclista via uma galinha. Huber, P.W. e Mills, M.P. 2005. *The Bottomless Well: the Twilight of Fuel, the Virtue of Waste, and Why We Will Never Ran Out of Energy*. Basic Books.
47. Jevons, W.S. 1865. *The Coal Question: An Inquiry Concerning the Progress of the Nation, and the Probable Exhaustion of our Coal-mines*. Macmillan.
48. Dennis Avery, citado em Bryce, R. 2008. *Gusher of Lies*. Perseus Books.
49. As suposições por trás desses cálculos são mais otimistas do que conservadoras: que a energia solar pode gerar cerca de 6 watts por metro quadrado; o vento, cerca de 1,2, cavalos alimentados com feno, 0,8 (um cavalo precisa de 8 hectares de feno e puxa 700 watts, ou um cavalo de força); queima de madeira 0,12; e água 0,012. Os Estados Unidos consomem 3.120 gigawatts. A Espanha cobre 504.000 km^2; o Cazaquistão, 2,7 milhões de km^2; Índia e Paquistão, 4 milhões de km^2; Rússia e Canadá, 27 milhões km^2; todos os continentes, 148 milhões km^2. Todas as cifras de densidade de energia, exceto a dos cavalos, são de Ausubel, J. 2007. Renewable and nuclear heresies. *International Journal of Nuclear Governance, Economy and Ecology* 1:229-43.
50. Comportamentos de risco de pássaros e fatalidades na área de recursos de vento de Altamont Pass, por C.G. Thelander, K.S. Smallwood e L. Rugge of BioResource Consultants em Ojai, Califórnia, NREL/SR-500-33829, dezembro de 2003. Para aqueles que dizem que morrem muito mais pássaros voando para dentro de janelas — sim, mas não águias douradas, que são ao mesmo tempo singularmente raras e singularmente vulneráveis às turbinas de vento. Quando foi que uma águia dourada colidiu pela última vez com a sua estufa de plantas? Quanto à acusação de que uma companhia petrolífera seria processada por

causar tais mortes de pássaros, ver Bryce, R. 2009. Windmills are killing our birds: one standard for oil companies; another for green energy sources. *Wall Street Journal*, 7/set./2009. http://online.wsj.com.article/SB10001424052970203706604574376543308399048.html?mod=googlenews_wsj.

51. http://www.telegraph.co.uk/earth/main.jhtml?xml=/earth/2007/08/14/eaorangl14.xml.
52. Ausubel, J. 2007. Renewable and nuclear heresies. *International Journal of Nuclear Governance, Economy and Ecology* 1:229-43
53. Avery, D.T. 2008. *The Massive Food and Land Costs of US Corn Ethanol: an update*. Competitive Enterprise Institute nº 144, 29/out./2008.
54. Mitchell, D.A., 2008. *Note on Rising Food Prices*. World Bank Policy Research Working Paper nº 4682. Disponível em SSRN: http://ssrn.com/abstract=1233058.
55. Bryce, R. 2008. *Gusher of Lies*. Perseus Books.
56. Fargione, J. et al. 2008. Land clearing the biofuel carbon debt. *Science* 319:1235-8.
57. Bryce, R. 2008. *Gusher of Lies*. Perseus Books.
58. Wilson, E.O. 1999. *The Diversity of Life*. Penguin.
59. Huber, P.W. e Mills, M.P. 2005. *The Bottomless Well: the Twilight of Fuel, the Virtue of Waste, and Why We Will Never Ran Out of Energy*. Basic Books.
60. Uma turbina moderna de ciclo combinado usa queima de gás para impulsionar outra turbina e depois usa o calor para gerar vapor para impulsionar outra.
61. Jevons, S. 1865. *The Coal Question: An Inquiry Concerning the Progress of the Nation, and the Probable Exhaustion of our Coal-mines*. Macmillan.
62. Edison em 1910, citado em Collins, T. e Gitelman, L. *Thomas Edison and Modern America*. New York: Bedford/St Martin's, 2002, p. 60. Source: Bradley, R.J. 2004. *Energy: the Master Resource*. Kendall/Hunt.

8. Invenção da invenção: rendimentos crescentes após 1800

1. Carta de Thomas Jefferson a Isaac McPherson, 13/ago./1813. http://www.let.rug.nl/usa/P/tj3/writings/brf/jefl220.htm.
2. Maddison, A. 2006. *The World Economy*. OCDE Publishing.
3. Ricardo, D. 1817. *The Principles of Political Economy and Taxation*.
4. Beinhocker, E. 2006. *The Origin of Wealth*. Random House.
5. Butler, E. 2008. *The Best Book on the Market*. Capstone.
6. Esse ponto é defendido em Booth, P. 2008. Market Failure: a failed paradigm. *Economic Affairs* 28:72-4.
7. Kricher, J. 2009. *The Balance of Nature: Ecology's Enduring Myth*. Princeton University Press. "Como resultado de pesquisa ao longo das últimas décadas, os ecologistas chegaram ao entendimento da realidade da dinâmica do ecossistema e abandonaram amplamente a noção de que a natureza existe em alguma espécie de equilíbrio natural significativo."

8. De fato, dessa maneira, de ferro é a regra da inovação efêmera que recebeu seu próprio nome: a Lei de Cardwell. Ver Mokyr, J. 2003. *The Gifts of Athena*. Princeton University Press. Dito isso, William Easterly destaca que desde 1000 a.C. algumas áreas do mundo têm se colocado consistentemente na vanguarda do crescimento tecnológico: Comin, D., Easterly, W., e Gong, E. 2006. *Was the Wealth of Nations Determined in 1000 BC?* NBER Working Paper nº 12657.
9. Orwell, G. 1944. *Tribune*, 12/mai./1944.
10. Nocera, J. 1994. *A Piece of the Action*. Simon and Schuster. (Dito isso, existe pouca dúvida de que as finanças são uma área da atividade humana em que inovação demais pode ser uma coisa ruim. Como disse Adair Turner, enquanto a perda de conhecimento de como fazer uma vacina prejudicaria o bem-estar humano, "se as instruções para criar uma CDO ao quadrado [uma obrigação de débito colateral de obrigações de débito colateral] tivessem de alguma forma sido perdidas, continuaríamos, penso, bastante bem sem elas".) Ver Turner, A. 2009. "The Financial Crisis and the Future of Financial Regulations". Inaugural Economist City Lecture, 21/jan./2009. Financial Services Authority.
11. Citado em Nocera, J. 1994. *A Piece of the Action*. Simon and Schuster.
12. M. Crichton, e-mail para o autor, junho de 2007.
13. Citado em Mokyr, J. 2003. *The Gifts of Athena*. Princeton University Press.
14. Whitehead, A.N. 1930. *Science and the Modern World*. Cambridge University Press.
15. Kealey, T. 2007. *Sex, Science and Profits*. William Heinemann.
16. Kealey, T. 2007. *Sex, Science and Profits*. William Heinemann. Kealey argumenta que Watt negou com veemência qualquer influência de Joseph Black. Joel Mokyr (em *The Gifts of Athena*) cita Watt para dizer o contrário.
17. Rolt, L.T.C. 1963. *Thomas Newcomen: The Prehistory of Steam Engine*. David and Charles. Do mesmo modo, foi tão grande a incredulidade do *establishment* em que o humilde engenheiro de minas George Stephenson pudesse ter inventado o lampião de segurança do mineiro em 1815 sem compreender o princípio por trás dele que Stephenson foi, efetivamente, acusado de roubar a ideia do cientista *sir* Humphry Davy. A acusação inversa é mais plausível: que Davy tenha sabido dos experimentos de Stephenson por meio do engenheiro John Buddle, que os ouvira do médico de minas chamado Burnet, a quem Stephenson contara sobre o lampião. Ver Rolt, L.T.C. 1960. *George and Robert Stephenson*. Longman.
18. Para mais da Sociedade Lunar ver Uglow, J. 2002. *The Lunar Men*. Faber and Faber.
19. Mokyr, J. 2003. *The Gifts of Athena*. Princeton University Press.20. Mokyr, J. 2003. *The Gifts of Athena*. Princeton University Press.
21. Joel Mokyr sugeriu recentemente (Mokyr, J. 2003. *The Gifts of Athena*. Princeton) que, embora a revolução científica não tenha iniciado a industrial, mesmo assim a ampliação da base epistêmica do conhecimento — o compartilhamento

e a generalização do entendimento — permitiu inúmeras aplicações novas do conhecimento, que escaparam dos retornos decrescentes e permitiram que a Revolução Industrial continuasse indefinidamente. Não estou convencido. Acho que a prosperidade gerada pela indústria pagou por uma expansão do conhecimento, que esporadicamente retribuiu o favor. Mesmo quando, no fim do século XIX e início do século XX, a ciência pareceu fazer poderosas contribuições para novas indústrias, os filósofos ainda ocupavam uma posição menos importante do que os engenheiros. As contribuições de lorde Kelvin para a física da resistência e indução foram impulsionadas mais para a solução prática de problemas na indústria do telégrafo do que para a ruminação esotérica. E, embora seja verdade que a física de James Clerk Maxwell tenha produzido uma revolução elétrica, a química de Fritz Haber originado uma revolução agrícola, a ideia de Leo Szilard de uma reação em cadeia de nêutrons levado a armas nucleares e a biologia de Francis Crick gerado a biotecnologia, não obstante também é verdade que esses sábios precisaram de legiões de engenheiros para transformar seus *insights* em coisas que pudessem mudar os padrões de vida. O atabalhoado Thomas Edison, com sua equipe de 40 engenheiros, foi mais importante para a eletrificação do que o pensador Maxwell; o prático Carl Bosch foi mais importante do que o esotérico Haber; o executivo Leslie Groves, do que sonhador Szilard; o prático Fred Sanger, do que o teórico Crick.

22. Hicks, J.R.1969. *A Theory of Economic History*. Clarendon Press.
23. Ferguson, N. 2008. *The Ascent of Money*. Allen Lane.
24. Baumol, W.J., Litan, R.E. e Schramm, C.J. 2007. *Good Capitalism, Bad Capitalism*. Yale University Press.
25. Moses Finley, citado em Baumol, W. 2002. *The Free-Market Innovation Machine*. Princeton University Press.
26. Citado em Rivoli, P. 2005. *The Travels of a T-Shirt in the Global Economy*. John Wiley.
27. Kealey, T. 2007. *Sex, Science and Profits*. William Heinemann.
28. Citado em Evans, H. 2004. *They Made America*. Little, Brown.
29. Tapscott, D. e Williams, A. 2007. *Wikinomics*. Atlantic.
30. Ver Moser, P. 2009. Innovation Without Patents Evidence from the World Fairs? http://ssrn.com/abstracts=930241.
31. Fauchart, E. e Hippel, E. Von. 2006. *Norm-based Intellectual Property Systems: The Case of French Chefs*. MIT Sloan School of Management working paper 4576-06. http://web.mit.edu/evhippel/www/papers/vonhippelfauchart2006.pdf
32. Há um animado debate sobre se a agressiva defesa de James Watt de suas patentes amplamente enunciadas das máquinas a vapor em 1769 e 1775 de fato paralisou a inovação na indústria do vapor. Ver Rolt, L.T.C. 1960. *George and Robert Stephenson*. Longman ("com o carvão tão rapidamente disponível, os proprietários

das minas de carvão no norte do país preferiam renunciar à economia superior da máquina de Watt a pagar os direitos demandados pelos senhores Boulton e Watt".); também www.micheleboldrin.com/research/aim.html; e Von Hippel, E. 2005. *Democratizing Innovation*. MIT Press. A visão contrária, de que a patente de Watt fez pouco para impedir a inovação e que, sem ela, ele nunca teria conseguido o apoio de Boulton, é colocada por George Selgin e John Turner: Selgin, G. e Turner, J.L. 2006. James Watt como intelectual monopolista: comentário sobre Boldrin e Levine. *International Economic Review* 47:1341-8; e Selgin, G. e Turner, J.L. 2009. Watt, again? Boldrin e Levine ainda exageram o efeito adverso das patentes sobre o progresso da energia gerada pelo vapor. 18 ago. 2009, preparado para o Center for Law, Innovation and Economic Growth conference, Washington University School of Law, abr./2009.
33. Citado em Shermer, M. 2007. *The Mind of the Market*. Times Books.
34. Heller, M. 2008. *The Gridlock Economy*. Basic Books.
35. Benkler, Y. 2006. *The Wealth of Networks. How Social Production Transforms Markets and Freedom*. Yale University Press.
36. Estou em dívida com R. Litan por essa informação.
37. Baumol, W.J., Litan, R.E. e Schramm, C.J. 2007. *Good Capitalism, Bad Capitalism*. Yale University Press.
38. Heller, M. 2008. *The Gridlock Economy*. Basic Books.
39. Von Hippel, E. 2005. *Democratizing Innovation*. MIT Press.
40. Boldrin, M. e Levine, D.K. 2009. Against intellectual monopoly. Disponível em http://www.micheleboldrin.com/research/aim/html.
41. Boldrin, M. e Levine, D.K. 2009. Against intellectual monopoly. Disponível em http://www.micheleboldrin.com/research/aim/html
42. *The Wealth of Networks. How Social Production Transforms Markets and Freedom*. Yale University Press. (O livro de Benkler, coerentemente com seu argumento, está disponível gratuitamente on-line.)
43. Audretsch, D.B. 2007. *The Entrepreneurial Society*. Oxford University Press.
44. Postrel, V. 1998. *The Future and Its Enemies*. Free Press.
45. Citado em Kealey, T. 2007. *Sex, Science and Profits*. William Heinemann.
46. Agarwal, R. e Gort, M. 2001. First mover advantage and the speed of competitive entry: 1887-1986. *Journal of Law and Economics* 44:161-78.
47. Rolt, L.T.C. 1967. *The Mechanicals*. Heinemann.
48. Dagan, T., Artzy-Randrup, Y. e Martin, W. 2008. Modular networks and cumulative impact of lateral transfer in prokaryote genome evolution. *PNAS* 105:10039-44: "Pelo menos 81 +-15% dos genes em cada genoma estudado estavam envolvidos em transferência lateral de gene em algum ponto de sua história."
49. A esterilidade dos híbridos foi um problema que prendeu muito a atenção de Darwin, principalmente porque alguns antropólogos americanos afirmavam que

os negros eram uma espécie criada separadamente, o que justificava a escravidão, e até que os híbridos entre negros e brancos eram estéreis. Ver Desmond, A. e Moore, J. 2009. *Darwin's Sacred Cause*. Penguin.
50. Arthur, B. e Polak, W. 2004. *The Evolution of Technology within a Simple Computer Model*. Santa Fe working paper 2004-12-042.
51. Evans, H. 2004. *They Made America*. Little, Brown.
52. Basalla, G. 1988. *The Evolution of Technology*. Cambridge University Press.
53. http://laserstars.org/history/ruby.html.
54. Von Hippel, E. 2005. *Democratizing Innovation*. MIT Press.
55. Miller, G. 2009. *Spent*. Heinemann.
56. *Wall Street Journal*, 15/jan./1992.
57. Warsh, D. 2006. *Knowledge and the Wealth of Nations*. W.W. Norton.
58. Romer, P. 1995. *Beyond the Knowledge Worker*. Wordlink.

9. Momentos de mudança: o pessimismo depois de 1900
1. Discurso de John Stuart Mill para a London Debating Society sobre "aperfeiçoamento", 2/mai./1828.
2. US Environmental Protection Agency.
3. Simon, J, 1996. *The Ultimate Resource 2*. Princeton University Press.
4. Lomborg, B. 2001. *The Sceptical Environmentalist*. Cambridge University Press.
5. Hayek, F.A. 1960. *The Constitution of Liberty*. Routledge.
6. http://www.coyoteblog.com/coyote_blog/2005/02/in_praise_of_ro.html.
7. Brown, L. 2008. *Plan B 3.0: Mobilizing to Save Civilization*. Earth Policy Institute.
8. Herman, A. 1997. *The Idea of Decline in Western History*. The Free Press.
9. Smith, A. 1776. *A riqueza das nações*.
10. Smiles, S. 1857. *The Life of George Stephenson, Railways Engineer*. John Murray.
11. Citado em Williams, A. 2008. *The Enemies of Progress*. Societas.
12. Southey, R. 1829. *Sir Thomas More: Or, Colloquies on the Progress and Prospects of Society*. John Murray.
13. Citado em Postrel, V. 1998. *The Future and its Enemies*. Free Press.
14. Macaulay, T.B. 1830. Review of Southey's Coloquies on Society. *Edinburgh Review*, jan. 1830.
15. Macaulay, T.B. 1848. *History of England from the Accession of James the Second*.
16. Macaulay, T.B. 1830. Review of Southey's Coloquies on Society. *Edinburgh Review*, jan. 1830.
17. Citado em Leadbeater, C. 2002. *Up the Down Escalator: Why the Global Pessimists are Wrong*. Viking.
18. Papéis de Asquith, dezembro 1910, citado em Addison, P. 1992. *Churchill on the Home Front 1900-1955*. Jonathan Cape.
19. *The Works of Theodore Roosevelt*. National Edition, XII, p. 201.

20. Citado em Byatt, I. 2008. Weighing the present against the future: the choice and use of discount rates in the analysis of climate change. *In Climate Change Policy: Challenging the Activists*. Institute of Economic Affairs.
21. Spengler, O. 1923. *The Decline of the West*. George Allen & Unwin.
22. Preâmbulo à Agenda 21, 1992.
23. Leadbeater, C. 2002. *Up the Down Escalator: Why the Global Pessimists are Wrong*. Viking.
24. Citado em Postrel, V. 1998. *The Future and Its Enemies*. Free Press.
25. HRH Prince of Wales 2000. The Civilized Society. *Temenos Academy Review*. Disponível em: http://www.princeofwales.gov.uk/speechesandarticles/an_article_by_hrh_the_prince_of_wales_titled_the-civilised_s_93.html000.
26. Barry Schwartz, citado em Easterbrook, G. 2003. *The Progress Paradox*. Ramdon House.
27. Saunders, P. 2007. Why capitalism is good for the soul. *Policy Magazine* 23:3-9.
28. Hesíodo, *Os trabalhos e os dias* II.
29. Barron, D. 2009. *A Better Pencil*. Oxford University Press.
30. John Cornwell. Is technology ruining our children? *The Times*, 27/abr./2008.
31. Phillips, A. e Taylor, B. 2009. *On Kindness*. Hamish Hamilton. Trecho publicado em *The Guardian*, 3/jan./2009.
32. McKibben, W. 1989. *The End of Nature*. Random House.
33. www.theatlantic.com/doc/1999402/anarchy.
34. Colburn, T., Dumanoski, D. e Myers, J.P. 1996. *Our Stolen Future*. Dutton. Ver Breithaupt, H. 2004. *A Cause Without a Disease*. EMBO Reports 5:16-18.
35. Diamond, J. 1995. *The Rise and Fall of the Third Chimpanzee*. Radius.
36. Easterbrook, G. 2003. *The Progress Paradox*. Random House.
37. Gilbert, D. *Stumbling on Happiness*. Harper Press.
38. Stangler, D., papéis pessoais.
39. McDermott, R. Fowler, J.H. e Smirnov, O. 2008. On the evolutionary origin of prospect theory preferences. *The Journal of Politics* 70:335-50.
40. Fox, E., Ridgewell, A. e Ashwin, C. 2009. Looking on the bright side: biased attention and the human serotonin transporter gene. *Proceedings of the Royal Society B* (doi:10.1098/rspb.2008.1788).
41. Dreber, A. et al. 2009. The 7R polymorphism in the dopamine receptor D4 gene (DRD4) is associated with financial risk taking in men. *Evolution and Human Behavior* (no prelo).
42. 1º/mai./2008.
43. *New York Times*, 23/set./ 2009.
44. Lu, Q.-B. 2009. Correlation between cosmic rays and ozone depletion. *Physical Review Letters* 102:118501-9400.
45. Carson, R. 1962. *Silent Spring*. Houghton Mifflin.

46. Bailey, R. 2002. Silent Spring at 40. *Reason*, jun./2002. http://www.reason.com/news/show/34823.html.
47. Ehrlich, P. 1970. *The Population Bomb 2*. 2ª edição. Buccaneer Press.
48. Ames, B.N. e Gold, L.S. 1997. Environmental pollution, pesticides and the prevention of cancer: misconceptions. *FASEB Journal* 11:1041-52.
49. Doll, R. e Peto, R. 1981. The causes of cancer: quantitative estimates of avoidable risks of cancer in the United States today. *Journal of the National Cancer Institute* 66:1193-1308.
50. Ames, B.N. e Gold, L.S. 1997. Environmental pollution, pesticides and the prevention of cancer: misconceptions. *FASEB Journal* 11:1041-52.
51. Bruce Ames, papéis pessoais.
52. http://www.nationalreview.com/comment/bate200406030904.asp; http://www.prospect-magazine.co.uk/article_details.php?id+10176.
53. Easterbrook, G. 2003. *O paradoxo do progresso*. Ramdom House.
54. Várias fontes para essas citações de Brown, incluindo Smil, V. 2000. *Feeding the World*. MIT Press, e Bailey, R. 2009. Nunca certo, mas nunca em dúvida: o vendedor da fome Lester Brown ainda não compreendeu depois de todos esses anos. *Reason*, 12/mai./2009: http://reason.com/archives/2009/05/05/never-right-but-never-in-doubt. Ver também Brown, L. 2008. *Plan B 3.0: Mobilizing to Save Civilization*. Earth Policy Institute.
55. Paddock, W. e Paddock, P. 1967. *Famine, 1975! America's Decision: Who Will Survive?* Little, Brown.
56. Paddock, William C. Adress to the American Phytopathological Society, Houston, Texas 12/ago./1975.
57. Ehrlich, P. 1971. *The Population Bomb*. 2. ed. Buccaneer.
58. Ehrlich, P. e Ehrlich, A. 2008. *The Dominant Animal*. Island Press.
59. Schumpeter, J.A. 1943. *Capitalism, Socialism and Democracy*. Allen & Unwin.
60. Deve-se ressaltar que os autores de *Limits to Growth* argumentam desde então que eles apenas queriam ilustrar o que poderia acontecer se o uso exponencial continuasse e não fossem descobertas novas reservas desses minerais, o que perceberam que seria improvável. Mas essa é uma leitura demasiado generosa tanto da matemática quanto da prosa deles. "Haverá uma desesperada escassez de terra arável antes do ano 2000" e "a população mundial será de 7 bilhões em 2000" soam como previsões para mim. Até em atualizações mais recentes, permanece o principal prognóstico de que a civilização irá — ou iria — entrar em colapso por falta de recursos no século atual: "A humanidade deve recuar, relaxar e curar-se se quiser continuar a viver." Ver Meadows, D.H., Meadows, D.L., e Randers, J. 1992. *Beyond the Limits*. Chelsea Green Publishing; e Meadows, D.H., Randers, J. e Meadows, D. 2004. *Limits to Growth: The 30-Year Update*. Chelsea Green Publishing.

61. Ver Bailey,R. 2004. Ciência e política pública. *Reason*: http://www.reason.com/news/show/34758.html.
62. Simon, J. 1996. *The Ultimate Resource 2*. Princeton University Press.
63. Citado em http://www.ihatethemedia.com/earth-day-predictions-of-the-reason-you-should-not-believe-earth-day-predictions-of-2009.
64. Mauch, C. 2004. *Nature in German History*. Berghahn Books.
65. Easterbrook, G. 1995. *A Moment in the Earth*. Penguin. Ver também a revista *Fortune*, abr. 1986.
66. Mathiesen, M. 2004. *Global Warming in a Politically Correct Climate*. Universe Star.
67. Miller, H.I. 2009. The human cost of anti-science activism. *Policy Review*, abr./mai. 2009. http://www.hoover.org/publications/policyreview/41839562.html.
68. Colebunders, R. 2000. Ebola haemorrhagic fever — a review. *Journal of Infection* 40:16-20.
69. http://data.unaids.org/pub/GlobalReport/2008/JC1511_GR08_ExecutiveSummary_en.pdf.
70. Little, J. 1993. The Chernobyl accident, congenital anomalies and other reproductive outcomes. *Paedriatric Perinatal Epidemiology* 7:121-51. A Organização Mundial da Saúde concluiu em 2006 que: "Um modesto, mas firme aumento de malformações congênitas em áreas da Bielorrússia tanto contaminadas quanto não contaminadas parece relacionado a um informe melhor, não à radiação." Ver http://www.iaea.org/NewsCenter/Focus/Chernobyl/pdfs/pr.pdf.
71. Brand, S. 2009. *Whole Earth Discipline*. Penguin.
72. Fumento, M. 2006. The Chicken Littles Were Wrong: The Bird Glu threat Glew the Coops. *The Standard*, 25/dez./2006.
73. Wendy Orent. Swine flu poses a risk, but no reason to panic. *Los Angeles Times*, 29/abr./2009. http://articles.latimes.com/2009/apr/29/opinion/or-orent29.
74. Holdren, J., Ehrlich, A. e Ehrlich, P. 1973. *Human Ecology: Problems and Solutions*. W.H. Freeman and Company, p. 279.
75. http://www.spiked-online.com/index.php/site/article/7314.
76. *The Guardian*, 18/ago./2009.
77. Ver http://www.climate-resistance.org/2009/08/folie-a-deux.html.

10. Os dois grandes pessimismos de hoje: a África e o clima após 2010

1. Wells, H.G. Palestra sobre *The Discovery of the Future* na Royal Institution, 24/jan./1902, publicada em *Nature* 65:326-31. Reproduzido com a permissão de AP Watt Ltd em nome em nome dos Executores Literários do Espólio de H.G Wells.
2. NCDC disponível em: ncdc.noaa.gov.
3. Ecologist Online, abr./2007. Disponível em: www.optimumpopulation.org/ecologist.j.porritt.April07.doc.
4. Collier, P. 2007. *The Bottom Billion*. Oxford University Press.

5. Desde a redação deste texto, a expectativa de vida ainda está caindo na África do Sul, Moçambique e, naturalmente, Zimbábue.
6. Collier, P. 2007. *The Bottom Billion*. Oxford University Press.
7. Moyo, D. 2009. *Dead Aid*. Allen Lane.
8. Rajan, R.G. e Subramanian, A. 2005. *Aid and Growth: What Does the Cross-Country Evidence Really Show?* NBER Working Papers 11513, National Bureau of Economic Research.
9. Moyo, D. 2009. *Dead Aid*. Allen Lane.
10. Easterly, W. 2006. *The White's Man Burden: Why the West's Efforts to Aid the Rest Have Done So Much Ill and So Little Good*. Oxford University Press.
11. Easterly, W. 2006. *The White's Man Burden: Why the West's Efforts to Aid the Rest Have Done So Much Ill and So Little Good*. Oxford University Press.
12. Acemoglu, D., Johnson, S.H. e Robinson, J.A. 2001. *An African Success Story: Botswana*. MIT Departament of Economics Working Papers nº 01-37.
13. Boudreaux, K. 2008. Urbanization and informality on Africa's housing markets. *Economic Affairs*, jun. 2008: 17-24.
14. De Soto, H. 2000. *The Mystery of Capital*. Bantam Press.
15. De Soto, H. 2000. *The Mystery of Capital*. Bantam Press.
16. Kimbrough, E.O., Smith, V.L. e Wilson, B.J. 2008. Historical Property Rights, sociality and the emergence of impersonal exchange in long-distance trade. *American Economic Review* 98:1009-39.
17. Anderson, T. e Huggins, L. 2008. Greener than Thou. Hoover Institution Press.
18. Costello, C., Gaines, S.D., e Lynham, J. 2008. Can catch shares prevent fisheries collapse? *Science* 321: 1678-80. (doi: o.1126/science.1159478).
19. Institute of Liberty and Democracy. 2005. *Tanzania: the diagnosis*. http://www.ild.org.pe/en/wnatwedo/diagnosis/tanzania.
20. Schultz, M. e van Gelder, A. 2008. *Nashville in Africa: Culture, Institutions, Entrepreneurship and Development*. Trade, technology and development discussion paper nº 2, International Policy Network.
21. Talbot, D. 2008. *Upwardly mobile*. *Technology Review*, nov./dez. 2008: 48-
22. "esses desenvolvimentos oferecem aos pobres da África oportunidades que não estavam disponíveis para os pobres asiáticos uma geração atrás". Rodrik, D. (org.) *In Search of Prosperity*. Princeton University Press.
23. Jensen, Robert T. 2007. The digital provide: information (technology), market performance and welfare in the South Indian fisheries sector. *Quarterly Journal of Economics* 122:879-924.
24. Bloom, D.E. et al. 2007. *Realising the Demographic Dividend: Is Africa Any Different?* PGDA Working Paper nº 23, Harvard University.
25. www.chartercities.com.
27. *Newsweek*, 22/jan./1996. Sobre o tempo em http://www.newsweek.com/id/101296/page/1.

28. *Newsweek*, 28/abr./1975. Disponível em http://www.denisdutton.com/cooling_world.htm.
29. Lindzen, R.S. e Choi, Y.S. 2009. On the determination of climate feedbacks from ERBE data. *Geophysical Research Letters*. No prelo. Schwartz, S.E., R.J. Charlson, e H. Rhode, 2007: Quantifying climate change — too rosy apicture? *Nature Reports Climate Change* 2:23-24, e Schwartz, S.E. 2008. Reply to comments by G. Foster et al., R. Knutti et al., e N. Scafetta on Heat capacity, time constant, and sensitivity of Earth's climate system. J. Geophys. Res. 113, D15105. (doi: 10.1029/2008JD009872).
30. Paltridge, G., Arking, e Pook, M. 2009. Trends in middle and upper-level tropospheric humidity from NCEP reanalysis data. *Theoretical and Applied Climatology* (doi: 10.1007/s00704-009-0117-x).
31. M.A.K. Khalil, C.L. Butenhoff e R.A. Rasmunssen, Atmospheric Methane: trends and cycles of sources and sinks, *Environmental Science & Technology* 41:2131-7.
32. Loehle, C. 2007. A 2000-year global temperature reconstruction based on non treeing proxies. *Energy & Environment* 18:1049-58; e Moberg, A., D.M. Sonechkin, K. Holmgren, N.M. Datsenko, e W. Karlém, 2005. Highly variable Northern Hemisphere temperatures reconstructed from low-and-high resolution proxy data. *Nature* 433:613-7. "the Intergovernmental Panel on Climate Change (IPCC)". Os relatórios completos do IPCC estão disponíveis em www.ipcc.ch.
33. www.ff.org/centers/csspp/pdf/20061031_tol.pdf
34. Ver Weitzman, M. 2007. Review of The Stern Review on the economics of Climate Change. *Journal of Economic Literature* 45 (3): "The present discounted value of a given global-warming loss from a century hence at the non-Stern annual interest rate of 6 per cent is one-hundredth of the value of the same loss a Stern's centuries-long discount rate of 1.4 per cent".
35. Lawson, N. 2008. *An Appeal to Reason*. Duckworth.
36. http://www.ipcc.ch/ipccreports/sres/emission/014.htm.
37. Goklany, I. 2009. Is climate change "the defining challenge of our age?" *Energy and Environment* 20:279-302.
38. Disponível em: http://sciencepolicy.colorado.edu/prometheus/archives/climate_change/001165a_comment_on_ipcc_wo.html.
39. http://www.spectator.co.uk/politics/all/5186108/the spectator-notes.thtml.
38. Castles, I. e Henderson, D. 2003. Economics, emissions scenarios and the work of IPCC. *Energy and Environment* 14:422-3. Ver também Maddison A. 2007. *Contours of the World Economy*. Oxford University Press.
40. http://cowles.econ.yale.edu/P/cd/d16b/d1686.pdf e http://www.economics.harvard.edu/faculty/weitzman/files/ReactionsCritiques.pdf.
41. Apesar disso, o jornalista George Monbiot incita o assassinato: "Toda vez que alguém morre como resultado das enchentes em Bangladesh, um executivo de

companhia aérea deveria ser arrastado de seu escritório e afogado." (*Guardian*, 5/dez./2006); e James Hansen exige julgamentos por crimes contra a humanidade por um ponto de vista distanciado. "James Hansen, um dos cientistas de clima de maior destaque no mundo, vai pedir hoje que os mais altos executivos das grandes companhias petrolíferas sejam processados por crimes contra a humanidade e a natureza, acusando-os de espalhar ativamente dúvidas sobre o aquecimento global." (*Guardian*, 23/jun./2008)

42. Luthke, S.B. et al. 2006. Recent Greenland ice mass loss from drainage system from satellite gravity observations. *Science* 314:1286-9. If anything the rate of melting in Greenland is slowing; van de Wal, R.S.W. et al. 2008. Large and rapid melt-induced velocity changes in the ablation zone of the Greenland ice sheet. *Science* 321:111.

43. Arnell, N.W., 2004. Climate change and global water resources: SRES emissions and socio-economic scenarios. *Global Environmental Change* 14:31-52. Comentando como o sumário do IPCC para os planejadores relatou mal esse estudo ao omitir todos os efeitos positivos causados por mais chuva caindo em áreas populosas, Indur Goklany escreve: "Para resumir, com respeito aos recursos de água, a Figura SPM.2 — e seus clones — não faz nenhuma afirmação falsa, mas, ao reter informação que poderia lançar alguma luz sobre a mudança climática, eles perpetraram uma fraude aos leitores." Ver http://wattsupwiththat.com/2008/09/18/how-the-ipcc-portrayed-a-net positive-impact-of-climate-change-as-a-negative/#more-3138

44. O famoso gráfico "bastão de hóquei" que parecia provar que o período medieval quente nunca aconteceu foi desde então amplamente desacreditado. Ele se baseava demais em dois conjuntos de amostras de pinheiros coníferos e lariços siberianos que a partir dali foram apresentados como altamente não confiáveis; juntava dados substitutos e de termômetros reais de um modo seletivo, obscurecendo o fato de que os substitutos não espelham temperaturas modernas, e usava estatísticas técnicas que fizeram um bastão de hóquei salientar-se no *red noise*. Subsequentemente, árvores substitutas sem três anéis reafirmaram enfaticamente o Período Medieval Quente como mais quente do que hoje. Cf.: http://www.climateaudit.org/?p=7168, Holland, D. 2007. Bias and concealment in the IPCC process: the "hockey-stick" affair and its implications. *Energy and Environment* 18:951-83; http://republicans.energycommerce.house.gov/108/home/07142006_Wegman_Report.pdf; http://www.climateauditorg/?p=4866#more-4866; http://wattsupwiththat.com/2009/03/18/steve-mcintyres-iccc09-presentation-with-notes/#more-6315; http://www.climateaudit.org/?p=7168. Ver também Loehle, C. 2007. A 2000-year global temperature reconstruction based on non-tree ring proxies. *Energy and Environment* 18:1049-58; e Morberg, A., Sonechkin, D.M., Holmgren, K., Datsenko, N.M. e Karlén, W. 2005. Highly

variable Northern Hemisphere temperatures reconstructed from low-and-high resolution proxy data. *Nature* 433:613-17. Para estudos sobre o período quente do Holoceno, entre 8 mil e 5 mil anos atrás, cf. http://climatesanity.wordpress.com/2008/10/15/dont-panic-the-arctic-has-survived-warmer-temperatures-in-the-past/; http://adsabs.harvard.edu/abs/2007AGUFMPP11A0203F; e http://meetingorganizer.copernicus.org/EGU2009-13045.pdf; e http://nsidc.org/arcticseaicenews/faq.html#summer_ice.

45. Goklany, I. 2009. Is climate change "the defining challenge of our age?" *Energy and Environment* 20:279-302.
46. Pielke, R.A., Jr., Gratz, J., Landsea, C.W., Collins, D., Saunders, M.A. e Muslin, R. 2008: Normalized hurricane damage in the United States: 1900-2005. *Natural Hazard Review* 9:29-42.
47. Goklany, I. 2007. Death and death rates due to extreme weather events. *Civil Society Report on Climate Change*. International Policy Network.
48. Lomborg, B. *Cool it*.
49. Reiter, P. 2008. Global warming and malaria: knowing the horse before hitching the cart. *Malaria Journal 7* (supplement 1): S3.
50. Human ecology and human behavior. *Civil Society Report on Climate Change*. International Policy Network.
51. Goklany, I. 2004. Climate change and malaria. *Science* 306:56-7. O tratamento a Paul Reiter, um especialista em malária, pelo IPCC, é uma história estranha: "O IPCC rejeitou a indicação do professor Reiter para escrever o trecho da malária do capítulo sobre saúde de seu Relatório de 2007 de Avaliação do Clima, primeiro fingindo que ele não havia sido indicado e depois alegando que não havia recebido as quatro cópias dos documentos da indicação que ele enviou para funcionários diferentes. Os dois principais autores daquele trecho, à diferença do professor Reiter, não eram especialistas em malária e, entre eles, haviam publicado apenas um estudo sobre o assunto. Um não era cientista, mas ativista ambiental." De: http://scienceandpublicpolicy.org/images/stories/papers/scarewatch_agw_spread_malaria.pdf.
52. Randolph, S.E. 2008. Tick-borne encephalitis in Central and Eastern Europe: consequences of political transition. *Microbes and Infection* 10:209-16
53. Para uma boa discussão sobre o tema, ver http://sciencepolicy.colorado.edu/prometheus/what-is-wrong-with-non-empirical-science-5410; também http://www.climate-resistance.org/2009/06/the-age-of-the-age-of-stupid.html; também o *Wall Street Journal*: http://online.wsj.com/article/SB12442456700979025.html.
54. Pinter, P.J., Jr., Kimball, B.A., Garcia, R.L., Wall, G.W., Hunsaker, D.J. e LaMorte, R.L. 1996. Free-air CO_2 enrichment: Response of cotton and wheat crops. In Koch, G.W. e Mooney, H.A. (orgs.). 1996. *Carbon Dioxide and Terrestrial Ecosystems*. Academic Press.

55. Goklany, I., citado em Bailey, R. 2009. What planetary emergency? *Reason*, 10/mar./2009. Ver http://www.reason.com/news/show/132145.html.
56. Parry, M.L., Rosenzweig, C., Iglesias, A. Livermore, M. and Fischer, G. 2004: Effects of climante change on global food production under SRES emissions and socio-economics scenarios. *Global Environmental Change* 14:53-67.
57. Levy, P.E. et al. 2004. Modelling the impact of future changes in climate, CO_2 concentration and future land use on natural ecosystems and the terrestrial carbon sink. *Global Environmental Change* 14:21-30.
58. Estimativas das Nações Unidas: 3,7 mortes por fome por minuto por ano; 1,7 morte por minuto por água poluída; 1,6 morte por fumaça dentro de casa; 1,1 morte por malária.
59. Lomborg, B. 2008. How to get the biggest bang for 10 billion bucks. *Wall Street Journal*, 28/jul./2008.
60. http://www.sciencedaily.com/releases/2008/10/081020095850.htm. Ver também Dyck, M.G., Soon, W., Baydack, R.K., Legates, D.R., Baliunas, S., Ballo, T.F. e Hancock, L.O. 2007. Polar bears of western Hudson Bay and climate change: Are warming spring air temperatures the "ultimate" survival control factor? *Ecological Complexity* 4:73-84. Ver também a apresentação do Dr. Mitchell Taylor em http://www.youtube.com/watch?v=163Dl14Pemc.
61. Ambos citados no *Guardian*, 2/set./2009. http://www.guardian.co.uk/environment/2009/sep/02/coral-catastrophic-future.
62. Isso foi o que um biólogo canadense escreveu num blog em agosto de 2008: "Acabo de chegar do lado iraniano no Golfo Pérsico — a região Asaluyeh/Nyband Baía. Temperaturas do ar, 40 (graus), temperaturas do mar, 35. (Mande-me um e-mail pessoal se quiser comentários sobre as alegrias de fazer trabalho de campo nessas condições.) Observamos corais a profundidades de 4m-15m. Nenhum coral, em nenhuma profundidade, estava descolorido. Isso talvez dê alguma relevância ao termo 'resiliência'. A propósito, aqueles recifes, a maior parte dos quais não descritos, tinham uma cobertura de coral de aproximadamente 30% — mais alta que os de Florida Keys." http://coral.aoml.noaa.gov/pipermail/coral-list/2008-August/037881.html.
63. Oliver, T.A. e Palumbi, S.R. 2009. Distribuições de corais simbiontes resistentes ao estresse combinam com os padrões ambientais em escalas locais, mas não regionais. *Marine Ecology Progress Series* 378:93-103. Ver também Baker, A.C. et al. 2004. Coral reefs: Corals' adaptive response to climate change. *Nature* 430:741, que diz: "O movimento adaptativo em comunidades simbiontes indica que esses devastados corais poderiam ser mais resistentes a futuros estresses térmicos, resultando em períodos de extinção significativamente mais longos para corais sobreviventes do que se pensava anteriormente."

64. Kleypas, J.A., Danabasoglu, G. e Lough, J.M. 2008. Potential role of the ocean thermostat in determining regional differences in coral reef bleaching events. *Geophysical Research Letters* 35:L03613. (doi:10.1029/2007GL032257).
65. Iglesias-Rodriguez, M.D. et al. 2008. Phytoplankton calcification in a high-CO_2 world. *Science* 320:336-40. Outros estudos da questão do carbonato são sumarizados por Idso, C. 2009. CO_2 *Global Warming and Coral Reefs*. Vales Lake Publishing.
66. Discurso à Academia Nacional de Ciências dos Estados Unidos, 15/jul./1998.
67. Goklany, I. 2008. *The Improving State of the World*. Cato Institute.
68. Sumarizadas em Tol, R.S.J. 2009. The Economic Effects of Climate Change. *Journal of Economic Perspectives*, 23:29-51. http://www.aeaweb.org/articles.php?Doi=10.1257/jep.23.2.29. Ver também o ensaio de Jarry Taylor em http://www.masterresource.org/2009/11/the-economics-of-climate-change-essential-knowledge.
69. IPCC AR4, Working Group III, 69. MacKay, D. 2009. *Sustainable Energy — without the Hot Air*. UIT, Cambridge.
70. Os números nesse parágrafo são recalculados a partir de MacKay, D. 2009. *Sustainable Energy — without the Hot Air*. UIT, Cambridge. Compare esse número (125 kW/h por pessoa por dia) com o número dado no capítulo 7 de uma fonte diferente: a Inglaterra consome 250 gigawatts (250 gigajoules por segundo) no total, ou 5 mil joules por pessoa por segundo, admitindo que a população da Inglaterra seja de 50 milhões de pessoas. Existem 3,6 milhões num kWh e 86.400 segundos num dia, então 5.000 X 86.400 = 432 milhões de joules por pessoa por dia. 432/3.6 = 120 kWh por pessoa por dia.
71. Donald Hertzmark, 6/abr./2009 em http://mastersource.org/?p=1625. Ver também http://www.juandemariana.org/pdf/090327-employment-public-aid-renewable.pdf, e http://masterresource.org/?p=5046#more-5046.
72. Huber, P. 2009. Bound to burn. *City Journal*, primavera de 2009.
73. Bullis, K. 2008. Sun + water = fuel. *Technology Review*, nov./dez., 56-61.
74. Ian Pearson, 8.9.08: http://www.futurizon.net/blog.htm
75. Ausubel, J.H. 2003. "Decarbonisation: the Next 100 Years". Palestra em Oak Ridge National Laboratory, jun./2003. http://phe.rockfeller.edu/PDF_FILES/oakridge.pdf.
76. Ausubel, j. e Waggoner, P.E. 2008. Dematerialization: variety, caution and persistence. *PNAS* 105:12774-9. Ver também: http://www.nytimes.com/2009/04/21/science/earth/21tier.html.
77. Lebrato, M. e Jones, D.O.B. 2009. Mass deposition event of Pyrosoma atlanticum carcassus off Ivory Coast (West Africa). *Limnology and Oceanography* 54:1197-1209.

11. A cataláxia: otimismo racional sobre 2100

1. Thiele, B. e Weiss, G.D. 1967. "What a Wonderful World". Range Road Music, Inc., Bug Music — Quartet Music, Inc. and Abilene Music, Inc., USA. Copynigth renovado. Todos os direitos reservados. Reproduzido com permissão de Carlin Music Corp. Londres.
2. Painel Intergovernamental sobre Mudança Climática, 4th Assessment Report 2007.
3. Wells, H.G. "The Discovery of Future". Palestra na Royal Institution, 24/jan./1902, publicada em *Nature* 65:326-31. Reproduzido com a permissão de AP Watt Ltd em nome dos Executores Literários do Espólio de H.G. Wells.
4. As citações são de Romer, P. "Economic Growth" na Concise Encyclopedia of Economics (editada por David R. Henderson, publicada por Liberty Fund); e Romer, P. 1994. New goods, old theory, and the welfare costs of trade restrictions. *Journal of Development Economics* 43:5-38.
5. Hanson, R. 2008. Economics of the Singularity. IEEE Spectrum (jun./2008) 45:45-50.
6. Esta ideia foi explorada por Vernor Vinge e Ray Kurzweil. Ver Kurzweil, R. 2005. *The Singularity Is Near*. Penguin.
7. Levy, S. 2009. Googlenomics. *Wired*, jun./2009.
8. Shirky, C. 2008. *Here Comes Everybody*. Penguin.
9. Kelly, K. 2009. The new socialism. *Wired*, jun./2009.
10. Meir Kohn escreveu eloquentemente sobre esse ponto. Ver www.dartmouth.edu/~mkohn/Papers/lessons%201r3.pdf.
11. Macaulay, T.B. 1830. Southey's Colloquies on Society. *Edinburgh Review*, jan./1830.
12. Wilder, T. 1943. *The Skin of Our Teeth*. HarperCollins.

ÍNDICE

3M (empresa) 266, 269
abássidas 166, 183
Abelardo, Pedro 357
abelhas assassinas 284
abóboras 132, 168
aborígines (australianos): divisão do trabalho 72, 85; agricultura 133; regressão tecnológica 86-92; comércio 90-91, 998, 992
aborto, compulsório 209
Abu Hureyra 133
acadiano, império 166, 170-1
Acapulco 188
Acemoglu, Daron 323
ache, povo 71
achuar, povo 95
acidentalmente 262, 347
acidentes nucleares 287, 297, 311, 346
acidificação dos oceanos 280, 340-41
Acra 194
açúcar 184, 207, 222
açúcar de beterraba 248
açúcar de cana 246, 247
Adams, Henry 292
Aden 182
Adenauer, Konrad 293
aeronave 266, 270, 271
Afeganistão 24, 214, 317, 353

África do Sul: agricultura 159; economia 318, 324; expectativa de vida 318; pré-história 62, 63-4, 91
África: agricultura 150, 153, 158-9, 329; epidemia de aids 24, 310, 317-8, 321, 322, 324; colonialismo 321-2, 323-4; transição demográfica 216, 318, 329; crescimento econômico 317, 328-30, 333, 348, ; ajuda internacional 319-21, 324, 330; ilegalidade 296, 322; expectativa de vida 24, 318; renda *per capita* 24, 317, 319, 322; pobreza 316-19, 321-2, 324, 327, 329; pré-história 62-4, 76, 91, 129, 350; direitos de propriedade 322, 323, 324-7, comércio 192, 322, 324-5, 327, 328-9; *ver também países individualmente*
afro-americanos 115
"ágora de ideias" 267
agricultura (1): criação de galinha em granja 111, 150; caipira 151, 311; intensiva 148-55; orgânica 152, 154-7; derrubada e queima 94, 135; subsídios 192, 329; subsistência 95, 143, 181, 194, 198, 205; *ver também* agricultura; provisão de alimentos

agricultura (2): desenvolvimento inicial da 128-36, 140-44, 351-2; fertilizantes, desenvolvimento dos 141, 144-6, 147, 150, 152, 338; safras geneticamente modificadas (GM) 37-8, 41-2, 153, 157-61, 287, 357; desenvolvimento de híbridos 146-7; e comércio 129, 131, 134-8, 165, 169; e urbanização 133, 164-5, 169, 221; *ver também* agricultura; provisão de alimentos

agricultura de queimada 94, 135

agricultura de subsistência 95, 143, 181, 194, 198, 205

agricultura intensiva 148-54

agricultura orgânica 152, 154-7

agta, povo 71

água: contaminada 339, 353; fixando o preço de 152-3; suprimentos 152, 284, 285, 326, 336; *ver também* secas; irrigação

águias 27, 245, 302

águias douradas 245

águiascalvas 27, 302

agulhas 52, 79

aids 17, 24, 310, 313, 318, 321, 322, 324, 332, 353

AIG (companhia de seguros) 122

ajuda em alimentos 38, 146, 159, 208

ajuda internacional 38, 149, 159, 208, 319-21, 330

Albânia 192

Alcoa (corporação) 33

Alemanha Ocidental 293

Alemanha: Grande Depressão (anos 1930) 41; industrialização 208; mortalidade infantil 25; nazismo 116, 292; crescimento populacional 208; desflorestamento previsto 307; pré-história 80, 143; comércio 184-5, 192; *ver também* Alemanha Ocidental

Alexander, Gary 298

Alexandre, o Grande 175, 177

Alexandria 177, 181, 275

alfabetização 113, 207, 293, 352

alfabeto, invenção de 172

Al-Ghazali 357

algodão 46, 115, 154, 156, 168, 169, 177, 178, 207-8, 231-4, 236; calico 231, 238; fiando e tecendo 220, 223, 226, 233-4, 237, 261, 263, 268, 287

Al-Khwarizmi, Muhammad ibn Musa 122

Alpes 128, 183

Al-Qaeda 299

"alto de ladeiras" 291-3, 294-5, 296, 304-5, 314, 331

altruísmo 101, 104

altura, média humana 26, 28

alumínio 33, 242, 306

alunissagem 274, 280

alyawarres, aborígines 72

Amalfi 183

Amarelo, rio 167, 172

Amazon (empresa) 31, 264, 266

Amazônia 84, 143, 150, 256

âmbar 80, 99

ambição 54, 351

amendoins 132

americanos nativos 71, 100, 144

Ames, Bruce 301

amish, povo 216

amônia 148, 151

Amsterdã 122, 175, 264, 330

Amsterdam Exchange Bank 257

anabatistas 216

análise de Fourier 287
Anatólia 133, 134, 170, 171, 173
Ancoats, Manchester 220
Andaman, ilhas 76, 86
Andes 129, 145, 169
Andrew Deroi Kwesi 194
Angkor Wat 331
Angola 318
animais: preservação 326, 340; extinções 27, 52, 73, 78, 79, 248, 296, 305, 340; diferenças dos humanos de outra 11-14, 15, 66, 68, 73-4
Annan, Kofi 338
Antártida 335
antibióticos 15, 263, 276, 310
anticorporações 118, 121
antiescravidão 111, 112, 220
antimônio 219
antropoides, grandes macacos antropoides 66, 69, 72, 74, 96; *ver também* chimpanzés, orangotangos
Apalaches 244
apartheid 115
"apocaholics" 298, 304
Apple (empresa) 266, 273
aquecimento central 26, 46
aquecimento global *ver* mudança climática
Aquino, São Tomás 109
ar, poluição do 307
árabes 96, 181, 182, 185, 215, 357
Arábia 75, 164, 181, 184, 245
Arábia Saudita 243
Arábia, mar da 179
Aral, mar de 245
arando 135, 141, 150, 155, 201, 203, 204, 221
Arcadia Biosciences (companhia) 41
arcondicionado 26

arcos e flechas 52, 71, 79, 90, 142, 257, 279
areias com alcatrão do Orenoco, Venezuela 243
areias de alcatrão de Athabasca, Canadá 243
Argélia 63, 251, 346
Argentina 24, 191
Arikamedu 180
Aristóteles 122, 256
Arizona 125, 251, 346
Arkwright, *sir* Richard 233
armênios 96
Arnolfini, Giovanni 184
Arquimedes 261
arroz 41, 132, 148, 151, 158, 159, 161, 204
arte: pintura nas cavernas 12, 77, 82, 85; e comércio 122; simbolismo em 141; como único traço humano 13
Ártico, oceano 166, 171, 173
Ashur, Assíria 171
Asimov, Isaac 354
Asoka, o Grande 178
aspirina 263
assírio, império 166, 171, 173
assistência do Estado aos necessitados 26, 114
associações e guildas 120, 122, 229, 232
asteroides, risco de impacto 284, 334
astronomia 227, 275, 357
Atenas 122, 176
Ática 176
Atlantic Monthly 296
Atlântico, oceano 131, 175
Augusto o Forte, Eleitor da Saxônia 189-90
Augusto, imperador romano 176

Austrália: clima 132, 246, 336; pré-história 75, 76, 79, 132; comércio 191; *ver também* aborígines (australianos); Tasmânia
Áustria 137
Ausubel, Jesse 245, 347
automóveis *ver* carros
autossuficiência 17, 42-4, 48, 90, 98, 138, 198, 199, 351; e pobreza 50-1, 138, 206, 208, 232
aversão ao risco 297

Babilônia 30, 166, 171, 245, 259, 292
Bacon, Francis 260
bactéria: fertilização cruzada 276; e controle de peste 157; resistência a antibióticos 15, 263, 276, 310; simbiose 84
Bagdá 122, 182, 183, 357
Baines, Edward 233
Baird, John Logie 48
Balazs, Etienne 187
baleias 15, 285, 305
Bali 75
Báltico, mar 80, 135-5, 185, 190
Bamako 327
bananas 99, 132, 154, 159
Banco Mundial 124, 209, 318
Bangladesh 210, 215
Banks, *sir* Joseph 227
Barigaza, (Boraruch) 180
"barões ladrões" 32, 107, 271
barris 181
Basalla, George 277
Basra 182
batatas 205
BBC 298
Beinhocker, Eric 119
Bell, Alexander Graham 48
bemestar animal 111, 150

benzina 262
Berlim 302
Berlin, *sir* Isaiah 292
Bernard de Clairvaux, São 357
Berners-Lee, *sir* Tim 48, 278
Berra, Yogi 354
Besant, Annie 214
Bíblia 143, 380
Biblos 172
bicicletas 254, 268, 274-5
bin Laden, Osama 117
biocombustíveis 154, 241, 244, 245-8, 251, 303, 340, 345
Bird, Isabella 203
Birmânia 76, 214, 337
Birmingham 229
Bizâncio 181, 182, 184
blogueando 263
Blunt, John 38
Boêmia 228
bôeres 323
bolcheviques 325
Bolívia 317, 326
Borlaug, Norman 146-8, 151
Bornéu 340
borracha 226
Bosh, Carl 145
Botsuana 25, 318, 322-4, 328
Bottger, Johann Friedrich 189
Boudreaux, Don 31, 220
Boulton, Matthew 227, 262
Boxgrove, hominídeos de 58, 60
Boyer, Stanley 227
Boyle, Robert 261
Bradlaugh, Charles 214
Bramah, Joseph 227
Branc, Slovakia 142
Brand, Stewart 159, 194, 211
Brando, Marlon 117

Brasil 47, 94, 129, 195, 246, 247, 317, 358
Brin, Sergey 227
Bronze 170, 172, 182
Brosnan, Sarah 68
Brown, Lester 152, 285-6, 303
Brown, Louise 309
Bruges 184
Brunel, *sir* Marc 227
Buddle, John 389
Budismo 12, 178, 357
Buffett, Warren 113, 274
Bulgária 322
Burkina Faso 159
Bush, George W. 166
Butão 35
Butler, Eamonn 112, 255

cabras 128, 132, 149, 203, 322
caça 70-4, 77-9, 131-2, 136, 340
caçadorescoletores: padrões de produção e consumo 39, 129; divisão do trabalho 71-5, 85, 141; fomes 54, 144; limitações pelo tamanho do bando 86; sociedades modernas 76, 85, 86, 88, 94-5, 141, 142; nomadismo 135-6; nostalgia da vida de 52-3, 141, 142; assentamentos permanentes 133; processamento de comida 39, 47, 70; regressão tecnológica 86-92; comércio 81, 86, 89, 100, 129, 142; violência e guerra 37, 53, 141, 142
cachorros 52, 66, 71, 92, 131
café 301
Cairo 325
Calcutá 195, 317
Califano, Joseph 208
Califórnia: agricultura 155; povo chumash 71, 100; desenvolvimento do cartão de crédito 257, 260; deserto de Mojave 78; Vale do Silício 227, 230, 262, 263, 264, 273
calotas de gelo 131, 136, 315, 316, 335, 340
camada de ozônio 284, 299
Camarões 67
Cambodja 24, 317
camelos 141, 182
câmera miniaturizada 275-6
Campânia 179, 181
camundongos 651
canaanitas 172
Canadá 146, 175, 207, 244, 307, 308
Canal du Midi 257
Canas, batalha de 175
câncer 24, 28, 296, 300-2, 304, 311, 331
Canguru, ilha 89
cangurus 71, 72, 79, 92, 132
canoas 75, 76, 90
capitalismo 23, 108-11, 117, 122, 138, 220, 264-7, 295, 314; *ver também* corporações; mercados
capitalistas de risco 229, 264
"Capitão Swing" 287
Caral, Peru 169
Caribenho *ver* Índias Ocidentais
Carlos V: rei da Espanha 40; Sacro Imperador Romano 189
carne bovina 191, 230, 311; *ver* gado
carne, hábito de comer 61, 70, 71, 78, 151, 161, 246
Carnegie, Andrew 33
carneiros 104, 181, 200, 203
Carney, Thomas 179
Carolina do Norte 225, 226
carros: biocombustível para 246; custos dos 33, 258; eficiência de 258; produção futura 286, 355; híbrido 251;

invenção de 193, 275, 276; poluição proveniente de 27, 247; veículos esportivos 54
Carson, Rachel 157, 300
Cartago 175, 176, 179
Carter, Jimmy 243
cartões de crédito 257, 260
Cartwright, Edmund 227, 268
carvão vegetal 137, 222, 234-5, 347
carvão, mineração de 138, 236, 242, 244, 262, 344
carvão: e decolagem econômica 207, 208, 219, 220, 222; e geração de eletricidade 238, 242, 244, 245, 307, 345; e industrialização 234-8, 241; preços 236, 238, 242; suprimentos 305
Castro, Fidel 192
cataláxia 66, 354-8
Catalhoyuk 133
catapultas medievais 279
Catolicismo 112, 213, 309
Cáucaso 243
cavalos 58, 77, 78, 135, 145, 203, 220, 286; ferraduras e arreios 181, 221
Cavendish, Henry 227
Caverna Chauvet, França 12, 77, 82, 85
Caverna de Blombos, África do Sul 62, 91
caverna, pinturas de 12, 77, 82, 85
Cazaquistão 212
cegueira do rio 313
ceifeira combinada 313
cemitérios Jebel Sahaba, Egito 53
cenouras 157, 161
centeio 130, 131, 205, 230, 290
cerâmica 85, 164, 165, 169, 174, 182, 231, 257
cereais 130-1, 136, 148-9, 152, 164, 168; safras globais 127

cervos 42, 71, 311
"cesarismo" 292
cevada 41, 155
chá 186, 187, 188, 207, 329
Champlain, Samuel 144
Charles, príncipe de Gales 294, 333
Chernobyl 287, 311, 346
Childe, Gordon 168
Chile 192
chimpanzés 12, 14, 15, 39, 68, 95, 96, 104
China: agricultura 129, 132, 152, 156, 226; taxa de natalidade 24, 206; suprimentos de carvão 235-6; Revolução Cultural 24, 206; dieta 246; crescimento econômico e industrialização 26, 116, 185-6, 192, 206, 225, 226, 286, 303, 324, 326, 330, 357; regressão econômica e tecnológica 185, 186, 199, 235, 261, 323, 357; uso da energia 250; igualdade de renda 28; inovações 185, 257; expectativa de vida 24; cultura longshan 397; maoismo 25, 192, 299, 314; império Ming 123, 185-8, 265, 314; renda *per capita* 24, 185; préhistória 77, 129, 132; servidão 186; dinastia Shang 171; dinastia Song 185; comércio 178, 180, 182, 184, 189, 192, 231, 234
Chipre 132, 152, 172, 174
chips de silício 250, 263, 273
Chomsky, Noam 294
chumash, povo 71, 100
chumbo 173, 179, 182
Churchill, *sir* Winston 292
chuva ácida 285, 307-8, 331, 341
cibercrime 107
Cícero 178
Cidade do México 195
ciência, e inovação 260-3

cimento 287
Cingapura 40, 166, 192
circulação do sangue, descoberta da 263
Ciro, o Grande 175
Cisco Systems (empresa) 273
cistercienses 221
ciúme 12, 351
Clairvaux, abade de 221
Clark, Colin 151, 233
Clark, Gregory 199, 206, 359
Clarke, Arthur C. 354
Clinton, Bill 342
Clippinger, John 106
cloro 299
"Clube de Roma" 305
Coalbrookedale 386
Cobb, Kelly 44
cobras-d'água 27
cobre 128, 129, 136-7, 166, 168, 170, 171, 174, 220, 229, 305, 306
CocaCola (empresa) 118, 268
Cohen, Mark 140
cólera 50, 312
Collier, Paul 317, 318
Colombo, Cristóvão 99, 189
colonialismo 166, 192, 323; *ver também* imperialismo
Colorado 326
combustíveis fósseis; e ecologia 244, 307, 317, 344, 345; fertilizantes 148, 154, 160, 242; e industrialização 220, 222-3, 234-8, 352; e poupança de trabalho 242; e produtividade 242; suprimentos 222-3, 234-5, 242-4, 251, 306; *ver também* carvão vegetal; carvão; gás natural; petróleo; turfa
"comércio de brinquedos" 229
comércio de escravos 173, 175, 182, 234, 321; abolição 220, 227

comércio de especiarias 173, 180, 181, 182, 184, 190
comércio de peles 175, 185
comércio de tecidos 84, 165, 166, 171, 178, 182, 185, 200, 202, 230-4, 237
comércio de troca vii 64-79, 75, 92, 98-9, 169, 355
comércio: e agricultura 129, 132, 133-8, 165, 169-70; desenvolvimento humano inicial de 79-84, 97-100, 139, 165, 171; centrado na fêmea 96; e industrialização 230-2; e inovação 173, 176; e direitos de propriedade 326; e confiança 105-7, 110; e urbanização 164-7; 169-70, 173; *ver também* comércio de troca; intercâmbio de mercadorias; mercados
comida irradiada 15
Commoner, Barry 383
Companhia das Índias Orientais 230
Compaq (empresa) 264
computador, jogos de 278, 295
computadores 11, 13, 14, 217, 258, 266, 269, 272, 286; custos da computação 33-4; capacidades de armazenar informação 281; *chips* de silício 250, 263, 273; software 106-7, 263, 277-8, 305; defeito Y2K 284, 293, 342; *ver também* internet
comunismo 113, 338
condições de trabalho, melhorias nas 113, 121, 193, 225, 233, 288-9
confecção de ferramentas: *Homo sapiens* inicial 62-3, 80; máquina de fazer ferramentas 216-7, 227; mesopotâmico 165-6; neandertalenses 60, 80; hominídeos paleolíticos 11, 13, 16, 58-61; regressão tecnológica 89

confiança: entre estranhos 96, 100-5, 111; e comércio 105-7, 110, 111; entre famílias 95, 96-7, 98
Confúcio 12, 186
congestão de tráfego 299
Congo 24, 37, 310, 318
Congreve, *sir* William 227
conhecimento, retornos crescentes de 254-6, 279-81
Connelly, Matthew 209
conservação da natureza 326, 340; *ver também* florestas, expansão das
conservacionismo 116
conservantes (nos alimentos) 150
Constantinopla 180, 182
construção de barcos 172, 182; *ver também* canoas; construção de navios
construção de navios 188, 235
consumidor, gastos de, média 49
contabilidade, sistemas de 166, 173, 202
contagens de esperma 284, 296, 331
contas (de adereços) 63, 79, 80, 82, 90, 100, 167
contêineres, transporte por 119, 258, 373
continentes, movimento dos 279
contracepção 214, 215; coagida 209
controle de ervas daninhas 150, 157
controle de natalidade *ver* contracepção
Cook, Capitão James 99
copyright 269, 271-2
cor do olho 134
coral, recifes de 256, 341, 400
corantes 173, 231, 262, 268
corda 86
Córdoba 182
Coreia 188, 203, 323; *ver também* Coreia do Norte; Coreia do Sul
Coreia do Norte 24, 123, 192
Coreia do Sul 24, 40, 123, 192, 217, 322
Cornwall 138

corporações 117-22, 354-5; orçamentos de pesquisa e desenvolvimento 265, 267, 274
corvos 78
Cosmides, Leda 66
Costa Rica 340
Coughlin, padre Charles 116
couro 79, 128, 173, 181
cozinhando 13, 39, 47, 60, 62, 65, 69-70, 73, 168-9, 338
Craigslist (website)
Crapper, Thomas 48
Crathis, rio 176
Crees, índios 71
Crescente Fértil 132, 257
crescimento populacional: e provisão de alimentos 144, 146, 148-9, 151-2, 198, 211, 214; totais da população global 12, 22, 23-4, 197, 211; e industrialização 206-8; e inovação 257; pessimismo acerca de 194, 198-9, 208-9, 285, 293, 296, 303-5, 316; explosões populacionais 17, 144, 146, 208, 211, 285; e especialização 198, 350; *ver também* taxas de natalidade; transição demográfica; mortalidade infantil; expectativa de vida
Creta 173, 174
criação de galinhas caipiras 151, 311
criação de peixes em tanque 151, 160
criação de porcos 141, 150, 153, 203
criacionistas 357
crianças: trabalho infantil 111, 193, 224, 226, 296; abuso sexual de crianças 111; cuidado infantil 12, 72; doenças infantis 313; taxas de mortalidade 24, 25, 214, 288
Crichton, Michael 260

Crick, Francis 390
crime: cibercrime 107; taxas declinantes 111, 207; falsas condenações 29; homicídio 24, 29, 93, 96, 113, 124, 207; drogas ilegais 113, 191; pessimismo acerca de 291, 296
Crimeia 176
crise de crédito (2008) 17-9, 38, 41, 106, 109, 318, 354-5
crises econômicas 17, 18, 199; contração do crédito (2008) 17-9, 38, 41, 106, 109, 318, 354-5
cristianismo 177, 357; *ver também* catolicismo; Igreja da Inglaterra; monastérios
crocodilos, mortes causadas por 50
Crompton, Samuel 233
Crookes, *sir* William 145-6
crueldade 111, 113, 144, 151
cruzadas 357
Cuba 192, 302
cultura longshan 380
cupins 84-5
curva Kuznets 113
custos de moradia 29-30, 34, 43, 49, 240
custos de transporte 32, 33, 46, 235, 236, 259, 300

Daca 195
Dalkon, Escudo (dispositivo contraceptivo) 209
Dalton, John 227
Damasco 133
Damerham, Wiltshire 200
Danúbio, rio 134, 137
Darby, Abraham 386
Darfur 305, 353
Darwin, Charles 85, 89, 99, 112, 116, 350, 370
Darwin, Erasmus 262

darwinismo 14
Davy, *sir* Humphry 227, 389
Dawkins, Richard 15, 60
DDT (pesticida) 300-2
de Geer, Louis 189
de Soto, Hernando 325, 326
de Waal, Frans 96
Dean, James 117
declínio do emprego agrícola em 51-2; dificuldades de 23, 225-6, 288-90
deflação 34
Defoe, Daniel 230
Délhi 195
Dell (empresa) 273
Dell, Michael 269
Dennett, Dan 350
depressão (psicológica) 17, 161
depressões (econômicas) 13, 41, 42, 191, 198, 292; *ver também* debacles econômicas
derrames (acidentes vasculares cerebrais) 28
desemprego 17, 38, 121, 191, 292, 299
desertos, expansão dos 37-8, 284
desflorestação, predições de 307, 340
destruição criativa 121, 356
Detroit 317, 355
diabetes 161, 279, 309
diamantes 322, 324
Diamond, Jared 296
Dickens, Charles 226
Diesel, Rudolf 151
Digital Equipment Corporation 266, 286
Dinamarca 205, 345, 362; Academia Nacional de Ciências 284
Dinawe, batalha de (1852) 323
dinheiro: desenvolvimento do 80, 138; "confiança insculpida" 93

Diocleciano, imperador romano 180, 189
Diodoro 174
diodos emissores de luz (LEDs) 31
diprotodontes 79
direitos de propriedade 136, 229, 231-2, 322, 323, 324-7
disenteria 163, 353
divisão do trabalho: Adam Smith em vii, 89; e cataláxia 66; e governo fragmentado 177; em insetos 84, 95; e crescimento populacional 216; por sexo 71-5, 135-6; e especialização 16, 4247, 55, 71, 85, 180; entre estrangeiros e inimigos 95-7; e confiança 107; e urbanização 169
DNA: uso forense 29, transferência de gene 158
doações de caridade 100, 111, 112, 298, 320, 356
doença cardíaca 28, 161, 298
doença da vaca louca (vCJD) 284, 310-1
doença do sono 313, 321
doença respiratória 28, 310, 313
Doll, Richard 301
Dolphin, HMS 175
Domesday Book 221
domínio da lei 123-5, 327
Doriot, Georges 266
Dover Castle 202
Dryas Recente (período glacial) 131
Du Pont (empresa) 41

Easterbrook, Greg 297, 302
Easterlin, Richard 36
Easterly, William 320
eBay (empresa) 31, 106, 107, 121, 129
Ebla, Síria 170
Ebola, vírus 310

economia de tempo 16-7, 32-4, 43-5, 129
ecossistemas, dinamismo dos 256, 306
Edinburgh Review 289
Edison, Thomas 239, 251, 277
educação: África 322; Japão 25; medida do valor da 123; e controle populacional 214-5; acesso universal 112, 240-1; mulheres e 214-5
Edwards, Robert 309
Egeu, mar 173, 176
Egito: antigo 167, 172, 173, 177, 198, 199, 203, 275, 335; Mamluk 186; moderno 147, 159, 198, 304, 324; pré-história 53, 54, 131, 132; romano 179, 180, 183
egoísmo 94, 95, 100-1, 103, 109, 110, 111, 113, 295
Ehrenreich, Barbara 294
Ehrlich, Anne 209, 304
Ehrlich, Paul 148, 195, 202, 212, 304, 306
eixos: cobre 128, 136-8, 276; pedra 14, 58, 60-1, 80, 90, 98, 99, 125
elefantes 61, 78, 306, 322
eletricidade 238-41, 242, 250-1, 306, 344; custos 32-3; dínamos 223, 238-9, 276, 292
Eliot, T.S. 292
email 295
emancipação feminina 114, 115, 215
emigração 204-5, 208; *ver também* migrações
emissões de dióxido de carbono 341-8; absorção de 223; e agricultura 135, 339; e biocombustíveis 247; custos de 332; e crescimento econômico 317, 334; e combustíveis fósseis 242, 317; fonte local de bens 50-1; impostos 347, 356

empatia 102-5
energia da maré e das ondas 251, 344-5
energia eólica 244, 251, 344-5, 347
energia geotérmica 251, 345
energia hidrelétrica 241, 244, 344
energia nuclear 46, 241, 243, 244, 251, 344-5
energia solar 222, 240, 243-4, 248-9, 251, 344
Engels, Friedrich 114, 141
enlatamento 191, 263
Enron (corporação) 38, 118, 373
entrega de presentes 95, 99, 139, 140
Equador 95
"equilíbrio da natureza", crença no 255-6
equipamento eletrônico feito de transistores, *chips* de silício e outros semicondutores 263
Erie, canal 144, 287
Erie, lago 27
Escócia 110, 205, 232, 268, 317
Escócia; País de Gales
escorbuto 24, 263
escravidão 43, 220-2; Grécia antiga 177; sociedades caçadorascoletoras 54, 99-100; Mesopotâmia 166; império romano 179, 181, 220; Estados Unidos 222, 234; *ver também* antiescravatura
Eslováquia 142
Espanha: agricultura 135; clima 336; regime de Franco 191, 292; prata peruana 40, 189 tarifas
especialização: por sexo 71-5, 141; e divisão do trabalho 16, 42, 47, 55, 70-5, 180; e intercâmbio 16, 19, 42, 44, 47, 55, 66, 67, 84, 98, 137-8, 350-2, 354-5, 357-8; e inovação 66, 80-1, 82-3, 85-6, 125, 256-7; e crescimento populacional 198, 350; e domínio da lei 123-5

Estados Unidos: opulência 198, 350; agricultura 144, 145-6, 147, 225-6; produção de biocombustível 19, 37-8; índices de natalidade 244, 250; movimento dos direitos civis 115, 116; *copyright* (direitos autorais) e sistemas de patentes 270, 271; escassez de crédito (2008) 18, 37-8; uso da energia 244, 250; PIB, *per capita* 32-3, 40; Grande Depressão (anos 1930) 40, 115-6, 198; felicidade (35-6); imigração 115, 204-5, 207, 208, 264; igualdade de renda 27-8; industrialização 225; expectativa de vida 301; New Deal 116; reservas de petróleo 242-3; níveis de poluição 26-7, 283, 306-7; pobreza 25-6, 317, 327; produtividade 118-9, 123-4; direitos de propriedade 118-9, 123-4; migração do campo para as cidades 225; escravidão 222, 223, 224; sistema de impostos 34-5, 117, 245; comércio 191, 207, 234
estanho 138, 171, 173, 174, 219, 305
esterco 152, 155, 204, 206
esterilização, forçada 209
estreito de Torres, ilhéus do 73, 89
etanol 245-8, 303
Etiópia 24, 318; pré-história 62, 63, 135
Eufrates, rio 133, 164, 167, 172, 182
eugenia 291, 331
evolução, biológica 15, 16, 59-60, 64-6, 84, 276, 350
Ewald, Paul 312
execuções 111
expectativa de vida : na África 24, 318; na Grã-Bretanha 23, 24-5, 288; melhorias em 22, 23, 24-5, 27, 209-

10, 288, 290, 301, 318; nos Estados Unidos 301; médias mundiais 57
explosões de crescimento econômico 18, 38-9, 222
extinções 27, 52, 78, 79, 248, 296, 305, 340
Exxon (empresa) 118, 122
Ezequiel 172-3

fábricas 166, 220, 224, 225-6, 227, 228-9, 261-2, 263-4, 288-9
Facebook (website) 267, 273, 256
faisões 179
fala 12, 64-5; *ver também* linguagem
Falcão maltês, O (filme) 94
falcões 302
Faraday, Michael 277-8
Fargione, Joseph 247
fascismo 292-3
Fauchart, Emmanuelle 269
febre amarela 312
Feering, Essex 201
Fehr, Ernst 101-3
Feira Mundial de Chicago (1893) 347
felicidade 34-7
feminismo 197
fenícios 123-75, 182
feno 220-1, 222, 244
Ferguson, Adam 11
Ferguson, Niall 93
fermentando 136, 245
ferramentas acheulenses 58-9, 66, 279-80
Ferranti, Sebastian 239
ferro 171-2, 172, 186, 189, 228, 229, 235-6, 304
ferrovias 257; e agricultura 144, 145-6; e agricultura 144, 145-6; oposição a 287; velocidade de 287, 290; custos de viagem 32

fertilização *in vitro* 309
fertilizantes 41, 42, 134, 140, 147, 148, 150, 152, 153, 155, 157, 160, 338
Fibonacci 183
fibra de vidro 306
figos 131, 134
filantropia 99-100, 112, 113, 298, 320-1, 355-6
filariose 313
Filipe da Macedônia 177
Filipe II, rei da Espanha 31
Filipinas 71, 96, 240
filisteus 172, 175, 380
Finlândia 25, 44, 266
Fishman, Charles 120
fisiocratas 51
Flandres 184, 186, 200
Flinders, ilha 89, 92
Florença 110, 122, 183
flores, corte de 51, 329
florestas, expansão das 149, 150, 151-2, 244-5, 339, 348
florestas, medos de depleção 307, 340
florestas tropicais 149, 154, 246, 247, 248, 256, 339
Flynn, James 29
focas (para mostrar riqueza) 93
fogo, invenção do 13, 60, 61, 69, 279
fome de Bengala (1943) 146
fome: mortalidade 146, 148, 159, 201, 208, 304-5; pessimismo acerca de 285, 288, 291, 293, 303-5, 316; pré-industrial 54, 144, 201, 203
Fontaine, Hippolyte 239
fonte local (de bens) 44-5, 50-1, 154; *ver também* milhasalimentos
Ford, Ford Maddox 193
Ford, Henry 33, 34, 121, 193, 276
Forester, Jay 306
formação da família 200-1, 215-6, 232

formigas 84-5, 95-6, 198
Fórum Humanitário Global 338
fotografia 121, 287, 361
fotografia digital 121, 361
FOXP2 (gene) 65, 367
fragmentação, política 176-8, 185-6, 189, 190
França: mercados de capital 264, fome 203; mortalidade infantil 25, crescimento populacional 212, 213; revolução 325; comércio 189, 190, 228
Franco, Francisco 191
Francos carolíngios 181
Frank, Robert 103
Franken, Al 2994
Franklin, Benjamin 114, 262
Fray Bentos 191
Friedel, Robert 230
Friedman, Milton 117
Friend, *sir* Richard 263
Friends of the Earth 159, 160
Fry, Art 266
fuinhas pequenas 95
Fuji (empresa) 120
Fujian, China 96, 188
fumaça, dentro de casa 23, 339, 343, 353
Fundação Internacional de Paternidade Planejada, (International Planned Parenthood Foundation) 209
furacões 330, 336, 338
fusão 137, 166, 236
futurologia 354

Gadir (Cádiz) 174-5
gado 128, 137, 150, 152, 153, 155, 203, 323, 337; *ver também* carne bovina
gaélica, linguagem 135
Galbraith, J.K. 25
Galdikas, Birute 69
galé birreme 172
Gales 138
Galileia, mar da 130
Galileu 116
galinhas 128, 150, 151, 153
Gana 192, 318, 328
Ganges, rio 152, 178
gás natural 240-2, 245, 250, 305, 338
gases de efeito estufa 157, 160, 247, 331; *ver também* emissões de dióxido de carbono
Gates, Bill 113, 269, 274
Genentech (empresa) 264
General Electric Company 266
General Motors (empresa) 122
generosidade 94, 101
geneticamente modificadas (GM), safras 37-8, 41-2, 153, 157-61, 287, 357
Gêngis Khan 187
genoma, sequenciamento de 270
Gênova 85, 166, 183, 185
Ghandi, Indira 209
Ghandi, Sanjay 209
Gibraltar, estreito de 185
Gilbert, Daniel 13
Gilgamesh, rei 165
Ginsberg, Allen 117
Gintis, Herb 94
Girassóis 132
Gladstone, William 243
Glaeser, Edward 195
Glasgow 317
globalização 294, 357
godos 180
Goethe, Johann von 111
Goklany, Indur 148, 343
Goldsmith, Edward 294
golfinhos 13, 95
Golfo Pérsico 75, 170, 341
Google (empresa) 31, 107, 121, 264, 266, 273, 355

Gore, Al 239, 294
Gott, Richard 297
Grã-Bretanha: enriquecimento 22, 26, 230-1, 241, 299-300; taxas de natalidade 201, 206, 212, 213, 233; excepcionalidade britânica 206-8, 227-8; política de mudança climática 331-2; preços ao consumidor 34, 230, 232-4; sistema de *copyright* 272; leis da cerca 231, 325; uso da energia 31, 237-9, 344; "Revolução Gloriosa" (1688) 272; igualdade de renda 28, 224; Revolução Industrial 207, 222-3, 226-38, 260-1, 264; expectativa de vida 25, 26-7; Serviço Nacional de Alimentação 273; Serviço Nacional de Saúde 118, 266; reforma parlamentar 114; renda *per capita* 25, 224, 233, 288-9; produtividade 118; direitos de propriedade 228, 232, 325; ajuda estatal 26; tarifas 190-1, 228; *ver também* Inglaterra;
gralhas 95
Gramme, Zénobe Théophile 239
granjas 150-1
Grantham, George 382
grão-debico 131
gravidade, descoberta da 263
Gray, John 289, 294
Great Barrier Reef, 256
Grécia: antiga 122, 134, 166, 176-7, 179; moderna 191
Greenpeace 159, 160, 285, 373
gripe pandêmica 37, 150, 311-3
Groenlândia: calota de gelo 131, 136, 315, 335, 340, 370; inuítes 71
Grottes des Pigeons, Marrocos 63
Groves, Leslie 390
guano 145, 305

Guatemala 214
Guerra Fria 302
guerra nuclear, ameaça de 284, 293, 302-3, 334
guerra: na África 318; em sociedades caçadorascoletoras 53; ameaça de guerra nuclear 284, 293, 302-3; guerras mundiais no século XX 292, 312; declarações unilaterais de 111
Guilherme III, rei 229
Gujarat 168, 180
gujaratis 96
Gustavo Adolpho, rei da Suécia 189
Gutenberg, Johann 189, 258
Guth, Werner 94

habeas corpus 357
Haber, Fritz 152, 376
hadza, povo 71, 73
Haiti 24, 304, 317
halaf, povo 136
Hall, Charles Martin 33
Halley, Edmond 261
HANPP (apropriação humana da produtividade primária líquida) número 149-50
Hansen, James 398
hantavírus 310
Harappa, vale do Indo 167-8
Hardin, Garrett 209, 217
haréns 142
Hargreaves, James 233, 261
Harlem, Holland 222
Harper's Weekly 32
Harvey, William 261
Hayek, Friedrich 14, 28, 47, 66, 255, 284, 354
Helesponto 134, 176
Heller, Michael 271

Henrich, Joe 86, 360
Henrique II, rei da Inglaterra 125
Henry, Joseph 276
Henry, William 227
Heráclito 254
herbicidas 150, 157, 158
Hero de Alexandria 275
Herschel, *sir* William 227
Hesíodo 295
hienas 52, 60, 64
hipotecas 34-5, 38, 40, 325; *subprime* 299
Hippel, Eric von 278
hippies 35, 116, 181
Hiroshima 287
hititas 173
Hitler, Adolf 25, 189, 299
HIV/aids 17, 24, 310, 313, 318, 321-2, 324, 332, 353
hiwi, povo 71
Hobbes, Thomas 104
Hock, Dee 259
Hohle Fels, Alemanha 80
Holanda: agricultura 158; anos dourados 190, 207, 221-2, 229; horticultura 51 industrialização 221-2, 232; inovações 269; comércio 40, 96, 111, 113, 190, 229, 330
Holdren, John 209, 212, 314
Homero 12, 109, 174
Homestead Act (1862) 325
homicídio 24, 29, 93, 113, 124, 207
Homo erectus 59, 77, 80
Homo heidelbergensis 59, 60-1
Homo sapiens, emergência do 62
Hong Kong 40, 92, 164, 175, 192, 225, 330
Hongwu, imperador chinês 188
Hood, Leroy 227, 385

Hooke, Robert 261
Hoxha, Enver 192
Hrdy, Sarah 96
Huber, Peter 249, 345
Hueper, Wilhelm 300
huguenotes 189
huias, pássaros 73
humano, sacrifício 111
Hume, David 104, 110, 111, 176
humor 12
Hunan 182
Hungria 228
hunos 180
hurões, índios 144
Hurst, Blake 157
Huteritas 216
Huxley, Aldous 292, 354

IBM (empresa) 266, 286
Ibn Khaldun 187
Ichaboe, ilha 145
idades do gelo 62, 132, 331, 336, 342
Idades Médias 170, 180, 221
Iêmen 212, 215
Igreja da Inglaterra 140
ilha de Páscoa 143
ilhéus do Pacífico 140
imitação 13-5, 60, 86, 88
imperialismo 111, 168, 169, 171, 177-8, 187, 321-2, 356; *ver também* colonialismo
império britânico 166, 323-4
império romano 166, 172, 177, 178-80, 189, 220, 265, 356
impérios, comerciais 166-7; *ver também* imperialismo
impressão: no papel 186, 257-8, 277; nos tecidos 231, 237
inclinação libertária 113, 116, 294

Índia: agricultura 132, 135, 146, 147-8, 152, 156, 161, 304; governo britânico 166; sistema de castas 178; crescimento econômico 192, 358; uso da energia 250; igualdade de renda 28; mortalidade infantil 25; inovações 177-8, 257; império mauriano 177-8; uso de telefone móvel 328; crescimento populacional 207, 209-10; pré-história 75, 132, 135; comércio 179-80, 184, 191-2, 231, 234, 237; urbanização 193
Índico, oceano 179, 180
Indo, rio 172; civilização do vale do Indo 166-7, 170
Indonésia 75, 95, 96, 182
indústria farmacêutica 265-6, 271
industrialização: e investimento de capital 263-4; e fim da escravidão 202, 220; e produção de alimentos 144-5, 206-7; e combustíveis fósseis 220, 222-3, 225-6, 351-2; e inovação 47, 226-8, 232-3; e padrões de vida 223, 6, 231-2, 263; visões pessimistas de 51, 109-19, 223-4; e produtividade 228, 235-6, 237-8, 249-50; e ciência 260; e comércio 230-2; e urbanização 192-3, 231-2
inflação 33, 39, 174, 175, 292
inflação dos preços de ativos 33, 39
influenza ver gripe, pandêmica
Inglaterra: agricultura 200-2, 221; mortalidade infantil 288; lei 124-5; expectativa de vida 23, 287-8; população medieval 199-203; renda *per capita* 202; revolução científica 260-2; comércio 84, 96-7, 111, 113, 174, 222; *ver também* Grã-Bretanha
Ingleheart, Ronald 37

inovação: e investimento de capital 263-7, 274; e troca 80-1, 84, 125, 172-3, 256, 274-8; e programas de gastos do governo 272-4; retornos crescentes de 254-60, 279-81, 346, 353, 357-8; e industrialização 47, 226-9, 232-3; e propriedade intelectual 267-8, , 274; e crescimento populacional 257; e produtividade 232-3; e ciência 260; e especialização 65, 80-1, 82, 84-5, 125, 256; e comércio 173, 176
inseticidas 176-7
insetos 84-5, 95
insulina 161, 279
Intel (empresa) 269, 273
inteligência coletiva 14, 47-8, 55, 65, 91, 350-2, 354-5
internet: acesso a 258, 273; *blogs* 262; e doações de caridade 320, 355-6; cibercrime 106-7; desenvolvimento de 268, 273, 275, 355; *email* 295; livre troca 112, 277, 355; divisão/distribuição de pacotes 268; aplicativos para resolução de problemas 266-7; programas de busca 250, 261, 272; compras 46, 106, 114, 266; rede de websites sociais 267, 273, 355-6; velocidade de 257-8; confiança entre usuários 106-7, 355; World Wide Web (www) 278, 355
interruptores endócrinos 296
inuítes 53, 70, 74
inundações 134, 256, 330, 332, 335, 336
IPCC (Painel Intergovernamental sobre Mudança Climática) 332, 333, 334, 335, 339, 343, 348, 397, 398, 399, 401
Irã 168
Iraque 40, 164

Irlanda 34, 135, 205, 223
Irmãos Wright 266, 270
irrigação 141, 152-3, 165, 167, 168-9, 203, 247
Isaac, Glyn 73
Isaías 109, 173
Islã 325, 357, 358
Islândia 326
Israel 63, 78, 111, 130, 152
israelitas 173
Itália: taxa de natalidade 213; cidades-Estado 183-4, 186, 202; fascismo 292; assentamentos gregos 175-6, 178-9; mortalidade infantil 25; inovações 282, 256; mercantilismo 96, 110, 183-4, 185, 282; préhistória 78

Jacob, François 16
Jacobs, Jane 133
Jamaica 154
James II, rei 228
Japão: agricultura 203-4; taxas de natalidade 217; ditadura 115; desenvolvimento econômico 110, 323-4, 333; regressão econômica e tecnológica 199, 203-5, 208; educação 25; felicidade 36; industrialização 225; expectativa de vida 26-7, 40; comércio 40, 187-8, 189, 203
Jarawa, tribo 76
Java 191
Jefferson, Thomas 253, 254, 274
Jenner, Edward 227
Jensen, Robert 328
Jericó 143
Jevons, Stanley 219, 242, 243
Jigme Singye Wangchuck, rei do Butão 35
Jobs, Steve 227, 269, 385
jogo do dilema do prisioneiro 103

jogo do ultimato 289-90
John, rei da Inglaterra 125
Johnson, Lyndon 208
Jones, Rhys 88
Jordânia 152, 172
Jordão, rio 133
jornais 275, 298; licenciamento de direitos autorais 272
jovens, pessimismo acerca de 295
Joyce, James 292
judeus 92, 115, 182-3, 189
junta de bois 135, 141, 200, 202, 220-1
justiça 38-9, 123, 322, 357

Kalahari, deserto 53, 70, 85
kalkadoon, aborígines 98
Kanesh, Anatólia 170-171
Kant, Immanuel 104
Kaplan, Robert 296
Kay, John 189, 233
Kealey, Terence 177, 260, 390
Kelly, Kevin 356
Kelvin, William Thomson, 1º barão 390
Kerala 329
Kerouac, Jack 117
khoisan, povo 64, 70, 71, 76, 123, 323
Kim Il Sung 192
King, Gregory 224
Kingdon, Jonathan 76
Kinneret, lago 130
Klasies, rio 91
Klein, Naomi 294
Kleiner Perkins Caufield & Byers (capitalistas de risco) 264
Kodak (corporação) 120
Kohler, Hans-Peter 217
Kuhn, Steve 73, 78
kula (sistema de troca) 139
!kung, povo 53, 141, 142
kwakiutl, povo 100

lã 46, 154, 164, 171, 173, 183, 184, 200, 230
Lagos 324
lagos, acidificação dos 308
lamalera, povo 95
lanças 15, 52, 58, 60, 62, 79, 88-9, 98
Lancashire 220, 223, 237, 268
Landes, David 229
Lang, Tim 377
Laos 215
lápis 47
lápislazúli 168, 170
Lascaux, cavernas de França 15
l*asers* 277
Lassa, febre de 310
latão 229
Láurion, Ática 177
Law, John 38, 264
Lawson, Nigel, Barão 333
Lay, Ken 38
Layard, Richard 35
Leadbeater, Charles 294
Leahy, Michael 99
LeBlanc, Steven 143
LEDs (diodos emissores de luz) 31
Lei de Cardwell 389
Lei do algodão (Calico Act, 1722) 231
Lei Tarifária Smoot-Hawley 191
leis do milho 190-1
leis para cercamento dos campos 323, 325
leite 32, 65, 104, 140
lentilhas 134
leões 52, 95
Leonardo da Vinci 202, 257
Levy, Stephen 355
Liang Ying (trabalhador de fazenda) 226
Líbano 173
liberação da mulher 115
liberalismo 115, 116, 293-4

Libéria 24, 318
Líbia 176
Life (revista) 307
Limites ao Crescimento (relatório) 306
Lindsey, Brink 109, 116
linguagem: e troca 68; genes para 65; indoeuropeu 135; e isolacionismo 82; neandertalenses 65; números de linguagens 82; como desenvolvimento unicamente humano 13
linho 222, 224
líquen 84
Liverpool 71, 287
livre escolha 37, 114-7, 294-5
lobos 95, 143
Locke, John 104
Lodygin, Alexander 277
Lombardia 183, 202
Lomborg, Björn 284
Londres 22, 122, 191, 205, 224, 229; como centro financeiro 264
longitude, medida de 267
lontra 300, 302
Los Angeles, 32, 147
Lothal, vale do Indo 167, 170
Lowell, Francis Cabot 268
Lübeck 185
Lucca 184, 183
Luís XI, rei da França 189
Luís XIV, rei da França 45, 46-7, 189, 264
Lutero, Martinho 109
Luxemburgo 333
luz, artificial 23, 26, 29-32, 46, 239, 240, 245, 250, 277
Lyon 189

macacos 13, 66, 69, 96; capuchinhos 104
macacos capuchinhos 104
MacArthur, general Douglas 147

Macau 188
Macaulay, Thomas Babington, 1º barão 21, 289, 358
Mace, Ruth 82
machiguenga, povo 86
MacKay, David 344
Macmillan, Harold, 1º conde de Stockton 26
Madagascar 79, 302
Maddison, Angus 185
Maddox, John 212
madeira 172, 222, 235; comércio 164, 165, 185, 207
Madoff, Bernard 38
Magnésio 219
Magrebe 183, 185
Malaia, península 76
malária 141, 163, 280, 302, 312-3, 320, 321, 332, 337, 353, 399
Malásia 45, 96, 247
Malaui, lago 63
"maldição de recursos" 40, 322
Mali 318, 327
Malinowski, Bronislaw 140
Malthus, Robert 144, 145, 151, 191, 255
malthusianismo 146
mamutes 77, 78, 80, 82, 305
Manchester 220, 224, 238, 287
Mandell, Lewis 254
manganês 155, 219
mangas 161, 329, 377
Manhattan 92
Mao Tsé-tung 25, 192, 268, 299, 314
Maomé (profeta) 182
máquinas a vapor 132, 220, 227, 233, 237, 249, 261, 275, 276
máquinas de fax 258
marcas registradas 269
Marchetti, Cesare 347

Marcuse, Herbert 295
marfim 79, 80, 82, 173
Maria Antonieta, rainha da França 205
Marne, rio 239
Marrocos 62, 215
martus, aborígines 71
Marx, Karl 109, 111, 114, 295
marxismo 108, 223, 321, 356
Maskelyne, Nevil 227
Maudslay, Henry 227
mauriano, império 178, 207, 357
Maurício 192, 318
Maxwell, James Clerk 390
McCloskey, Deirdre 116, 362
McEwan, Ian 57
McKendrick, Neil 230
McKibben, Bill 293
McNamara, Robert 209
Meca 182
Mediterrâneo, mar: assentamentos, pré-históricos 66, 78, 164; comércio 96, 170, 172-5, 177, 181, 183
Mehrgarh, Baluquistão 162
Mehta, Suketa 194
Meissen 190
memes 15
Menes, faraó do Egito 167
mensagem de texto 295, 355
mercadores hanseáticos 96, 184-5, 202
mercados (de bens e serviços); e melhoria coletiva 19, 45-8, 110-7, 122, 284; desdém por 109-10, 111, 294-5, 357; etiqueta e ritual de 138-9; e generosidade 94-5; interdependência global 51; falha do mercado 187, 256; "mercados perfeitos" 255; e controle populacional 215-16; e economias préindustriais 138-9; e confiança 105-7, 110; e virtude 108-11, 112;

ver também comércio de troca; escambo; comércio
mercados (de capitais e ativos) 18, 264-7
merchandising de abatimento dos preços 119-21
mercúrio 188, 219, 242
Mersey, rio 71
Merzbach, vale do (Alemanha) 143
Mesopotâmia 47, 120, 164-7, 168, 173, 199, 257, 370; *ver também* império assírio; Iraque
metano 145, 331, 346
Metaxas, Ioannis 191
México: agricultura 129, 132, 147; emigração para os Estados Unidos 124; furacões 336-7; expectativa de vida 24-5; conservação da natureza 326; gripe suína 312
Meyer, Warren 285
Mezherich, Ucrânia 80
micenianos 172
Michelangelo 122
Microsoft (corporação) 33, 266, 273, 277
migração do campo para a cidade 164, 192-4, 215, 225-6, 231-3, 236-7
migrações: humanas, as primeiras 75-9, 91; campo para cidade 164, 192-4, 215, 225-6, 231-3, 236-7; *ver também* emigração
Milão 183, 189
Milênio, Metas para o Desenvolvimento do 318
Mileto 176
milhasalimento 50-1, 352-3; *ver também* fornecedores locais de produtos ou serviços
milho 132, 151, 158, 159, 161, 168; para biocombustível 246

Mill, John Stuart 44, 110, 114, 255, 279, 280, 283
Miller, Geoffrey 54, 278
Mills, Mark 249
Ming, império 124, 186, 165, 314
minoica, civilização 171
Mississippi Company 38
Mittal, Lakshmi 274
Moçambique 138, 318
mohawks, índios 144, 179-80
moinhos movidos a água 181, 200, 203, 221-3, 239-40
Moisés 143
Mojave, deserto de 78
MojhenjoDaro, vale do Indo 167
Mokyr, Joel 203, 257, 262, 383
moluscos 62, 63, 71, 73, 87, 88, 99, 100-1, 132-3, 169
monarquias 125, 168, 178, 228
monastérios 181, 199, 221, 257
Monbiot, George 294, 314, 397
monção 119-80
mongóis 166, 186, 187
Mongólia 235
monopólios 118, 147, 171, 177, 187
"monotonia hedônica" 36
Montesquieu, Charles, barão de 110
Moore, Gordon 227
Moore, Michael 294
Morgan, J.P. 107
mormonismo 211
Morse, Samuel 277
mortalidade infantil 24, 25, 214, 288
mosquiteiros 320
mostra de Viena (1873) 239
motor de combustão interna 146, 151, 249
motores elétricos 276, 287
movimento pelos direitos civis 115
Moyo, Dambisa 319

Mozart, Wolfgang Amadeus 272 de Metal
mudança climática 330-48; custos de medidas de mitigação 331-4, 334, 339, 343-5; taxas de mortalidade associados a 336-8; e dinamismo ecológico 255-6, 330-1; e crescimento econômico 317, 332-5, 342-4, 348; efeitos sobre os ecossistemas 340-2; e suprimento de alimentos 338-9; e combustíveis fósseis 248, 316, 343, 347; histórico 200-1, 330, 335; pessimismo sobre 284, 285, 316-7, 329-30; pré-história 64, 74, 130, 133, 136, 166, 330, 340, 341, 351-2; ceticismo sobre 117-8, 330-1; soluções para 17, 317, 346-8
Mugabe, Robert 268
Mumbai 194, 195
Murrays' Mills, Manchester 220
música 89, 122, 271-2, 327

Nabucodonosor 175
nacionalismo 356
nacionalização (da indústria) 171, 187
Nações Unidas (ONU) 25, 50, 210, 211, 293
Nairóbi 324
Namíbia 214, 326
Napoleão I 189
Nasa 274
Nashville 327
Nassarius, conchas 63, 66, 75
Natal 130
natufianos 131
navios a vapor 144, 258, 287, 373
neandertais 13, 14, 62, 65, 73-4, 80, 86
Negro, mar 80, 134, 135, 176, 181, 185
Nehru, Jawaharlal 192
Nelson, Richard 15

Nepal 25, 214
Nestcape (empresa) 264
New Deal 116
New York Times 32, 298, 307
Newcomen, Thomas 249, 262-2, 389
Newsweek (revista) 331
Newton, *sir* Isaac 122, 261
Nigéria 25, 41, 107, 215, 242, 318
Nike (empresa) 122, 163
Nilo, rio 167, 170, 173, 177
níquel 44, 219
nitrato de potássio 150
nitrogênio, fertilizantes de 145, 152, 155, 160
níveis de QI 29
nível do mar, mudanças no 133-4, 316, 315
"nobre selvagem" 53, 140-2
Norberg, Johann 22
Nordau, Max 291
Nordhaus, William 322
Norte Chico, civilização 168-9
Norte, Coreia do 24, 123, 192
Norte, mar do 185, 190
norte-sentinelenses 76
North, Douglass 326, 365
Northern Rock (banco) 18
Northumberland 386
Norton, Seth 216
Noruega 97-8, 332, 344
Norwich 225
Nostalgia 22, 52, 140, 194, 288, 295
Nova Guiné: agricultura 129, 132, 374; linguagens 82; malária 337; pré-história 75, 129, 95 tribos 95, 99, 143
Nova York 22, 26, 92, 175, 195
Nova Zelândia 27, 44, 51, 79
Novgorod 185
Noyce, Robert 227, 385

O crescimento é bom para os pobres (estudo do Banco Mundial) 318
O'Rourke, P.J. 163
Obama, Barack 209
obesidade 17, 161, 299, 338
obsidiana 63, 99, 133
ocre 62-4, 99-100
odontologia 54
Oersted, Hans Christian 277
Oetzi (homen de gelo mumificado) 128-9, 137-8, 142-3
Ofek, Haim 136
Ohalo II (sítio arqueológico) 130
óleo de coco 67, 247, 340
óleo de oliva 173, 174, 176
Olsen, Ken 286
Omidyar, Pierre 106
orang asli, povo 76
orangotango 69, 245, 340
orçamentos e pesquisas de desenvolvimento, corporativo 265, 267, 274
Organização Mundial da Saúde 337-9
orma, povo 95
ornamento, pessoal 52, 62-4, 79, 80
Orwell, George 259, 293, 354
Ostia 179
Oto I, Sacro Imperador Romano 183
otomano, império 166
Oued Djebanna, Argélia 63
ouro 171, 182, 305
óxido nítrico 160
oxitocina (hormônio) 102

Paarlberg, Robert, 159
Pacífico, oceano 188
Paddock, William e Paul 304
Padgett, John 110
Page, Larry 121
Page, Mark 82

painço 249
Painel Governamental sobre Mudança Climática (IPCC) 332, 333, 334, 335-6, 339, 343
Paliputra 178
Pan Am (companhia aérea) 34
pão 47, 130, 145, 205, 230, 290
papagaios 13
papel 286, 306
Papin, Denis 262
papiro 177, 181
Paquistão 147-8, 210, 303
Paraguai 71
Pareto, Vilfredo 255
Paris 221, 357; iluminação elétrica 239; restaurantes 269
Parsons, *sir* Charles 240
partilha de alimentos 66, 69-70, 73
parto, império 166
Pasadena 27
pássaros canoros 65
pássaros: efeitos da poluição sobre 27, 302; mortos por turbinas de vento 245, 387; ninhos 60; diferenças sexuais 73; pássaros canoros 65
patentes 229, 268, 269-71, 274, 276, 390
patriarcado 142
PayPal (comércio eletrônico) 267
Peel, *sir* Robert 190
peixe, mudança de sexo 280, 296
Pemberton, John 268
penicilina 263
Pennington, Hugh 311
pensamento de somazero 108
pensões 39, 49, 113
Pequim 357
período eemiano interglacial 62-3
período Ubaid 164-5, 166
Périplo do mar Eritreu 179

Pérsia 96, 166, 176-7, 182
Peru 105, 132, 168, 322, 374; prata 40, 138, 188
pesca 71, 72, 80, 89, 131, 133, 134, 142, 165, 168, 169, 328
pesca de baleias 95, 190, 285
pesquisa de célulastronco 357-8
pesquisa genética 63-4, 155, 270, 309, 355, 357
pesquisa na Motion (empresa) 270
pessimismo: e crença em pontos de virada na história 291-2, 304, 313-4; pessimismo natural da natureza humana 297-8; no século XIX 287-90; no século XX 284-5, 291-4, 295-7, 299-310, 330; no século XXI 17-18, 26, 38, 284-5, 295, 310-13, 316-7; ubiquidade de 284-9, 295, 397-300, 342, 352
peste negra 186, 201-2, 203
pesticidas 155, 157, 159-60, 337; DDT 300, 301-2; natural de 302
Peto, Richard 301
petróleo: e "maldição de recursos" 40, 322; perfuração e refino 247, 344; e geração de eletricidade 244; manufatura de plásticos sintéticos 242, 245; poluição 296-7, 387; preços 243; suprimentos 154, 242-3, 284, 285, 286, 299, 305-6
Petty, *sir* William 190, 205, 260, 261
Philips, Adam 110, 295
pi, cálculo do 178
PIB *per capita* (mundial), aumentos em 21, 349
pigmeu, povo 64, 76
Pinnacle Point, África do Sul 62, 91
piolhos 77
Pisa 122, 183
Pitágoras 176

plásticos 242, 245, 275
Platão 295
platina 219
pneu 172-3, 174, 175, 329-30
pneumonia 23, 353
pobreza: e doações de caridade 113; níveis atuais 22, 25, 26, 50, 318, 352-3; e industrialização 223-6; pessimismo sobre 284, 293, 316-7; redução da 22, 25, 26, 293; e autossuficiência 51, 138, 206, 208, 232; soluções para 17, 191-2, 318-9, 324, 328-30, 352-4
Polanyi, Karl 170
polegares, em oposição 13, 61
poligamia 142
pólio 266, 280, 313
políticas de controle populacional 208-10
poluição: efeito sobre a vida selvagem 27, 300, 302, 340; e industrialização 224; pessimismo sobre 296-7, 307; redução em 27, 113, 153, 283, 296-7, 300, 302
polvos 12
Pomeranz, Kenneth 207
pontes suspensas 287
Ponto Lagrange 347
"ponto.comunismo" 355
pontos de virada na história, crença em 291-3, 294-5, 206, 304-5, 333,
Ponzi, Charles 38
Ponzi, planos de 38
porcelana 186, 188, 189, 231, 257
Porritt, Jonathan 316
Portugal 84, 189, 190, 333
postit, notas 266
Postrel, Virginia 294
Potrykus, Ingo 159
Pound, Erza 292

pragas 141, 181, 201-2, 203; previsões de 284, 288, 310-13; *ver também* peste negra
pranchas de surfe 278
prata 40, 138, 170-1, 173, 174, 176, 182, 188, 219
Prata, rio da 191
Prebisch, Raul 192
preços de roupas 30, 43, 46, 49, 233-4
preços do metal, reduções nos 219
preços dos alimentos 30, 32, 33-4, 49, 51, 51, 244, 246
Prêmio Nobel da Paz 148, 284
preservação da natureza 302, 340; *ver também* terra selvagem, expansão da
preservação da vida selvagem 302, 330-1
preservação de alimentos 145, 144, 150, 620
Presley, Elvis 117
previsão do tempo 12, 13, 357
Priestley, Joseph 262
Primeira Guerra Mundial 293, 312
princípio de "nação mais favorecida" 190
processamento de alimentos 39, 70, 150; *ver também* cozimento; cozinha
programas de busca 250, 263, 272
propriedade intelectual 267-72; *ver também copyright*; patentes
protecionismo 191, 231
provisão de alimentos: e biocombustíveis 245-7, 248, 302; e mudança climática 339; e industrialização 144-5, 206-8; pessimismo sobre 284, 285, 288, 293-4, 303-5; e crescimento populacional 144-5, 146, 148-9, 151-2, 198, 207, 213-14, 303, 305
Ptolomeu III 177
PusuKen (mercador assírio) 171

Quarterly Review 287
quasars 280
Quênia 51, 95, 160, 215, 318, 328, 337, 353
Quesnay, François 51

racismo 111
radioatividade 296-7, 346
rádios 270, 276
Rajan, Raghuram 319
Rajastão 162, 164
Ramsey, Gordon 377
Ratnagar, Shereen 168
ratos silvestres 104
Rawls, John 104
Read, Leonard 47
rebanho 136
recessão, econômica 19, 38, 120, 313
reciprocidade 66-9, 95, 102, 139
Rees, Martin 297
refeição com carne 61, 69, 71, 78, 131-2, 151, 161, 246
Reforma 258
refrigeração 144
regressão tecnológica 86, 92, 131, 186, 203-6, 351
Reiter, Paul 338, 360
religião 13-4, 111, 113, 175, 356-8; e controle populacional 211, 213-4, 216-7; *ver também* budismo; cristianismo; Islã
Rembrandt 122
Renascença 202
renda, *per capita*: e liberdade econômica 123; igualdade 28, 289; aumentos em 23, 24, 25, 224, 289, 333
Reno, rio 271
repolhos 301
restaurantes 26, 46, 70-1, 250, 269

Revolução do Alto Paleolítico 82, 91-2, 241
Revolução Francesa 325
"Revolução gloriosa" (1688) 228
Rhodes, Cecil 324
Ricardo, David 84, 175, 192, 199, 202, 255, 279
Rifkin, Jeremy 309
Riis, Jacob 26
rinocerontes 12, 52, 61, 77, 78
Rio de Janeiro, Conferência das Nações Unidas (1992) 293
Rivers, W.H.R. 89
Rivoli, Pietra 226, 234
Rochosas, montanhas 243
Rockefeller, John D. 33, 285
rodas, invenção das 181, 279
Rogers, Alex 341
Roma 164, 180-1
Romer, Paul 275, 280-1, 330, 360
Roosevelt, Franklin D. 116
Roosevelt, Theodore 292
Rosling, Hans 362
Rota da Seda 187
Rothschild, Nathan 97
roupas: Grã-Bretanha 230, 231, 332; *Homo sapiens* inicial 80; inuítes 132; idade do metal 129; nativos tasmanianos 86
Rousseau, Jean-Jacques 52, 104, 111, 142-3
Royal Institution 227
Ruanda 24, 318
Rumford, Benjamin Thompson, conde de 227
Ruskin, John 111
Rússia, pós-soviética 24; produção de petróleo e gás 40, 46; declínio da população 211

Rússia, préhistória 82
Rússia, tzarista 222, 235, 337

sabão 181, 222
sabres, japoneses 204
Sachs, Jeffrey 214
Sacro Império Romano 183
Saddam Hussein 166
safras resistentes a insetos 158-9
Sahel, região 129, 336
Sahlins, Marshall 139, 140
Sahul (massa de terra) 75, 76
Salisbury, Wiltshire 200
Salk, Jonas 48, 26
salmão 100
Salmon, Cecil 147
Sanger, Frederick 390
sânscrito 135
São Paulo (santo) 109
São Paulo 194, 317
sapos dourados 340
sarampo 24, 141, 313
Sargon da Acádia 170
SARS, vírus da 310, 313
satélites 258
satnav (sistemas de navegação por satélite) 273
Saunders, Peter 10
Schumpeter, Joseph 120-1, 233, 280, 305, 386
Scientific American 284
Seabright, Paul 101, 144
secas: modernas 246, 303, 345; préhistóricas 63, 74-95, 345
seda 46, 55, 178, 180, 183, 184, 186, 230
segregação, racial 114-5
Segunda Guerra Mundial 293
segurança ocupacional 113-4

seleção de grãos após a colheita 130, 131, 136, 158, 203-4; máquinas 144-5, 287
seleção natural 14-5, 37, 59, 79, 350
Sematech (consórcio não lucrativo) 273
sementes de colza 246
Sena, rio 221
serotonina 161, 297
Serra Leoa 24, 318
Serviço Nacional de Alimentação 273
Serviço Nacional de Saúde 118, 266
servos 186, 228
sexismo 111, 141-2
sexual, divisão do trabalho 70-5, 141
sexual, reprodução 11, 15, 16, 53, 66, 276; de ideias 11-2, 275-7
Sforza, casa de 189
Shady, Ruth 168
Shakespeare, William 12; *O mercador de Veneza* 108-9
Shang, dinastia 171
Shapiro, Carl 270
Shell (empresa) 118
Shennan, Stephen 91, 139
Shermer, Michael 108, 113, 125
Shirky, Clay 355
Shiva, Vandana 161
Síbaris 176
Sibéria 150
Sicília 176, 178, 183
Sídon 171, 172
Siemens, William 239
Silésia 228
Silver, Lee 128
simbiose 84, 351
Simon, Julian 92, 284, 306
sinergia 16, 109
sinetes 136
Síria 130, 136, 170, 180

sistema de "pôr para fora" 231, 232, 236
sistema decimal 178, 183
Skhul, Israel 63
Smith, Adam 17, 89, 103, 108, 205, 255, 350; *Das Adam Smith Problem* 100; *Theory of Moral Sentiments* 101; *A riqueza das nações* vii, 46-7, 48, 66, 67, 101, 129, 241, 287
Smith, Vernon 18, 98, 198
socialismo 113, 122, 356-7
Sociedade Lunar 262
software gratuito 106, 277-8, 356
software, computador 106, 263, 277-8, 306, 356
soja 152, 153, 160, 161, 247
Solomon, Robert 101
Solow, Robert 280
Somália 24, 318, 338, 353
Sony (empresa) 266
sorgo 132, 161
sorrindo 12, 101
South Sea Company 38
Southey, Robert 288
Spencer, Herbert 115
Spengler, Oswald 292
Spinoza, Baruch 322
Sputnik 286
Sri Lanka 44, 47, 75, 211, 213, 302
Stalin, Joseph 25, 268
Stangler, Dane 297
Stein, Gil 165
Stein, Herb 285
Stephenson, George 261, 389
Steptoe, Patrick 309
Stern (revista) 307
Stern, Nicholas, barão 332, 333
Stiner, Mary 73, 78
Strabo 179
Strong, Maurice 314
Suazilândia 24

subnutrição 158-9, 161, 338
Subramanian, Arvind 319
subsídios: agricultura 192, 329; suprimentos de energia renovável 345
substantivismo 170
subúrbios 114-5, 116, 194-5
Sudão 318
Suécia 27, 189, 235, 307-8, 341, 345
sufrágio, universal 175-6
Suíça 269
Sun Microsystems (empresa) 264
sunda (massa de terra) 75
Sungir, Rússia, 80, 82
supercondutividade, alta temperatura 263
Superior, lago 137
supermercados 46, 161, 242, 268, 292
Sussex 289
Swan, *sir* Joseph 239, 277
Swift, Jonathan 127, 145
Szilard, Leo 390

tabagismo 301
Tailândia 322, 324
Taiti 175
Taiwan 40, 192, 225, 324
Tales de Mileto 176
Talheim, Alemanha 143
tamanho do cérebro 13, 58-9, 61, 64-5
Tâmisa, rio 27
Tanzânia 318, 326-7, 329; povo hadza 71, 72-3, 95
Tapscott, Don 267
Tarde, Gabriel 14
tarifas 190-2, 228
taro (vegetal comestível) 132
tartarugas 74, 78, 368
tartessos 174
Tasman, Abel 88
Tasmânia 86-90, 91

Tattersall, Ian 91
Taverne, Dick, barão 110
taxas de mortalidade relacionadas ao clima 337
taxas de natalidade: declinante 210-7; e suprimento de alimentos 198, 214; e industrialização 208; medida de 210; políticas de controle da população 208-9; sociedades pré-industriais 140-1, 142; e televisão 240; e riqueza 206, 209, 211, 214, 216, 217; *ver também* crescimento populacional
Taylor, Barbara 110
telefones 258, 266; cargas 31-2, 258; móvel 46, 257-58, 270, 272, 300, 327-8
telefones celulares 46, 257, 262, 272, 300, 327-8
telégrafo 258, 259, 275, 359
televisão 47, 239-4, 257, 273
Telford, Thomas 227
tempestades 316, 335, 336
Tennessee Valley Authority 327
termodinâmica 13, 249, 261
Terra do Fogo 54, 71, 90, 99
terrorismo 17, 37, 300, 358
Tesco (empresa do ramo do varejo) 119
Tesla, Nikola 239
Thiel, Peter 267
Thiele, Bob 349
Thoreau, Henry David 42, 195
Thwaites, Thomas 44
Tibério, imperador romano 179, 265
tifo 24, 312
tifoide 24, 312
tigres 151, 245
Timuride, império 166
tiwi, povo 89
Tol, Richard 332
Tooby, John 66
Tóquio 195, 204

Toscana 183
totalitarismo 111, 116, 186-7, 293
Toulouse 228
Townes, Charles 277
Toynbee, Arnold 110
tragédia dos comuns 208, 326
Trajano, imperador romano 166
transição demográfica 212-17, 318, 329-30
transistores 276
transporte em contêiner 119, 258, 373
tratores 145, 158, 247
Tressell, Robert 291
Trevithick, Richard 227, 261
tributação: impostos sobre o carbono 347; e doação beneficente 321; e consumo 37; e índices de nascimento declinantes 216-7; desenvolvimento inicial de 165; e moradia 34; e inovação 260; e transferência entre gerações 39; império mauriano 177; império romano 189; Estados Unidos 34
trigo 51, 80, 130, 131, 134, 145, 151, 154, 158, 161, 164, 167, 173, 203; novas variedades 146-8
Trippe, Juan 34
Trobriand, ilhas 67
troca: etiqueta e ritual de 138-9; e inovação 80-1, 85, 125, 172-3, 256, 274-8, ; e economias pré-industriais 138-9; e direitos de propriedade 326; e domínio da lei 123, 124; e divisão sexual do trabalho 74; e especialização 16, 19, 42, 44, 47, 55, 66, 68, 84, 98, 137-8, 350-2, 354, 357-8; e confiança 105-7, 110, 111; como característica unicamente humana 66-70; e virtude 108-11; *ver também* comércio de troca; mercados; comércio
tsuana, povo 323-4
tucanos 151
tungstênio 219
turbina de ciclo combinado 249-50
Turchin, Peter 187
turfa 221-2
Turnbull, William (trabalhador de fazenda) 225
Turner, Adair, barão 389
Turquia 78, 136, 143
Tyneside 236

Ucrânia 80, 135
Uganda 159, 192, 318
Ulrich, Bernd 307
Último Teorema de Fermat 280
União Soviética 26, 114, 115-6, 292, 302, 320
urbanização e desenvolvimento da agricultura 133-4, 164-5, 169-70; totais da população urbana global 164, 103, 194-5; e crescimento populacional 214-5; e comércio 164-7, 169-70, 172-3, 193-5; *ver também* migração do campo para as cidades
ursospolares 340
Uruguai 191
Uruk, Mesopotâmia 165-7, 222
uso de drogas ilícitas 113, 191

vacinas 27, 291, 313; pólio 266, 280;
Vale do Silício 227, 257, 259, 273
vândalos 180
Vanderbilt, Cornelius 26, 32, 33
varíola 227
varíola 23, 24, 141, 227, 313; vacina 227
vCJD (doença da vaca louca) 308, 311
Veblen, Thorstein 109

Veenhoven, Ruut 37
vegetarianismo 91, 94, 130, 152, 368
velhice, qualidade de vida na 27-8
velocidades de transporte 31, 258, 259, 275, 287, 288, 290
venda de alimentos no varejo 45, 119, 153, 273; *ver também* supermercados
Veneza 122, 183
Venezuela 40, 71, 273
vento solar 347
Vermelho, mar 75, 83, 133, 175, 182
Veron, Charlie 341
viagem aérea: custos de 33-4, 46, 258, 259, ; velocidade de 259
viagem espacial 273-4, 280, 286
vidro 172, 179, 180, 265
Vietnã 25, 188, 183
violência: declínio da 24, 113, 207; homicídio 24, 29-30, 93, 96, 113, 207; em sociedades préindustriais 53-4, 141-2, 143; acaso 111
viquingues 181
Visby, Gotland 185
vitamina A 352
vitamina C 263
vitamina D 135
Vitória, lago 256
Vitória, rainha 324
Vivaldi, Antonio 122
Vladimir, Rússia 80
Vogel, Orville 147
Vogelherd, Alemanha 80
Voltaire 104, 110, 111, 261
voo, dirigível 262, 266, 269, 271

Wagner, Charles 291
Wall Street (filme) 108
Walmart (empresa de varejo) 31, 119-21, 269
Walton, Sam 119, 269
Wambugu, Florence 159
Watson, Thomas 286
Watt, James 227, 249, 261, 276, 368, 389
websites de redes sociais 267, 273, 355
Wedgwood, Josiah 112, 121, 231, 262
Wedgwood, Sarah 112
Weiss, George David 349
Weitzman, Martin 334
Welch, Jack 266
Wellington, Arthur Wellesley, 1º duque de 97
Wells, H.G. 75, 315, 352, 354
Western Union (companhia) 266
Westinghouse, George 239
Wheeler, *sir* Mortimer 168
Whitehead, Alfred North 260
Wikipédia (enciclopédia on-line) 106, 122, 278, 356
Wilberforce, William 112, 220
Wilder, Thornton 358
Williams, Anthony 267
Williams, Joseph 259
Williams, Rowan, arcebispo de Canterbury 109
Wilson, Bart 90, 98, 325
Wilson, E.O. 248, 296
Wiltshire 200
World Wide Web 278
World3 (modelo de computador) 305
Wrangham, Richard 69
Wright, Robert 108, 180
Wrigley, Tony 237

Y2K, defeito do computador 284, 293-4, 342
yahgan, índios 71
Yahoo (empresa) 273
Yangtzé, rio 205, 235
Yeats, W.B. 292

yir yoront, aborígines 98
Yong-Le, imperador chinês 188, 189, 190
Yorkshire 289
Young, Allyn 280
Young, Thomas 227
Yucatán 337

Zak, Paul 102, 105
Zâmbia 38, 159, 318, 319, 333
zero, invenção do 178, 257
Zimbábue 24, 37, 124, 305, 318
zinco 219, 305
Zuckerberg, Mark 267

Este livro foi composto na tipografia
Adobe Garamond Pro, em corpo 11,5/15,5, e impresso
em papel off-white no Sistema Digital Instant Duplex
da Divisão Gráfica da Distribuidora Record.